青岛市社科规划重点项目

青岛市经济社会发展蓝皮书:2019

青岛市社会科学院
青岛市城市发展研究中心 编

中国海洋大学出版社
·青岛·

图书在版编目(CIP)数据

青岛市经济社会发展蓝皮书.2019/青岛市社会科学院,青岛市城市发展研究中心编.—青岛:中国海洋大学出版社,2018.12

ISBN 978-7-5670-2094-8

Ⅰ.①青… Ⅱ.①青…②青… Ⅲ.①区域经济发展—经济分析—青岛—2018②区域经济发展—经济预测—青岛—2019③社会发展—社会分析—青岛—2018④社会预测—青岛—2019 Ⅳ.①F127.523

中国版本图书馆 CIP 数据核字(2019)第 022395 号

出版发行	中国海洋大学出版社			
社　　址	青岛市香港东路 23 号		邮政编码	266071
出 版 人	杨立敏			
网　　址	http://www.ouc-press.com			
电子信箱	coupljz@126.com			
订购电话	0532—82032573(传真)			
责任编辑	于德荣		电　　话	0532—85902505
印　　制	青岛国彩印刷有限公司			
版　　次	2019 年 1 月第 1 版			
印　　次	2019 年 1 月第 1 次印刷			
成品尺寸	164 mm×240 mm			
印　　张	24.75			
字　　数	440 千			
印　　数	1～1000			
定　　价	58.00 元			

编辑委员会

前　言

2018 年是我国改革开放 40 周年。改革开放以来,我国经济社会发展走过了 40 年不平凡的光辉历程,取得了举世瞩目的历史性成就,实现了前所未有的历史性变革。诚如习近平总书记所指出:中国 40 年改革开放给人们提供了许多弥足珍贵的启示,其中最重要的一条就是,一个国家、一个民族要振兴,就必须在历史前进的逻辑中前进、在时代发展的潮流中发展。可以这样说,中国改革开放的艰辛探索和伟大成就,为人类社会贡献了中国经验。2018 年也是青岛历史上极不平凡的一年,举世瞩目的上合组织青岛峰会圆满成功举办,青岛由此迈入现代化国际大都市的行列。在即将到来的 2019 年,作为青岛市社科规划重点课题的《青岛市经济社会发展蓝皮书》已走过 18 个春秋,它是青岛市社会科学院、青岛市城市发展研究中心汇集青岛市社会各界专家学者的集体智慧而奉献给读者的精品力作;它选择青岛市经济社会发展进程中的重点、热点和难点问题,以科学、翔实的经济社会发展数据为分析预测基础,遵循理论与实践相联系、宏观研究与微观研究相结合的原则,真实、全面地分析了青岛市年度经济社会发展的形势,客观地预测下一年度青岛市经济社会的发展走势;它已成为每年青岛市"两会"人大代表,政协委员书写提案的必读书目,已成为青岛市社科界服务党委和政府决策的重要平台与联系社会公众的桥梁纽带,已成为青岛城市经济社会发展的历史见证。

2018 年,青岛市高举中国特色社会主义伟大旗帜,以马克思列宁主义、毛泽东思想、邓小平理论、"三个代表"重要思想、科学发展观、习近平新时代中国特色社会主义思想为指导,深入学习贯彻党的十九大精神,深入学习贯彻习近平总书记视察山东、视察青岛重要讲话精神,立足青岛市经济社会发展实际,统筹推进"五位一体"总体布局、协调推进"四个全面"战略布局,坚定不移贯彻新发展理念,加快建设开放现代活力时尚的国际大都市,青岛市经济社会各项事业取得令人瞩目的成就。《青岛市经济社会发展蓝皮书:2019》是青岛市社会科学院、青岛市城市发展研究中心组织编写的第18本蓝皮书。"蓝皮书"以习近平新时代中国特色社会主义思想为统领,契合"奋力把青岛建设得更加富有活力、更加时尚美丽、更加独具魅力,在实现社会主义现代化新征程中率先走在前列"的总体要求,强调实事求是地反映2018年青岛市经济社会发展中取得的成果和存在的问题,在客观公正地分析研究的基础上,对2019年青岛市经济社会发展的趋势进行了较为科学的预测,并提出了具有较强可行性的对策建议。

2019年"蓝皮书"在框架体系上既继续保留以往的风格,又不断完善创新,并形成新的特色。在体例上分为"经济篇""社会篇""区(市)篇"3个篇章,分报告由32个专题组成。"经济篇""社会篇""区(市)篇"既相互联系,又各具特色,共同构筑起2019年"蓝皮书"的整体框架,突出和保持青岛市"蓝皮书"的多层次、宽领域、更全面地反映经济社会发展形势的鲜明特色。

"经济篇"共设10个分报告,从经济全视角审视了青岛2018年经济发展情况并作了深入、客观的分析,对2019年经济发展趋势进行科学预测和展望。该篇以2018~2019年青岛市经济形势分析与预测为重点,对青岛市市场主体、商贸流通业、创新驱动、港口经济、金融业、城市基础设施、经济增长新旧动能转换、装备制造业、税收动力等发展形势设立分报告进行专门分析及预测,以此作为对青岛市经济形势分析与预测的有力支撑,并尽可能全面反映出青岛经济在转方式、调结构中所呈现出的特点。

"社会篇"共设12个分报告,以2018~2019年青岛市社会形势分析与预测为重点,透过社会发展不同领域的具体情况,高起点、宽领域、多视角地展示出青岛市社会和谐发展的形势。如对青岛市乡村振兴战略、交通运输业、乡村文化、体育事业、就业创业、社会救助、学前教育、农村无害化厕所改造、县域整合型医疗卫生服务体系、足球运动、人才队伍等方面进行的分析预测和研究。

"区(市)篇"共设10个分报告,对青岛市各区(市)经济社会发展的现状作了细致分析,比较理性地预测了其走势,并在此基础上重点突出了各区(市)的特色。如市南区金融业发展、市北区历史文化保护、李沧区建设新旧动能转换产业平台、西海岸新区海洋经济发展、城阳区"双创"工作发展、即墨区现代农业发展、平度市农业新旧动能转、崂山区打造乡村振兴样板、胶州市推进精准扶贫、莱西市实施乡村振兴战略等方面进行的分析与预测。通过此篇,充分展现2018年青岛市城乡一体化协调发展的良好局面,并对2019年作出预测。

近年来,青岛市各级领导机关和有关部门,都十分注重对城市经济和社会发展状况的综合分析和科学预测工作,并取得了相应的丰硕成果,为城市发展宏观决策提供了参考。这对于率先走在前列,实现蓝色跨越,加快建设开放现代活力时尚的国际大都市的青岛来说,在决策的科学化方面发挥了重要的作用。正因为如此,"蓝皮书"的编写得到各方面领导的高度重视,也可以说是在他们的直接关怀和指导下完成的。中共青岛市委常委、宣传部部长孙立杰在百忙中对本书的编写作了重要指示;市委宣传部常务副部长丛培科对本书的编写提出了许多有价值的意见;青岛市社科规划办也将"蓝皮书"列入青岛市社科规划重点课题;本书在编写过程中,还得到了各级党委、政府,有关部门和社会各界人士的大力支持。在此,我们谨表示衷心的感谢。

本书的编辑、校对工作由赵明辉研究员、于淑娥研究员、姜红编审完成;由市社科联副主席、社科院副院长刘福斌审稿、统稿;由市社科联党组书记、主席,社科院院长管习会审稿、统稿并最后定稿。王发栋同志负责本书的组织协调等工作。

需要强调的是,按照"蓝皮书"通常定稿时间为本年度11月末的惯例,作者对形势分析所采用的数字大部分截止到2018年的第三季度末,并在此基础上预测出全年的测算数字,2018年全年的实际数字仍以青岛市统计局正式公布的数据为准;本书各篇文章的观点,仅代表作者本人,既不代表编者,也不代表作者所属的机构;同时,由于编写水平及时间所限,错误之处肯定存在,敬请广大读者不吝赐教。

编者

二〇一八年十一月

目　次

经济篇

社会篇

区(市)篇

CONTENTS

Economic Part

Social Part

District(County) Part

2019

经济篇

2018～2019 年青岛市经济形势分析与预测

冷 静

　　2018 年是全面贯彻党的十九大精神的开局之年,也是开展"十三五"规划期各项工作中期评估之年。面对复杂严峻的国内外形势,全市认真贯彻落实党的十九大精神,坚定践行新发展理念,以深化供给侧结构性改革为主线,主动对标高质量发展要求,经济运行总体保持平稳发展态势,在稳增长、促改革、调结构、惠民生、防风险等方面取得新进展,实现了经济发展速度、质量和效益的统筹兼顾。

一、2018 年 1～9 月青岛市经济形势分析

　　2018 年,面对经济运行稳中有变和外部环境发生明显变化的困难局面,青岛全力推进"调稳抓"等各项工作,全市主要经济指标稳中有升,内需拉动增强,新旧动能转换加快,发展质效较好。总体看,全市经济运行保持总体平稳、稳中有进发展态势,同时也需看到经济下行压力正在加大。预计将全面完成全年经济社会发展主要预期目标,为落实党十九大精神实现开门红。

2018 年 1～9 月全国、山东省、青岛市经济发展情况

	全国		山东省		青岛市	
	数值	增速(%)	数值	增速(%)	数值	增速(%)
国内生产总值(亿元)	650899	6.7	59607.5	6.5	9086.1	7.4
三次产业结构	6.5：40.4：53.1		5.9：44.8：49.3		3.0：40.5：56.5	
规模以上工业增加值(亿元)	—	6.4	—	5.5		6.5
固定资产投资(亿元)	483442	5.4	—	5.8		3.2
社会消费品零售总额(亿元)	274299	9.3	23962.6	9.3	3426.5	10.1

（续表）

	全国		山东省		青岛市	
	数值	增速（%）	数值	增速（%）	数值	增速（%）
进出口总额(亿元)	222839	9.9	13974.59	4.8	3824	1.4
进口总额(亿元)	104254	14.1	6278.79	3.9	1540.9	1
出口总额(亿元)	118585	6.5	7695.80	5.6	2283.1	1.7
实际利用外资(亿美元)	979.6	6.4	131.2	2.5	71.7	6.8
一般公共财政预算收入(亿元)	145831	8.7	5064.5	7.8	923.9	6.8
城镇居民人均可支配收入(元)	29599	5.7	29765	7.6	38114	7.9
农民人均现金收入(元)	10645	6.8	13303	7.9	17954	7.7

(一)全面实施创新驱动战略,创新青岛建设取得新成就

1. 创新创业生态进一步优化,国际科技合作能力显著增强

国家信息中心发布的全国首个官方创新创业生态指数——《2018国家信息中心城市创新创业生态指数》显示,全国重点城市中,北京、上海、深圳、杭州、广州、天津、武汉、南京、苏州、成都、合肥、青岛12座城市成为"双创"领跑型城市。同时,分项指标中,青岛名列产业主体全国第8位、市场活跃度居全国第10位。截至9月底,全市国内有效发明专利拥有量25508件,同比增长22.8%,全市每万人口有效发明专利拥有量达到27.71件。全市省级以上企业技术中心达到191家,其中国家认定企业技术中心35家,数量居副省级城市前列。省经信委联合省财政厅确定组织12家第二批山东省制造业创新中心试点,青岛市3家入选,分别是青岛科捷机器人有限公司牵头的山东省机器人创新中心、青岛三迪时空增材制造有限公司牵头的山东省快速制造产业(3D打印)创新中心、青岛华高墨烯科技股份有限公司牵头的山东省石墨烯材料创新中心。全市共有山东省船舶与海洋工程装备创新中心、山东省工业互联网创新中心等2家被认定创新中心,5家培育试点创新中心。截至9月底,青岛市纳米纤维国际合作基地等24家单位被认定为2018年青岛市国际科技合作基地,全市市级国际科技合作基地达94家,对于加快聚集全球创新资源,推动技术、项目、人才"引进来""走出去",增强自主创新能力等方面将发挥引领示范作用。

2. 科技型企业培育工作进展顺利,软件业发展迅速

2018年出台《关于实施科技型企业培育"百千万"工程的意见》,目标是遴选100家以上重点高新企业予以重点培育和扶持,助推企业实现快速发展;持续培育5000家左右"千帆"企业,加快"小升规""企成高";通过重点高新企业和"千帆"企业的示范引领和各项政策的落实,服务带动超过10000家科技型小微企业尽快发展壮大。截至9月底,全市高新企业总数达2041家,1752家企业纳入国家科技型中小企业信息库;"千帆"入库企业总数达2554家。1～9月,全市147家规模以上软件和信息技术服务业企业实现营业收入112.2亿元,同比增长22.8%,增速比上年同期加快3.1个百分点;实现营业利润10.5亿元,同比增长45.8%,增速比上年同期加快56.5个百分点。在工业和信息化部发布的2018年(第17届)中国软件业务收入前百家企业名单中,海尔集团公司、海信集团有限公司分列第三、第八名。1～9月,青岛软件企业达到1745家,在15个副省级城市中列第7位;软件业务收入1654.98亿元,在副省级城市中列第7位,同比增长16%。其中,软件产品收入583.98亿元,同比增长15.6%;信息技术服务收入566.3亿元,同比增长16.4%;嵌入式系统软件收入504.7亿元,同比增长15.9%,在15个副省级城市中的排名分别为第8、9、2位。

3. 科技发展支持资金全面到位,企业融资渠道逐步拓宽

2018年,围绕新旧动能转换重大工程实施,强化高质量科技供给,加快政策落地,截至9月底全市已下达6批科技计划,支持项目资金5.34亿元,预算执行达90.3%。前三季度科技专项资金用于加大企业普惠支持力度,落实高新企业认定、企业研发投入、专利授权等奖补资金2.13亿元;聚焦源头创新,支持高端研发机构引进、公共研发平台建设、创新创业领军人才和青年人才等1.37亿元;聚焦"一业一策",择优支持11家企业2280万元,在电子信息、先进制造、仪器仪表、生物医药与医疗器械、环境保护及面向2030智能制造等领域开展关键技术攻关;实施科技惠民专项,支持农业科技、人口与健康及社会发展等领域项目2061万元。2018年全市办理研发费用加计扣除企业2325家,同比增长159%,研发费用加计扣除额59.19亿元,同比增长70.3%。截至9月底,政策性担保公司支持101家科技型中小企业新增担保贷款3.6亿元,累计为563家次科技型中小企业提供18.8亿元信贷支持。科技金融投保贷联动为14家科技型中小企业提供5370万元资金支持。

4. 技术交易实现新突破,企业科技孵化水平持续提高

截至9月底,全市实现技术交易4334项,技术合同成交额80.03亿元,同比增长达50.27%。其中,技术开发合同成交额43.31亿元,居各类技术合同首位;技术服务合同成交额 25.11 亿元,同比增长 491.69%。从区(市)情况看,崂山区技术合同成交额 28.74 亿元,居全市第一位;市南区 12.94 亿元,居第二位;西海岸新区 12.73 亿元,居第三位。按技术领域分,先进制造、电子信息技术、环境保护与资源综合利用领域技术合同成交额分别为 28.39 亿元、17.91 亿元、15.62 亿元,分居第一、二、三位。中国石油大学(华东)技术合同成交额 1.90 亿元、山东科技大学 1.27 亿元,分居高校第一、二位。中国石油化工股份有限公司青岛安全工程研究院技术合同成交额 3.80 亿元,居科研院所第一位。根据科技部发布 2017 年度国家级科技企业孵化器评价结果,全市 4 家孵化器考核评价结果为优秀(A 类),分别是青岛科大都市科技园集团、青岛橡胶谷创业孵化有限公司、青岛市工业技术研究院、青岛鲁强投资集团有限公司,在同类城市中位居第一。

(二)大力实施海洋强市战略,国际海洋名城建设取得新进展

1. 海洋经济快速发展,产业结构逐步优化

上半年全市实现海洋生产总值 1451.5 亿元,同比增长 15.1%,海洋第一、二、三产业分别实现增加值 42.0 亿元、756.4 亿元、653.2 亿元,同比分别增长 6.4%、15.5%、15.4%。海洋经济占 GDP 比重达到 24.3%,成为青岛市经济持续健康发展的重要引擎。上半年,青岛市滨海旅游业、海洋设备制造业、海洋交通运输业等九大主要海洋产业实现增加值 1305.7 亿元,占青岛市海洋生产总值的比重达到 90.0%。九大海洋产业中,有 7 个产业保持了两位数以上的增长速度,极大地拉动了青岛市海洋经济的发展,其中,海洋科研教育服务业、海洋工程与建筑业、涉海建筑与安装业 3 个产业同比增速超过或者接近 30%,其增速分别为 61.2%、39.2% 和 29.5%;滨海旅游业、涉海服务业、海洋设备制造业、涉海产品及材料制造业 4 个产业分别实现增速 15.7%、13.5%、12.5% 和 10.3%。部分产业虽呈增长态势,但增速有所放缓,制约了青岛市海洋经济整体发展水平,如海洋交通运输业、海洋水产品加工业 2 个产业因受国际航运形势、外贸形势不景气等因素影响,仅同比增长 7.2%、4.9%。上半年,全市海洋渔业实现增加值 37.4 亿元,同比增速达 6.3%,明显高于近年来同期增速。1～9 月份,全市已有 10 家企业与 12 个国家建立合作项目,远洋渔业完成水产品产量 9.38 万吨,远洋渔业企业达到 31 家,远洋渔船 164 艘,其中作业渔船 109 艘。1～9 月份,全市完成港口吞吐量 3.98 亿吨,同比增长 3.5%;完成集装箱吞吐量 1434.6 万标准箱,同比增长 4.5%。与上半年相比,增速有所提升。

青岛港与国内部分港口 2018 年 1～9 月货物、集装箱吞吐量情况

港口	货物吞吐量		外贸货物吞吐量		集装箱吞吐量	
	数值（亿吨）	全国排序	数值（亿吨）	全国排序	数值（万标准箱）	全国排序
宁波-舟山港	8.30	1	3.76	1	2013.54	2
上海港	5.14	2	3.01	2	3135.45	1
唐山港	4.59	3	1.96	6	197.58	19
广州港	4.47	4	1.02	11	1595.57	4
苏州港	3.99	5	1.05	9	478.28	9
青岛港	3.98	6	2.94	3	1434.60	5
天津港	3.71	7	2.04	4	1211.53	6
大连港	3.56	8	1.15	8	763.99	8
深圳港	1.87	15	1.40	7	1908.52	3

2. 海洋经济载体建设成效显著，成果转移转化速度加快

从重点项目建设看，创建国际海洋名城建设重点项目库，入库项目124 个，总投资 2518 亿元，上半年开工在建项目 86 个，开工率达 69%，实际完成投资 122 亿元；前三季度开工在建 92 个，开工率 74%，完成投资 212 亿元，竣工项目 18 个。上半年，李沧区、西海岸新区、胶州市、青岛蓝谷等 4 个区（市、功能区）完成重点项目累计投资额超 10 亿元。其中，西海岸新区、青岛蓝谷分别完成重点项目累计投资额 64.79 亿元、14.82 亿元，占青岛市的 65%。从产业园区发展看，上半年，13 个海洋特色产业园完成主导产业海洋业务收入 340 亿元，同比增长 13%，各个园区累计新入驻海洋企业 262 家。1～9 月，全市共完成涉海技术交易 491 项，技术合同成交额 6.52 亿元，同比增长 31.45%。按照海洋技术转移"一链一生态"布局，依托蓝谷中心的海洋技术交易市场，由青岛海洋生物医药研究院、中科院海洋研究所、山东省海洋仪器仪表所等全市的涉海高校院所、领军企业牵头，涉及海洋医药、海洋农业、海洋信息、海洋仪器仪表、海洋渔业等 12 个专业领域的分中心在全市形成了"一总多分"的海洋技术转移体系，汇聚全国乃至全球海洋科技成果资源，实现了"海洋＋"新技术、新产业、新业态、新模式的深度融合。1～9月，12 个专业领域分中心实现海洋技术合同成交额 11863.77 万元，占全市海洋技术成交额的 18.19%。其中，山东省海洋仪器仪表研究所技术合同成交额 4921.68 万元，总量居各分中心首位。

3. "一谷两区"承载功能显著增强，产业中高端特征日益明显

上半年，"一谷两区"完成海洋生产总值 529.4 亿元，同比增长

16.2％,占青岛市海洋生产总值比重达到 36.5％。其中,西海岸新区多数海洋产业保持较快增速,滨海旅游业、海洋石化产业、海洋生物医药产业分别实现 20.6％、19％、16％的增长速度。截至 6 月底,西海岸新区共储备在谈、签约待建、在建和今年新竣工海洋类项目 147 个,总投资达 2600 亿元,其中在谈项目 7 个,签约待建项目 40 个,开工在建项目 72 个,新竣工项目 28 个。青岛蓝谷的海洋综合感知、海洋信息通讯、海洋数据分析处理等八大涉海领域产业快速集聚并呈良好发展势头。上半年,蓝谷新增市级工程研究中心(实验室)3 家,新获批山东省院士工作站 1 家,实现海洋技术交易额 3202.98 万元。在红岛经济区的项目中,中科院声学所正式启用;鹿港海工国际产业园、青岛迪玛尔海洋加速器、山东大学国际产业园等项目建设顺利;蓝色生物医药科技园、高新区海洋装备产业园不断扩容,易邦生物、奥克生物等龙头企业经营向好,毕勤集团亚太区研发中心暨中国总部、人工智能与生态环保产业园等项目落地。

青岛西海岸新区和红岛经济区 2018 年 1～9 月部分经济指标完成情况

	全市		西海岸新区		红岛经济区	
	数值	增长率（％）	数值	增长率（％）	数值	增长率（％）
国内生产总值(亿元)	9086.1	7.4	2622.1	9.4	69.3	11
固定资产投资(亿元)	—	3.2	—	10.5	—	12.3
社会消费品零售额（亿元）	3426.5	10.1	467.8	11.3	11.5	14.5
公共财政预算收入（亿元）	923.9	6.8	199.3	7.4	25.2	47.63

(三)全面推进国家服务业综合改革试点,服务业新动能加快形成

1. 服务业结构逐步优化,企业经营效益不断向好

前三季度,全市服务业实现增加值 5134.7 亿元,同比增长 7.4％;占 GDP 比重达 56.5％,比第二产业高 16.0 个百分点;对 GDP 增长的贡献率达 54.4％,比第二产业高 10.5 个百分点;拉动 GDP 增长 4.0 个百分点,比第二产业高 0.7 个百分点。服务业固定资产投资同比增长 5.5％,增速比全部固定资产投资和第二产业分别高 2.3 和 9.2 个百分点;占全部固定资产投资的比重达 78.4％,比第二产业高 57.7 个百分点。服务业作为第一大产业,成为国民经济稳定增长的重要支撑。截至 9 月末,全市批发和零售业增加值增长 6.5％,交通运输、仓储和邮政

业增加值增长2.5%,住宿和餐饮业增加值增长5.6%,金融业增加值增长4.9%,营利性服务业增加值增长19.4%,非营利性服务业增加值增长4.7%。从财务指标看,全市规模以上服务业营业收入增长11.7%,10个门类行业营业收入中有8个行业保持较快增长:租赁和商务服务业增长34.9%,文化、体育和娱乐业增长19.1%,房地产业(不含房地产开发经营)增长14.7%,卫生和社会工作增长13.1%,信息传输、软件和信息技术服务业增长10.3%,科学研究和技术服务业增长8.9%,交通运输、仓储和邮政业增长7.8%,居民服务业、修理和其他服务业增长7.2%。前三季度,全市科技服务业企业营收增速保持较快增长,规模以上科技服务业企业营业收入同比增长16.3%,高于规模以上服务业企业平均水平4.3个百分点。1～9月,全市完成空港旅客吞吐量1848.7万人次,同比增长5.92%,完成年度计划76.61%,其中国内航线1577.1万人次,同比增长4.3%;完成货邮吞吐量16.65万吨。

2. 商贸流通业发展迅速,大众消费商品发挥基础支撑作用

前三季度,全市实现社会消费品零售总额3426.5亿元,同比增长10.1%,增速高于全国和全省均为0.8个百分点,社会消费品零售额总量居全省第一。其中,限额以上单位零售1172.7亿元,增长10.4%。前三季度,全市限额以上商贸企业实现营业收入同比增长14.6%;总成本同比增长14.1%,较营业收入增速略低0.5个百分点。每百元收入营业成本为92.6元,较上年同期减少0.2元,每百元营业收入利润率1.3%,与上年持平。粮油食品、服装鞋帽针纺织品、日用品类商品零售额分别增长22.2%、10.3%、22.8%。消费升级类商品增长较快,限额以上单位家用电器和音像器材类、金银珠宝、石油及制品类零售额分别增长21.2%、10.8%、15.0%。1～9月,全市限额以上批发业实现销售额3947.3亿元,同比增长18.7%,高于全省平均增速4个百分点,保持了5月以来稳步持续上扬的发展趋势。前三季度,全市电子商务交易平台实现交易额7998.71亿元、同比增长18.0%。其中,B2B交易额7878.10亿元、同比增长17.9%,B2C交易额120.60亿元、同比增长24.0%。

3. 旅游业发展速度加快,重点项目顺利推进

1～9月,全市旅游业共接待国内外游客7938.4万人次,增长15%,实现旅游消费总额1492.4亿元,增长20.1%。其中,接待入境游客113.2万人次,增长8.2%;接待国内游客7825.2万人次,增长15.1%。2018年全市确定单体投资5000万元以上在建、待建、在谈旅游项目110个,总投资达3500多亿元。110个项目中,在建项目59个,总投资2266亿元;待建、在谈项目51个,总投资1250亿元。项目涉及休闲度假、海洋旅游、文化旅游、乡村旅游、康养旅游、旅游公共服

务等多个业态。其中,投资规模大、带动作用强的过 100 亿元项目 10 余个。截至 9 月底,全市项目累计完成投资 190 多亿元,其中,新开工项目 6 个,包括银海海上交通旅游集散中心、西海岸中央公园、亚朵酒店、莱西市姜山文旅小镇等;竣工项目 4 个,包括东方影都、中铁博览城、国际会议中心、神岭农产品种植场。在招商引资方面,截至 9 月底有冰雪大世界、蓝城农旅小镇、华侨城大型文旅综合开发、同元文化旅游综合体、熊出没动漫谷、温泉小镇等 7 个项目签约。确定丽星邮轮、歌诗达邮轮、钻石邮轮来青开辟母港航线,维京邮轮、荷美邮轮、风星邮轮等开辟访问港航线。年内,青岛国际邮轮公司与 40 余家邮轮公司、旅行社成立青岛邮轮旅游发展联盟。

4. 消费新模式实现快速增长,服务业新动能加快培育

城市商业综合体作为新商业模式的代表,积极释放区域中心、购物中心的主导作用,零售、餐饮、休闲养生、娱乐、文化、教育等功能活跃,多行业融合互促发展,释放消费潜力,为消费市场注入新动力。1～9 月,以万象城、凯德 MALL 为代表的 12 家城市商业综合体,共吸纳客流 1 亿多人次,同比增加 1841 万人次,实现销售额 56.1 亿元,同比增长 18.1%;综合体内共有商户 2376 家,缴纳租金总额达到 5.5 亿元,同比增长 11.6%。在网络技术进步、互联网普及率、网购商品丰富化和物流便捷化不断提高的背景下,网购用户规模不断扩大,"618"等各类网络购物节庆、促销活动的举行,推动网购在消费市场占有率稳步提升,网上零售在上年高增速的基础上继续快速增长。上半年,全市限额以上法人企业实现网络零售额 180.9 亿元,同比增长 54%,增速较上年同期加快 38.9 个百分点,网络零售额占社会消费品零售总额 8.1%,占比较上年同期提升 2.5 个百分点,对社会消费品零售总额增长的贡献率达 30.6%,较上年同期提高 22.6 个百分点。出台支持会展业发展的意见,对新注册有实绩的独立法人会展企业,特别是知名会展机构投资企业,给予最高 100 万元的奖励;对在青岛纳税且纳统年营收增长较大的会展企业,给予最高 50 万元的奖励。

(四)全面对接"中国制造 2025",制造业新旧动能接续转换进展顺利

1. 工业增速稳中放缓,产业效益进一步提高

前三季度,全市规模以上工业增加值增长 6.5%,较全国高 0.1 个百分点,较全省高 1.0 个百分点。从经济类型看,国有控股企业增加值增长 2.8%,集体企业增长 7.1%,股份制企业增长 5.8%,外商及港澳台商投资企业增长 9.1%。从三大门类看,采矿业增加值下降 19.6%,制造业增长 6.4%,电力、热力、燃气及水生产和供应业增长 14.8%。从主要行业增加值看,电气机械和器材制造业(增长 13.3%)、汽车制造业

（增长 12.4％）、通用设备制造业（增长 17.5％）、专用设备制造业（增长 14.7％）、医药制造业（增长 10.2％）、化学原料和化学制品制造业（增长 16.1％）等行业增速较快。从效益看，全市 3566 家规模以上工业企业实现利润总额 456.9 亿元，同比增长 11.7％，高于主营业务收入增幅 3.9 个百分点，连续四个月保持两位数增长；主营业务收入利润率达到 5.2％，较上年同期提高 0.2 个百分点。青岛 4 家企业入选工信部、中国工业经济联合会联合公布的第三批全国制造业单项冠军名单。其中，主营产品为家用洗衣机的青岛海尔洗衣机有限公司、主营产品为棉针织内衣的青岛即发集团股份有限公司入选单项冠军示范企业；主营产品为离子色谱仪的青岛盛瀚色谱技术有限公司入选单项冠军培育企业；青岛双瑞海洋环境工程股份有限公司的船舶压载水管理系统入选单项冠军产品。青岛已累计 10 家企业入选单项冠军。

2. 制造业新动能加快培育，产业融合程度逐步增强

"956"重点产业发展势头较好，14 个优势和新兴产业中 8 个增速高于生产总值增速，现代海洋、节能环保、汽车制造、生物医药、智能家电等产业分别增长 16％、15.6％、12.2％、11.2％、9.4％，健康养老、商务服务、现代旅游增加值分别增长 12.2％、10.6％、8％。高技术产业增加值增长 11.6％，战略性新兴产业增加值增长 7.4％。前三季度，新能源汽车产量增长 37.0％，生物基化学纤维增长 90.7％。在公布的 2018 年互联网工业"555"认定项目中，北京新能源汽车股份有限公司青岛分公司基于五大信息平台的智能工厂等 86 个项目入围，包括智能（互联）工厂项目 3 个、数字车间项目 17 个、自动化生产线项目 66 个。全市已累计认定互联网工业"555"认定项目 258 个，包括互联网工业平台项目 8 个、智能（互联）工厂项目 19 个、数字车间项目 65 个、自动化生产线项目 166 个。全市有 15 个项目入围国家智能制造专项、12 个项目成为全国智能制造试点示范项目、7 个项目入选国家制造业"双创"平台、5 个项目入围国家制造业与互联网融合发展试点示范项目、2 个项目获得国家工业互联网创新发展工程专项，数量居国内同类城市首位。青岛特锐德电气股份有限公司、中车青岛四方机车车辆股份有限公司、青岛三迪时空网络科技有限公司、青岛海信网络科技股份有限公司、青岛百洋智能科技股份有限公司、青岛华浩欧森空间大数据科技有限公司分别在大数据分析挖掘、产业创新大数据应用、跨行业大数据融合应用、民生服务大数据应用、政务数据共享开放平台等五大方向入列工信部 2018 年大数据产业发展试点示范项目。

3. 重点建设项目进展顺利，民营经济市场主体加快成长

前三季度，全市共有 1 亿元以上在建项目（不含房地产）1000 个，同比增加 79 个，完成投资增长 18.7％；其中，1 亿元以上新开工项目

363 个,比上年同期减少 28 个,完成投资增长 1%。从计划投资 10 亿元以上大项目看,全市共有在建项目 163 个,比上年同期增加 56 个,完成投资增长 14.4%。截至 9 月底,全市滚动调度的投资过 5 亿元工业项目为 190 个,计划总投资 2622.99 亿元,1~9 月,累计完成投资 399.18 亿元,9 月份当月完成投资 52.31 亿元。2018 年全市共有省级重点项目 9 个,分别为国家高速列车技术创新中心中车平台建设项目、青岛力神动力电池基地建设项目、青岛东方时尚中心二期项目、青岛李沧信息与新金融产业示范区建设项目、青岛国际院士港二期项目、海信全球研发中心项目、双星集团全球研发中心暨石墨烯轮胎中心实验室项目、青岛澳柯玛智能产业园(东区)项目、青岛新机场,1~9 月实现投资 140.6 亿元,完成年度计划投资的 85.7%,总体进展顺利。1~9 月,全市新能源发电量为 13.09 亿千瓦时,比上年同期增长 24.2%,占全市发电量的8.9%。其中,风力发电量为 8.1 亿千瓦时,增长 25.7%;生物质发电量为 2.8 亿千瓦时,增长 52.0%。9 月末全市新登记各类市场主体 20.9 万户,增长 19.1%。截止到 2018 年 9 月底实有民营经济市场主体 130.55 万户,同比增长 17.72%,占市场主体总量的 97.56%;全市民营市场主体注册交配达到 25405 亿元,同比增长 25.84%。

4. 商标注册取得新进展,品牌经济平稳推进

稳步推进全市商标品牌云基地建设,商标注册便利化改革持续深化,商标注册总量不断提升,商标注册意识进一步增强。上半年,全市国内有效注册商标总量达 15.76 万件,同比增长 26.9%;国内注册商标申请量 3.65 万件,同比增长 60.1%;行政认定驰名商标 142 件。落实994 万元财政补助资金,支持企业"走出去",上半年马德里商标国际注册总量达 2696 件,同比增长 65.6%。落实市政府"一业一策"工作部署,修订完善广告业 5 年行动计划,青岛国家广告产业园注册企业 713家,带动作用明显。由世界品牌实验室(World Brand Lab)公布的2018 年《中国 500 最具价值品牌》排行榜中,青岛市有 14 个品牌入围,海尔以品牌价值 3502.78 亿元居第 3 位,与上年持平,排行入选青岛企业的首位。其他依次是青岛啤酒 1455.75 亿元(第 22 位)、海信 455.92亿元(第 87 位)、双星轮胎 416.58 亿元(第 98 位)、澳柯玛 347.91 亿元(第 143 位)、赛轮 295.16 亿元(第 179 位)、崂山啤酒 272.58 亿元(第181 位)、崂山矿泉水228.95亿元(第 198 位)、青岛啤酒博物馆 105.89亿元(第 367 位)、半岛都市报 95.79 亿元(第 383 位)、哈德门 73.09 亿元(第 402 位)、青岛银行 72.68 亿元(第 407 位)、圣元 63.98 亿元(第438 位)、华东葡萄酒 53.18 亿元(第 467 位)。同时,海尔以 2092.08 亿元(人民币)的品牌价值荣登第 24 届中国品牌价值 100 强冠军宝座,连续 17 年蝉联"中国最有价值品牌"榜首。

(五)全面实施国际城市战略,全方位开放格局进一步确立

1. 国际城市战略加快推进,上合组织地方经贸合作进展顺利

世界著名城市评级机构——全球化与世界城市(GaWC)研究网络发布《世界城市名册2018》,青岛在全球的档次在上次名册中实现连升两级以来,再次实现升级,由"Gamma＋"级跃升一级至"Beta"级,由"全球三线城市"成功晋级"全球二线城市"。2018年6月以后,"中国—上合组织地方经贸合作示范区"各项工作取得了积极的进展,示范区依托青岛口岸多式联运功能优势,按照"物流先导、贸易拓展、产能合作、跨境发展、双园互动"运作模式,高标准、高定位编制完成《中国—上海合作组织地方经贸合作示范区建设总体方案》,启动境内外园区建设。示范区境内外重点合作项目98个,其中物流先导型项目12个、贸易拓展型项目34个、产能合作型项目26个、跨境发展型项目10个、双园互动型项目16个。

2. 服务贸易呈现快速增长态势,结构调整速度加快

前三季度,全市货物进出口额实现3824亿元,增长1.4%,比山东省整体增幅低3.4个百分点,占同期山东省进出口总值的27.3%,较上年同期减少0.9个百分点。其中,出口额2283.1亿元,增长1.7%;进口额1540.9亿元,增长1%。全市规模以上工业出口交货值占工业销售产值比重为13.8%,较上年提高1.6个百分点,出口交货值增长5.2%。服务贸易持续较快增长。1～9月份全市服务贸易进出口额123.1亿美元,增长16.4%。其中,出口额67.5亿美元,增长29.5%;进口额55.6亿美元,增长3.6%。前三季度,青岛市一般贸易进出口额2409.1亿元,增长7.1%;占同期青岛市进出口总值(下同)的63.1%,较上年同期提升3.3个百分点;其中,出口额增长12.3%,进口额下降1.4%。加工贸易进出口额883.4亿元,下降9.6%;保税物流方式进出口额510.1亿元,下降0.9%。全市民营企业进出口额2082.7亿元,增长7.9%,占54.5%,较上年同期提升3.2个百分点;外商投资企业进出口额1182.7亿元,增长3.1%;国有企业进出口额548.3亿元,下降19.5%。前三季度,全市对美国、欧盟、韩国和日本进出口额分别增长9.3%、8.7%、1.7%和1.4%,对东盟进出口额下降3.6%,五者合计占全市进出口总值的59.6%。美国、欧盟和日本稳定保持前三大出口市场地位,出口额分别增长10.4%、7.6%和2.6%;进口主要来自东盟、巴西、韩国和澳大利亚,进口额增速分别为18.5%、24.6%、2.5%和12.5%,合计占54%。同期,对非洲进出口额增长15.4%。前三季度,青岛市跨境电子商务进出口额10.6亿元,增长1.3倍。其中,一般出口额3.2亿元,增长2.9倍;直购进口额6.3亿元,增长62.1%;保税电商进口额1.2亿元。7家

省级外贸综合服务平台企业进出口额76.4亿元,同比增长16.5%。

3. 外商投资项目取得突破性进展,外资结构进一步优化

上半年,全市新批外商投资项目513个,增长57.36%;合同外资54.09亿美元,增长9.8%;实际使用外资52.64亿美元,增长4.05%。截至6月底,全市累计利用外资突破800亿美元,144家世界500强企业在青岛投资276个项目,外资大项目支撑作用更趋明显,为全市经济发展注入活力。上半年,全市新批及增资1000万美元以上项目161个,实现合同外资52.41亿美元,占全市合同外资的96.9%。来自欧美的世界500强企业投资活跃,青岛与美国开利、日本永旺、法国苏伊士、新加坡丰益等世界500强企业签约设立9个外资项目。从结构看,三次产业利用外资保持协调增长,外资结构进一步优化。上半年,全市制造业实际使用外资20.86亿美元,占全市的39.63%;服务业实际使用外资31.19亿美元,占全市的59.25%。1~8月,全市新批外商投资项目650个,同比增长47.39%;合同外资61.9亿美元,增长12.13%;实际使用外资68.82亿美元,增长9.5%。前三季度,全市实际使用外资71.7亿美元,在15个副省级城市中仅次于武汉(86亿美元),居第2位,增长6.8%。

4. 对外投资力度明显加大,"一带一路"双节点城市建设取得新进展

前三季度,全市备案对外投资项目81个,新增协议投资额47.03亿美元,新增实际投资额16.43亿美元、增长136.58%、占全省32.45%。前三季度,企业对"一带一路"沿线国家和地区投资项目33个,协议投资额10.63亿美元、占全市的22.6%,实际投资额6.7亿美元、增长415.38%;截至9月底,全市企业对"一带一路"沿线国家和地区投资项目760个,中方协议投资额92.12亿美元。前三季度,全市对上合组织国家投资项目达7个,中方协议投资额2.151亿美元;截至9月底,全市与上合组织国家累计投资项目129个,中方协议投资额16.96亿美元。目前,对外投资主要流向橡胶和塑料制品业、石油和天然气开采、计算机通信电子设备制造业、批发零售业。其中,橡胶和塑料制品业14.84亿美元、占31.6%,石油和天然气开采9.96亿美元、占21.2%,计算机通信电子设备制造业8.34亿美元、占17.73%,批发和零售业2.48亿美元、占5.3%。前三季度,全市境外经贸合作区建设扎实推进,新增投资5430万美元,累计投资额达4.4亿美元,新增总产值5.32亿美元,累计总产值29.9亿美元,累计吸引入区企业22家。海尔集团巴基斯坦旁鲁巴工业园、恒顺众昇印尼青岛综合产业园等园区建设顺利推进。前三季度,全市对外承包工程业务新承揽项目71个,新签合同额44.13亿美元、增长30.4%、占全省的38%,完成营业额31.25亿美元、增长35.9%、占全省的36.2%;全市对外劳务合作业务派出各

类劳务人员 9807 人,占全省的 21.9%。

(六)全面推进乡村振兴战略,城乡融合发展格局进一步形成

1. 农村集体资产清查工作进展顺利,县域经济实现新发展

2018 年,全市农村集体资产清产核资工作提质增效,稳步扎实推进。截至 10 月 15 日,全市 8 个涉农区(市)、96 个镇(街道)全部成立了工作指导机构,制订了实施方案,进行了动员部署和业务培训;全市 6015 个村庄中,有 5817 个村完成资产清查核实工作,占村庄总数的 96.7%,4880 个村完成结果公示,占村庄总数的 81.1%。前三季度,青岛县域四区(市)生产总值实现 3178.4 亿元,占全市比重为 34.98%;即墨、胶州、平度、莱西生产总值同比分别增长 8.5%、8.2%、7.2%和 7%;四区(市)完成公共财政预算收入 241.2 亿元,占全市比重为 26.1%;四区(市)社会消费品零售总额实现 1243.3 亿元,占全市比重为 36.3%。工信部所属的赛迪顾问县域经济研究中心建立了县域经济高质量发展的评价指标体系,于 7 月对全国 1891 个县级行政区(不包括市辖区)进行综合评估,评价体系包括经济实力、增长潜力、创新驱动、绿色发展等多项指标,同时发布了"县域经济 100 强(2018 年)榜单",山东省共有 19 个县上榜,低于江苏省的 25 席和浙江省的 22 席,排名全国第三位。青岛除即墨撤市设区不再进入评价体系外,胶州市排第 15 位,莱西市排第 35 位,平度市排第 36 位。

2018 年 1～9 月县域 4 区(市)经济发展情况

	GDP		财政收入		固定资产投资	社会消费品总额	
	数值 (亿元)	增长 (%)	数值 (亿元)	增长 (%)	增长 (%)	数值 (亿元)	增长 (%)
即墨区	1084.9	8.5	85.8	6.02	7.8	341.8	10.5
胶州市	929.4	8.2	75.2	4.17	7.3	355.5	15.5
平度市	708.1	7.2	42.2	3.08	0.2	304.3	8.1
莱西市	456	7	38.0	3.12	—26.6	241.7	8.5
合计	3178.4	—	241.2	—	—	1243.3	—
占全市比重	34.98%	—	26.1%	—	—	36.3%	—

2. 农业生产稳中有升,特色产业实现集聚发展

前三季度,全市种植业生产好于预期,夏粮总产量 137.7 万吨,增长 8.9%,秋粮生产有望获得丰收;蔬菜产量 385 万吨,增长 2.5%。畜牧生产有所恢复,生猪出栏 219.5 万头,增长 7.7%;家禽出栏 14420.4 万只,增长 19.1%。渔业生产保持稳定,渔业总产量 65.9 万吨,增长

0.1%。积极推进特色产业向优势区域集聚,规划建设 300 万亩优质粮食生产功能区、100 万亩高效蔬菜优势区、100 万亩果茶特色农业优势区,培育了蓝莓、绿茶等一批特色农业小镇。发展都市型高端畜牧业,依法划定畜牧养殖禁养区、限养区、适养区,培育了生猪、奶牛、肉鸡、蛋鸡、肉牛、肉鸭、肉兔七大优势产业链。优化渔业养殖布局,大力发展离岸养殖、深海抗风浪网箱养殖、海洋牧场等生态高效养殖模式,积极发展远洋渔业,建成国家级海洋牧场示范区 6 处。截至 9 月末,全市建成现代农业园区 935 个,其中国家级示范园、创新园 213 个,农民合作社 1.2 万家,百亩以上家庭农场 6500 多家,培育新型职业农民 9 万人。实施农产品加工业转型升级行动,年销售收入过 1 亿元的 106 家,年产值 1300 多亿元,全市农产品年出口额达到 50 亿美元以上,占全国的 7.4%。大力发展体验型、循环型、智慧型休闲观光农业,全市上规模休闲旅游农业经营主体达 737 家,年收入 140 多亿元。在全国率先出台"互联网＋现代农业"行动计划,全市营业额过 1000 万元农业电商企业 52 家,农产品电商年交易额 58 亿元以上。全市涉农产品注册商标 1.9 万多个,著名农产品品牌 166 个,中国驰名商标 10 个,"三品一标"农产品 992 个,其中国家地理标志农产品 48 个,居全国副省级城市首位。

3. 新型城镇化取得阶段性经验,综合试点推进顺畅

国家发展改革委下发《关于印发第一批国家新型城镇化综合试点经验的通知》,青岛市共有 6 项工作入选,是第一批 62 个试点地区中形成可复制、可推广经验最多的城市。全市入选的 6 项工作分布在加快农业转移人口市民化、健全城镇化投融资机制和改革创新行政管理体制三大领域。在加快农业转移人口市民化方面:探索在不同区域实行差异化落户——青岛新区落户条件低于主城区、高于县城,在新区落户满 5 年的可落户主城区;深化"人钱挂钩、钱随人走"——青岛加大对吸纳农业转移人口较多且财力较差辖区的财政转移支付力度,并设立市民化奖励资金,对吸纳落户较多的辖区给予财政奖励。在健全城镇化投融资机制方面:防范化解地方政府债务风险——青岛建立规范化政府举债管理机制,新增政府债务全口径纳入预算管理,实现地方债自发自还;推动地方国企更好地服务于城镇化——青岛整合优质资产组建 AAA 级综合性国有投资公司,提升政府融资平台实体化发展能力和国有资本运营能力;合理设立城镇化政府引导基金——青岛设立总规模 112 亿元的青岛城市发展基金,其中募集社会资本 98 亿元,以低于基准利率的资金成本支持地铁等重大基础设施建设。在改革创新行政管理体制方面:推动机构精简和职能相近部门合并——青岛将建制镇从 77 个减少到 43 个,将街道从 101 个增加到 102 个,新成立的

34个镇街组织机构统一简化为5个党政工作机构和6个财政拨款事业机构。

4. 城市建设取得新突破,基础保障能力稳步提升

1～9月,全市完成建筑业产值1472.4亿元,同比增长24%。从运行趋势上看,建筑业主要经济指标从上半年的高速增长逐步趋于平稳,但总体仍好于上年同期。建设行业实现税收384.64亿元。其中:建筑业实现税收收入69.77亿元,同比增长17.4%;房地产业实现税收收入307.96亿元,同比增长29.6%;勘察设计业实现税收收入6.91亿元,同比增长12.3%,占全市税收总收入的28.12%。前三季度,全市房地产开发投资1079.3亿元,同比增长4.6%。全市商品房新开工1936.9万平方米,同比增长22.3%。其中:住宅新开工1275.9万平方米,同比增长12.1%;办公楼新开工92.5万平方米,同比增长45.7%;商业营业用房新开工201.5万平方米,同比增长21.7%;其他用房新开工367万平方米,同比增长69.3%。截至9月底,全市地下综合管廊21个试点项目完成廊道长度46.45千米,占总长度93.78%;完成投资29.02亿元,完成入廊管线168千米,贡北路监控中心试运营,3个监控中心主体已建成。全市累计完成海绵城市建设面积121.33平方千米,在建63.54平方千米。其中,试点区182个试点项目累计完工115项,在建39项,开完工率达84%。1～9月,全市建筑废弃物资源化利用完成1413余万吨,可节约土地1400余亩,减少对周边4000余亩土壤和地下水源的污染,减少二氧化碳排放量21万余吨,产值7.9亿元。

(七)服务经济发展的财政融资能力不断提升,资本支撑体系初步形成

1. 各项财政收入增长较快,资本市场融资规模不断扩大

前三季度,全市一般公共预算收入完成923.9亿元,增长6.8%。税收收入697.9亿元,增长12.6%,税收占一般公共预算收入比重75.5%。其中,增值税增长10.7%,企业所得税增长5.1%,个人所得税增长23.2%。9月末,本外币存款余额16225.7亿元,同比增长5.4%,比年初增加1096.8亿元,其中人民币存款余额15547亿元,同比增长6.8%,比年初增加1159.2亿元。加快建设青岛资本市场服务基地,开展中国香港、英国等资本市场专项推介活动,提高全市企业利用国内外资本市场的融资能力。2018年,全市已有4家企业(海容冷链、青岛银行、青岛港、蔚蓝生物)过会待发,青岛西海岸控股(国际)有限公司收购香港上市公司瑞港建设,全市上市公司总数将达到46家。新三板新增挂牌公司7家,总数达到114家。蓝海股权交易中心新增挂牌企业111家,总数达到1204家。前9个月,全市直接融资规模达到1163.6

亿元,接近银行信贷间接融资规模。强化拓展保险服务保障作用,前9个月实现保费收入340.0亿元,同比增长4.9%,在5个计划单列市中保费规模和增速均居第2位。

2018 年 1～9 月地方财政收入情况

指标	数值(亿元)	增长(%)
一般财政预算收入	923.9	6.8
税收收入	697.9	12.6
增值税	250.8	10.7
企业所得税	123.4	5.1
个人所得税	39.3	23.2

2. 固定资产投资有所回落,服务实体经济发展的能力显著提升

前三季度,全市固定资产投资增长3.2%,较上半年回落3.7个百分点。其中,第一产业投资下降17.5%,第二产业投资下降3.7%,第三产业投资增长5.5%。从"补短板"领域看,基础设施投资增长24.6%,教育投资增长34.2%,农业投资增长44.9%、卫生和社会工作投资增长14.8%。从大项目看,在建的1亿元以上项目(不含房地产)1000个,增加79个。从重点领域看,房地产开发投资增长4.6%,全市商品房销售面积1254.2万平方米,下降4.3%。9月末全市商品房待售面积408.3万平方米,下降23%。前三季度,工业技改投资增长86.7%,比上年同期提升100.8个百分点,占工业投资比重39.4%,拉动工业投资增长17.4个百分点,是工业投资逐步向好的主要因素。截至10月底,全市136个企业技术改造固定资产贷款贴息项目完成投资114.1亿元,总体投资完成率达93%;其中,115个项目竣工投产,完成投资106.1亿元,竣工率达84.6%。前三季度,全市战略性新兴产业投资增长30.4%,比上年同期加快29.8个百分点,其中,工业战略性新兴投资增长8.9%,比上年同期提升15.2个百分点,服务业战略性新兴投资增长73.8%,比上年同期提升45.7个百分点。前三季度,在地铁、新机场、道路及景观亮化工程等建设的带动下,基础设施投资快速增长,同比增长24.6%,高于全市投资增速21.4个百分点。截止到9月末,全市50家小额贷款公司贷款余额84.5亿元,涉农和小微企业贷款余额占85.2%;43家融资担保公司在保余额145.2亿元,其中融资担保余额73.3亿元,涉农和小微企业担保余额占82%;取得业务许可的37家民间资本管理公司投资余额67.3亿元,51.2%的资金投向了"三农"和小微企业。前三季度,本外币贷款余额15841.5亿元,同比增长10.9%,比年初增加1436.4亿元,其中人民币贷款余额14823.9亿元,同比增长

13.2%,比年初增加 1553.5 亿元。9 月末制造业贷款余额达到 2534.8 亿元,较年初增加 1436.5 亿元。

2018 年 1～9 月份固定资产投资情况

	数值	同比增长(%)
1. 固定资产投资(亿元)	—	3.2
房地产开发投资(亿元)	1079.3	4.6
住宅投资(亿元)	751.9	3.6
2. 第一产业投资	—	−17.5
3. 第二产业投资	—	−3.7
4. 第三产业投资	—	5.5

3. 财政支出结构调整力度加大,民生领域渐成支持重点

2018 年通过当年预算安排的专项资金共计 311.68 亿元,其中:一般公共预算安排 265.36 亿元,政府性基金预算安排 41.4 亿元,国有资本经营预算安排 4.92 亿元。上半年争取上级财政转移支付补助资金 61.4 亿元,争取新增地方政府债券发行额度 223 亿元,比上年增加 72 亿元。对市级行政事业单位公用经费综合定额预算继续按 5% 进行压缩,集中力量支持教育、医疗卫生、社会保障、乡村振兴等重点领域。上半年,全市各级财政用于民生方面的支出 652.1 亿元,比上年同期增长 12%,占一般公共预算支出的 77.6%。全市投入 124.36 亿元,用于支持教育优先发展,支持 210 个农村幼儿园、100 所中小学标准化食堂建设和 30 所义务教育薄弱学校改造。投入 60.2 亿元,用于提高医疗卫生保障水平,将基本公共卫生服务项目人均补助标准提高至 56 元,支持市公共卫生中心、第八人民医院东院区等医疗卫生项目建设,扩大居民刚性医疗支出救助范围,减轻困难居民医疗负担。投入 76 亿元,用于支持社会保障事业发展和促进城乡就业,将机构供养和社会散居孤儿生活养育标准分别提高到每人每月 1500 元和 1200 元,社会公益性岗位补贴标准提高到 1910 元,支持 20 处社区大食堂示范项目建设,扩大创业补贴扶持范围。投入 10 亿元,用于支持文化体育事业发展,积极推进文化消费试点,对市民看电影、看书、看演出和参与文化艺术培训体验等给予最高 500 元的消费补贴。投入 43.5 亿元,用于支持实施乡村振兴战略,完善农业支持保护补贴制度,扩大政策性农业保险范围,支持宜居宜业美丽乡村建设,改善农村人居环境,实施水源地、生态湿地、生态公益林保护。市财政筹集 77.5 亿元,支持启动棚户区改造 15298 套(户)、农村危房改造 890 户,完成住房保障 4131 套(户)。

2018 年 1～9 月地方财政支出情况

指标名称	数值(亿元)	增长(%)
一般公共预算支出	1196.1	6.4
一般公共服务	112.1	−2.8
教育	181.2	4.6
社会保障和就业	116.6	−8
医疗卫生	84.5	29.3
城乡社区事务	315.4	17.3

二、2019 年青岛市经济发展预测

我国经济正在由高速增长阶段转向高质量发展阶段,外部环境也发生深刻变化,一些政策效应有待进一步释放。面对经济运行存在的突出矛盾和问题,要紧紧围绕党中央、国务院和省委、省政府各项政策措施及市委、市政府总体部署,坚持稳中求进工作总基调,坚持新发展理念,坚持以供给侧结构性改革为主线,加大改革开放力度,突出问题导向,加强精准施策,破解短板问题,做好稳就业、稳金融、稳外贸、稳外资、稳投资、稳预期工作,有效应对外部经济环境变化,推动经济继续保持平稳健康发展。

(一)继续实施创新驱动战略,全面推进创新型城市建设

2019 年,青岛将推进中科院工程热物理所航空产业创新基地、中船重工海洋装备研究院等高端研发机构落地发展。推动高校院所服务地方,加快科技人才集聚发展。靶向新兴产业,加快引进研发机构和人才项目,在组织实施高层次人才团队、创业创新领军人才、青年创新人才计划时,加大重点产业领域指标占比。完善人才住房、落户安置、医疗社保等政策服务体系,打造全方位"保姆式"人才服务模式。提高科技人员科技成果转移转化收益分配比例,为科技人员营造鼓励创新、宽容失败的创新创业环境。统筹推进区域分市场、专业技术转移服务平台建设,构建技术市场服务体系。依托青岛大学等高校院所共建国家技术转移人才培养基地,积极引进国内外知名技术转移服务机构,壮大技术转移服务队伍。开展产学研对接专项行动,实现科技成果供给端与企业需求端精准对接。建设军民融合技术交易中心,推动军民科技成果双向转化。加强国际科技交流与合作,构建国际技术转移通道。促进技术转移国际化。依托中德生态园、中美科技创新园等园区,引进

国际先进技术本地转化。鼓励企业、大学和科研院所建立海外研发中心、联合实验室,积极参与国际科技重大合作项目。借助国际技术转移大会、阿斯图联盟等平台活动,构建国际技术双向转移通道。实行以增加知识价值为导向的分配政策,建立股权、期权、分红等激励机制,提高科研人员转化收益比例。探索大学和科研院所科技成果权益混合所有制改革,鼓励单位与科研人员之间,通过约定进行知识产权奖励。支持事业单位专业技术人员兼职创新、在职创办企业及离岗创新创业。支持大学和科研院所以创办企业、转让许可、合作开发、作价入股等形式开展科技成果本地转化。深化科技管理"放管服"改革,优化科技计划体系,创新科技计划组织方式。推进科技奖励制度改革,突出科技成果转化本地贡献。

(二)继续深化服务业综合改革,全面推进服务业新旧动能转换

2019年,青岛将以"一业一策"和"双百千"工程为抓手,以全面提升服务业高端化、融合化、国际化、便利化水平为目标,突出补短板、扩规模、上水平,推动服务业新旧动能转换。推进财富管理金融综合改革试验区建设。推动基于大数据、云计算、移动互联网的服务业态创新、模式创新,围绕人的个性化、高端化、多元化消费需求,推动服务业业态创新,重点发展财富管理、邮轮游艇经济、时尚消费、通用航空、医养结合、智慧社区等新业态,加快培育本地电商平台,构建线上、线下一体营销渠道;依托青岛跨境电子商务产业园,引进和培育一批具有影响力的跨境电商平台,加快布局建设一批跨境电商公共海外仓,大力发展跨境电商 B2B、M2B,并与 B2C、M2C 模式并行发展。发挥青岛财富管理金融综合改革试验区平台优势,推动崂山金家岭财富管理中心、青岛西海岸绿色金融中心、蓝海股权交易中心等载体建设,培育发展财富产品专业市场。大力发展战略规划、营销策划、广告、咨询、评估、法律、会计、税务等商务服务业,做大青岛国际商品交易所等 20 个专业服务平台。鼓励各类事务所通过兼并整合、实施多元化战略等方式,拓宽业务领域和服务种类,提高承接服务能力。吸引国内外知名商务中介服务机构来青岛设立独立法人机构或区域性总部,支持各类事务所承接跨国跨境业务,完善与国际接轨的高端服务体系。挖掘乡土特色,打造一批生产生活生态"三生同步"、第一二三产业"三产融合"、农业文化旅游"三位一体"的特色小镇、美丽乡村、田园综合体等载体,发展循环农业、创意农业、农事体验、健康养老、乡村旅游等产业;发展"互联网+现代农业",培育农产品电商/跨境电商平台企业和农村电商服务企业,构建农产品现代流通体系,实现农产品"产运销"电子商务一体化发展。

(三)继续实施海洋强市战略,全面推进国际海洋名城建设

2019年,青岛将更加注重经略海洋,以建设世界一流的海洋港口、完善的现代海洋产业体系、绿色可持续的海洋生态环境为主攻方向,聚焦建设国际海洋名城目标定位,大力发展海洋经济,全面提升海洋科技创新、海洋特色文化、海洋生态文明、海洋对外开放发展水平,实施海洋新动能培育、重点区域率先突破、项目园区企业建设、军民融合示范发展、"放管服"综合改革支撑保障工程,建设世界一流的海洋科技创新中心、国际先进的海洋发展中心、国家军民融合创新示范区、海洋生态文明示范区、海洋对外开放先行区,在全国海洋经济高质量发展中率先走在前列。加强青岛海洋科学与技术试点国家实验室建设,组织实施"透明海洋"等涉海重大专项,推进建设大洋钻探船、E级超算等涉海重大基础设施。积极推进国家深海基地建设,重点支持潜器谱系化发展,构建立体深海探测网络。推进中科院海洋大科学研究中心建设,促进中科院系统海洋先进科技资源在青集聚发展,打造辐射全国乃至全球的海洋科技创新平台和人才高地。加快推进蓝谷海洋技术转移中心投入运营,打造海洋科技成果转移转化高端服务平台。对接"双百千"工程和"一业一策"计划,确定十大产业作为海洋经济发展重点,加快发展壮大海洋新兴产业,加快培育一批具有核心竞争力的优势海洋产业集群,构建现代海洋产业体系。加快建设国际航运服务中心,完善青岛国际航运交易所服务功能,增强"一带一路"青岛航运指数的权威性,建设航运大数据综合信息平台。发展现代仓储物流、商品交易、航运代理、金融保险、船舶管理、海事仲裁、电商服务等高端航运服务业。以智慧海洋为引领,提升现代渔业和水产品加工产业水平,实施生态增养殖工程,高标准建设"蓝色粮仓",打造国际知名的海洋食品名城。

(四)继续加快工业转型升级,全面推进制造业新旧动能转换

2019年,青岛将培育发展六大高端新兴产业,改造提升六大传统优势产业,打造新型产业体系;以发展智能制造、精品制造、绿色制造、服务型制造"四造"为主攻方向,培育新型业态模式;以促进产业链、创新链、人才链、政策链"四链"融合为支撑,构建新型产业生态,加快建设具有国际竞争力的先进制造业基地,争创"中国制造2025"试点示范先行区。一是坚持调整存量与优化增量并举,接长与补短相结合,"一业一策"全面推进传统产业迭代升级,"无中生有"加快实现新兴产业跨代赶超,打造经济实力强、产业结构优、质量效益好、发展动力足的先进制造业高地。二是以发展智能制造、精品制造、绿色制造、服务型制造为主攻方向,注重用新技术新产业新业态新模式创造新供给、激发新需

求,以新需求孵化新技术新产业、催生新业态新模式,推进产业智慧化、智慧产业化、跨界融合化、品牌高端化和绿色集约化,全面打造"青岛制造"升级版。三是立足青岛区位优势和开放优势,推进产业链、创新链、人才链和政策链衔接融合、协同发力,加快构建区域协调联动的产业合作体系、协同创新体系、人才培养体系和政策支持体系。此外,青岛将支持海尔省级工业互联网创新中心等平台、企业和专业机构,建设省级工业技术软件化创新中心,加速工业技术软件化进程。推进物联网、大数据、人工智能等信息技术与工业技术相结合,着力提升数据分析算法与工业知识、机理、经验的集成创新水平,形成一批面向不同工业场景的工业数据分析软件与系统,以及具有深度学习等人工智能技术的工业智能软件和解决方案。实施科技型企业培育"百千万"工程,打造百家重点高新企业,培育千家"千帆"企业,服务万家小微企业,加快"小升规""企成高",推动科技型企业队伍不断壮大。实施创新型领军企业培育工程,优选一批科技型骨干企业,加大政策支持,强化精准服务,打造更多全国行业领跑、全球知名的创新型领军企业。

(五)继续实施国际城市战略,全面构建全方位开放新格局

2019年,青岛将加快青岛口岸跨境电子商务综合试验区建设,打造一批跨境电商产业重点园区,建立一批"海外仓"和境外展示中心。鼓励先进技术、关键设备和零部件进口,提升出口产品全球价值链地位。实施外贸品牌出口增长行动计划,支持外贸转型升级基地和企业国际营销网络建设。推动服务外包产业提升发展,跨入国家服务外包示范城市先进行列。鼓励企业在新兴领域布局全球产业生态体系,融入全球产业分工合作,更好地利用全球资源和市场。支持企业开展重大项目国际合作、工程承包和建营一体化工程,推动全市装备、技术、标准和服务"走出去"。培育壮大本土优势跨国公司,提升企业境外投资营销额。加快建设国际消费中心城市,全面推进现代流通市场体系、内外贸融合发展体系、新型消费服务体系、品牌战略体系、时尚商业体系、电子商务发展体系、商贸物流体系、商贸流通法治化体系、市场信用信息服务体系、旅游产品消费体系等"十大体系工程",建设具有青岛特色的地标性城市商业服务综合体,成为山东半岛高端时尚消费中心,打造东北亚国际时尚消费中心、世界海鲜美食之都、国际一流的旅游购物天堂。依托青岛口岸多式联运功能优势,努力构建"西连中亚欧洲、东接日韩亚太、南通东盟南亚、北达蒙俄大陆"的国际多式联运贸易大通道,打造上合组织内陆国家面向亚太市场的"出海口",日韩商品面向中亚和欧洲市场的国际海铁联运贸易物流综合枢纽,把青岛打造成为服务"一带一路"的上合组织地方经贸合作示范区,面向上合组织国家的对外开放新高地。在此基础上,积极拓展示范区辐射范围,努力形成"面向欧亚、对接日韩、辐射亚太、拓展拉非"的全面对外开放新格局。

（六）继续实施乡村振兴战略,全面推进新型城镇化建设步伐

以市场需求为导向,以完善利益联结机制为核心,以提升农业质量和效益为中心,以推进农业供给侧结构性改革为主线,在推进农业产业化经营的基础上,推动产业链相加、价值链相乘、供应链相通"三链重构",促进第一产业与第二、三产业深度融合,打造农业新旧动能转换的先行区、示范区、样板区,为全市乡村振兴战略筑牢产业支撑。推进美丽乡村建设、现代农业园区转型升级、农业龙头企业产品升级、特色产业功能强化延展,以农业为主导,统筹整合涉农资金和资源,打造一批集工业商贸、会展博览、文化娱乐等相关产业融合一体的农业"新六产"示范综合体,使其成为现代都市农业的试验区,在农业现代化进程中发挥引领作用。培育和发展农业产业化联合体,鼓励龙头企业通过订单、合同、贷款担保等方式,带动小农户、家庭农场和农民专业合作社建设规模化现代种养基地,协同开展农业生产经营。支持龙头企业打造现代冷链物流体系,拓展农产品加工,发展农产品电子商务,开展农业社会化服务经营,实现复合式发展。围绕帮助农民、提高农民、富裕农民,加快培育新型农业经营主体,综合运用多种政策工具,与农业产业政策结合、与脱贫攻坚政策结合,形成比较完备的政策扶持体系,引导新型农业经营主体提升规模经营水平、提高发展质量、完善利益分享机制,更好发挥带动农民进入市场、增加收入、建设现代农业的引领作用。积极培育特色鲜明、产业发展、绿色生态、美丽宜居、休闲宜游的农业产业特色小镇,推动现代农业向特、精、强方向发展。坚持空间布局与周边自然环境相协调,彰显传统文化和地域特色,高标准配套基础设施和教育、医疗卫生等公共服务设施,建设具有创业创新服务、公共服务、商贸信息交流、文化展示、旅游信息咨询、产品交易和信息管理等功能的综合服务平台。

（作者单位:青岛市社会科学院）

2018～2019年青岛市市场主体发展形势分析与展望

毕监武

近年来,青岛市高度重视培育市场主体工作,认真贯彻落实《青岛市"十三五"发展规划纲要》要求,明确市场准入、转型升级、要素支撑、推进落实等20条支持政策,有力构建了小微企业铺天盖地、大型企业顶天立地、创新企业开天辟地的良好局面,为实现青岛市高质量发展提供了重要保障和动力支持。

一、青岛市市场主体培育和发展的形势分析

总体看,"十三五"发展规划实施以来,青岛市抓住市场主体培育和发展这条主线,供给侧结构性改革各项措施落实较好,新旧动能转换取得明显成效,实体经济部分领域走在全国同类城市前列。

(一)市场主体增速大于规划预期

近年来,青岛市连续出台相关政策,特别是商事制度改革与创业创新支持形成叠加效应,引导市场主体数量不断增加。2017年,全市民营市场主体达到115.5万户,占市场主体总量的比重达到97.3%。其中,私营企业38.45万家、个体工商户75.81万户、农民专业合作社1.25万户,比2015年分别增长30%、27%和23.9%。全市民营市场主体注册资本达到20567.35亿元,增长了41.94%。2018年前9个月,全市新登记各类市场主体20.9万户,增长19.1%。

2017年,全市民营经济新吸纳就业55.1万人,占全市城镇新增就业人口总量(73万人)的75.5%,2015年分别为66.17和68.9%,增长率较全市就业增长率高出2.9个百分点。2018年前9个月,全市城镇新增就业64.1万人,增长11.9%。其中,本市劳动者就业34.5万人,增长9%;外来劳动者来青就业29.6万人,增长15.4%。

（二）经济结构变化优于规划预期

2017年，全市民营企业总量达到39.7万家，同比增长18.5％；民营企业与个体工商户在民营市场主体中占比比值达到34∶66，较2016年上升1个百分点；全市私营企业中，公司制企业为37.4万家，占比达到97.4％，较2016年提高1.6个百分点。"个转企、企升规、企升高、规改股、股上市"梯次培育持续推进。全市"个转企"累计2268家，"企升规"新增纳统1921家，其中"小升规"新增1536家，同比增长45.6％。"企升高"总数达2039家，同比增长81％，其中民营高新技术企业占比达到85％以上。"规改股"新增693家，其中，有限公司规范化改制604家，股份制企业改制87家。"股上市"上市及新三板挂牌企业总数157家，其中，民营137家，占比达87.3％。全市战略性新兴产业增长10.4％，比全市GDP增速快2.9个百分点，占全市GDP比重为10.2％；全市高技术产业实现增加值增长11.3％，占GDP比重为5.4％。"新经济"市场主体不断壮大，达到12.9万个，占全部法人比重为43.4％；"新经济"实现增加值2027.3亿元，占全市GDP的比重为25.4％。

2018年前9个月，"956"重点产业势头较好，14个优势和新兴产业中8个增速高于生产总值增速，现代海洋、节能环保、汽车制造、生物医药、智能家电等产业分别增长16％、15.6％、12.2％、11.2％、9.4％，健康养老、商务服务、现代旅游增加值分别增长12.2％、10.6％、8％。

（三）对外贸易增速大于规划预期

2017年，全市实现国际贸易总额1154.5亿美元、增长14.7％。其中，货物进出口额、出口额、进口额分别完成5033.5亿元、3031.81亿元、2001.69亿元，分别增长15.7％、7.5％、30.8％；全市服务进出口额、出口额、进口额分别完成140.2亿美元、69.8亿美元、70.4亿美元，分别增长16.5％、17.4％、15.8％；境外投资贸易营销额完成246.23亿美元、增长12.96％。货物进出口贸易快速增长。根据省商务厅发布数据，2017年，青岛市外贸进出口实现"三增长"，进出口额5033.5亿元、增长15.7％，出口额3031.81亿元、增长7.5％，进口额2001.69亿元、增长30.8％。青岛市进出口增幅分别高于全国、全省1.5个和0.5个百分点。

2018年前三季度，全市货物进出口额3824亿元，增长1.4％。其中，出口额2283.1亿元，增长1.7％；进口额1540.9亿元，增长1％，近6个月来首次由负转正，增速分别较上半年提高6.0个、5.3个和7.2个百分点。工业产品出口比重提升，全市规模以上工业出口交货值占工业销售产值比重为13.8％，较上年提高1.6个百分点，出口交货值增长5.2％，比上半年提高2.5个百分点。服务贸易持续较快增长。1～9月份全市服务贸易进出口额 123.1 亿美元,增长 16.4％,较上半年提高 2.4 个百分点。其中,出口额 67.5 亿美元,增长 29.5％,较上半年提高 9.7 个百分点;进口额 55.6 亿美元,增长 3.6％,较上半年回落 4.9 个百分点。

(四)政策支持力度超过规划预期

近年来,市民营经济发展工作领导小组各成员单位坚持以激发市场活力、鼓励市场创新、促进经济发展为切入点,不断创新助力举措、强化政策落实,着力打造民营经济发展的"政策洼地、服务高地、投资宝地、发展福地",各项工作取得显著成效。2017 年,青岛市作为唯一的计划单列市和两个副省级城市之一,被国务院确定为"推动工商注册制度便利化工作及时到位、落实事中事后监管等相关政策措施社会反映良好的市"。创新构建民营经济运行数据模型,在全省和全国同类城市中率先建设"1234＋X"的市场主体多维智能大数据分析展示系统,优化八大类 29 项统计模块、构建十五大类 50 个分析维度,并建立周快报、月统计、季分析、年专报等应用模型,切实为党委、政府科学决策和全市"一业一策""十百千"工程提供数据分析参考。市工商局、市发改委、市人社局等九部门联合建立守信"红名单",在行政审批、公共服务、信用支持等 5 个领域 14 个方面对守信企业给予政策支持;市发改委、市工商局、市财政局等五部门联合签署"失信企业联合惩戒备忘录",限制失信被执行人担任公司高管 752 人次,切实让"守信者一路畅通、失信者寸步难行"。率先在全国开发建设全市统一的"双随机、一公开"监管平台,全市具有市场监管职能的 38 个市直部门、322 个区(市)部门、993 个乡镇街道,具备行政执法资格的 26520 名检查人员,市、区(市)和镇(街道)三级 119.5 万户市场主体、3310 家事业单位法人、7332 个社会组织及民办非企业法人、585 户司法服务主体等全部纳入,实现随机抽查、结果公开,市场监管执法事项全覆盖。

二、青岛市市场主体发展的新特点

近年来,按照高质量发展要求,适应新时期国内外经济发展的新特点和新变化,积极推进全市民营企业转变发展方式、优化经济结构、转换增长动力,把建设现代化经济体系作为实现青岛市民营经济发展的战略目标。

(一)强化路径指引

按照市委"创新＋三个更加"目标要求和"一三三五"工作举措,全市外向型经济系统认真组织落实市"两会"《政府工作报告》各项任务，把创新作为引领发展的第一动力，以供给侧结构性改革为主线，实施三大动能转换工程。加快培育壮大以民营经济为主体的科技型中小企业，推动民营经济产业结构转型升级。启动实施"千帆计划"，针对制约科技型中小企业发展的"瓶颈"，改"漫灌"为"滴灌"，重点支持企业的首投、首贷、首保。实施产业技术攻关。启动信息技术等6个产研院建设试点，更好支撑引领产业转型升级。智能机器人等一批项目获国家、省专项支持，船舶电力推进系统、脐带源干细胞建库等一批关键技术打破国外垄断。创业孵化连续3年列入市办实事，累计认定各级孵化器、众创空间320家，民营机构运营占比近90%，国家级孵化器、众创空间、星创天地总量达到129家，居副省级城市首位。孵化器累计入驻企业1.3万家，毕业740家、培育高新企业230家、上市（挂牌）116家，带动就业7.7万人。各类孵化载体服务创业企业1万余家次，创客10万人次。新增省级创业孵化基地（园区）2个，总数达到11家。

（二）加快"四上"企业培育

积极创新"四上"企业培育引导，落实"小升规"政策措施，推动了一批民营企业注册登记和迅速崛起。2017年，全市新登记注册民营企业8.08万家，同比增长17%；全市培育纳统"四上"企业1921家，其中，"小升规"新增纳统企业1536家，占比80%，新增纳入企业数量创近年来新高，在统"四上"企业总数达到9900家。

（三）助推民企创新升级

推动骨干民营企业联合组建成立"青民投"，助力民企做大做强、抱团发展。实施中小企业"千帆计划"，打造"千帆汇"创新创业品牌，开展天使投资对话、创业大赛、项目路演、千帆成长营、技术转移大会等系列活动，助推企业通过技术创新转型升级。实施中小企业创新转型"131工程"，建立起"专精特新"发现、培育、认定、扶持、监测工作体系，滚动培育万户"专精特新"中小微企业，已累计认定"专精特新"产品（技术）1215项、示范企业279家、"隐形冠军"40家。国务院促进中小企业发展工作领导小组专刊推广。

（四）提升企业品牌竞争力

开展增品种、提品质、创品牌专项行动，185个产品列入"青岛名牌"培育计划，东方时尚中心获批全国纺织服装创意设计试点示范园区，12家企业（产品）入选全省消费品工业"三百工程"。安排2.6亿元专项资金，支持专利授权补助、运用、保护等，专利专项资金增长28%。

实施商标品牌战略,启动商标品牌云基地建设,打造展示交流、价值评估、交易质押、咨询代理、权利保护、大数据分析"六位一体"服务平台。截至 2017 年 12 月,青岛市有效注册商标总量达 13.83 万件,行政认定驰名商标总量达 137 件,居全国同类城市第二。支持企业"走出去"发展,联合世界知识产权组织举行新闻发布会,推广马德里商标国际注册保护的"青岛经验",全市马德里商标国际注册申请量达 1569 件,列全国第一。

三、市场主体发展中存在的主要问题及原因分析

(一)体量上实现了进位争先,但与深圳等对标城市差距依然较大

截止到 2018 年 9 月底,青岛市实有各类市场主体 98.9331 万户,与深圳(240.54 万户)、广州(141.0823 万户)、成都(135.9042 万户)等城市相比,数量差距较大。其中,青岛市实有企业类市场主体 32.8988 万户,排在深圳(132.51 万户)、广州(58.22 万户)、成都(49.44 万户)、南京(39.47 万户)、武汉(34.50 万户)之后。实有非企业类市场主体(含个体工商户和农民专业合作社)66.0343 万户,排在深圳(108.03 万户)、成都(86.46 万户)、广州(82.86 万户)之后。

省内比较,虽然青岛市多项指标居于前列,但新设企业新增注册资本(金)总额居第二位。青岛市新设各类企业的注册资本(金)总额为 1957.41 亿元,占全省新设各类企业注册资本(金)总额的 15.90%,低于济南市的 2476.37 亿元,居全省第二位。其中,新设内资企业注册资本额 102.34 亿元,低于滨州(388.20 亿元)、济南(172.96 亿元)、日照(150.15 亿元),居全省第四位。其深层次的原因是,产业没有形成规模和完整产业链,做大做强企业动能不足。以海洋经济为例,虽然港口物流、船舶制造、海工装备、海洋生物等产业已形成产业集聚,海西湾船舶与海洋工程产业基地成为国家产业示范基地,前湾物流园、明月海洋生物产业园具备一定规模,但从总体看,相关产业大多处于产业链中低端,缺乏核心竞争力。

(二)"双创"热情高,但民营企业存续年限短问题突出

在全市创新、创业政策推动下,创业活力有效激发,存续时间在 1 年及以下的市场主体占 20.88%,"年龄"为 2 年和 3 年的市场主体分别占 19.40%、12.12%。主要原因可归结为创业者普遍存在缺少明确规划、对政策把握不准、对困难准备不足等问题,注销量一直处于较高水平。

从产业结构分析,存续时间 5 年及以下的市场主体,主要集中在小微企业群体,所属行业分布前五位的分别为批发和零售业、居民服务修理和其他服务业、制造业、农林牧渔业、住宿餐饮业,分别为 38.1724 万户、5.5244 万户、5.4217 万户、4.6292 户、4.2532 万户。从行业看,批发零售业、农林牧渔业、制造业、居民服务业、住宿餐饮业五类行业注销较为集中,分别注销 41788 户、6035 户、4736 户、2387 户和 1491 户,占注销总量的 95.09%。

从市场主体性质分析,私营企业、个体工商户的退出占比较高。2017 年上半年,私营企业、个体工商户分别注销 1.2936 万家、4.5984 万户,占总注销户数的 99.27%。而内资企业、外资企业、农民专业合作社的注销量与 2015 年同期基本持平,稳定在 1% 以内。

(三)思想不统一,缺少干事创业的动力

政府的引导和支持是青岛民营经济发展的根本保障。青岛市委、市政府始终以"有形之手"牵引经济结构不断优化升级。但要注意的是,还有部分部门和工作人员强调权力边界,推诿扯皮,缺少干事创业的热情,借口防止"勾肩搭背",对创新型、创业型企业支持不够,出现政府审批环节多、税费较高等问题。部分部门缺乏担当意识,在不完善的追责制度下,部分区(市)基层单位抱着"多一事不如少一事"的态度,消极应付,效率低下。有的甚至故意设置障碍,简化行政审批程序过程中出现了"大门开了,门口放下一堆大石头"等问题,引起服务对象强烈不满。

政策落地不畅。虽然各级政府和相关部门在简政放权、减免收费等方面都出台了不少优惠政策,但由于政策措施相对分散,信息共享机制还不健全,政策落地渠道不畅、知晓度较低。同时,民营企业发展的"玻璃门""弹簧门""旋转门"问题依在,特别是在招投标市场准入方面,许多行业对企业的资金规模、行业资质、从业经验等设置一定的限制条件,民营中小企业有时直接被取消参与资格,或成为事实的"陪标人"。民间投资参与重大基础设施建设较少,重点项目的上、下游产业配套真正惠及本地民营企业的少,基于半岛核心的发展优势还没有在本地民营企业中形成较为完善的产业链条。调查中还发现,增值税改革由于政策理解和执行存在问题,致使部分企业税负明显增加。

(四)开办便利度不高,营商环境还需提升

世界银行《2017 年营商环境报告》显示,各个经济体都意识到开办企业领域的便利化改革对促进本地营商环境改善有重大意义。青岛作为山东开办企业最便利的城市,开办企业仍然需要 4 个环节,时间 19.6

天,虽比全国的开办时间短9.3天,也低于全球平均耗时的21天,但与世界前沿水平相比仍存在较大差距,未能形成全球竞争力和比较优势。比较突出的问题是没有一个市就开办企业全流程制作路线图、时间表,对外发布指引,企业无法从权威渠道获得清晰、准确、规范的指引,只能通过到处打听等方式,获得碎片化的信息,办事的可预期性低。商事登记业务咨询与实际受理的审查意见存在出入,业务审查标准存在主观性、随意性,审查时不能做到"一口清"。

(五)中小企业对外贸易受内外多种因素制约

纵观未来2年,青岛市的出口市场结构可能有所调整,但主要依靠美韩日的格局没有根本变化。调研中还发现在贸易战背景下,部分商品进出口将持续低迷,港口货源面临大幅缩减,航运企业和机械制造企业亏损、倒闭情况可能增多。

四、2019年青岛市培育和发展市场主体的形势展望

2019年,青岛市将深入学习贯彻党的十九大和习近平在山东考察系列讲话精神,培育和发展市场主体,努力塑造经济发展新优势,更好满足人民日益增长的美好生活需要,在实现青岛市"三个更加"工作目标、落实"一三三五"工作举措的新征程中率先作为、奋勇争先。

(一)突出市场化和深入改革,进一步完善公平竞争的市场环境和诚信友善的社会环境

2019年,青岛市将把完善公平竞争的市场环境作为推动高质量发展的重要基础条件,促使企业提高产品和服务质量。最迫切的是建设国际化营商环境,进一步打破行政性垄断,防止市场垄断。与此同时,将更加关注新兴产业"赢者通吃"带来的新问题,引导和促进新兴产业健康发展。深化商事制度改革,着力提高服务效率,加快推进证照整合步伐,使"一照一码"成为企业走天下的唯一"身份证",全面推进企业和个体工商户简易注销改革,简化退出程序,为新经济、新业态发展腾出空间。更好发挥政府的导向作用,守住有效防范化解重大风险的底线性要求,强化金融监管机构职能,加快金融机构公司治理改革,加强金融监管能力建设,打好防范化解重大风险攻坚战。

(二)把市场主体发展的着力点放在实体经济上,建设制造强市

2019年,青岛市将加快培育壮大新兴产业,推动重点领域率先突破。密切跟踪国际科技、产业发展的最新变化,超前谋划、部署、行动,

统筹科技研发及产业化、标准制定和应用示范,推动互联网、大数据、人工智能和实体经济深度融合,加快形成一批新兴产业集群和龙头企业。大力发展增材制造、高性能医疗器械、工业机器人等高端装备制造,加快新能源汽车等节能环保产业创新发展,构建新一代材料产业体系。在空天海洋、信息网络、生命科学、核技术等关系未来的核心领域强化军民融合发展,再培育一批战略性新兴产业。处理好发展与规范的关系,实行包容审慎监管,促进新产业、新模式、新业态健康成长。

加快培育现代服务业领域市场主体。将围绕研发设计、绿色低碳、现代供应链、人力资本服务等重点领域,充分激发和释放市场主体活力,切实提高生产性服务业专业化水平。鼓励优势企业运用现代化大生产理念,加快服务环节专业化分离和外包。依托制造业集聚区,建设一批生产性服务业公共服务平台。积极发展服务型制造,引导和支持制造业企业从主要提供产品向提供产品和服务转变。下决心把工业设计搞上去,培育一批具有核心竞争力的专业设计机构、国际知名的工业设计大师和有世界影响力的设计品牌。

(三)强化战略支撑,增强更加创新导向的增长动力

2019 年,青岛市将充分发挥本市产业优势,科学确定制造业发展方向,坚持一区一案、差异化发展。紧密结合"互联网+"和大众创业万众创新,大胆探索军民融合新模式,大力改造提升传统产业,加快培育平台型大企业和"专精特新"中小企业,做强一批具有核心竞争力的新型制造企业,推动大中小企业融通发展,形成若干有较强影响力的协同创新高地和优势突出的先进制造业集群。

(四)扩大开放准入领域,有效激发民间投资活力

对市场准入负面清单以外的行业、领域、业务等,各类市场主体皆可依法平等进入,政府不再审批。将在医疗卫生、教育、养老等重点行业明确民间投资的市场份额、量化指标,明确发展方向、发展目标和工作重点,引导和促进民间投资提质增量、转型升级。以青岛市成功争创全国第二批小微企业创业创新基地城市示范为契机,发挥中央财政专项补助和地方财政支持资金的激励、引导和放大效应,继续加大在金融、土地、人才等方面的政策性优惠支持,带动民间投资和社会资本通过 PPP 模式更多地参与重点工程和重大项目。

(五)探索管理办法,进一步深化商事制度改革

出台"青岛市商事主体住所(经营场所)登记管理办法",在全省率先实施住所申报承诺制,解决"住改商"等阻碍市场准入的问题;在写字

楼等办公密集区域实行席位注册制,实现一张办公桌即可创办一个企业,为创业者松绑解难。完善工商办事"一次不用跑、最多跑一次、最多查一次"等便民助企服务举措,实行服务清单管理机制,确保创业群众和创新企业"少跑腿、多办事,不跑腿、办成事"。创新"互联网＋政务服务"模式,持续推进工商登记全程电子化和电子营业执照改革,完善覆盖全区域、全类型、全环节的网上登记系统,降低企业办事成本,打通服务企业"最后一公里"。全面推行"双随机、一公开"监管,提高监管的公平性、规范性、简约性,有效减轻企业负担。对电商、微商等新业态、新模式,探索实行包容审慎监管,支持其健康成长。

(六)构建现代化经济体系的制度保障,健全更加有效的宏观管理

将按照党的十九大报告强调的"使市场在资源配置中起决定性作用,更好发挥政府作用"这一目标要求,成立由市政府主要领导同志任组长的市培育发展市场主体工作领导小组,将市场主体发展工作纳入全市综合考核,主动对接、认真贯彻落实中央和省即将出台的高质量发展指标体系的基本要求,认真学习借鉴兄弟城市的经验和做法,聚焦党的十九大提出的新时代主要矛盾和影响青岛未来发展的"短板",加快形成推动高质量发展的指标体系、政策体系、标准体系、统计体系、绩效评价、政绩考核,创建和完善制度环境,推动青岛市在实现高质量发展上不断取得新进展。根据以往的做法,加快实现从主要依靠年终集中检查考核,向主要依靠绩效跟踪、日常管理转变;从主要依靠听汇报、查台账等传统的检查方式,向更多地采用随机查访、第三方评估、大数据运用等非接触式检查考核方式转变。要特别注意数据要有可获得性,数据来源客观真实,由第三方提供。

(七)强化新技术手段,建设新平台

建议青岛市民营经济领导小组与青岛市社会科学院共同成立特色智库,运用基于政府信用和网络信息的大数据分析系统,建立科学且可比较话语体系,提振市场信心和城市影响力。

完善青岛市小微企业名录系统,建设开通"创业青岛"服务发展平台,及时公开惠企政策,展现岛城民企风采,凝聚崇尚创新创业正能量。打造"一站式"政策引导服务平台,为小微企业和民营企业提供量身定制服务。

完善市场主体景气监测机制。每季度发放调查问卷,了解民营企业的生存状态、运行动态、发展心态和环境生态,并形成民营经济景气监测分析报告,实施政策精准发力、助力企业创业创新。

开展企业活跃度评估工作。以青岛市不同行业领域的部分工商企

业为对象,对青岛市新设立小微企业与其相关的政府部门涉企信息和采集到的生产经营活动信息,借助预先设定的模型算法和指标体系进行挖掘和分析,通过量化分析和加权汇总得到能够反映企业生存发展状况与整体活跃程度的数值。

(八)加强宣传引导服务,创造良好社会环境

借鉴新加坡的做法,提出改革企业投资管理流程、建设网上办事大厅推行网上审批和办事、逐步建立一批法定机构、实行审批事前咨询和预约制度、推进审批办事标准化。对现行各类扶持政策进行梳理归类,形成政策索引,并加大宣传力度,做好政策普及推广,扩大政策影响面和社会知晓度。通过互联网、手机移动平台等发布相关业务部门联系电话,方便创业人员与政策制定部门形成良性互动。同时,开展市场主体成长环境监测活动,建立企业恳谈制度,定期听取人大代表、政协委员、行业协会、企业代表意见建议,推动各项惠企政策真正落地、落实、落细。营造鼓励创新、宽容失败的政策环境和社会氛围,给企业家更多包容和鼓励,支持企业家专注品质、创新发展。通过政府平台加强对企业家的正面宣传,弘扬合法致富、致富为民的社会价值观,形成理解企业家、支持企业家、尊重企业家、爱护企业家的良好社会氛围。

(作者单位:青岛市社会科学院)

2018～2019年青岛市商贸流通业发展形势分析与预测

赵明辉

2018年,青岛市以习近平新时代中国特色社会主义思想为指导,坚持稳中求进工作总基调,坚定践行新发展理念,主动对标高质量发展要求,经济总体保持平稳发展态势,新旧动能接续转换,发展质量和效益提升,民生持续改善。青岛市商贸流通业以新发展理念为统领,发挥峰会效应,积极培育新模式、新业态,实现平稳较快发展,呈现诸多亮点,对经济增长的拉动作用进一步增强。

一、2018年青岛市商贸流通业发展形势分析

(一)消费市场保持较快增长,消费升级类商品增长提速

随着居民收入水平的提高、消费观念的转变以及供给侧结构性改革的深入推进,居民消费换挡升级步伐加大,部分与消费升级相关的商品增长明显加快。2018年上半年,全市社会消费品零售总额2229亿元,增长10.2%,增速分别高于全国和全省0.8个和0.9个百分点,保持了稳定较快增长态势。上半年,青岛市社会消费品零售总额占全省的28.3%,较上年同期提升2.2个百分点,稳居17地市首位;上半年,青岛社会消费品零售总额在15个副省级城市中居第7位,排名前三位的城市分别是广州(4488.9亿元)、成都(3326.4亿元)、武汉(3214.8亿元);上半年,青岛市社会消费品零售额增速在15个副省级城市中居第5位,排名前三位的城市分别是成都(11.1%)、西安(10.6%)、武汉(10.5%)。

按行业分,上半年批发业增长12.0%,零售业增长9.6%,住宿业增长6.6%,餐饮业增长12.3%。消费升级类商品销售增长较快,限额以上单位家用电器和音像器材类、金银珠宝类和汽车类同比分别增长21.4%、17.4%和13.0%。从服务消费看,文化体育、旅游娱乐、卫生医

疗、教育咨询等领域保持较快增长。从旅游消费看,上合组织青岛峰会对消费的激励作用开始显现,据统计,6月份旅游管理服务营业收入环比增长37.8%,旅游中介营业收入环比增长23.3%;极地海洋世界、啤酒博物馆、方特等景点营业收入环比增长30%以上。从文化消费看,6月份电影院营业收入环比增长近20%。

前三季度,全市社会消费品零售总额3426.5亿元,增长10.1%。增速高于全国和全省均为0.8个百分点,社会消费品零售额总量居全省第一。其中,限额以上单位零售额1172.7亿元,增长10.4%。大众消费商品发挥基础支撑作用,粮油食品、服装鞋帽针纺织品、日用品类商品零售额分别增长22.2%、10.3%、22.8%。消费升级类商品增长较快,限额以上单位家用电器和音像器材类、金银珠宝类、石油及制品类零售额分别增长21.2%、10.8%、15.0%。

(二)商贸流通供给侧结构性改革不断深化

一是政策红利持续释放。2018年,青岛市认真贯彻落实国家促进商贸流通业发展的一系列政策措施,制定出台了发展新消费、加快农村物流发展、推动多式联运发展等一系列政策措施,流通业新动能培育壮大的政策支持力度不断加大。

二是创新步伐不断加快。近年来,青岛在"促消费、稳增长"领域出台了一系列工作措施。2018年,青岛市政府提出了打造"青岛购物"品牌的新目标。为此,青岛牵手阿里巴巴,打造"青岛购物"新零售品牌。5月21日,青岛市商务局与阿里巴巴口碑集团签署推进青岛新零售发展的战略合作协议,双方探讨在"互联网+"和"新旧动能转换"时代背景下,以线上线下和物流深度结合的新零售模式,引领商业零售发展,打造全国新零售示范城市。

另外,在推动商贸企业线上线下融合发展,推动内外贸融合促进消费升级以及发展地铁商业和振兴老字号等方面,相关措施收效明显,消费拉动经济增长的动力显著增强。

三是标准化、国际化进程加快。近年来,青岛市积极推动步行街建设,制定和优化《商业网点规划》,围绕"市级—区级—社区"三级商业中心网络体系的建设完善,通过规划引导、政策扶持、培育特色、打造品牌,使城市步行街形成规模,取得了明显成效。截至2018年6月底,市区粗具规模的商业街达到30条,涉及综合商业、餐饮、服饰、电子信息、文化产品、小商品、婚纱摄影、家具、红酒、旅馆、汽车、机电产品类等10多个行业。按照市委、市政府高起点、高标准、高立意、精细化的要求,在空间布局规划上,结合三级商业中心发展目标,将建设高品位步行街建设作为建设重点,力争用2~3年时间,培育2~3条具有国内国际领先水平的高品位步行街,以高品位步行街升级改造为突破口,全面提升青岛城市面貌,活跃城市经济,培育中高端消费新增长点。

四是加大监测力度,市场环境持续优化。如 10 月 1～7 日国庆节长假期间,青岛市商务局组织全市 58 家重点监测样本企业,开展生活必需品市场监测日报告制度,引导企业密切关注全市生活必需品市场运行动态及做好数据上报工作,并及时督导全市"菜篮子"市场监测样本企业,加大市场监测力度和密度,时刻掌握市场供需和价格变动情况,进一步优化了消费环境。

(三)供应链体系建设进展迅速

作为全国供应链体系建设试点工作首批 17 个重点城市之一,2017年下半年商务领域供应链体系建设试点工作开展以来,青岛市认真贯彻落实商务部、财政部的工作部署和要求,积极推进试点建设相关工作。一是整体规划,重点突破,推动供应链商业模式创新与平台建设。通过对重要节点和流通环节的流程再造,分析供应链细分市场需求,综合考虑青岛区域经济和产业特色、消费水平、消费习惯、金融体系、物流体系、信息体系以及交通区位等条件,按照重点突出、对接国际、科学适用的原则,确立青岛市供应链体系建设框架和工作机制。二是先行先试,循序渐进,确立供应链体系建设路径与发展模式。积极发挥市场在资源配置中的决定性作用,激发企业参与试点的主动性和创造性,确定了"企业主体、行业协同、区域集群、内外融合"的供应链体系建设路径。三是纵向衔接,横向协同,优化供应链整体价值重构与要素增值。通过贯彻落实国家、山东省关于推进供应链体系发展的工作部署和政策措施,加强国家间、区域间、产业间、部门间、企业间协同联动共享,实现供应链的跨行业、跨业态、跨国境的科学发展,形成推进创新发展的合力,不断推进供应链价值重构和要素增值。四是产融结合,多业联合,实现供应链业态迭代升级与持续发展。通过产融结合,积极稳妥地开展供应链金融体系建设,鼓励符合条件的企业开展外贸供应链金融的试点,积极推动供应链金融服务实体经济,降低供应链整体交易成本,使金融真正服务于整个供应链的各类主体并推动商业生态的发展。通过上述工作的积极推进,青岛供应链体系建设试点工作收到了阶段性成效。2018 年 9 月下旬,商务部组织专家组对全国 17 个试点城市进行全面督导,对青岛供应链体系建设工作给予了充分肯定并指出,青岛在供应链管理机制、供应链平台、物流标准化、肉菜流通追溯体系等方面进行了一些积极探索,取得了显著成效,涌现出一批走在全国前列的供应链企业,其典型经验和工作模式值得很好总结和复制推广。

(四)以新兴业态、新商业模式为引领,商贸流通领域新动能加快成长

随着网络技术不断进步、互联网普及率不断提高、网购商品供给不断丰富及物流便捷化水平不断提升,网上订餐、购物和旅游等成为新业态、新商业模式,网上零售在上年高增速的基础上继续快速增长,引领青岛市商贸流通业较快发展。上半年,全市限额以上法人企业实现网络零售额 180.9 亿元,同比增长 54%,增速较上年同期提升 38.9 个百分点;限额以上网络零售额占社会消费品零售总额 8.1%,比 2018 年第一季度和上年同期分别提升 1.4 个和 2.5 个百分点,对社会消费品零售总额增长的贡献率达 30.6%,较上年同期提升 22.6 个百分点。前三季度,全市电子商务交易平台实现交易额 7998.71 亿元、同比增长 18.0%。其中,B2B 交易额 7878.10 亿元、同比增长 17.9%,B2C 交易额 120.60 亿元、同比增长 24.0%。

(五)城市商业综合体活力释放,引领和带动形成新的商业集聚区

以万象城、凯德 MALL 为代表的城市商业综合体,适应和满足消费的个性化、多样化和便捷化需求,零售、餐饮、休闲养生、娱乐、文化、教育等功能活跃,引领和带动形成新的商业集聚区,发挥着区域中心和购物中心的主导作用。2018 年第一季度,全市 12 家城市商业综合体客流量达 3300 万人次,同比增长 20.9%;全市 12 家城市商业综合体实现销售额 17.3 亿元,同比增长 17.8%,高于同期全市社会消费品零售额增速 7.1 个百分点,发展步伐加快。特色专业、专卖店成为综合体内传统零售业增长主力军。第一季度,12 家综合体内零售门店达到 1347 家,实现销售额 11.6 亿元,同比增长 17.2%。零售业门店中专业、专卖店 1284 家,占总数的 95.3%,实现销售额 8.2 亿元,增长 20.2%,占综合体内零售业销售额的 70.7%,对其增长的贡献率达到 81.1%。餐饮业持续活跃。餐饮业与零售业、部分服务行业有机融合,形成相互促进的良性增长。第一季度,12 家城市商业综合体内餐饮门店 566 家,占门店总数的 1/4,实现餐饮业营业额 4.0 亿元,同比增长 16.1%,高于同期全市餐饮业社会消费品零售额增速 5.3 个百分点。文化娱乐、健身、培训等服务消费快速发展。第一季度,综合体服务行业实现营业额 1.7 亿元,同比增长 27.4%。其中电影院、游乐游艺等休闲娱乐业营业额增长 17.9%,教育培训业实现营业额增长 17.8%,服务消费发展速度加快。

1～9 月,以万象城、凯德 MALL 为代表的 12 家城市商业综合体,共吸纳客流 1 亿多人次,同比增加 1841 万人次;实现销售额 56.1 亿元,同比增长 18.1%;综合体内共有商户 2376 家,交纳租金总额达到 5.5 亿元,同比增长 11.6%。

(六)城乡市场协调发展,乡村市场占比稳步提高

随着乡村振兴战略的深入实施,青岛市农村地区交通、物流、通信等消费基础设施进一步完善,电子商务不断向农村地区延伸覆盖,农村居民收入实现较快增长,农村居民消费潜力持续释放。在居民消费能力和消费意愿不断增强、消费环境持续优化等因素带动下,2018 年,全市城乡消费品市场均保持了较快增长。上半年,青岛市社会消费品零售额按城镇和乡村分类,分别为 1859.6 亿元和 369.4 亿元,分别增长 9.9%和 12.0%;乡村消费品市场零售额增速较城镇市场高 2.1 个百分点;乡村市场占全市社会消费品零售总额的比重为 16.6%,较上年同期提升 0.3 个百分点。乡村消费品零售额增速快于城镇,乡村市场占比逐步提高,消费市场城乡结构持续优化。

(七)上合峰会效应催生旅游热,住宿餐饮业实现快速增长

上合峰会效应催生来青旅游高潮。在商贸流通领域,与旅游活动紧密相关的住宿业和餐饮业实现快速增长。6 月,限额以上单位住宿业和餐饮业分别实现营业额 5.0 亿元和 5.7 亿元,同比分别增长 17.0%和 21.2%,增速较近 5 年 6 月平均速度分别提升 13.4 个和 18.9 个百分点。

青岛旅游在多重利好效应特别是上合峰会和世界旅游城市联合会青岛香山旅游峰会"双峰会效应"带动下,国庆节 7 天长假迎来了新一轮游客井喷和爆发式增长。统计数据显示,国庆节期间,全市共接待游客 706.5 万人次,同比增长 33.3%;实现旅游消费 83.94 亿元,同比增长 26.4%。

(八)节假日市场繁荣活跃,"城市购物节"成为青岛商业繁荣的靓丽名片

传统节日一直备受市民青睐,节日气氛浓郁;针对节日消费特点,青岛市各重点商贸企业积极准备"名优特新"商品货源,创新营销思路,提高服务质量,营造繁荣稳定的节日氛围,开展了打折、抽奖、双倍积分、信用消费、买赠、返现、移动支付送红包等系列促销活动,线上线下融合发展,实现了企业销售稳定增长。据青岛市商务局发布数据,2018 年春节假期,全市重点商贸企业(集团)实现销售额 9.2 亿元,同比增长 10.5%,日均客流量达 16 万人次左右,同比增长 11.2%,重点餐饮企业实现营业额 7469 万元,同比增长 13.8%。"五一"假期,全市重点商贸企业(集团)实现销售额 7.2 亿元,同比增长 9.2%,日均客流量达 38 万余人次,同比增长 9.8%,重点餐饮企业实现营业额 824 万元,同比增长

10.3％。中秋期间，全市 10 家重点商贸企业（集团）实现销售额 6.3 亿元，同比增长 5.5％。国庆节长假期间，青岛市各商贸企业围绕"时尚青岛""美丽青岛""欢乐青岛"三大活动主线，开展多种多样的节庆促销活动，营造浓郁节日气氛，激发广大市民和来青游客的购物热情，带动节日消费市场繁荣活跃、增长稳定。商品供应充足、品类丰富，生活必需品价格平稳。据青岛市商务局监测，全市 20 家重点商贸企业（集团）实现销售额 15.4 亿元，同比增长 6.3％，10 家重点餐饮企业实现营业额 6462.9 万元，同比增长 12.8％。

2018 年青岛城市购物节是第十届城市购物节，按照"政府搭台、企业唱戏、市民参与、游客互动"的原则，历届购物节通过学习借鉴中国香港、新加坡购物节的先进经验，在社会各界的共同努力下，"青岛城市购物节"影响力逐步增强。本届购物节活动从 8 月 10 日一直持续到 12 月下旬，共分"商家打折促动、商旅文体互动、线上线下联动、展会展销拉动"四大活动板块，近 150 天的购物节为广大消费者奉献一场全城欢动的购物盛宴。已经成为青岛市促进商业繁荣发展，推进"宜居幸福创新型国际城市"建设的重要举措之一，成为展现岛城商业繁荣和城市形象的一张靓丽名片。

二、2019 年青岛市商贸流通业发展形势展望

2019 年，青岛市将认真贯彻落实党的十九大精神，深入学习贯彻习近平新时代中国特色社会主义思想，继续深化商贸流通领域供给侧结构性改革，加快商贸流通新旧动能转换，积极培育新业态新模式，进一步完善贸易流通网络体系建设，促进商贸流通信息化、标准化、便利化，提升流通供给能力水平，优化流通发展环境，推动消费全面升级，为青岛争创国际消费中心城市，在实现社会主义现代化新征程中率先走在前列提供动力。

(一)商贸流通业创新发展力度加大，新旧动能转换步伐将进一步加快

近年来，国家围绕加快商贸流通现代化、促进消费转型升级、发展农村物流等制定了一系列政策措施，政策红利充分释放，为青岛市商贸流通业转型升级、创新发展提供了更广阔的空间和机遇。

2019 年，青岛市将高度重视商贸流通产业对发展经济和改善民生的重要作用，高度重视商贸流通产业的创新发展和转型升级。加快批发、零售、住宿、餐饮、交通运输、仓储、邮政快递以及其他居民服务业的新旧动能转换和发展，在供应内容、方式和便利性上更好地满足消费市场需求并逐步与国际接轨。

2019年,青岛市将继续实施现代消费升级行动计划。落实现代消费升级行动计划重点任务,实施商圈消费引领工程,搭建国际消费新平台,打造城乡便民服务中心,在中高端消费、绿色低碳、现代供应链等领域培育新增长点,探索建立全社会全口径消费新体系,创建国际消费中心城市。

搭建消费促进平台,推动内外贸融合发展扩消费,推进内外贸融合市场试点,发展保税展示销售、进口商品直销,扩大国外优质消费品进口规模。

加强商贸领域招商引资。2019年青岛利用外资促进商贸发展的重要项目将不断增多。预计宜家2019年将开门营业,宜家的落户将促进青岛商贸流通业的发展和现代服务业的提升。

加快培育品牌、服务、信息、中高端等新兴消费热点,大力发展电子商务、时尚消费、体验消费,增加品质消费、健康消费、绿色消费的供给。进一步提升服务消费水平,推动餐饮、住宿等传统消费提质扩容。促进发展模式创新,推动融合扩大消费,鼓励探索新零售、多领域等跨界融合的消费新业态、新模式,满足不同群体多样化消费需求。

(二)商贸流通发展质量将持续提升

商贸流通品牌化发展深入推进,商贸流通标准化建设继续加强。为加快供应链创新与应用,提高青岛市流通标准化、信息化、集约化水平,2018年3月青岛市商务局出台《青岛市供应链体系建设试点工作方案》,立足青岛市行业基础和资源优势,对标国际国内一流标准,以"3915工程"(即突出"3个主要任务方向"、建设"9个重点工作体系"、培育"15家供应链骨干企业")为牵引,努力打造互联互通、协同共享、产融结合、功能完善、管理规范、标准健全的,具有"青岛特色"的供应链行业发展标准体系。2018年底实现大宗物资、农产品、快速消费品、肉类等细分行业供应链协同效率分别提高30%以上,供应链整体成本降低15%以上。同时,将在全市确立15家(批)左右骨干企业,示范带动其他企业积极参与供应链体系建设试点工作,进一步提升全市供应链体系建设质量。据了解,到2019年11月底,青岛市将对供应链体系建设试点情况进行总结,形成试点建设青岛经验,上报省和国家。

重要商品追溯体系构建更加完善。加快建设重要农产品追溯体系,青岛市将推进肉菜追溯管理平台建设,扩大追溯范围,在西海岸新区新建包括屠宰、批发、查验、零售等业态在内的肉菜追溯体系,与全市肉菜追溯管理平台对接,使全市城区受益人口增加到650万。将结合第三方支付、二维码应用等新技术,在批发、零售等交易环节进行创新,强化追溯数据分析与成果应用,升级管理平台,应用新设备,提供更加精细、便捷、高效的行业管理、业户自主管理和消费者应用场景,推进肉菜追溯系统创新升级。

接轨国际消费模式。青岛将建设进口消费品集散地,大力培育进口促进平台,支持在大型商超设立国外商品直销区,实现进口商品采购便捷化。培育一批国际消费品展示交易平台,推进海关特殊监管区域与区外展览场所联动,完善"产地直达""前店后库"等业务模式,为境外新品来青岛展示提供国际化、专业化、便利化服务。

(三)商贸流通空间布局更加优化,辐射力、影响力将进一步增强

《青岛市商务发展第十三个五年(2016—2020年)规划纲要》提出的"十三五"时期全市商贸流通领域重点任务是:建立现代流通新体系、构建开放型经济新体制、形成商务发展新机制。根据该规划纲要,2019年全市将基本构建起七大市级商业中心(中山路、香港中路、台东、李村、西海岸香江路、海尔路、红岛)、16个区级商圈(团岛、辽宁路、小村庄、海云庵、水清沟、新都心、振华路、金水路、浮山后、沙子口、城阳崇阳路、北曲、流亭、黄岛辛安、崇明岛路、胶南灵山湾路)、6处现代商贸服务聚集区(在市北区规划提升中央商务区、邮轮母港休闲服务区,在西海岸核心区规划建设"青岛中央活力区"、青岛古镇口军民融合示范区,在蓝色硅谷核心区规划建设"蓝谷中央商贸区",在火车北站规划建设李沧交通商务区)的"7166"青岛主城区商圈格局。

打造国际消费中心城市步伐将进一步加快,将以国际标准构建多层级特色商贸功能区,培育品牌特色商业街区,规范社区园区商业配套建设。2019年,青岛市高品位步行街建设,将继续对中山路特色街、台东商业步行街、青岛啤酒街、闽江路商业街、即墨古城文化旅游休闲步行街5条步行街进行升级改造,大力推进青岛市步行街改善环境、提升档次、完善功能、优化业态、彰显特色。将加大培育高品位步行街的力度。为彰显步行街青岛区域特色,在商业街的规划建设中,将根据青岛市此前出台的《关于振兴老字号企业发展的意见》,将青岛的城市特色、历史、文化和产业特点有机地融入特色商业街区的建设中,积极引进国内老字号入驻特色商业街区,形成特色商业街区独特个性和鲜明特征、发挥其在丰富居民生活、活跃城市经济、培育中高端消费新增长点等方面的积极作用。

(四)"互联网十"将促进"新零售"的发展壮大

"互联网十"的技术变革带动了商业模式的推陈出新,促进了实体商业转型升级,对流通方式、消费方式、生活方式甚至管理方式都产生了变革性的影响,对调结构、转方式、扩消费、促就业、惠民生等方面发挥了重要的作用。2019年青岛将积极优化发展环境,推动相关政策落地,推动"互联网＋"流通,利用新技术推进商贸流通转型升级,促进"新零售"发展。

2018年购物节启动仪式上,青岛市商务局推出一款手机程序——"e购青岛"。这款APP(应用程序)能提供中、英、俄、蒙、日、韩多种语言实时互译功能,成为新晋"网红",圈粉无数。2019年,"互联网＋"与现代商业深度融合的案例在青岛将越来越多,这种"新零售"模式也成为未来青岛商贸流通市场的一大亮点。2019年青岛还将在全市范围建设2条智慧口碑街区和10个智慧综合体项目,打造全国"新零售"示范城市。

"新零售"对消费的拉动力将继续增大。2018年上半年青岛实现网络交易额4151亿元,同比增长21.09%;网络零售额724亿元,同比增长31.95%,增速高出全国7个百分点,在全国占比1.59%。在此基础上,2019年,全市网络交易额、网络零售额将保持加快增长态势。

(五)建设法治化营商环境,消费市场环境更加优化

2019年,青岛市将结合优化营商环境,围绕商务诚信体系建设、重要产品追溯体系建设等成果开展宣传,深入解读国家、省、市商务信用建设的相关要求和文件精神,向消费者宣传商务信用知识和理念;深化全市商务诚信公众服务平台和各市场子平台建设,推动平台信用信息的市场应用;鼓励商家结合自身经营特点和消费者信用状况,丰富市场化守信激励措施,促进信用消费。

营商环境建设力度进一步加大。2019年青岛市将着力在优化政务服务、维护公平竞争、促进投资贸易和工作生活便利化等方面下功夫,营造让企业和居民满意的一流环境。通过深化"放管服"改革,加强政务信息系统整合共享,加快推行网上审批;加快建立营商环境评价机制,完善部门协同机制,规范市场秩序;推进诚信建设,建立失信守信黑红名单及公布制度,完善激励惩戒机制。

消费者权益保护机制进一步完善。一是建立责任清晰的主体责任机制,实行经营者产品(商品)和服务标准自我声明公开和监督制度,严格落实经营者"三包"制度和缺陷产品召回制度,探索服务质量信息公开清单制度。强化网络交易平台的责任,全面推行消费环节经营者首问和赔偿先付制度。建设快速解决消费纠纷的绿色通道,降低消费者维权成本。二是建立自我管理的行业自律机制。发挥行业组织自我管理、自我规范、自我净化的作用。推动行业协会商会建立健全行业经营自律规范、自律公约和职业道德准则,规范会员行为。三是建立多方参与的社会监督机制。加强消费教育引导工作,提高消费者维权意识和

能力,引导消费者理性、依法维权。充分发挥各级消费者协会(委员会)在维护消费者权益方面的作用,通过开展消费者评议等方式,督促经营者守法经营。发挥新闻媒体的舆论监督作用,宣传诚信经营的正面典型,曝光违法经营的不良商家和不法行为。四是建立高效便捷的政府监管机制。进一步畅通消费者诉求表达、矛盾化解和权益维护渠道。依托"互联网+",逐步实现对消费纠纷的网上接收、网上调解、网上跟踪督办,推动跨区域、跨境消费纠纷的在线解决。依法查处制售假冒伪劣商品、虚假广告、虚假宣传、价格欺诈等各类侵害消费者合法权益的行为。

(作者单位:青岛市社会科学院)

2018～2019年青岛市创新驱动发展形势分析与预测

吴 净

当前,全球科技创新正处于空前密集活跃期,新一轮科技革命与我国经济由高速增长阶段转向高质量发展阶段形成历史性交汇。习近平总书记曾多次强调"创新是引领发展的第一动力"。创新驱动的核心就是要解决发展动力问题,事关国家现代化建设全局。新时代迫切要求我们积极顺应新科技和产业变革大趋势,准确把握创新在经济社会发展中的关键性地位,加快以创新驱动改造提升发展动力体系,推动实现高质量发展。青岛市坚持以习近平新时代中国特色社会主义思想为指导,贯彻新发展理念,按照高质量发展的根本要求,围绕突出创新引领、实现"三个更加"目标定位,落实"一三三五"工作思路,加快构建创新引领、协同发展的现代化经济体系,增强经济社会发展创新力和竞争力,勇做新时代创新发展的排头兵。

一、2018年青岛市创新驱动发展形势分析

2018年,青岛市全面贯彻创新驱动发展战略,始终坚持把创新作为引领发展的第一动力,聚焦产业升级需求,坚持以科技成果转化为主线,突出创新源头供给、科技服务提升、新兴产业培育、科技管理改革等重点任务,使创新最大力度服务经济社会发展主战场,转化为推动高质量发展的第一推动力。

(一)企业创新主体地位更加突出

2018年,青岛市积极引导规模以上工业企业按照"有专职人员、有固定场所、有专项经费、有专门设备、有开发项目"的要求,普遍建立技术研发机构。引导支持已经设立专职研发机构的企业创建市级以上企业技术中心、重点实验室等各类创新平台。加强关键核心技术研发,推动企业技术创新发展再上新台阶。作为研发投入的主体、创新项目的

主体、人才集聚的主体、产学研合作的主体和专利申请的主体,企业"五大主体"作用进一步增强。截至2018年7月底,全市已认定企业技术中心614家,其中国家认定企业技术中心35家,数量位于全国前列。

青岛市深入实施科技型企业培育"百千万"工程。遴选100家以上高成长性高新技术企业予以重点培育和扶持,助推企业快速发展。持续培育5000家左右"千帆计划"企业,加快"小升规""企成高"。服务带动超过10000家科技型小微企业尽快发展壮大,努力形成科技型小微企业铺天盖地、创新型领军企业顶天立地的良好发展格局。截至2018年7月底,青岛市国家科技型中小企业入库总数达1671家,市南区、西海岸新区、崂山区入库企业排名前三位,行业主要集中在制造业,信息传输、软件和信息技术服务业,以及科学研究和技术服务业等领域。

(二)新旧动能转换内生动力持续增强

2018年,青岛市围绕创新驱动和"四新四化"要求,坚持规划引导、投资拉动和集中集约布局原则,突出创新引领和新旧动能转换,积极培育发展新动能,改造升级传统动能,在海洋、高新技术、战略性新兴产业、现代金融、创新创业等重点领域,加快推进重点项目建设,为实现高质量发展提供重要支撑。2018年上半年,全市开工在建市级重点项目162个,占项目总数的81%;完成投资1007.9亿元,占年度投资计划的63%。

截至2018年6月底,青岛市工业技改投资同比增长54.6%,对投资增长贡献率达到45.1%,传统动能持续焕发生机。全市装备制造业占规模以上工业比重达到47.4%,同比提升1.3个百分点;增加值同比增长10.5%,分别高于全国、全省1.3个和2.7个百分点,增长势头迅猛。全市战略性新兴产业同比增长9.5%,高技术产业同比增长8.6%,均高于同期全市7.6%的GDP增速,对经济增长的拉动作用显著。全市战略性新兴服务业、高技术服务业、生产性服务业、科技服务业同比分别增长12.2%、12.3%、12.2%和14.8%,服务业新动能加快成长,为全市服务经济的高质量发展提供了重要支撑。

(三)重大科技项目与创新基地建设含金量更高

2018年,青岛市全力支持高校、科研院所、企业参与国家和省级重大科技工程,项目建设更加注重技术含量,注重项目本身对整个经济社会发展的带动力,对创新的撬动力,以及对民生改善和生态优化等各方面的影响力。在国家层面上,重点支持海洋科学与技术国家实验室建设,实施中长期发展规划,加快建设E级超算等大型科研基础设施,推动共建国内外联合研发平台。加快国家高速列车技术创新中心建设,推动高速磁悬浮实验中心、轨道交通系统集成实验室等 6 个项目全面开工。推进中科院青岛科技创新基地建设,着力打造国内一流新能源科技创新高地。推进海尔开展国家科技创新面向 2030"智能制造和机器人"重大项目试点。组织海信争取人工智能专项。支持北航研究院、深海基地、歌尔等申报国家重点研发计划等。

在省级层面上,全市共有 9 个项目入选山东省 2018 年重大科技创新工程计划,主要致力于在智能移动终端、轨道交通材料、智能家居、海洋工程装备、物联网和重大新药创制等领域进行关键、共性技术的研发与应用,获得山东省财政科技专项经费共计 2300 万元。

(四)金融对创新驱动的支撑作用更加明显

2018 年,青岛市积极引导金融资源聚焦创新驱动,科技与金融不断深度融合,有效地促进了全市科技成果转化和科技型中小企业发展。由智库基金、专利运营投资基金、孵化器种子基金、天使投资基金、产业投资基金等各类引导资金组成的科技股权融资链条更加完善。截至 2018 年 6 月底,青岛市科技股权融资资金规模超过 23 亿元,累计为 251 个项目投资 10.3 亿元。其中,智库基金共 10 只,规模为 2 亿元;孵化器种子基金 6 只,规模为 6000 万元;天使投资基金 11 只,规模为 12.4 亿元;专利运营基金 1 只,规模为 2 亿元。债权融资规模也不断壮大。截至 6 月底,青岛市政策性担保公司累计为 542 家次科技企业担保贷款 18.1 亿元;专利权质押保险贷款共为 98 家科技型企业提供了 3.2 亿元的银行授信支持;覆盖 13 个区(市)的科技信贷风险准备金池为 108 家企业提供了 3.4 亿元信贷资金支持。

青岛市还积极探索科技金融服务新途径,推出科技金融"投保贷联动"业务,做实股债联动新模式。2018 年,先后在西海岸新区、高新区、崂山区等多个区域组织"投保贷联动"推介活动,截至 6 月底,"投保贷联动"业务实际发放贷款 4770 万元,贷款企业 11 家。

(五)大众创业、万众创新推进更加深入

2018 年,青岛市创新改革机制,提升办事便利化水平,大力度培育市场主体。出台了《〈关于大力培育市场主体 加快发展民营经济的意见〉实施细则》,进一步明确"20 条"意见中各项奖励政策实施办法。重点培育一批技术含量高、成长性好、具有自主创新能力的民营企业,支持骨干民企发展壮大。截至 2018 年 6 月底,青岛市实有市场主体 128.49 万户,同比增长 19.88%,居全省第一位。实有民营经济市场主体 125.26 万户,同比增长 20.35%,占全部市场主体总量的 97.48%,其中:私营企业 41.54 万家,个体工商户 82.42 万户,农民专业合作社 1.30

万户。

青岛市深入实施专利质量提升工程,进一步加强知识产权运用和保护,助力创新创业。截至 2018 年 6 月底,全市发明专利申请量 11528 件(其中发明占 35.88%,实用新型占 57.90%,外观设计占 6.23%),同比增长 9.6%,占全省的 30.12%;发明专利授权量 3290 件,同比增长 11.1%,占全省的 31.78%;有效发明专利拥有量 24108 件,同比增长 20.9%,占全省的 29.81%;万人拥有有效发明专利 26.19 件,远高于全省 8.13 件的平均水平。

(六)科技成果转化更加顺畅

2018 年,为实现科技成果供给与企业需求精准对接,加快科技成果在本地转化,青岛市强化顶层谋划,加强宏观统筹,出台《青岛市国家科技成果转移转化示范区建设实施方案》和《2018 年产学研对接专项行动方案》,坚持以科技成果转移转化为主线,建立动态管理制度,积极开展全要素、广渠道、多形式的产学研对接活动。2018 年上半年,全市、区(功能区)政府部门、高校院所、科技服务机构、科技型企业等 50 余家单位,组织开展科技招商、成果发布、专题推介、对接洽谈等活动共计 124 场,参加单位近 600 家、人员超过 4000 人,发布成果 700 余项,达成合作协议 112 个。

截至 2018 年 6 月底,青岛市实现技术合同成交额共计 40.55 亿元,同比增长 21.89%。从领域分布看,环境保护领域、先进制造领域分别实现技术合同成交额 12.01 亿元和 11.98 亿元,居所在技术领域第 1 位和第 2 位;新能源节能领域实现技术合同成交额 6.58 亿元,同比增长 559.64%,增幅居各领域第 1 位。从合同类别看,技术开发合同成交额 21.50 亿元,占全市成交额的 53.04%,居各类合同首位;技术服务合同成交额 16.08 亿元,同比增长 982.07%,增幅居各类合同之首。从区域分布看,崂山区技术合同成交额 16.51 亿元,居全市第 1 位;平度市技术合同成交额同比增长 950.30%,增幅居各区(市)第 1 位。

(七)科技创新服务能力不断提升

2018 年,青岛市积极推进孵化载体提质增效,支持龙头骨干企业、高校院所建设专业孵化载体,加快培育"众创空间—孵化器—加速器—产业园"创业孵化链条,创新创业孵化载体不断成长,创新孵化动力和活力不断增强。截至 2018 年 6 月底,青岛市经认定的孵化器共计 160 家,其中国家级孵化器 19 家、国家备案众创空间 80 家,数量居全国副省级城市第 2 位。孵化载体培育高新技术企业 238 家,培育上市(挂牌)企业 142 家,其中主板 1 家、新三板 25 家、四板 116 家。

同时,青岛市以服务创新创业为出发点,以科技资源优化配置、共享服务为目的,以购置高端研发仪器设备为手段,加快全市公共研发平台建设。截至 2018 年 6 月底,青岛市大型科学仪器共享服务平台拥有各类仪器管理单位 243 家,入网大型科学仪器设备 3419 台(套),涵盖电子信息、海洋、化工、生物、机械等多个行业,累计为 100 余家用户提供了仪器共享信息和检验测试服务,有效促进了全市中小企业自主创新能力的提升。

(八)科技惠民不断强化

2018 年,青岛市围绕环境保护和公共安全等热点、难点问题,加强技术攻关和惠民示范工程建设,在农业科技创新、社会发展支撑、医疗健康发展、科技精准扶贫等方面加大工作力度,充分发挥科技创新在城市环境提升和民生改善中的支撑作用。在生物育种、土壤改良、动物疫苗、智能农机装备、健康养殖、光伏农业等重点领域布局实施一批农业科技创新重点项目。实施科技特派员工程,打造千人规模的科技特派员队伍,切实增强贫困地区创新创业和自我发展能力。优化医学创新链条和组织模式,以应用为导向、临床转化为目标,加强重大疾病防控关键技术研发。搭建基于大数据、云服务的智慧健康移动医疗平台,提升便民医疗网络化、智能化服务水平。组织开展食品分析检测系统研究与应用示范和危险气体泄漏源检测定位应用示范,为食品安全和城市安全提供技术支撑保障。

(九)国际科技合作格局不断拓展

2018 年,青岛市全面落实"一带一路"倡议,通过政府间科技合作项目、中外联合技术研发等方式,强化与沿线国家对接合作。围绕打造国际海洋科技名城,依托海洋科学与技术国家实验室和国家深海基地,深层次融入全球海洋创新网络。推进海尔、海信等大企业加快海外研发中心布局;支持中车四方加快建设德、英、美、泰等联合研发机构,打造中国高端装备"新名片"。截至 6 月底,全市已设立重点企业海外研发中心 48 家、海外联合实验室 5 家。全市拥有国家级国际科技合作基地 19 家,居计划单列市之首,占全省的 43%;拥有山东省首批品牌国际科技合作基地 3 家。

同时,青岛市抢抓"上合峰会"机遇,与上合组织成员国进一步拓展共同创新发展新空间。青岛市与俄罗斯在科技领域的合作不断取得新突破,截至 2018 年 6 月底,累计举办 40 余场科技人文交流活动,中俄学术双向互派近 1600 人,先后举办五次大型国际会议,在装备制造、新材料、能源和环境保护、橡胶和塑料、电子和自动化、航空航天等多个高新技术领域进行了对接洽谈,项目总数达 80 余个,累计吸引国外专家、代表 2000 余人,与俄罗斯高校、科研院所、专家达成合作协议 13 个。

二、2019 年青岛市创新驱动发展预测

党的十九大报告提出的目标是,从 2020 年到 2035 年,中国将跻身创新型国家前列。这一光明前景令人欢欣鼓舞,但同时也应该看到,我国创新驱动仍然存在一些亟待解决的突出问题,特别是同党的十九大提出的新任务新要求相比,与世界最顶尖的创新强国相比,在创新能力、资源配置、体制政策等方面存在诸多不适应的地方。例如,我国基础研究"短板"依然突出,重大原创性成果缺乏;技术研发聚焦产业发展需求不够,科技成果转化能力不强;激发人才创新创造活力的体制机制还不完善,顶尖人才和团队比较缺乏;创新政策与经济、产业政策衔接不够,重大决策落实尚未形成合力等。

青岛市不同程度地存在上述问题,创新发展仍具有很大的发展空间。2019 年,全市将继续深入学习贯彻习近平新时代中国特色社会主义思想,按照中央和省、市委的决策部署,大力实施创新驱动战略,坚持把发展基点放在创新上,大力培育创新优势企业,塑造更多依靠创新驱动、更多发挥先发优势的引领型发展。

(一)高质量科技供给将进一步增强

2019 年,青岛市将继续以提高发展质量和效益为中心,以支撑供给侧结构性改革为主线,提升科技供给质量,推动产业链再造和价值链提升,实现供需匹配和动态均衡发展,推动经济发展质量变革、效率变革、动力变革。

一是瞄准世界科技前沿,注重战略导向和目标引导,以关键共性技术、前沿引领技术、现代工程技术、颠覆性技术创新为突破口,加强对关系根本和全局的科学问题的研究部署,加快构筑支撑高端引领的先发优势。高标准建设国家实验室,推动大科学计划、大科学工程、大科学中心、国际科技创新基地的统筹布局和优化。加快推进新一代信息技术、先进制造、生物医药、新能源新材料、现代海洋五大产业技术攻关,精准发力,重点突破,抢占发展制高点。

二是将继续大力实施科技型企业培育"百千万"工程,打造百家重点高新技术企业,培育千家"千帆"企业,服务万家小微企业,壮大科技型企业队伍,推动企业成为技术创新决策、研发投入、科研组织和成果转化的主体。大力培育"瞪羚"企业、"独角兽"企业和国家级制造业单项冠军企业。

三是建立全要素、广渠道、多形式的产学研对接机制，推动科技成果尽快转化为现实生产力。支持企业联合高校和研究机构组建产业技术创新联盟或设立研发机构，促进协同创新和大型科学仪器设备开放共享。鼓励驻青高校和研究机构深度融入青岛市发展，不断推出支持产业发展的专业或课程。持续优化转移转化机制，促进国内外高校和研究机构更多科技成果在全市转化。

四是聚焦"以四新促四化"，加快以信息化、智能化为杠杆培育新动能，推动产业迈向价值链中高端。深入实施"双百千"行动和"一业一策"计划，争取更多行业、企业主营业务收入达到百亿元、千亿元级以上的规模，培育一批新的支柱产业和产业集群，建设"四新"集聚地，打造"四化"试验区。

（二）"双创"升级版打造将迈上新台阶

2019年，青岛市将充分利用市场机制，强化政策支持，提供全方位创新创业服务，有效配置各类主体创新创业资源，推动以科技型创新创业为引领的"双创"升级发展，有效服务于实体经济转型升级。

一是积极推动海尔国家双创示范基地和青岛高新区国家双创示范基地，以及省级、市级双创示范基地建设，尽快形成新的创新创业经验并在全市复制推广，打造国内国外、线上线下、大中小企业双创融通发展格局。支持企业双创示范基地加快云计算、"互联网＋"、电子商务等新技术研发及融合应用。支持区域双创示范基地优化产业布局，发展智能制造、软件信息、医疗医药、金融、高端服务等新兴产业。

二是继续完善众创空间、孵化器、加速器和产业园区协同发展机制，实现从团队孵化到企业孵化再到产业孵化的全链条一体化服务。大力发展创新工场等新型孵化器，做大做强众创空间，完善创业孵化服务。利用大数据、云计算、移动互联网等现代技术手段，打通创业服务中间环节，实现"互联网＋创业服务"。

三是继续强化"投资＋孵化"功能，引导和鼓励各类创业孵化器与天使投资人、创业投资机构合作，吸引社会资本投资初创企业。鼓励各类创业孵化器在提供一般性增值服务的同时，以股权投资等方式与创业企业建立股权关系，实现孵化器与创业企业的共同成长。引导和推动创业孵化与高校、科研院所等技术成果转移相结合，完善技术支撑服务。

四是将进一步完善包括培育、申请、受理、授权、确权、维权、用权的全链条知识产权服务体系，为激发创新创业热情、保护创新创业成果提供有效支撑。

（三）科技体制改革将进一步推进

2019年，青岛市将继续深化科技体制改革，努力形成系统、全面、可持续的改革部署和工作格局，打通科技创新与经济社会发展通道，进一步增强创新在供给侧结构性改革中的引领作用，最大限度地激发科技第一生产力、创新第一动力的巨大潜能。

一是进一步建立和完善技术创新的市场导向机制和政府引导机制。市场导向明确的科技项目由企业牵头、政府引导、联合高等学校和科研院所实施，政府更多运用财政后补助、间接投入等方式，支持企业自主决策、先行投入，开展重大产业关键共性技术、装备和标准的研发攻关，探索政府支持企业技术创新、管理创新、商业模式创新的新机制。

二是将继续畅通科技成果转化政策落实机制。进一步规范高校、科研院所科技成果转移转化流程，明确转移转化、知识产权、评价奖励等工作的责任主体。围绕科技成果产业化的全过程，明确单位、科研团队、科技人员相应的处置权、使用权和收益权。推动高校、科研院所开展股权、期权激励改革，可自主决定采用科技成果转让、许可、作价投资。完善职务发明法定收益分配制度，提高转化收益分配比例。

三是加快改革和完善人才发展机制，加大创新型人才培养力度，制定和落实鼓励创新创造的激励政策。对从事基础和前沿技术研究、应用研究、成果转化等活动的人员建立分类评价制度。进一步完善科研人员薪酬和岗位管理制度，破除人才流动的体制机制障碍，促进科研人员在事业单位与企业间合理流动。加快社会保障制度改革，完善科研人员在事业单位与企业之间流动社保关系转移接续政策。

四是深化科技管理"放管服"改革，着力抓战略、抓规划、抓政策、抓服务，在科技计划、科技奖励等方面进一步简政放权，完善科技决策咨询、科技评估、科技诚信等制度，建立更加符合科技创新规律的管理机制。

（四）融入全球科技创新步伐将进一步加快

2019年，青岛市将继续坚持以全球视野谋划和推动科技创新，加强国际科技交流合作，主动布局和积极利用国际创新资源，努力构建合作共赢的伙伴关系。

一是继续发挥"一带一路"新亚欧大陆经济走廊主要节点、海上合作战略支点作用，合作建设面向沿线国家、地区、城市的科技创新联盟和科技创新基地，为共同发展创造机遇和平台。

二是继续发挥"上合青岛峰会"后续效应，在充分了解上合组织成员国科技供给能力和科技需求基础上，积极推动与上合组织成员国开展科技交流与合作,有针对性地"引进来、走出去",积极鼓励科技创新型企业在上合组织成员国建立研发中心、拓展国际科技合作市场空间,发展壮大科技产业。

三是继续引导和鼓励国内资本与境外合作设立新型创业孵化平台,通过建设国际创客实验室、共同设立风险基金、共建合作创新园、定期组织交流活动等方式,加强人才、技术项目及孵化机构的交流与合作,建立长久性国际合作机制,搭建国际创新创业平台。

(作者单位:青岛市社会科学院)

2018～2019年青岛市港口经济发展形势分析与预测

李勇军

2018年,随着"一带一路"建设的推进,青岛市港口经济取得了长足的发展。青岛港是青岛市"走出去"的重要窗口,同时也是辐射力非常强的区域经济发展引擎。青岛市的经济发展离不开港口经济,港口经济推动着青岛经济的发展。

一、2018年前三季度港口生产运行情况分析

(一)我国大陆港口完成货物吞吐量情况

2018年前三季度,我国大陆规模以上港口累计完成货物吞吐量99.5亿吨,同比增长2.6%,增速较上年同期回落了5.1个百分点。其中,沿海港口完成69.3亿吨,同比增长4.3%,增速较上年回落了3个百分点。前三季度,我国大陆港口生产总体来讲持续向好,但增速有所放缓(图1)。

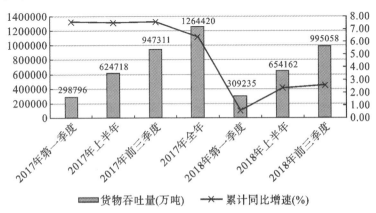

图1　2017～2018年全国货物吞吐量各季度累计绝对值及同比增速

从货物吞吐量前 10 位的港口排名来看,基本延续了 2017 年的排名顺序,属内河港口的苏州港由第三下滑至第五,营口港由于烟台港和日照港的快速增长,由 2017 年的前九变为被挤出前十(表1)。

表1　2018 年前三季度我国部分港口货物吞吐量　　单位:万吨

排名	港口名称	2018 年 1～9 月	2017 年 1～9 月	同比增速(%)
1	宁波-舟山港	82952	77060	7.65
2	上海	54669	56183	−2.69
3	唐山	45918	42929	6.96
4	广州	44694	41570	7.52
5	苏州	39870	46150	−13.61
6	青岛	39772	38190	4.14
7	天津	37115	37799	−1.81
8	大连	35646	34888	2.17
9	烟台	34931	21291	64.06
10	日照	32908	27190	21.03

数据来源:中华人民共和国交通运输部。

(二)我国大陆港口完成外贸货物吞吐量情况

2018 年,世界经济由于不确定因素影响,遇到了较大的风险,主要经济体增长缓慢,紧缩货币的政策周期开始的同时,贸易保护主义重新抬头,美国提高关税政策引发了一系列的贸易摩擦。港口经济面临的形势较为严峻,不利因素也在增加。

2018 年前三季度,因为国内基础设施建设和固定资产投资力度有所回落,贸易需求也随之减少,同时国际煤价、铁矿石价、油价不断攀升,进口压力显现,国内大宗商品需求在稳定的基础上平稳低速增长,增速明显回落。

2018 年前三季度累计完成外贸货物吞吐量 31.3 亿吨,同比增长2.3%,增速回落了 4.6 个百分点(图2)。

(三)我国大陆港口完成集装箱吞吐量情况

从集装箱吞吐量的累计数据来看,2018 年前三季度,我国大陆规模以上港口完成集装箱吞吐量 1.9 亿标准箱,同比增长 4.9%。特别是第三季度,作为传统的航运旺季,规模以上港口完成集装箱吞吐量6493 万标准箱,同比增长 4.7%,增速不及第一季度和第二季度,出现下滑的态势(图3)。

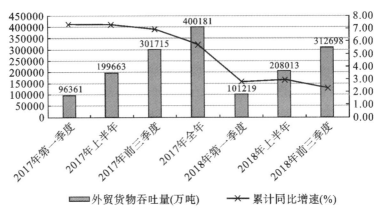

图 2　2017～2018 年全国外贸货物吞吐量各季度累计绝对值及同比增速

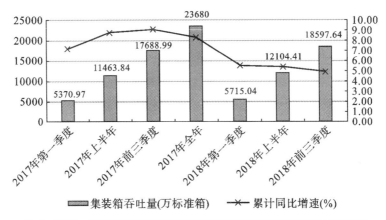

图 3　2017～2018 年全国集装箱吞吐量各季度累计绝对值及同比增速

　　上海港继续稳居第一；宁波-舟山港以 7.3% 的增速超越深圳港，跃居第二；深圳港增速下滑较为明显，退居第三；在国家建设粤港澳大湾区发展战略的大机遇下，随着南沙港区三期建成投产，在大多数港口的增速较上年大幅回落的状况下，广州港继续保持着快速发展的态势，全年集装箱吞吐量有可能超过 2100 万标准箱（表 2）。

表 2　2018 年前三季度全国部分港口集装箱吞吐量

单位：万标准箱

排名	港口名称	2018 年 1～9 月	2017 年 1～9 月	同比增速（%）
1	上海	3135.45	2988.24	4.93
2	宁波-舟山港	2013.54	1876.51	7.30
3	深圳	1908.52	1893.83	0.78
4	广州	1595.57	1484.20	7.50

(续表)

排名	港口名称	2018 年 1～9 月	2017 年 1～9 月	同比增速(%)
5	青岛	1434.60	1373.38	4.46
6	天津	1211.53	1145.88	5.73
7	厦门	800.84	761.40	5.18
8	大连	763.99	761.73	0.30
9	苏州	478.28	441.63	8.30
10	营口	477.58	464.37	2.84

数据来源:中华人民共和国交通运输部。

(四)青岛港口生产运行情况

2018 年前三季度,青岛港累计完成货物吞吐量 39772 万吨,居全国第六位,同比增长 4.1%,增速较上年同期增加了 2.6 个百分点,不及全国平均增速(图 4)。

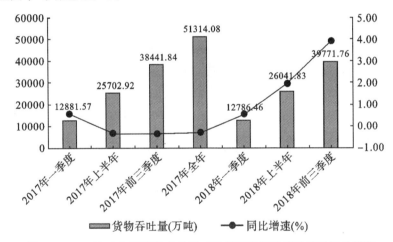

图 4　2017～2018 年青岛港货物吞吐量各季度累计绝对值及同比增速

青岛港的增速虽高于上海、天津、苏州等负增长的港口,但烟台港64.06%的增速昂居榜首,日照港也在以 21.03%的增速快速增长。排在青岛港前的宁波-舟山港、唐山港和广州的增速虽然有所回落,但仍然维持在 7%左右,远高于青岛港的增速。

前三季度,青岛港完成集装箱吞吐量 1434.6 万标准箱,居全国第五位,同比增长 4.46%,增速较上年同期增加了 2.6 个百分点,但仍不及全国平均增速(图 5)。

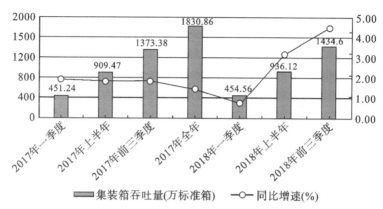

图 5　2017～2018 年青岛港集装箱吞吐量各季度累计绝对值及同比增速

二、2018 年青岛港口经济发展形势分析

(一)打造港口金融生态圈

青岛港成立了青岛港金融控股公司、财务公司、资产管理公司、青岛港国际融资租赁公司、保险代理公司、小额贷款公司,参股青岛青银金融租赁有限公司,打造港口金融生态圈。

"银港通"大宗商品贸易融资信息系统,是国内首个政府和监管部门推动、由港口和银行共同建设的大宗商品贸易融资信息平台。该系统主要用于青岛港进口货物的质押融资监管,是动产质押监管新模式,搭建起安全高效的智能化监管体系。这一系统有效地解决了大宗商品贸易融资过程中最为关键的货物监管信息不对称问题,可以有效地防范监管风险,与银企间搭建起便捷的融资渠道。

青岛港金融控股公司成立以来,有效地将所有金融业态串联在一起,实现了金融决策、风险管控、产融协同的整体推进、系统管理。

(二)打造国际化码头运营商

深度融入国家"一带一路"建设,2018 年 3 月青岛港与西班牙穆尔西亚自治区卡塔赫纳港签约建立友好港关系,青岛港建立的友好港已达 22 个。与国际化经营经验丰富的招商局、中国远洋海运、中石油、中国路桥、中国港湾、中交疏浚、海丰、青建等企业组团出海。成功向缅甸皎漂港输出管理,在意大利瓦多利古雷港码头实现首次资本输出,与巴基斯坦瓜达尔港、阿联酋阿布扎比港等合作项目正加快推进。与迪拜环球、马士基、国家开发银行、中非基金等签署战略合作框架协议,围绕码头运营、港口物流、港口金融等方面深化合作,联手发展。

中石油集团、缅甸国家油气公司共同出资建设中缅原油管道工程（缅甸段），管道全长 771 千米，设计输量达每年 2200 万吨，全线采用常温密闭输送工艺。青岛港与中石油东南亚原油管道有限公司合作，为缅甸皎漂港马德岛 30 万吨级原油码头提供运营服务管理。2017 年 4 月投产运营至 2018 年第三季度，已安全、优质、高效完成 35 艘次船舶接卸任务，完成吞吐量 787 万吨，赢得合作方高度评价，青岛港的运营管理优势进一步发挥。这是中国沿海港口首次向海外输出管理的经典案例。

青岛港与中远海运共同入股意大利瓦多利古雷港，并与马士基码头公司成立合资公司，共同运营管理瓦多利古雷港集装箱码头和冷藏码头。正在开发建设中的瓦多利古雷港集装箱码头位于意大利北部地中海利古雷海岸，2018 年投入运营，主要服务于意大利北部、法国南部、瑞士和德国等腹地市场。青岛港实现了历史上首次资本海外输出。

(三)建设智慧化港口

推进智慧港口建设，码头操作、理货、库场管理实现自动化、智能化。

2017 年 5 月，青岛港全自动化码头正式投入运营。该码头位于前湾港区四期第 5～10 泊位，岸线长 2088 米，纵深 784 米，前沿水深 20 米，年通过能力 520 万标准箱，可停靠世界最大的 20000TEU 以上的集装箱船舶，首期 2 个泊位投入运营。自动化码头主要设备包括 7 台远程操控双小车岸桥、38 台全锂电池带顶升功能的自动化导引小车（L-AGV）、38 台自动化轨道吊及 1 台调箱门固定吊。青岛港通过持续升级信息系统，完善设备技术性能，优化生产管理流程，推进操作、IT、设备等专业跨界融合，使自动化码头系统的运行更加可靠、稳定。2018 年 4 月 21 日，青岛港全自动化集装箱码头在"中远希腊"轮作业中，创出单机平均效率每小时 42.9 自然箱、船时效率每小时 218.1 自然箱的世界纪录。截至 2018 年 9 月底，共运营 18 条航线，作业船舶近 1000 艘次，吞吐量突破 130 多万标准箱。

2018 年 9 月，启动建设自动化码头二期工程。二期工程项目规划 2 个泊位，包括自动化双小车岸桥、L-AGV、自动化轨道吊等多台设备。

(四)加快基础设施建设

加快推进重点基础设施项目建设和港航辐射延伸，促进港口经济发展。不断推进邮轮母港城开发建设，前湾港区加快推进建设集装箱自动化码头二期工程，着手开展董家口港区原油码头二期工程前期工作，华能码头二期工程、董家口港区疏港铁路、董家口与潍日高速连接段规划建设等项目加快推进。

青岛港在黄岛港区和董家口港区推动码头与原油储罐联动,有效发挥了码头能力。全面提高管道、铁路、公路和转水等四路疏运效率,特别是随着董家口港区—潍坊—鲁中、鲁北输油管道一期工程投产通油,年均输送原油3000余万吨。这条输油管道打通了黄海、渤海间的"生命通道",为青岛港打造国际原油贸易分拨中心奠定了基础。

2018年与青连铁路同步开通的疏港铁路将有效提升董家口港区的集疏运能力。董家口港区疏港铁路项目自青连铁路董家口站引出,经董家口南站至董家口港区内装卸作业区,全长19.863千米,其中,线路正线长度14.623千米,联络线长度为5.24千米。全线接触网成功、完成热滑,为年底前全线通车提供了保障。届时,随着地上、地下两条疏运大动脉的开通,董家口港区将形成公路、铁路、水路、管道等多样化集疏运格局,提速港口主业发展。

(五)开辟新航线

近几年来,青岛港坚持高层沟通、总部营销,不断加强与马士基、地中海、达飞等国际航运巨头的交流和合作,2017年新增航线15条,截至2018年9月底达到175条;集装箱国际中转箱量同比增幅达到50%以上。

增加连接"一带一路"沿线港口航线密度,2017年,直达东南亚、中东、地中海、欧洲、黑海、俄罗斯、非洲、澳洲的航线数量达到65条,构筑了联通"海上丝绸之路"沿线国家和地区的庞大海上贸易航线网络,为沿线国家和地区的贸易往来提供便利与支持。2017年,新开直达中东、印巴和东南亚的"海上丝绸之路"航线6条。

中远海集装箱运输有限公司"东方海泛宁波"轮,从青岛港董家口港区董家口分公司大唐码头启航,驶往菲律宾马尼拉。这标志着青岛港董家口港区首条外贸集装箱航线正式开通运营,将具有强大现代综合物流服务能力的董家口港区纳入了全球外贸集装箱航运版图。

(六)多式联运优势充分发挥

青岛港全力推进"青岛'一带一路'跨境集装箱海公铁多式联运示范工程"。2016年、2017年海铁联运连续两年稳居全国沿海港口第一位。与西安港务区、乌鲁木齐国际陆港区战略合作,开业运营西宁内陆港,巩固扩大内陆市场。截至2018年9月底,青岛港共开通多式联运集装箱班列线37条,其中省内班列25条、省外班列7条、过境班列5条,覆盖山东,辐射沿黄,直达中亚,基本形成了"横贯东西"的"海铁联运物流大通道"。

青岛至中亚班列搭建起一条全新高效的国际物流大通道,通过青岛港对上合组织成员国的进口增幅明显。青岛港青港物流公司海铁联运中心共开通 25 条火车大列线路,包括与上合组织成员国开通的阿拉山口、霍尔果斯、二连浩特、满洲里等 4 条过境大列。其中,"青岛号"中亚过境集装箱快运班列运行两条路线,一是通过阿拉山口进入哈萨克斯坦的阿拉木图、吉尔吉斯斯坦的比什凯克;二是通过霍尔果斯进入乌兹别克斯坦的撒马尔罕、塔什干,土库曼斯坦的阿什哈巴德。其中,国内运行时间限定在 5 天之内。在青岛—中亚过境班列的班次计划上,2018 年青岛至阿拉山口、霍尔果斯两条线路达到 1 天两列,二连浩特、满洲里一周 3 列。

中亚过境班列的开通大大减少物流时间,其中青岛至欧盟俄东地区的物流时间由原来海上运输的近 1 个月压缩至 12～18 天。青岛至中亚班列的开行搭建了一条全新高效的国际物流大通道,将有效串联起"日韩""东盟""中亚""欧洲"四个经济圈,加快形成陆海统筹、东中西互联互通互济的新格局。

青岛多式联运的优势进一步发挥,即黄班列被列入中国铁路货运列车运行网络,运量稳步上涨。中韩陆海联运持续发展,青岛通道货值占山东省九成以上。胶州铁路集装箱中心站加速发展,作为上合组织成员国与"一带一路"沿线国家实现资源共享的中亚班列运转质量稳步提升。

三、2019 年青岛港口经济发展形势预测

(一)青岛港口经济发展方向

1. 协同发展的港口

集装箱港口由于集装箱运输要求标准化和国际化,港口之间已经形成网络协同化关系,枢纽港与支线港口间的分工也较为明确。而在大宗散货的运输中,港口看重的是陆向腹地的资源供给与需求、通道资源,对所处临近区域的港口或者同一物流链的其他港口考虑的很少,因此港口间的关系主要是竞争关系。面对日益激烈的市场竞争,部分地区甚至出现了恶性压价的情况,带来的结果是吞吐量上升但效益下降,最终结果是两败俱伤、区域内港口的竞争力下降。为此,2019 年,青岛将继续推进区域内港口资源的整合,实现同类货物码头的协同运作,使单打独斗、恶性竞争的港口变为协同有序发展的港口群。

2. 多元化发展的港口

港口所在的城市是各种大宗商品交易非常活跃的地方,一般为这一区域的贸易、物流和信息中心。这一优势为港口的拓展服务,发展多

元化产业提供了基础。2019年将以青岛港为核心,打通港口与上、下游客户之间的物流、资金流和信息流的通道,构建起可以提供便捷、安全的服务网络。作为核心企业青岛港,继续与关联企业形成利益共享的协同关系。

3. 智慧型港口

近年来,青岛市推进智慧型港口建设,加快了"互联网+"的步伐,致力于为客户提供全程供应链的信息整合与贯通。"互联网+"不是简单的新技术应用,要求多渠道、多维度信息的互联互通。将继续以客户的需求为导向,提供全方位的信息化服务,实时接入银行监管、仓储监管,为客户提供优质的线上物流信息服务,降低物流成本、减少交易风险。通过对客户信息的大数据分析,把握重点客户的个性化需求,推出针对不同客户的个性化服务。

4. 绿色港口

绿色发展是五大发展理念之一,是以高效、和谐、持续发展为目标的经济增长和社会发展方式。建设绿色港口,可以在环境影响和经济发展间维持平衡,可以促进港口与周边区域协调、融合发展。发展绿色港口,不能采取一般性技改的方式,而是要在港口规划布局、改变传统运输方式等方面进行顶层设计。制定港口发展规划要从绿色发展理念出发,打造定位明确、分工协作、整体协同的港口发展格局。继续推进散货集装箱推广应用,推动散货集装箱的全程供应链运输,实现低能耗、少污染的绿色运输。

(二)2019年青岛市港口经济发展形势预测

从世界宏观经济形势来看,世界经济虽然仍处在缓慢复苏的阶段,但由于美国贸易保护主义政策的实施,加剧了国家间的贸易摩擦,带来了很多不确定性,特别是中美两国互相加征关税,将对包括青岛港在内的国内港口带来一定的冲击。有研究测算,"青岛港约8.3%的美国航线箱量将受到影响。青岛港集装箱吞吐量中美国航线占比为21%,国际航线受影响程度约1.8%"。2017年青岛港美国航线的集装箱吞吐量超过200万标准箱,由此可推出受影响箱量约17万标准箱。

展望2019年,在货物吞吐量方面,因进出设施建设和固定资产投资企稳回升,国际油价回落,进口压力有所缓解,国内大宗商品需求将在稳定的基础上温和放大,但也不会快速回暖。预计2019年青岛港货物吞吐量增长将维持在4%左右。集装箱吞吐量方面,因中美贸易摩擦影响,国际经济形势不明,不确定性因素的叠加,预测2019年青岛港集装箱吞吐量可能维持在4%左右的低速增长,并呈现以下发展趋势。

1. 积极推动港口行业高质量发展

我国港口行业已经由之前的高速增长阶段进入高质量发展阶段。从吞吐量来看,我国已经成为名副其实的港口大国,但仍然无法说是港口强国。包括青岛港在内的,我国各港口应以港口资源整合、智能港口建设、绿色港口建设和"一带一路"建设为契机,推进港口经济的供给侧结构性改革,促进港口行业的高质量发展。

2. 积极申报自由贸易港

党的十九大报告中明确提出:"要赋予自由贸易试验区更大改革自主权,探索建设自由贸易港。"按照中央的决策部署,加快建立自由贸易港,加快推广自由贸易综合试验区经验,以开放促改革、促发展,从制度层面有效应对国际贸易波动,大力发展第三国国际中转贸易和运输,提升港口发展水平,是建设港口强国的根本之路。

中央提出建设自由贸易港后,已有 10 多个省市加入竞争的行列。宁波市政府成立了临时机构,集中精力专做向中央申报自由贸易港的方案。青岛市也应成立专门的临时机构,找准对标港口,制订可能得到中央认可的方案。

3. 深度融入"一带一路"建设

2019 年,处于"一带一路"双节点上的青岛港将深度融入"一带一路"建设,加大"走出去"的步伐,进一步强化与有关国家和港口合作。进一步加强与船公司合作,发挥各自优势,共同开发新的市场。进一步加强与铁路部门合作,大力发展海铁联运和跨境国际运输。

4. 完善口岸营商环境,提升港口核心竞争力

完善口岸营商环境,进一步提高劳动生产率和企业赢利能力,延伸港口产业链、价值链。一是青岛港将继续追求高质量、可持续发展,通过流程再造、优化服务,提升跨境贸易便利化水平。二是营造良好的口岸环境和秩序,提高港口服务水平。三是以装卸业务为核心,发掘物流增值服务,促进物流业务与港航高端服务业的协同发展。

5. 加强国际中转业务

青岛港将对标釜山港,采取多种措施缩小与周边港口的差距。一是继续降成本增效益,做到收费透明、减少收费项目,尽可能压缩中间作业环节,提高处理货物的效率。二是深入研究分析我国港口的国际中转业务与周边地区港口,如韩国釜山港相比在市场准入、政策扶持、资金奖励等方面的差距,实施精准的政策创新,吸引在釜山港中转的我国集装箱货物在青岛港中转。

6. 加强内陆无水港建设

内陆"无水港"是青岛港发展集装箱海铁联运、开拓货源的重要物流节点。青岛港将进一步加强与"无水港"城市的合作,通过铁路将青岛港与各"无水港"紧密联系起来,制定可以满足客户需求的、有针对性

的运输班列,做到重去重回、集装箱空箱的优化调运。青岛港将进一步加快内陆"无水港"建设,简化通关手续、拓展海铁联运辐射范围。通过合理布置"无水港",进一步优化海铁联运网络布局,使青岛港的集装箱货源腹地向内陆延伸。

7. 树立建设绿色港口理念

有关部门将进一步完善港口环保法规和管理体制,加大监管力度,开展绿色港口规划的研究。将出台激励措施鼓励港口企业加大对环境保护的投资,通过税收等优惠政策,支持企业将绿色环保理念始终贯穿于所有经营生产活动中。扩大港口清洁能源的使用范围,加大对海岸电力基础设施的投入。

(作者单位:青岛市社会科学院)

2018～2019年青岛市金融业发展形势分析与预测

周建宁

2018年对于中国的金融业而言,是在阵痛艰难与剧烈震荡中艰难前行的一年,随着国内金融业"去杠杆"的力度逐步加大,民营企业和中小企业的"融资难"逐步加剧,而中美贸易战的加剧和上市公司股东股权质押融资风险的集中爆发,导致国内金融业的风险敞口日益显现,深沪股市持续下行,各类金融风险积聚,中国人民银行、银保监会等监管部门先后出台了一系列措施,以规避与化解金融风险。在此格局下,青岛市的金融业以稳定规范发展为主基调,逐步步入规范健康持续发展的快车道,金融风险得到有效化解与抑制。

一、2018年青岛市金融业发展状况分析

(一)青岛市金融业继续保持稳定健康发展的势头

在国内金融业持续"去杠杆"大背景下,青岛市的金融业依然保持着持续稳健发展的势头。银行业存贷款规模稳定增长。截至2018年9月末,青岛市本外币存款余额达到了16225.7亿元,同比增长5.4%,比2018年初增加1096.8亿元,其中人民币存款余额15547.0亿元,同比增长6.8%,比年初增加1159.2亿元。

在银行业贷款规模上,截至2018年9月底青岛市银行业本外币贷款余额达到了15841.5亿元,同比增长10.9%,比年初增加1436.4亿元;其中人民币的贷款余额达到14823.9亿元,同比增长13.2%,较2018年初增加了1553.5亿元。

(二)青岛辖区发行上市继续呈现强劲发展势头

2018年,青岛市的发行上市工作仍然发展势头强劲。随着IPO(首次发行与上市)工作渐入正轨,经过多年的培育与发掘工作,青岛市

的发行与上市工作呈现厚积薄发之势,继2017年后,再度实现了"加速跑"。随着海容冷链、青岛银行、青岛港、蔚蓝生物先后通过了IPO的发审会过会待发,青岛市上市公司总数有望迅速达到46家。

1. 青岛银行股份有限公司

继海容冷链通过IPO发审会后,8月28日,青岛本地知名城商行、在港上市公司——青岛银行股份有限公司(以下简称"青岛银行")首发A股上市申请(IPO)顺利过会,从而成为2018年继海容冷链之后青岛辖区第二家过会企业,青岛有望迎来第30家A股上市公司。

青岛银行成立于20世纪的1996年11月,系由青岛市21家城市信用社合并组建而成。经过20年发展,截至2017年6月30日,青岛银行已成为山东省资产规模最大的城商行。资产总额为2819.76亿元,发放贷款和垫款总额为945.09亿元,吸收存款余额为1572.97亿元,净资产达181.88亿元;2017年1～6月实现净利润为12.79亿元。其中资本充足率、一级资本充足率和核心一级资本充足率分别为13.67%、10.17%和10.16%,不良贷款率和拨备覆盖率分别为1.69%和152.17%。

值得注意的是:早在2015年12月,青岛银行便成功实现在港交所上市,成为山东省首家的主板上市银行。就在一年后的2016年12月,青岛银行即向中国证监会正式递交了IPO的招股书,拟申请挂牌深交所,正式宣告拟回归A股并开启"A+H"上市进程。排队期间,青岛银行曾因主承销商的保荐代表人变更一度中止审核,不过之后又迅速恢复上市申请审核,表示将按计划继续推进A股发行上市相关工作。

招股书显示:青岛银行此次拟发行不超过10亿股,占发行后总股本的比例不超过19.77%,保荐机构为中信证券,本次发行募集资金扣除发行费用后,将全部用于充实本行核心一级资本,提高资本充足率。

虽然青岛银行没有控股股东和实际控制人,但从股东结构来看,除了H股的股东圣保罗银行外,青岛银行其余主要股东皆为内资股东,尤其"海尔系"股东格外"吸睛"。除第一大内资股东国信实业外,由海尔集团旗下的海尔投资领衔的9家关联企业(海尔投资、海尔空调电子、青岛海尔、海尔模具、海尔工装、海尔机器人、海尔保险代理、海尔空调器、海尔特种电冰柜)合计持有青岛银行20.01%股权。

由于此前青岛农商银行首发上会IPO的申请于2018年7月意外搁浅而"暂停",所以此次成功得以过会的青岛银行,离成为山东首家A股的上市银行仅有咫尺之遥。

2. 青岛港国际股份有限公司

继青岛银行成功过会后,青岛港随即IPO成功"闯关",回归A股在即。2018年9月18日,国内知名港口企业、已在香港上市的青岛港国际股份有限公司(以下简称"青岛港")首发A股上市申请(IPO)"闯关"成功,回归 A 股指日可待,青岛港也成为继海容冷链、青岛银行之后,青岛辖区 2018 年第三家的 A 股过会企业。

青岛港口,始建于 20 世纪的 1892 年,是世界第七大港,为常年不淤不冻的深水良港,主要由青岛大港区、黄岛油港区、前湾港区和董家口港区四大港区组成,2017 年货物吞吐量突破了 5.1 亿吨,其中集装箱吞吐量突破了 1831 万标准箱。

为实现青岛港区相关资产尽快上市,早在 2013 年 11 月青岛港国际组建成立,成为青岛港区运营主体,经营范围从装卸及仓储服务等港口基本服务到物流及融资相关服务等配套及延伸服务,根据 A 股上市的相关规定:股份公司成立三年后才能 A 股上市,所以赴港上市便成为首选,青岛港国际随后于 2014 年 6 月成功实现在港交所上市。

随着三年之期的逐步临近,早在 2016 年初青岛港便提出回归 A 股的计划,力图尽快实现"A＋H"同步上市,2017 年 6 月公司审议通过了 A 股上市方案,但直至 2018 年 4 月,青岛港才完成招股书的预披露,正式拉开冲刺 A 股序幕。

招股书显示:青岛港拟在上海证交所发行不超过 6.71 亿股,发行后总股本不超过 67.08 亿股,其中 H 股为 10.99 亿股,A 股不超过 56.09亿股,保荐机构是中信证券。

值得注意的是:此次青岛港计划募集资金除了 20 亿元用来补充流动资金外,募投项目拟使用 64.8 亿元,分别投向董家口港区原油商业储备库工程、董家口港区港投通用泊位及配套北二突堤后方堆场、董家口港区综合物流堆场一期、青岛港港区智能化升级和青岛港港区设备购置项目。

截至 2017 年底,青岛港控股股东为青岛港集团,持有公司 58.45％的股权,本次发行后青岛港集团仍将处于绝对控股地位。财务数据显示,青岛港 2015～2017 年实现营业收入分别为 73.69 亿元、86.84 亿元和 104.46 亿元,净利润分别为 19.79 亿元、22.99 亿元和 32.4 亿元。

3. 青岛蔚蓝生物股份有限公司

2018 年 10 月 23 日,国内知名的生物企业青岛蔚蓝生物股份有限公司(以下简称"蔚蓝生物")首发 A 股上市申请(IPO)"闯关"成功,此举意味着青岛辖区迎来 2018 年第四家 A 股过会企业,同时辖区 A 股上市公司总数有望达到 32 家。

蔚蓝生物主营业务为酶制剂、微生态制剂的生产、研发和销售,致力于为生物制造提供核心技术支持,为传统产业提供清洁节能技术,为食品安全提供绿色解决方案,全程服务农牧、纺织、食品等多个产业,曾获评"全国酶制剂行业十强企业"等,在生物行业整体实力不俗。

蔚蓝生物前身为 2005 年成立的普康药业,于 2007 年更名为康地恩药业,公司主要业务为兽药、饲料添加剂等,2011年6月公司改制成为股份有限公司,2012年11月公司通过增资收购康地恩实业旗下蔚蓝生物集团,主营业务新增了酶制剂、微生态的研发生产及销售,该部分业务所占比重已超七成。

财务数据方面:蔚蓝生物2015～2017年三年的营业收入分别为7.52亿元、7.81亿元、7.99亿元;净利润分别为7767.39万元、8949.00万元、9253.01万元,年复合增长率为9.15%,整体保持稳定增长态势。截至2017年末,公司总资产为8.84亿元,净资产为5.44亿元。

蔚蓝生物本次拟公开发行不超过3866.70万股,占发行后公司总股本的比例不低于25.00%,募资拟将用于年产10000吨新型生物酶系列产品项目、年产10000吨植物用微生态制剂系列产品项目、1500吨/年兽用粉剂自动化密闭式工艺调配项目及蔚蓝生物集团技术中心建设项目等。

截至年底,蔚蓝生物大股东为康地恩实业,持有公司69.22%的股权,张效成、黄炳亮为蔚蓝生物实际控制人,二人分别持有康地恩实业50%股权。前者为康地恩实业董事长,而后者则为蔚蓝生物董事长。

除2018年成功过会的4家拟上市公司外,梯次推进、后备资源丰富也成为青岛市企业发行上市工作中独具的一大特色。除已上市企业外,青岛市尚有百洋医药、日辰食品、森麒麟轮胎等8家企业先后上报了中国证监会首次发行(IPO)申请材料;尚有德才装饰、威奥轨道交通、德盛利等13家企业在青岛证监局进行了辅导备案。青岛市的重点拟上市企业超过100家,拟上市资源储备规模超过200家,已形成厚积薄发之势。

(三)青岛市的海外上市工作取得长足进展,成果显著

青岛海尔(600690)于2018年10月24日D股市场成功上市,中欧所D股市场揭开序幕。

作为中欧国际交易所D股市场的首家发行人,青岛海尔股份有限公司于2018年10月24日成功实现了在德国法兰克福上市并交易。随着青岛海尔成功登陆欧洲资本市场,中欧所的D股市场正式开启,中国在欧洲的离岸蓝筹市场建设取得了零的突破。

青岛海尔D股开盘价为1.06欧元,较发行价1.05欧元为高。青岛海尔此次面向国际投资者成功发售30475万股D股,总募集资金为2.78亿欧元(约合22.12亿元人民币)。

青岛海尔D股上市,是中欧所发展的重要里程碑。作为2015年首次中德高级别财金对话的重要成果,中欧所在成立运行之初就明确了强化平台融资功能的发展目标。D股市场的建设目的在于通过深化

金融合作,促进中德先进制造业对接,支持中欧实体经济发展,促进"一带一路"资金融通。

青岛海尔是具有全球视野与伟大梦想的企业,作为 D 股第一家"吃螃蟹"的公司,探出了一条利用欧洲资本市场助推公司国际化战略落地的新路。而首单 D 股发行上市,也开启了优质中国企业登陆欧洲资本市场的新篇章,为全球金融中介机构搭建了深化合作的新平台。中欧所此后将全力保障 D 股市场平稳起步,夯实市场基础,做好市场建设,为中欧金融合作、实体企业发展提供更完善、更优质的服务。

随着中国企业国际化进程的加快、在全球价值链地位的不断提升,更多的优质企业将国际化战略的落脚点迈向欧洲,同时也对配套金融服务提出全方位的新要求。作为法兰克福证券交易所欧盟监管市场(高级标准)的组成部分,中欧所 D 股市场立足欧洲,发挥支点作用,为中国企业推进国际化战略、提升全球品牌知名度提供了有力支持。

继青岛海尔登陆 D 股后,海尔集团旗下的青岛海尔生物医疗股份有限公司(以下简称"海尔生物医疗")于 2018 年 10 月 25 日在港交所递交了申请版本的招股书,拟赴香港主板上市,农银国际为其独家保荐人,审计师为安永。

海尔生物医疗是一家始于低温存储、基于物联网平台转型的生物科技综合解决方案服务商。公司自 2005 年开始从事生物医疗低温设备的制造与销售,经过 10 余年的发展,已经拥有涵盖恒温、低温、超低温设备和生物安全产品的丰富产品组合,可以全方位满足终端用户在血液存储、疫苗存储、生物样本存储、药品存储和生物安全实验设备等多方面的需求,涉足了生物科技综合解决方案市场的有关领域,并在生物医疗低温存储行业居全球领先地位。

海尔生物医疗的控股股东为海尔集团,对其拥有 55.8% 的权益。财务数据方面:海尔生物医疗 2015 年、2016 年、2017 年及 2018 年上半年的营业收入分别为 4.68 亿元、4.83 亿元、6.21 亿元及 3.88 亿元,相应的净利润分别是 0.93 亿元、1.22 亿元、0.74 亿元及 0.46 亿元。招股书显示,公司收入来自以下 6 类业务:生物样本库、药品及试剂安全、疫苗安全、血液安全、生命科学实验室及其他。

根据招股书中披露的弗若斯特沙利文报告,海尔生物医疗作为其五大参与者中唯一一家中国公司在 2017 年全球生物医疗低温存储市场中排第 3 位,对应市场份额为 10.7%。同时,公司也是中国生物医疗低温存储产品及解决方案的最大供货商,在中国生物医疗低温存储行业排名第一。

此外,在香港上市方面:青岛西海岸控股(国际)有限公司收购香港上市公司瑞港建设;青岛城投集团所借壳的 H 股"华脉无线通信"正式更名为青岛控股(国际)有限公司,股票代码为HK00499,这也是山东省首家红筹架构企业在香港主板上市。城投集团利用上市公司的平台,搭建起青岛与香港之间的资本桥梁,以推动国有企业改革发展,并通过发行国际债券等方式,实现在国际市场融资,助力在青优质项目创新发展。

(四)上市公司积极推进收购兼并、产业整合,以实现上市公司的可持续发展

2018年,青岛辖区的上市公司继续在并购整合、资本运作与产业推进方面加大工作力度,在产业整合、收购兼并及资本运作实现新突破,以产业结构的调整与布局、转型发展,收购兼并来打造公司的核心竞争力。

1.海信电器成功收购TVS公司,在国际化战略中迈出成功一步

海信电器收购东芝,成为青岛家电行业跨国并购历程中的又一个标志事件。2018年8月18日,海信电器完成了对东芝映像解决方案公司(简称"TVS公司")的股权收购,以59.85亿日元收购了TVS公司95%的股权,正式成为其控股股东。作为海信国际化战略的重要一步,海信电器此次收购TVS公司,有力地促进了海信电视业务在日本市场的高速增长以及全球化布局的稳步增长。

2017年11月,海信电器拟收购日本东芝电视的消息公开发布后,立即成为舆论关注的热点,海信方面认为:TVS公司主营电视及周边机器、商用显示器、广告显示器等业务,在日本拥有两家工厂,优秀的研发团队,并在全球范围内拥有众多电视相关专利,在图像处理等方面拥有雄厚的技术基础与研发实力,积累了深厚的技术底蕴,而海信也是海外民众最熟悉的十大中国品牌之一,在对产品及质量要求苛刻的日本市场,海信是除日本本土品牌外占零售市场份额最大的外资品牌。

从2017年11月15日TVS股权被海信电器收购的消息传出,到2018年8月18日交割完成,这场跨国并购案终于尘埃落定。收购完成后,海信将整合双方研发供应链和全球渠道资源,快速提升市场规模,加快国际化进程;同时东芝也表示,相信双方拥有共同崇尚技术的基因以及追求高品质的质量文化,会为全球彩电技术的进步带来新的期待与活力。

国际化战略一直是海信重要的发展战略之一,此次收购TVS公司及东芝全球电视业务,进一步提升了海信在全球的品牌影响力与知名度,是海信国际化进程中的一个重要里程碑,对海信实现国际化战略意义重大,通过整合研发供应链和全球渠道资源,充分利用TVS公司的核心技术和品牌价值,海信将有能力有信心向全球提供有竞争力高、质量差异化的好产品,迅速扩展市场规模,加快国际化进程。

2. 软控股份(002073)布局钴矿资源

2018 年 2 月 25 日软控股份发布公告称:公司与 eCobalt Solutions Inc.(简称"eCobalt")于 2018 年 2 月 24 日签署了《合作意向协议》。公司拟以现金方式认购 eCobalt 新发行不超过 19.9% 股份,并根据 eCobalt 需求拟提供有息借款供其生产经营用,预计本次认购股份及提供借款合计金额不超过 8000 万美元。本次签署合作意向协议不构成关联交易、重大资产重组。

公告称,eCobalt 是一家在多伦多证券交易所上市交易的公司,主营业务为钴矿产资源勘探及开发。财务数据显示,截至 2017 年 2 月 28 日,eCobalt 净资产为 7895.96 万加拿大元;截至 2017 年 2 月 28 日的 12 个月期间,其净利润为－220.97 万加拿大元。

软控股份表示:本次交易公司将在新能源产业链上游环节,即新能源汽车锂电池所需的核心矿产行业进行战略布局,新的业务领域为公司在产业链上的战略延伸拓展。

3. 国恩股份(002768)成立国骐光电材料,多样化布局打造新材料平台

国恩股份作为改性塑料行业的快速成长企业,多样化的下游布局,精确的新材料平台公司的定位,未来有望业绩保持高速增长。据公告,国恩股份与青岛骐骥光电管理咨询企业共同投资设立青岛国骐光电科技有限公司(60% 股权),具体产品包括光扩散板、导光板、光学膜、光学照明等系列产品。产品主要应用于液晶显示、电视、显示器、电脑、手机、教育与会议机、车载、医疗显示、商业与民用照明等光学、光电材料的相关领域,为客户提供全系列光学解决方案及模组设计方案。而国骐光电的成立,将给公司带来非常好的协同效应。国恩股份生产的改性塑料产品的应用领域主要集中于家电、汽车,包括空调、冰箱、洗衣机、电视、乘用车、新能源汽车等,而国骐光电生产的导光板及光扩散板的应用也主要集中于家电、汽车、电子等客户。通过设立合资公司,国恩股份与国骐光电有望在市场开拓、客户推介等方面快速产生协同效应,成为公司新的业绩增长点。

通过多项认证,国恩股份人造草坪业务有望快速放量。公司设立国恩体育草坪控股子公司,专业从事人造草坪的研发、生产和销售,为客户提供包括研发、设计、生产、铺装及售后维护在内的整体解决方案和综合服务。现已全面投产,并顺利通过 ISO14001:2015 环境管理体系认证、ISO9001:2015 质量管理体系认证、OHSAS18001:2007 职业健康安全管理体系和欧盟 CE 认证、SGS 认证等。国内人造草坪行业中,规模比较大的是江苏共创,年收入 20 亿～30 亿元,其他规模都比较小。2018 年 2 月,公司成为青岛平度市中小学塑胶跑道及人造草坪

采购项目中标单位,该项目中标金额为 1.68 亿元人民币,2018 年 9 月底前完工并完成验收后,可确认收入。5 月 24 日,据 wind 资讯,公司的人工草坪预计将于 10 月拿到国际足联 FIFA 认证。通过参加上海、俄罗斯、日本等国内国际展会,借助母公司强有力的平台资源,全力开拓国内外市场,公司产品已出口美国、俄罗斯、日本、澳大利亚、英国、比利时、荷兰、迪拜等国家和地区,人造草坪业务有望在未来快速放量。

深耕家电领域,家电等改性塑料主业稳定增长。国恩股份凭借其在改性塑料领域内多年积累的研发和生产经验,与下游家电厂商建立了长期、良好的合作关系,为其提供研发、生产、销售、测试及物流配送等在内的综合服务。其中国内外知名品牌客户主要有海信、海尔、美的、LG、长虹、三星、冠捷、小米、九阳等。据公告,公司近期新设的芜湖、宁波分公司及筹建中的邯郸分公司,主要是针对服务奥克斯、格力和美的等大客户,预计完全达产后可以贡献收入 4 亿~5.5 亿元。

国恩股份 7.5 亿元拟定增高分子复合材料项目,风电、轨交等多样化下游拓展带来新的利润增长点。项目募集资金已于 2018 年 2 月全部到位,项目已于 2017 年完成备案、环评批复,建设周期为 30 个月,预计 2019 年下半年全面建成投产。项目建成并达产后,将形成年产先进高分子复合材料及制品近 4 万吨的生产能力,具体产品包括 SMC 纤维(玻纤)材料、SMC 纤维(碳纤)材料、连续纤维增强热塑性材料CFRT、3000mm 专用复合板、3D 碳纤维预成型专用产品、3D 玻纤维预成型专用产品、SMC 模压制品(玻纤)和 SMC 模压制品(碳纤)等。主要的下游是风力发电、航空航天、新能源汽车、轨道交通、航空航天、汽车轻量化,高性能结构件等领域。预计完全达产后每年可实现销售收入127997 万元,年均利润总额为 18486 万元,年均净利润为 13864 万元。

4. 青岛双星(000599)继续加大收购力度,有望成为全球领先的轮胎企业

2018 年,青岛双星继续与锦湖签订收购协议,助双星快速实现全球布局。

双星集团及其子公司星微韩国株式会社与锦湖轮胎及锦湖轮胎债权人代表韩国产业银行签署了《股份认购协议》及《股东协议》,星微韩国将投资 6463 亿韩元以 5000 韩元/股的价格认购锦湖轮胎新发行的129267129 股普通股,占锦湖轮胎股份发行之后总股份的 45%,并成为锦湖轮胎的控股股东。锦湖轮胎是一个具有 58 年历史的韩国第二大轮胎生产商,曾排名全球第十大轮胎企业,其主要产品是 PCR。锦湖轮胎现全球设计产能约为 6000 万条,分布在全球 8 家轮胎生产工厂,其中在韩国 3 个、在中国 3 个,另外在美国和越南各有 1 个工厂;在全球拥有 5 个研发中心,分别布局在韩国(2 个)、美国、德国、中国,多项技术领域处于行业领先地位;向包括现代、起亚、奔驰、宝马、大众、通用、克莱斯勒、吉普、道奇、斯柯达、雷诺等全球主要汽车生产商提供原厂配套轮胎。此项收购协议将帮助双星快速实现全球布局。

得益于快速崛起的自主品牌车企和庞大的汽车保有量,轮胎需求有望迎来高增长:中国汽车工业虽然发展很快,但由于历史原因,合资品牌一直占据主导地位,而合资品牌车企在进入国内之前,已经拥有完整的供应链体系,进入中国之后,也把这些配套零部件,包括轮胎带到中国。因此,民族轮胎品牌很难进入整车配套市场。但随着民族汽车工业的发展,自主品牌汽车,如吉利、长城、比亚迪等快速崛起,对民族轮胎品牌进入整车供应链是一个重大机遇;按照国外的汽车市场成长规律来看,汽车产销量暴增若干年后,随着汽车轮胎磨损增多,功能退化,汽车轮胎的替换需求会大幅提高,替换胎市场有望迎来高速增长。

轮胎行业面对智能化、信息化的产业浪潮,正加速淘汰落后产能,向绿色智能化生产转型升级,青岛双星智能化样板轮胎工厂走在前列。

(五)各类金融业态蓬勃发展,组成了全产业链生态体系

青岛市保险业:截至2018年9月末青岛市共实现保费收入340.0亿元,同比增长4.9%。

地方金融组织:截至2018年9月末青岛市共有持续经营的小额贷款公司50家,贷款余额为84.5亿元,其中涉农和小微企业贷款余额占85.2%。43家融资担保公司,在保余额145.2亿元,其中融资担保余额73.3亿元,涉农和小微企业担保余额占82.0%。取得业务许可的38家民间资本管理公司,投资余额累计67.3亿元,51.2%的资金投向了"三农"和小微企业。

二、2019年青岛金融业发展形势预测与展望

(一)民营企业"融资难"问题有望得到破解

长期以来,"融资难"问题成为制约民营企业发展的"高山",尤其是随着民营企业债券"违约潮"与上市公司股权质押风险的爆发,这一问题在2018年内愈演愈烈,成为横亘在民营企业面前的"融资高山"。

2018年11月1日,中共中央总书记习近平主持召开了民营企业座谈会,悉心听取民营企业家的意见建议,直面当前民营企业发展的困难和问题,并就支持民营企业发展壮大发表重要讲话。

11月7日,中国银保监会主席郭树清在《金融时报》记者采访时表示:总书记在民营企业座谈会上的讲话,既给民营企业家吃了"定心

丸",也给金融机构和金融管理部门吃了"定心丸"。银保监会将从"稳""改""拓""腾""降"等方面入手,解决好民营企业融资难的问题。

郭树清强调,未来对民营企业的贷款要实现"一二五"的目标,即在新增的公司类贷款中,大型银行对民营企业的贷款不低于1/3,中小型银行不低于2/3,争取3年以后,银行业对民营企业的贷款占新增公司类贷款的比例不低于50%,而决策层对民营企业"融资难"问题的高度重视,将有助于这一问题得到破解。

(二)青岛市的发行上市工作继续呈现良好发展态势

经过近年来的不懈努力,青岛市已储备了一大批优质的上市资源。除2018年已经过会IPO等待发行的海容冷链、青岛银行、青岛港及蔚蓝生物以外,在证监会排队等待过会企业还有7家,包括青岛百洋医药、中创物流、青岛日辰食品、青岛农村商业银行、青岛森麒麟轮胎、青岛国林环保科技、青岛惠城环保科技。

(1)青岛百洋医药股份有限公司是百洋医药集团的旗舰企业。自2005年创建以来,以品牌运营为核心,以物流配送为依托,与120000家医院、20000家药店开展业务合作,百洋医药股份的业务模式分为品牌运营与渠道服务两大体系,设有大品牌事业部、营业与代谢事业部等品牌型事业部,打造了迪巧、泌特等多个10亿元级及亿元级品牌,同时,公司设有配送事业部、KA客户事业部等渠道服务型事业部,以创新高效的线下、线上批发零售等跨境电商等服务体系为上游企业提供全渠道综合解决方案。

(2)青岛森麒麟轮胎股份有限公司(以下简称"森麒麟")于2018年披露了招股说明书(申报稿),公司拟在深交所发行总量不超过6900万股,占发行后总股本的比例不低于10.62%,保荐机构是海通证券。招股说明书显示:森麒麟计划通过本次发行募集资金11.09亿元,其中2.09亿元用来建设年产万条航空轮胎项目,2.5亿元用于研发中心升级项目,6.5亿元用来补充流动资金及偿还金融机构贷款。2015～2017年,森麒麟分别实现营业收入20.24亿元、24.27亿元和36.08亿元,同期分别实现净利润1.33亿元、3.1亿元和3.93亿元,经营性现金流分别为0.36亿元、4.74亿元及6.19亿元。森麒麟表示,公司存在一定偿债能力风险,2015～2017年流动比率分别为0.66、0.72和0.73,资产负债率分别为69.62%、65.94%和63.63%,流动比率相对较低,资产负债率较高,与轮胎行业经营特点相匹配,与公司近年来持续加大产能建设有关。为应对贸易摩擦和全球化布局需要,森麒麟报告期内建成泰国工厂并逐步投产。2016～2017年分别实现净利润1.53亿元、2.57亿元,占公司合并净利润比重分别为49.3%和65.35%。但现仍有部分海外市场订单由青岛工厂承担,2015～2017 年,青岛工厂出口销售均超过 10 亿元,海外市场是青岛工厂主要赢利来源。轮胎行业国际贸易摩擦如进一步加剧,将不利于森麒麟青岛工厂出口和经营业绩成长。

森麒麟成立于 2007 年 12 月,注册资本 5.8 亿元,公司位于青岛即墨区,法定代表人为秦龙,主营业务是半钢子午线轮胎和航空轮胎的研发、生产和销售。截至招股书签署日,秦龙直接持有发行人 46.98％的股份,并通过员工持股平台青岛森宝林、青岛森忠林、青岛森玲林、青岛森伟林合计控制 8.60％股份,合计控制森麒麟 55.58％的股份,为森麒麟控股股东、实际控制人。

(3)调味料企业青岛日辰食品股份有限公司(简称"日辰食品")也试图通过 IPO 步入资本市场实施产能扩张计划。日辰食品成立于 2001 年,深耕复合调味料 18 年,产品超千种,年产 1.5 万吨。此次 IPO,公司拟募资 2.88 亿元,其中 2.06 亿元用于产能扩张,项目完成后,产能将翻倍至 3 万吨。招股书显示,日辰食品的赢利能力较为稳定:报告期(2015～2017 年),净利润从 0.26 亿元增至 0.56 亿元,两年翻了一番多。尽管如此,其净利润水平勉强达到在上交所上市的隐形标准。与同行业公司相比,公司的毛利率、销售费率等多项指标均具有优势,且偿债能力较强。

不过,备受质疑的是,日辰食品的关联交易频繁,关联交易与营业收入的占比为 20％左右。公司还存在第三方回款现象。此外,在此次 IPO 之前,日辰食品控股股东、实控人曾有着特殊的协议或安排,即将所持公司的 8％股份平均转让给两家私募基金,而这两家私募基金是在受让股权前 2 个月才成立。虽然在日辰食品预披露之后,双方对曾经的协议宣告无效,但难以磨灭曾有过的业绩对赌等协议。

正在闯关的日辰食品实现稳定的经营业绩之时,也存在通过第三方回款及现金交易的问题。招股说明书显示:虽然日辰食品发展已接近 20 年,但公司的规模较小,截至 2017 年底,公司总资产为 2.04 亿元,员工也只有 288 人。

虽然规模不大,但公司经营业绩较为稳定。报告期,公司实现的营业收入分别为 1.31 亿元、1.57 亿元、2.09 亿元,对应同期净利润分别为 0.26 亿元、0.33 亿元、0.56 亿元。同期,扣除非经常性损益后的净利润分别为 2598.26 万元、3188.83 万元、5553.60 万元。上述数据显示,近三年,日辰食品不仅经营业绩稳步增长,而且,在 2017 年,无论是营业收入还是净利润及扣除非经常性损益后的净利润,突然出现大幅增长,增幅分别为 33.12％、69.70％、74.16％。在闯关 IPO 关键期,净利润突然大幅增长,超过 5000 万元,令人感到意外。不过,从公司报告期的净利润水平看,公司拟在上交所挂牌,根据此前市场所盛传的主板年净利润 5000 万元的门槛,再结合近段时间过会及被否企业赢利情况,日辰食品在关键时刻突然冲一把并不奇怪。

从公司收入构成来看:日辰食品的酱汁类调味料收入占比较大,2015~2017 年的收入占比分别为 54.87%、62.85% 和 65.82%,粉体类调味料的收入占比分别为 41.81%、34.44% 和 29.66%。两项对比发现,公司对酱汁类调味料收入的依赖性日趋明显。

令人意外的是:日辰食品的规模虽不大,但其产品毛利率较高。报告期,其综合毛利率分别为 47.06%、48% 和 50.29%,远高于同行业可比上市公司。2015 年、2016 年,同业可比上市公司毛利率平均值分别为 36.22% 和 37.29%,2017 年,千禾味业、海天味业、颐海国际综合毛利率分别为 43.34%、45.69% 和 37.16%。

(三)青岛金融业服务营商环境逐步改善,"筑巢引凤"成果显现

自 2017 年以来,青岛创新利用外资方式,优化营商环境,增强对外资的吸引力,极大地推动了青岛经济社会发展。青岛充分利用国家级财富管理金融综合改革试验区政策,吸引外资金融机构和股权投资企业,成功引进韩国产业银行、新加坡星展银行、澳新银行等重点项目,近年来共引进外资银行 8 家,青岛市外资银行累计达到 17 家,占山东省的 75%,青岛也获得世界银行中国投资环境"金牌城市"称号。

优越的营商环境、优质的产业服务和优惠的政府扶持政策吸引了众多总部企业落户青岛、聚焦岛城发展。截止到 2018 年 9 月底,青岛市外资金融机构达到 34 家,占全省外资金融机构总数的九成。越来越多海外金融机构的进驻,不仅为青岛带来国际最新财富管理理念,也为青岛经济发展注入新的活力。截至 2018 年 6 月,青岛 GDP 总量达到 5985.43 亿元,在山东省高居第一。青岛市金融机构达到 248 家,形成了银行、保险、证券、基金、信托、消费金融、资产管理等多业态金融组织体系。

岛城首家外商独资财富管理公司——意才财富管理有限公司顺利完成了在青岛市工商行政管理局、商务局和税务局的注册资本变更登记,新增资本 2.25 亿人民币,增资后的注册资本达到了 3.71 亿人民币。而意才财富的实施增资,正是青岛不遗余力地推动金融服务领域营商环境走在前列的缩影之一。

意才财富管理有限公司由意大利联合圣保罗银行与福德莱姆意大利联合圣保罗私人银行、意大利欧利盛资本资产管理股份公司三方共同投资设立,主要从事财富管理产品研发、财富管理服务,以服务外包形式开展金融后台服务。此次增资后,意才财富的发展规模将迅速扩大,极大促进和提高青岛乃至中国其他城市的财富管理服务水平,为社会创造更多的价值。

(四)青岛市民间融资机构扎根服务实体经济,彰显创新发展活力

青岛市民间融资机构经山东省地方金融监督管理局批准业务许可并按照核准的经营范围和区域开展业务,是地方金融组织的重要组成部分。截至 2018 年 9 月底,青岛市获批业务许可的 38 家民间融资机构,注册资本共计 55.37 亿元,获批业务许可的民间融资机构实现了七区三市全覆盖,机构数量及注册资本金规模位于全省前列,累计投资额达到 229 亿元。其中 2018 年前 9 个月累计投资额达到 102.2 亿元,当年累计投资额首次突破 100 亿元关口。

青岛市民间融资机构立足服务实体经济的本源定位,坚持改革创新与规范经营并重的发展理念,通过向实体经济项目提供股权投资、债权投资、短期财务性投资、投资咨询等服务,为实体经济提供了有力的资金支持,也促进了民间资金供需的规范有序对接。

创新使行业活力不断展现。青岛市各民间融资机构立足经营定位,利用自身资源优势开展业务创新,实现了差异化发展。注册资本 15 亿元的青岛汇泉民间资本管理公司,获批受托资产管理、不良资产收购处置等一揽子创新业务,成为山东省第一家获得多项创新业务试点资格的民间资本管理机构。青岛益和汇普民间资本管理公司开展光伏新能源一期 3000 万元定向私募业务,吸引了众多合格投资者参与投资 2000 余万元,拓展了机构融资渠道,也激活了潜在的民间资本。青岛伟创民间资本管理公司、邦诚民间资本管理公司等机构与部分银行合作设立应急扶持基金,为中小微企业贷款到期提供周转服务,以解企业燃眉之急。而青岛大千民间资本管理公司发挥民间资本的杠杆作用,联合多家机构先后发起成立 2.5 亿元的青岛国安拥湾信息技术基金和 1 亿元的青岛富海大千影视文化基金,在这两只基金中,大千民资实际出资 3000 万元,撬动社会资本 3.5 亿元,各投资方实现了合作共赢。

促进对接,行业平台效果显现。青岛蓝海民间融资登记服务中心有限公司自 2017 年获批业务许可并正式运营后,青岛市实现了民间融资机构全业态发展。蓝海中心打造集信息发布平台、投融资对接平台、地方信用平台、创新服务平台于一体的区域性、综合性民间投融资服务平台,与光大银行共同研发了资金划转系统,全程追踪借贷资金流动轨迹;与青岛仲裁委互联网仲裁院探索合作,为民间投融资纠纷提供有针对性的解决方案。通过线上线下联动、多家中介机构参与,截至 2018 年 9 月底,蓝海中心累计对接成功资金需求 3000 余万元,2019 年将在促进民间借贷规范发展方面发挥更加积极的作用。

[作者单位:中信证券(山东)有限责任公司]

青岛市城市基础设施建设发展研究

刘志亭

　　基础设施是城市赖以生存和发展的基本条件,是城市竞争力的重要组成部分。城市基础设施有广义、狭义之分,本文所涉及的基础设施主要是指狭义的部分,包括路桥交通设施、供排水设施、基本生产生活设施、环境保护与美化等方面。

　　青岛是一个年轻的城市,早期的市区布局主要沿胶州湾东岸呈带状,城市空间相对狭小,新中国成立初期的市区道路长度仅有 243 千米。1992 年 5 月,青岛市委、市政府开始实施"东扩"决策,使东部成为政治、经济、金融、文化和行政中心,从此拉开了"大青岛"的城市发展格局。

　　由于全市无大的径流河通过,青岛一直是缺水城市,人均水资源占有量 247 立方米,仅为全国平均水平的 11%,水资源短缺成为经济发展的重要制约因素。曾几何时,城市供水主要采用地表水源,水源地包括海泊河水源地、李村河水源地、白沙河水源地、崂山水库水源地和大沽河水源地等;在排水设施方面,1965 年团岛污水处理厂建成使用前,青岛市一直沿用德占时期的排水管网;在供气方面,全市仅有青岛市液化石油气公司一家燃气经营企业,只能向少数居民、单位供应瓶装液化石油气;在供热方面,生产单位和居民早期用热都是使用自备炉、灶具,工业用热多靠各自的 10 吨/小时以下的锅炉自给自足,采暖袭用传统的小锅炉和小煤炉,由于能源消费构成以高硫煤炭为主,再加上青岛市特殊的地形特点,冬季大气污染曾经比较严重。

　　改革开放后,随着国民经济的全面发展,青岛的城市基础设施建设实现了跨越式发展,使城市的辐射力、吸纳力和核心竞争力进一步彰显,也加快了向现代化国际城市迈进的步伐。根据青岛市改革开放以来的发展实际,本文将城市基础设施的发展分为五个阶段进行分析研究。

一、改革开放使城市基础设施加快发展

　　1984 年,青岛市改革开放后的第一部城市总体规划经国务院正式批复实施,城市建设进入"统一规划、合理布局、综合开发、配套建设"战

略发展阶段。1985 年,青岛经济技术开发区和石老人旅游度假区先后开工建设,拉开了青岛市城区向东、西两翼扩展的序幕。40 年来,青岛市城市基础设施投资实现了年均 32.1％的增长。

(一)道路与桥梁建设开启了城市立体交通模式

俗话说"要想富,先修路",城市道路与桥梁建设自然成为基础设施投资的主战场。1982 年开始,青岛市相继投资 1500 万元,建成了公共设施比较齐全、长 5.12 千米、宽 40 米的山东路,打通了城市东部南北交通的大动脉;投资 700 多万元,建成了燕儿岛路、南京路等 8 条道路;投资 5000 万元,拆迁 2000 余户,实施了宁夏路、威海路、台柳路的拓宽改造,建设立交桥和平交环岛。这些道路的建成,为东部建设新的中心商务区和开辟新的住宅小区创造了基本交通条件。

1986 年 9 月,青岛市首个交通枢纽立交桥——杭州路立交桥建成通车,该桥总造价 2500 万元,由跨越胶济铁路的铁港立交桥、横跨温州路的杭州路立交桥及武林桥异型环交 3 部分组成,总占地面积 10.59 万平方米,绿化面积 3 万平方米,成为城区南北大交通的重要枢纽;1986 年 10 月,仅用两个月时间建成了位于中山路、胶州路交口的全市首座人行立交桥,使中山路、胶州路的交通状况得到改善;1987 年 9 月,人民路立交桥比原定工期提前 3 个月建成通车,该桥总长 486.1 米,坐落于人民路、温州路、小白干路、平安路等 4 条主干道的 5 个路口交汇处,使长途站、温州路周边交通阻塞的状况大大缓解。至 1990 年底,全市城市道路达到 667 千米,较 1978 年增加 273 千米,市内 5 区桥梁总数达到 145 座,为 1990 年代青岛经济的加快发展提供了保障。

1991 年 6 月 24 日,全国最大的公路立交桥——流亭公路立交桥正式剪彩通车。流亭立交桥位于烟青一级公路青岛段,是济青、烟青公路的交汇点。立交桥占地 173160 平方米,呈全苜蓿叶三层互通形状。同年,小白干路——李沧路立交桥,在不中断交通的情况下,仅用 84 天时间就完成了全长 846 米的大桥建设任务,比预定工期提前 3 个多月,创下了全市大桥建设最高速度。这两大立交桥的相继建成通车,大大缓解了机动车辆出入市区的交通压力。

为改善青岛与黄岛之间交通条件,加快推进经济技术开发区的发展,市委、市政府决定利用亚行优惠贷款修建环胶州湾公路,工程于 1991 年 12 月开工,1995 年 12 月建成通车。公路按全封闭、全立交的一级汽车专用公路标准建设,全长 68 千米,不仅实现了"青黄相接",而且大大提高了青岛港、前湾港的集疏能力,对加强青岛市与鲁西南地区和苏、沪、皖诸省市的经济联系具有重要意义。同时建成的女姑口跨海大桥全长 3060 米,也为当时国内最长的公路跨海大桥。

(二)通过"引黄济青"工程,缓解城市供水压力

随着城市社会经济的不断发展及气候等因素影响,青岛市水源不足的矛盾日益突出。自 1968 年至 1982 年,先后出现 4 次城市供水危机,严重制约了经济发展。面对这种情况,市委、市政府提出"全党动员,全民动手,开源节流,保证全市供水"的号召,及时开启了大沽河应急引水、市郊水库扩充、"引黄济青"等蓄水、引水工程。

首先,市财政专门拨出 1.8 亿元资金开发大沽河流域地下水源,先后四次组织实施大沽河应急引水工程,在大沽河 300 平方千米的富水区域新建水源地 5 处,凿井 581 眼,新建机房 4 处,安装各种口径输水管道 126.53 千米,修建混凝土或砌石输水暗渠 81.2 千米,从此,大沽河成为青岛市名副其实的"母亲河"。

其次,加紧市郊水库的工程建设。1983 年 10 月开工莱西产芝水库及朴木井群供水工程,输水管渠由产芝水库起,沿线过潍石公路,跨大沽河,穿蓝烟铁路,越五沽河直送即墨三湾庄水厂,总长 43.37 千米;在朴木地区建大口井 40 眼,利用农井 20 眼,取水面积达 9 平方千米,日供水量 1 万立方米。同时,投资 2100 万元开工建设平度尹府水库供水工程,设计日供水量 8.5 万立方米(井群 4 万立方米,尹府水库 4.5 万立方米)。两项工程的竣工对青岛市的缺水问题有很大缓解。

但是,从长远考虑,调引客水是彻底解决青岛市缺水问题的根本途径。1979 年 7 月邓小平来青岛视察时,就明确提出要加快解决青岛的城市供水的问题。1982 年,国家城乡建设环保部会同山东省有关单位研究提出"引黄济青"的设想,随后国家正式将引黄济青工程列入"六五"计划前期工作项目。1985 年 10 月,国务院正式批准了引黄济青工程方案,并确定作为地方重点建设项目列入国家计划。

引黄济青是远距离、跨流域调引黄河水的大型水利、市政供水工程,整个工程横跨胶东半岛,途经滨州、东营、潍坊、青岛 4 个市(地)和博兴、广饶等 10 个县(市),跨越小清河、潍河、胶莱河、大沽河等 30 多条河流,从打渔张引黄闸沉沙池出水口至崂山县白沙河净水厂,全长 274.81 千米。工程主要分为水源工程(棘洪滩水库以上部分)和供水工程(水库以下部分)两大部分。水源工程包括渠首引水、沉沙工程、输水河、建筑物及调蓄水库;输水河由博兴县沉沙池出口,到即墨县桥西头村西北入棘洪滩水库,全长 252.81 千米,建设倒虹 34 座、渡槽 2 座、穿过铁路、公路、河流和生产道路的桥梁 248 座。

同时于即墨县、崂山县和胶州市交界处,建设棘洪滩调蓄水库,蓄水面积 14.42 平方千米,围坝长 14.23 千米,总库容 1.46 亿立方米。为了与引黄济青配套,新建日处理能力 36 万立方米的白沙河水厂,并铺

设从棘洪滩水库至白沙河净水厂输水管道 22 千米,由净水厂到市区的输水干管 54 千米。

引黄济青工程总投资 9.53 亿元,于 1986 年 4 月 15 日开工,1989 年 12 月 10 日由白沙河水厂向青岛市区供水,历时近三年半的时间。不仅解除了青岛市供水困难,而且可向沿线供水 6400 万立方米,向高氟区供水 1100 万立方米。使青岛市区用水保证率达到 95%,日供水能力增加 30 万立方米。

(三)规划建设排水设施,提前防止环境污染

20 世纪 80 年代初,市委、市政府就意识到"先污染,后治理"的不科学性,决定预留污水处理厂建设用地,统筹排水设施建设,筹建现代化污水处理厂,为即将到来的城市化发展打好环境基础。

1981 年 4 月,投资 46.2 万元在延安三路南端建成一座小型污水处理试验站,日处理能力为 500 吨,为当时全国仅有的几座试验站之一。当时,国外生产技术尚未引进,技术人员在不断的探索中攻坚克难,突破一个又一个技术"瓶颈",完成了采用二级处理方法实现射流曝气生物氧化法处理污水的试验。从此,污水不再是经过简单的沉淀、过滤就排放入海,而是在物理处理之后,再通过生物处理方法进行深度处理,进一步降低污水中的污染物含量。

1982 年,投资 150 万元,在延安三路南端建设了一座日处理能力 3000 吨的中型的同样处理装置,较大幅度提升了污水处理量。1984 年 12 月 26 日,日处理污水 3000 吨的中型试验站进行的"青岛市城市污水回用于工业"试验项目通过部级鉴定,并获 1985 年度部级科技进步奖,为兴建现代化污水处理厂打下了基础。1986 年,青岛市最早的一版污水处理建设规划获得通过,规划以控制好污水处理厂布点为前提,根据市区地形特点预留了 5 处污水处理厂建设用地,污水管线走向提前围绕预留地设计,为实施环境保护提供了宝贵的空间。

随着城市规模的拓展和排水管网的形成,加之青岛市区的特殊地形特点,对排水泵站的需求也大为增加,排水泵站进入快速建设阶段。自 1980 年开始,相继建成太平角泵站、南海路泵站、东海路泵站、遵义路泵站、郑州路泵站、沧台路泵站、唐河路泵站等。1987 年 3 月,对第五泵站(杭州支路泵站)拆除重建。新泵站占地 3330 平方米,由积水池、变电室、机房管道三大部分组成,总装机容量 530 千瓦,日排水能力为 1 万立方米。积水池设机械隔栅及自动扒沙设备,实现了清淤操作机械化,大大改善了工人清淤作业环境和劳动条件。该泵站配有 BJK-1 型电子计算机 1 台和电磁流量计,是青岛排水史上首次使用微机自动控制泵站进行排水运行管理。至 1990 年,青岛市共建成排水泵站

16 座。

(四)城市供气又瓶装向管道式供应发展

改革开放后,为减少居民对煤炭能源的依赖,青岛市组织力量到全国各地炼油厂采购气源,积极扩大瓶装液化石油气供应。1980 年 12 月,青岛燃料公司液化气站合并到青岛市液化石油气公司,成立青岛市煤气公司,以加快瓶装液化石油气用户发展壮大的步伐。

1982 年,青岛石油化工厂催化裂化装置试车成功,结束了青岛市不能生产液化石油气的历史,当年供应液化石油气 957 吨,此后供应量逐年递增,液化石油气用户数量也随之稳步上升。1988 年,成立了崂山县煤气公司(后改为李沧区煤气公司),其用户迅速达到 2000 余户,是瓶装液化石油气向市区外迈出的第一步。此后,即墨县、胶南县、胶县、平度县、莱西县、黄岛区等区县相继成立煤气公司,区县煤气公司主要采取从青岛市煤气公司购进液化石油气的方式满足各自用户的用气需求。1991 年,全市瓶装液化气用户已达 91808 户,全年供应液化石油气 9166 吨,真正实现了液化石油气供应的全域布局。

与瓶装液化石油气相比,管道煤制气具有输送方便、成本低廉、节省空间的优势,更受居民的欢迎,被形象地称为“方便气”“自来气”。1984 年 10 月,将煤制气建设列为市重点工程项目,成立青岛市煤制气厂筹建处。1987 年 3 月,经过 3 年筹建、设计、施工,一座具有日产 14 万立方米能力的伍德式直立制气炉正式建成供气,并在当年铺设供气管道 196 千米,发展用户 32000 余户,供气量达到 491 万立方米。到 1991 年底,全市煤制气用户发展到 60895 户,年供气量 3470 万立方米。

为进一步增加供气能力,1990 年市政府开始筹备煤制气二期建设工程,1991 年 11 月煤制气二期工程项目建议书获国家计委批准,并被列为全市“九五”期间五大重点工程项目之一。工程选择以捣固炼焦煤制气为主气源的生产工艺,设计能力为日产煤气 75 万立方米,利用亚行贷款筹建,于 1994 年 12 月 18 日开工建设。

随着瓶装液化石油气、管道人工煤气市场的不断发展,城市燃气行业管理工作也被提上议事日程。1990 年 4 月成立了青岛市液化石油气管理处,挂靠市公用事业总公司生产处,为城市燃气行业的规范发展提供了组织保障。

(五)城市供热用户由企业到居民

1982 年,随着工业企业的聚集和发展,部分企业通过联合建设锅炉共同使用的方式开启了联片集中供热的探索之路,青岛草制品厂供热站、海洋涂料所供热站开始建设,各自安装了 3 台 6.5 吨/小时低压蒸汽锅炉,向周围生产企业供应蒸汽。

为进一步改善大气环境,提高居民生活水平,1984 年市委、市政府通过了《关于同意成立"青岛浮山集中供热站"的批复》,由青岛锅炉修配厂主导成立了浮山地区集中供热站筹建处,配装 4 台 6.5 吨/小时的蒸汽锅炉,浮山供热站于 1987 年 1 月 12 日建成投产,这是青岛市历史上第一个向居民提供集中供热服务的能源站。

1984 年国务院批准了青岛市城市建设总体规划中城市集中供热规划,山东省政府也批转了省建委、省计委《关于加快我省城市集中供热建设的报告》,在国务院、省政府有关政策的指引下,1987 年市政府开始筹建错埠岭热电厂。作为青岛市"八五"计划的重点项目之一,错埠岭热电站位于南京路 262 号,占地 62.4 亩,是《青岛市城市总体规划的要求》确定的 7 个热源点之一,是全市第一个热电联产项目。1992年初动工建设,1993 年竣工并于年底并网发电。1992 年,又有青岛碱厂、青岛电厂和错埠岭热电厂 3 家热电联产企业竣工投产,开始陆续发展普通居民集中供热用户,青岛市全面进入居民享受集中供热时期。

二、市委、市政府"东进"决策奠定大青岛发展格局

1992 年小平同志南方谈话之后,青岛改革开放步伐进一步加快。当年 5 月,青岛市委、市政府开始实施"东扩"决策,在过去的农田、菜地里矗立起一座新城,从此东部成为青岛政治、经济、金融、文化和行政中心。1994 年,青岛市被列为全国 15 个副省级城市之一,这一年青岛行政区划也作出重大调整,开始实现向东、北、西三个方向拓展,逐步形成"东移、北进、西跨"的"大青岛"城市空间布局,掀起了前所未有的城市基础设施建设高潮。

(一)城市道路建设向快速、美观迈进

根据城市发展总体需要,青岛市规划了"三纵四横"快速路网作为城市交通的骨架,"三纵"指的是环湾路—新冠高架路—隧道接线、重庆路、青银高速路;"四横"是指胶宁高架路、杭鞍高架路—辽阳路、跨海大桥高架路、仙山路。

1995 年 12 月,青银高速公路青岛段、青银高速与流亭立交桥连接线、流亭立交桥改造等三大工程项目同时建成通车,完成了"三纵"中的重要一纵,使青岛融入中国东西部高速大交通体系,大大缓解了车辆进出市区的交通压力。

1995 年 1 月,宁夏路—延安三路立交桥正式开工,工程总投资 3.1

亿元,是市区规模最大、投资最多、功能最齐全的三层环式立交桥,位于交通最为拥挤的宁夏路、延安路、延安三路、台东一路交汇处。工程当年开工、当年主线通车,一年半全部竣工,建成后由海信集团出资命名。1998年9月,山东路—宁夏路交桥开工建设,该桥是青岛市规划东西快速路的重要组成部分,于1999年9月全线建成通车,工程总投资3亿余元,建成后由澳柯玛集团出资冠名。

2002年11月,东西快速路(胶宁高架路)一期工程主线建成通车,这是青岛市的第一条高架快速路,也是“四横”中的“第一横”。高架路结合地形将地面道路、下穿地道、高架路三者融为一个有机的整体,构成一条具有山城特色的城市快速通道。

香港路原本是一条老旧道路,以山东路为界,西段称为湛山大路,东段称为湛流干路,1997年为迎接香港回归命名为香港路。1998年10月,开始对香港路进行环境综合改造整治,通过运用先进的设计理念和建设方式,改造后的香港路全长14千米,成为全市最繁华、最现代的一条东西向交通干道,也是第一条对地下空间进行综合利用、确保10年内不进行大规模开挖改造的道路。香港路线形设计优美、气韵生动,既是连接新老城区的交通纽带,又是名副其实的商业金融街。

2001年建成的东海路,更是一条海滨风景旅游大道。东海路全长12.8千米,两侧为5米的人行道和10米的绿化带,安装了各类小品雕塑23组48座。这些雕塑形态各异,集思想性、艺术性、观赏性于一体,展现悠久的中华文明历史和青岛海洋文化特色,在完善交通功能的同时,着意表现了城市基础设施的园林美、历史美、人文美和生态美。东海路与香港路相伴,成为青岛海滨的两条优美画带,装饰着城市核心区的绿色景观。

(二)城市供水保障能力进一步提升

随着城市规模的快速发展,为了进一步提升供水保障能力,市委、市政府决定建设辛家庄和麦岛高低位水池、北山供水工程、李村加压站等供水设施,同时新建和改造输配水管道,这些供水设施的建设缓解了市区高峰期间的供水压力。2001年以后,随着仙家寨水厂一期和二期改造项目、大沽河水源地供水设施一期改造项目等的完成,城市供水能力有了更大提升。

1994年12月,建设部确定青岛市自来水公司为全国供水企业建立现代企业制度8个试点单位之一。1996年,自来水公司在全市率先实行了“社会服务责任赔偿制度”,将服务标准公之于众,置于社会的监督之下。1998年将14个服务部门的电话合并为一,推出了“96111”服务热线的前身线——青水热线,成为仅次于市长热线的第二条受市民欢迎的服务电话。1999年,市政公用局开通公用事业"96111"热线,服务范围覆盖七区五市,服务内容更加广泛,中央电视台、《人民日报》等新闻媒体都作了报道,引起良好社会反响。

1999年5月27日,青岛市自来水公司改制为青岛市自来水集团有限公司,成为国有独资、国家大(2)型企业、山东省首家供水集团公司。1999～2000年,通过实施"解水忧"大行动和老旧管网改造工程,解决了一大批历史遗留问题和安全隐患,使供水水质、服务质量和供水安全系数得到了提高。到2001年,全域城市日供水能力达到91万立方米,年供水总量达到2.45亿立方米,平均日供水67万立方米。其中,主城区日供水能力50.12万立方米,年供水量1.67亿立方米,平均日供水量45.84万立方米。

2002年,在北方城市中率先实施供水计量终端服务(一户一表)改造工程,当年使7.5万户居民受益。同年,青岛市自来水集团有限公司更名为青岛市海润自来水集团有限公司,并与中法水务投资(青岛)有限公司共同组建合作公司——青岛中法海润供水有限公司。合作企业包括青岛市两大主供水厂——白沙河水厂与仙家寨新水厂,日净水能力为54.3万立方米,平均日供水量占青岛市主城区供水总量的70%。既可盘活两大水厂的存量资产,为重建仙家寨水厂融通资金,引进先进技术进行改造;又可推动青岛市供水企业生产管理水平再上新台阶。2003年,海润自来水集团有限公司在全国供水行业率先注册了以"适时服务、情感服务、超值服务、知识服务"为主要内容的"润万家"服务品牌。

(三)污水处理厂建设速度加快

随着城市规模和工业化进程的推进,高耗能、高污染的制造业的比重开始增加,污水排放造成的环境污染问题开始凸显,板桥坊河、娄山河、李村河、海泊河等主要排污河道的污染严重超标,胶州湾水域水体环境遭到了破坏。1998年12月,国家旅游局正式命名青岛市为首批中国优秀旅游城市,推进污水处理厂的建设迫在眉睫。

在这种形势下,市委、市政府敏锐抓住国家开放外国政府贷款的历史机遇,争取到国家首批应用于环境保护领域的外国政府贷款,建立了第一座现代化污水处理厂——海泊河污水处理厂,掀开了青岛市污水处理的新篇章。随后又采取外国政府贷款、财政拨款及德方赠款等方式,引进国外先进的污水二级处理工艺及设备,先后建设了李村河、团岛及麦岛污水处理厂。同时,按过城河道流域推进城市截污工程,实现排水管线与污水处理厂同步建设。

1988年,海泊河污水处理厂工程正式立项,项目建议书获得国家计委批复。工程计划总投资 1.39 亿人民币,其中利用奥地利政府混合贷款 825 万美元,用于引进污水处理技术和专用设备,其余资金由青岛市自筹。1991 年 3 月,项目于四方区杭州支路 8 号开工建设,并作为青岛市"八五"计划重点建设的"双十"工程之一,历经两年多的施工建设,于 1993 年 11 月 18 日正式通水运行。海泊河污水处理厂作为青岛市第一座大型污水处理厂,总占地面积 13 公顷,设计污水处理规模 8 万吨/日,汇水约占青岛市污水排放总量的 40%,是青岛市污水处理业发展的一座里程碑。

1998 年开始又先后建成了李村河、团岛、麦岛三座采用国际先进工艺的现代化污水处理厂,总投资逾 7 亿元人民币。四座污水处理厂建成后,日处理污水能力合计 36 万吨,城市污水处理率达到 80% 左右。由于采用国外先进技术,李村河、团岛污水处理厂排放标准已达到后来的国家一级 B 标准。

为配合各污水处理厂建设,陆续开展了海泊河、李村河、张村河、前海一线截污工程,提高了城市污水接纳率,从根本上实现了雨污分流排放。截至 2000 年,全市共铺设排水管线 293 千米,其中雨水管线 128 千米、污水管线 165 千米,新纳入市政管网管线 300 千米。

(四)城市燃气行业发展渐入正轨

1995 年 5 月,《青岛市燃气管理条例》经市人大常委会会议通过,这是山东省城市燃气行业方面第一部地方性法规,对青岛城市燃气健康稳定发展起到了重要作用。1998 年 3 月,市政府批准《青岛市区燃气专业规划》,不仅对市内四区、黄岛、高科园的燃气事业的发展提供了科学依据,同时提出将市、县(区)煤气公司及企事业单位、村集体建设的液化石油气充装站逐步纳入管理,通过颁发燃气经营许可证或燃气自供许可证,来进一步规范瓶装液化石油气市场。1997 年 10 月,市煤气公司率先推出"电话一打,送罐到家"的预约服务,一改过去用户自行带罐换气的供应方式,使瓶装液化石油气使用更加便捷,市场规模逐步扩大。

1997 年,英国壳牌公司在黄岛区建设液化气码头(二级储配站),进口国外气源,总储存量为 3000 吨,提升了青岛市液化石油气气源保障能力。1998 年 11 月,山东省内第一座液化石油气汽车加气站——大山加气站落成,可为首批 30 辆燃气汽车的运行提供能源,使"绿色交通"初现青岛。至 2001 年底,全市瓶装液化石油气用户已达 53.95 万户,建成 3 座液化石油气汽车加气站,发展燃气汽车 500 余辆,年供应液化石油气达到 65843 吨。

1993 年 3 月,国家计委批复了《青岛市煤制气二期工程可行性研究报告》,青岛市重点工程煤制气二期工程指挥部也宣告成立。1994年,投资10亿元,设计产气75万立方米/日、产焦炭42万吨/年的煤制气二期工程正式开工建设,1997年12月成功投产供气,使市内四区管道燃气气源保障能力迈上一个台阶。平度市、莱西市等区(市)也利用本地化肥厂的尾气发展了部分管道燃气用户。至2001年底,全市已发展管道人工煤气用户30.69万户,人工煤气年供应量1.24亿立方米。

1999年,为进一步改善大气环境,降低煤炭在一次能源消费中的比例,青岛市着手天然气引进工作,成立了天然气工作领导小组,在青岛管道燃气公司基础上组建成立了青岛燃气集团有限责任公司。2000年,编制完成了《青岛市城市燃气专业"十五"计划及15年规划》,天然气引进的前期工作开始按步骤实施。2001年12月,市政府抓住国家推进"西气东输"的机会,与中石化集团中原油田关于引进天然气的合作达成了协议,使青岛市引进长输管道天然气的时机趋于成熟。

2002年,市政府将天然气入青列为12件市办实事之一。经与中石化集团多轮谈判,确定了引进河南濮阳中原油田天然气,从距离城阳区古庙头村规划的青岛门站243千米的淄博的长输天然气管道接入的方案。2002年7月10日,淄博至青岛门站长输天然气管道全线开工;11月12日,青岛门站至李沧区下王埠的21千米输气管线开始建设。在市天然气工作领导小组精心组织、协调下,在不到半年的时间里完成了正常情况下需要两年才能完成的工程。12月30日,青岛门站通气点火成功,李沧区部分居民率先体验到"绿色能源"带来的便利,标志着青岛市迈进了液化石油气、人工煤气、天然气三种气源并存的时代。

三、"环湾保护、拥湾发展"使基础设施步入大规模建设阶段

跨入21世纪,市委、市政府确立"三点布局、一线展开、组团发展"的城市空间框架发展战略;2007年11月,青岛市委十届二次全会进一步确立了"环湾保护、拥湾发展"发展战略,城市建设开始由"带"状结构向"品"字形布局转变,由"一线展开"向"拥湾发展"转变,城市建设进入"大框架"发展的阶段。

(一)城市大交通格局初步形成

2001年,青岛市成功获得2008北京奥运会帆船比赛承办权。为了在城市建设中发挥基础设施的先导性作用,市委、市政府提出"率先发展、适度超前"原则,重点完善与城市发展空间布局相协调的快速路网络,以提升城市活力和效率。这期间,城市外围的沈海高速青岛段、

滨海大道、青银高速二期等重点交通工程相继开工建设;市区则开始向城市快速路网体系迈进,相继建成了胶宁高架路二期和杭鞍高架路,积极推进胶州湾大桥、胶州湾海底隧道建设,以进一步发挥中心城市的功能辐射作用。

2007年,杭鞍高架路竣工通车,这是继东西快速路之后的青岛市主城区第二条东西向快速通道,道路全长约6.2千米,采用全线高架方案,设昌乐河四层全定向立交1座、山东路双跨线平行匝道立交1座,成为市区快速路网的"第二横",有效分担了胶宁高架路的交通压力,保证了2008年奥帆赛期间交通组织的合理有序。

2011年6月30日,胶州湾海底隧道和胶州湾大桥同一天通车,将胶州湾东、西、北岸三个城区紧密联系在一起,曾经排队、拥挤的轮渡交通模式成为历史。胶州湾海底隧道南接黄岛区的薛家岛,北连青岛主城区的团岛,下穿胶州湾湾口海域(最大水深42米),是连接青岛市主城区与辅城的重要通道。项目总投资31.8亿元(不包括市区接线投资),隧道全长7800米,跨海域部分4095米,隧道长度居中国隧道第一、世界隧道第三。

胶州湾大桥东起市区海尔路,西止黄岛红石崖,与青兰高速公路连接,设计为高速公路双向6车道兼城市快速路8车道,桥梁宽度35米。整个工程包括沧口航道桥、红岛航道桥、大沽河航道桥、海上非通航孔桥和路上引桥,及李村河互通、红岛互通立交桥,以及主跨为260米和120米的稀索钢斜拉桥、主跨260米的自锚式悬索桥,其中红岛互通立交桥为世界上首座海上互通立交桥。全桥海上钻孔灌注桩共5127根,创世界新纪录;通车里程36.48千米,是世界海上第一长桥。

隧道、大桥的建成通车,使胶州湾东岸城区与西岸城区道路通行时间由原来的1小时缩短至最少8分钟左右,真正实现了青、黄、红岛之间的快速连通,形成了环湾交通一体化的大青岛路网格局。

2011年,胶州湾环湾路拓宽工程竣工。拓宽后道路红线宽度达到41.5米,由双向4车道拓宽至双向8车道,全长约15.6千米。工程实现了多项技术创新,包括现状道路西侧防浪堤坝的稳定性分析、混凝土防腐、旧桥加固及防腐技术、软弱地基处理等,可为以后的道路建设施工提供宝贵经验。

多少年来,青岛人民心中一直有一个地铁梦,因为完善的地铁网络不仅可以方便居民出行,同时也是大城市的象征。2008年初,青岛市第十四届人大第一次会议通过了关于加快青岛市轨道交通建设的议案,市政府专门成立了轨道交通协调推进领导小组,标志着青岛轨道交通建设进入加快推进实施阶段。2009年6月26日,青岛市地铁一期工程河西车站和河西站至长沙路站区间作为试验段工程先期开工建设,总投资 2.1 亿元,计划工期 24 个月。2010 年 3 月 26 日,国家发展改革委以"发改基础〔2010〕567 号"文件批复《青岛市地铁一期工程(3 号线)工程可行性研究报告》。2011 年,《青岛市地铁 2 号线一期工程可行性研究报告》上报国家发展改革委。2013 年 2 月,青岛地铁集团有限公司挂牌,实现了与青岛市地铁工程建设指挥部办公室合署办公。2013 年 11 月,《青岛市城市轨道交通近期建设规划(2013～2018 年)》获国家发展改革委批复,规划包括地铁 1、4 和 6 号线路,建设规模近 110 千米。同时,青岛地铁 1、4 号线可研报告完成评审,其他重点线路研究取得进展。城际轨道交通快线蓝色硅谷 R1 线、西海岸新区 R3 线列入《环渤海地区山东省城际铁路网规划补充报告》;8 号线开始启动机场段规划和过海专题研究等前期工作。

(二)城市供水保障能力得到增强

随着仙家寨水厂一期和二期改造、大沽河水源地供水设施一期改造等项目的完成,以及环胶州湾原水、制水、输配水规划布局的形成,市区"四纵三横"相互补充的管网规划初步得到落实,城市供水保障能力得到进一步提升。

2002 年 7 月,海润自来水集团公司以白沙河水厂、仙家寨新水厂的资产作为出资,与中法水务投资有限公司合作成立了青岛中法海润供水有限公司,从此城市供水行业引入国际巨头。2005 年 5 月,仙家寨新水厂二期工程正式开工,2006 年 6 月工程竣工,仙家寨新水厂日供水能力达到 36.6 万立方米,成为全市最大的净水厂。为满足环保的要求,完善工程的配套,2006 年又新建了日处理 72.6 立方米/天的排泥水处理系统,将两个净水厂排出的泥水浓缩,经脱水处理后外运填埋。并相继完成北村加压站二期改造和上苑路加压站建设工程、李村河直径 700 毫米管道和重庆中路直径 1000 毫米管道改造工程、仙山路输配水工程等重点项目,基本实现了环状网状供水模式,提高了供水能力和服务范围。

2003 年 6 月,青岛市海润自来水集团在全国供水行业中首个注册"润万家"服务品牌举行启用仪式,该品牌获中国企业文化研究会授予的"设计案例奖",是全国供水企业唯一入围的企业文化案例。经过多年培育发展,逐步形成了以"用心惠民"市政公用品牌为引导、以"润万家"品牌为标杆的城市供水优质服务品牌群,包括开发区供排水总公司的"永远创造满意"、崂山区供水管理办公室的"情融于水,润泽万家"、城阳区自来水公司的"情融于水"、莱西市自来水公司的"情融水甜"、胶州自来水公司的"碧水融真情"、胶南市自来水公司的"情润万家"、平度市自来水公司的"水润万家"、即墨市自来水公司的"情系供水,服务万家"等,这一品牌群提升了服务质量和服务水平,树立了城市供水行业服务新形象。

2001 年 12 月,青岛市政府印发《青岛市推行供水计量终端服务工作实施方案》,决定取消使用近百年的总水表计量收费模式,实施供水计量终端服务;并利用 3 年的时间,基本完成已建成住宅的供水设施"一户一表"改造工作,实现了抄表收费服务方式的历史性变革。通过大规模的"一户一表"改造,从根本上解决了小区居民供水跑、冒、滴、漏、锈、堵、冻等问题,也消除了用户分摊水费和邻里之间水费纠纷。

(三)污水排放水质及污水处理能力双提升

围绕"环湾保护、拥湾发展"发展战略,为办好 2008 年奥帆赛,青岛市新建、扩建了多家污水处理厂,逐步扩大城市污水处理规模。陆续投资新建了城阳污水处理厂、娄山河污水处理厂、胶南中科成污水处理厂、泥布湾污水处理厂、镰湾河污水处理厂、大任河污水处理厂、即墨市西部污水处理厂及即墨市城区北部污水处理厂;推进了城阳污水处理厂二期、麦岛污水处理厂二期、李村河污水处理厂二期、海泊河污水处理厂等的扩建工程,污水排放水质及污水处理能力得到了双提升。

2007 年 10 月 1 日,《山东省半岛流域水污染物综合排放标准》(DB37/676—2007)开始执行实施。根据该标准要求,青岛市污水处理厂出水均应执行《城镇污水处理厂污染物排放标准》中的一级 B 标准。由于海泊河、团岛、李村河、娄山河污水处理厂均在标准发布之前建设,未按国家一级 B 标准设计,出水不能保证稳定达标,意味着这 4 座污水处理厂必须进行升级改造。为了使胶州湾得到更强的保护,2009 年市政府在《关于做好污染减排和模范城迎检及排水管网工程建设工作的会议纪要》中要求,所有排向胶州湾的污水处理厂出水水质应达到一级 A 标准,高于国家一级 B 标准,由此按照更高标准推动了娄山河、李村河、团岛与海泊河污水处理厂的升级改造工程。

(四)管道天然气进入规范发展阶段

2002 年以后,青岛市燃气行业市场化进展迅速,各区(市)纷纷通过招商引资引进了港华煤气、新奥燃气、华燊燃气等公司。其中,港华煤气分别在即墨市、崂山区成立了合作公司;新奥燃气分别在黄岛区、城阳区、胶州市、胶南市成立了合作公司;华燊燃气分别在胶州市、胶南市、莱西市成立了分公司。青岛泰能燃气集团有限公司除市内四区外,进一步把经营区域扩展到崂山区、城阳区和平度市。有了稳定的气源保障,各燃气经营企业积极发展天然气用户,同时原人工煤气用户置换天然气的工作也有序地开展起来。到 2011 年底,天然气用户已快速发展到 118.43 万户,天然气管网长度达 5976 千米,年供应天然气 6.26 亿立方米;市区管道煤气用户仅剩下沧口片区有计划保留下来的 4.5 万户。

随着天然气用户的快速发展,单一的中石化天然气气源已难以保障全市用气需求,市政府又先后于 2005 年、2011 年引进中海油渤海天然气、中石油泰青威长输管道天然气。自此,青岛市实现了中石化、中石油双气源为主,中海油气源为补充的多气源供应目标,为全方位扩大天然气利用奠定了良好基础。

2006 年 6 月,青岛市第一座压缩天然气汽车加气站——南丰路加气站建成,日加气量为 1 万立方米,可满足 144 辆公交车、240 辆出租车加气需求。2008 年,全市近九成出租车进行了"油改气",天然气成为出租车的主要动力来源。至 2011 年底,全市建成 4 座压缩天然气加气母站和 35 座压缩天然气汽车加气子站,天然气汽车加气市场粗具规模。

四、党的十八大后基础设施进入高质量发展时期

党的十八大以后,青岛市在"全域统筹、三城联动、轴带展开、生态间隔、组团发展"城市总体发展战略指导下,以办好 2014 年青岛世园会为契机,通过统筹东岸、西岸、北岸三个城区道路规划建设,使城市基础设施建设步入统筹发展、绿色发展、高质量发展阶段。

(一)城市基础设施与轨道交通统筹发展

2013 年 12 月,经过 16 个月的施工,克服了管线种类复杂、边调流边施工、沿线多处拆迁征地等困难,实现重庆路拓宽改造工程主线全线通车,使市区南北向交通更加通畅。该工程南起雁山立交,北至仙山路,全长约 15 千米,规划红线宽度 40~50 米,车行道为双向 8~10 车道,其中雁山立交—福州路段约 1.2 千米为双向 8 车道,福州路以北段为双向 10 车道;新建 3 处人行过街天桥(重庆花园、沧口长途车站、汽车北站)。

2014 年 1 月,杭鞍高架路内蒙古路匝道工程建成通车,更加方便了辽宁路、台东商圈以及利津路等居住片区居民的交通出行,缓解了海信立交桥的交通压力。2014 年 11 月,福州路打通工程(黑龙江路至台柳路)开工建设,加强了市区中部尤其是市北区东北部与前海一线的交通联系,对加快市北区的开发建设具有重要作用。

2015 年 7 月,被称为快速路"咽喉"工程的新冠高架快速路主线正式通车。作为胶州湾海底隧道与杭鞍高架路的连接线,新冠高架路南接快速路三期,北接杭鞍高架路及环湾大道,是向北快速疏解进出胶州

湾海底隧道车辆的唯一通道,可以弥补区域快速路网的结构性缺陷。该工程全长约 3.5 千米,高架桥主线宽 25 米,采用双向 6 车道,分别在小港二路、昌乐路及昌乐河河口设置 3 对上下行匝道。工程的建设实现了主城区南部"两横"与西部"一纵"完美衔接,完善了快速路网的整体功能,快速路体系逐步实现"成环成网"。

2015 年 11 月,山东路改造工程竣工,工程采用了多项新材料、新技术,创造了多项青岛首例,充分体现了"人、车、环境"的和谐,堪称青岛城市基础设施建设中的"标本式"工程。改造之后的山东路成为一条具有生态气息的城市景观大道、迎宾大道、交通大道,为美丽青岛增添了一道靓丽的风景。

2013 年 12 月,市政府出台《青岛市轨道交通建设管理办法》,规范了轨道交通规划建设、建设资金来源、安全与应急、轨道交通保护区管理及法律责任等。2014 年,已有 1、2、3、4、6、R1、R3 共 7 条轨道交通线路获国家发展改革委批复,总长约 288 千米。为实现"跨海连接两岸、实现网络运行"目标,加快西海岸新区发展,启动了全市线路最长的南北向骨干线路 1 号线项目涉及的房屋征收工作。为应对多条线路同时在建、资金需求大、筹措压力重等困难,多方协调保障地铁建设所需资金。完成了 3 号线、2 号线银团贷款合同签署,1 号线融资方案获得确认;R3 线采用 PPP 合作建设创新模式,较 BT 模式节约成本约 4 亿元。

2015 年,地铁 2 号线施工中首次采用隧道全断面掘进机施工技术(TBM),包括海安路站至高雄路站区间和泰山路站至芝泉路站区间两大试验段的隧道采用此技术,通过采取 TBM 掘进姿态控制、掘进参数的掌握、管片拼装和背后回填注浆、超前钻孔注浆、机体平移空推过站等关键技术措施,按期实现了隧道洞通。

2015 年 12 月 16 日,青岛地铁 3 号线北段通车运营,这是山东省境内建成的第一条地铁线路。2016 年 12 月 18 日,地铁 3 号线全线开通运营,线路全长 25.2 千米,设车站 22 座,跨越了市南区、市北区、李沧区等三个市辖区。2017 年 12 月 10 日,青岛地铁 2 号线东段正式开通试运营,该段线路全长 21.6 千米。2018 年 4 月 23 日,青岛地铁 11 号线(原称 R1 线)开通试运营,线路起点站为苗岭路站,终点站为鳌山湾站,全程共 22 站,全长约 58 千米,以高架敷设为主。至此,青岛地铁已有 3 条线路开通运营,青岛市正式进入地铁交通时代,青岛人民的地铁梦终于实现了。

(二)城市供水向规模化、全面化发展

城市供水逐步向规模化、全面化发展,实施供水一体化,全面提升

供水水质。2013 年 1 月,为实施全域统筹供水业务一体化战略,市政府批准由海润自来水集团有限公司、排水管理处所属二级单位、青岛城投集团环境能源有限公司整合组建青岛水务集团。2015 年 11 月,青岛西海岸市政公用事业集团有限公司组建新的青岛西海岸公用事业集团有限公司,集团下设能源公司、水务公司和市政工程公司 3 家子公司,经过资源整合,结束了西海岸新区东、西部城区"两翼"独立供水的历史,实现了全区水资源统一调配、供水服务统一管理。2016 年 11 月,青岛水务集团全面运营胶州市供水业务,标志着全市水务一体化进程迈出重要一步。

市委、市政府对提升供水水质一直非常重视,坚持把加强水厂深度处理工艺改造写入政府工作报告,明确提出 2018 年实现 24 座城市供水水厂全部完成深度处理工艺改造的目标。2016 年,制订了全市水厂深度处理工艺升级改造 3 年提升工作方案,并列入城市管理"十三五"发展规划。2016 年 12 月,仙家寨水厂深度处理工艺改造项目建成投入使用,项目总投资约 1.8 亿元,设计能力 36.6 万立方米/日,采用臭氧生物活性炭深度处理工艺,这是青岛市城市供水史上首次突破传统工艺实施深度处理工艺改造的项目,也是山东省内最大的水厂深度处理项目。截至 2017 年底,全市已有管家楼水厂等 14 座水厂完成了深度处理和工艺改造。

青岛市 2005 年被国家确定为海水淡化与综合利用城市和产业化基地,2006 年制定了全国第一个城市海水淡化产业发展规划,2013 年被国家确定为海水淡化试点城市。2013 年 5 月,青岛百发海水淡化项目正式投产,项目总投资 11.3 亿元人民币,设计能力 10 万立方米/日,采用世界上先进的双膜法海水淡化工艺,是我国首个大规模市政海水淡化项目。2016 年 9 月,青岛董家口经济区海水淡化项目正式通水运行,项目总投资额 5 亿多元,设计淡化能力 10 万立方米/日,采用双膜法工艺,是首个由国内公司独自承建的海水淡化工程,关键技术和设备材料均具有自主知识产权,打破了国外公司的行业技术垄断。至 2017 年底,全市海水淡化设施处理能力达到 21.9 万立方米/日,占全国总产能的 18.4%,居于全国领先水平。

在引入客水方面,2015 年 5 月,南水北调长江水与黄河水混合后,试运行引入到棘洪滩水库;2016 年 3 月,南水北调一期工程胶东干线上的引黄济青上节制闸开闸放水,实现了长江水与黄河水的汇合,通过引黄济青干渠完成了引长江水为青岛市及胶东地区送水的壮举,城市供水基本形成了本地水源、黄河水、长江水、淡化海水组成的多水源供水体系,为青岛市城市发展和居民生活提供了有力的保障。2015～2017 年 3 年中,青岛市遭遇连续严重干旱,全市大小水源基本干涸,除主城区外,各区(市)都不同程度实施了限水措施,市区全部城市供水的95％水源依赖引黄引江客水,黄河水、长江水为青岛市度过严重干旱的供水难关发挥了重要的作用。

(三)污水集中处理向规模化、全域化推进

2012年,市委、市政府提出开展"迎办世园会、建设生态城、大干300天"的市容环境十大综合整治行动。在城市排水工作上提出围绕构建"截污纳管、雨污分流、厂网协调、泄洪顺畅"的大排水体系目标,不断推进污水处理厂改扩建及升级改造工程,全面完善污水收集系统、处理系统和监管系统,使城市污水集中处理率达到98％以上。2017年在全国36个大中型城市污水处理情况考核中四个季度均名列第一,忠实践行着"绿水青山就是金山银山"理念。

随着国家对城镇污水处理厂污染物排放的标准提高,青岛市积极进行污水处理厂扩建、改建工作。2013年灵山卫污水处理厂一期工程成功通水试运行,设计处理规模为3万吨/日,使开发区污水厂的总处理能力达到17万吨/日,改善了灵山湾周边的水环境;海泊河污水处理厂实施改扩建工程,采用MSBR一体化处理工艺,16万吨的日污水处理能力可满足海泊河流域24平方千米内的居民、企业直至2020年的污水处理需求。

2014年,高新区污水处理厂一期完成处理能力18万吨/日的土建工程及处理能力9万吨/日的设备安装,这是国内北方地区首座全地下式污水处理厂。青岛董家口中法水务污水处理厂正式试运营,采用国际先进的"高密＋V滤"专利技术,出水水质可以达到一级A标准排放,可以承接董家口经济区284平方千米区域内的工业废水及生活污水的处理。2015年娄山河污水处理厂二期扩建工程竣工,扩建规模为处理能力5万吨/日,使总处理能力达15万吨/日,可满足周边66平方千米内企业、居民的污水处理需求,进一步提升了胶州湾海域水环境质量。

2017年,麦岛污水厂、灵山卫污水厂、中科成污水厂一级A标准升级改造完成。至此,经过几年持续不断的改建工程和工艺升级,全市23座污水处理厂出水全部达到一级A及以上排放标准。2017年全市污水处理量为6亿立方米,减排COD约29万吨。

为提高污泥资源化利用水平,团岛、麦岛、海泊河等污水处理厂致力于厌氧消化的研究实践,通过降解有机质实现污泥生产量的减少,并将产生的沼气用于沼气锅炉给厂区生产和生活供热,剩余沼气用来发电供应设备运转,达到变废为宝、绿色循环运营的目的。如麦岛污水处理厂通过对污水处理过程中产生的污泥通过厌氧消化工艺进行减量、

稳定和无害处理,实现污泥减量近 40%,不但节省了污泥运输和后续的处置费用,而且厌氧消化年产沼气约 600 万立方米,其中 85% 的沼气用于热电联产。

(四)让青岛的母亲河——大沽河再焕生机

大沽河是胶东半岛最大的河流,青岛市唯一的省属大型河道,是青岛市重要的供水水源地,供水能力占市区总供水量的 50% 左右,被称为青岛的"母亲河"。2011 年以前,大沽河防洪标准基本上是"20 年一遇",未达到国家规定的"50 年一遇"防洪要求。同时,两岸存在着城镇化发展水平不高、道路交通体系不够完善、沿河现代农业规模化和林木覆盖率水平较低等问题,区域经济发展相对缓慢。2012 年,市委、市政府果断决定对大沽河进行全面综合治理。

2012 年 2 月 8 日,大沽河治理工程奠基,沿河五区(市)堤防工程试验段开工建设。这是青岛市有史以来一项投资规模最大、工程项目最多、治理范围最广、建设标准最高的以水利为主体,涉及交通、林业、农业、环保等多领域的综合性、系统性惠民工程。利用三年时间,先后完成了防洪、水源开发、道路交通、生态建设、环境保护、现代农业产业化基地、小城镇与新农村示范建设等七大工程,实现了防洪、生态、环保、人文、社会和谐等综合效益。

(五)城市供热逐步向清洁、环保方向转变

面对节能减排的新形势,市委、市政府对城市供热提出了向清洁供热、环保供热转变的新要求。2014 年 2 月和 3 月,市政府召开了两次环境保护专题会议,强调清洁能源供热的发展思路,先后出台了《青岛市清洁能源供热发展专项规划》、《关于印发青岛市加快清洁能源供热发展若干政策的通知》及《关于加快清洁能源供热发展若干政策实施细则》等规划、政策,并将发展清洁能源供热列入修编后的《青岛市供热条例》,从法律上推进清洁能源供热发展。在此基础上确定了"四改造、三开发、二替代、一建立"推进清洁能源利用思路。在实践中,逐步形成了热电联产为主、区域锅炉房为辅、清洁能源快速发展的城市供热新格局。新建了徐家东山供热站工程、金海热电厂工程、金港供热站工程、团岛污水源热泵工程、麦岛污水源热泵工程、海泊河污水源热泵工程;扩建、改造东亿供热中心、李沧东热电厂、金湾热力供热站、社会福利院供热站、华电 2 号机高背压改造等供热工程。

至 2017 年末,全市供热面积达到 2.45 亿平方米,基本满足了居民供热需求。全市清洁能源供热突破 1.03 亿平方米,使城市供热行业在实现新旧动能转换的路上迈出了坚实的一步。

（六）园林绿化助力青岛荣获国家园林城市称号

以园林绿化为主的城市生态环境建设日益受到重视,园林绿化事业重新纳入城市建设总体规划,青岛市城市园林绿化事业进入了稳步发展时期。

1981 年初,根据《青岛市城市总体规划》编制完成了《青岛市城市绿化总体规划》。1984 年,青岛市政府发布了《市区十处山头的规划建设意见》,采用单位分工包建和义务劳动的办法,利用 3 年封山时间,建设了观海山、信号山、青岛山、太平山(榉林公园)、嘉定山、北岭山、烟墩山和楼山公园;重建了观象山、贮水山公园。这是青岛市有史以来最大规模的群众性建园活动。1987 年 7 月,这 10 处公园全部建成开放,新增公共绿地 152.32 万平方米,恢复公共绿地 28.59 万平方米。1991 年8 月,在全国第二次城市环境保护工作会议上,这 10 处公园建设项目被评为全国城市环境综合治理优秀项目。其后,小鱼山公园、小青岛公园也相继建成开放。1990 年又建成开放了百花苑、伏龙山、小村庄南山、辛家庄北山 4 个公园。总之,7 年间共建成了 14 个公园,净增公园面积 176.8 万平方米,丰富了人民群众的业余生活。1999 年,文化公园、沧口公园、李沧文化公园、栈桥公园和各市大部分公园高标准改造后开放管理,实行"还园于民"。2001 年,正式启动浮山风景生态林地保护建设,封山绿化,恢复绿地 220.6 万平方米。

2008 年以"绿色奥运"为目标,全年投资 1300 多万元,通过高标准设计、高质量施工,建成太平角精品公园;按照"点线面、树灌花草"相结合的原则,对奥帆赛场馆周边的 5 条道路和香港路、东海路的 15 个节点进行增绿、置景等园林美化绿化建设。2014 年,青岛世界园艺博览会以"让生活走进自然"为主题,突出山海城浑然一体的城市特征和人与自然和谐相处的时代旋律,推动了青岛的生态文明建设,提升了青岛的生态环境。

2016 年,按照"美丽青岛行动"要求,建设了李村河三期绿地、北岭山小西湖水系绿地等精品绿地 20 处,启动了 19 个山头绿化整治,完成绿化面积 68 公顷。重点加强了浮山、水清沟东南山、北岭山南广场,李沧区竹子庵山等了山头绿化。在全市 118 条道路上实施绿篱建设工程,建设绿篱 22 万延米,提升了道路景观品质。在满足绿地生态、景观、游憩和其他基本功能的前提下,最大限度地实现雨水在绿地区域的积存、渗透和净化,促进雨水资源的利用,完成海绵型绿地建设 70 万平方米。

1999 年 9 月 9 日,青岛市因达到创建国家园林城市的各项指标要求,被授予"国家园林城市"称号。2000 年 2 月,青岛市在日本举行的第三届世界城市环境管理大赛评比中,获得1999年人口100万及以上组别"城市绿化奥斯卡"奖第三名。2003年,青岛滨海步行道建设先后被评为"山东省园林绿化优质工程""青岛市十大精品建设工程","城市污泥在园林绿化建设中的应用"项目获青岛市科技进步成果一等奖。

(七)海绵城市建设多点开花

2013年12月,习近平总书记在中央城镇化工作会议讲话中首次提出海绵城市建设理念:"在提升城市排水系统时要优先考虑把有限的雨水留下,优先考虑利用自然力量排水,建设自然积存、自然渗透、自然净化的海绵城市。"2015年1月,财政部、住建部、水利部贯彻落实习总书记讲话精神,全力推行城市建设发展的新理念和新模式,共同启动了国家海绵城市试点申报工作。2016年4月,青岛成为第二批14个海绵城市建设试点城市之一。2016年4月编制完成了《青岛市海绵城市专项规划(2016—2030)》,成为山东省第一个完成海绵城市建设专项规划编制的城市;2016年12月完成了《青岛市海绵城市试点区详细规划》的编制;2017年11月完成了《青岛市海绵城市试点区系统化实施方案》的制订。确定李沧区包括楼山河片区在内的西北部老城区为海绵城市试点区,区域面积25.24平方千米,共有182个试点项目,总投资约48.8亿元。至2017年12月,李沧区海绵城市试点区建成了区委党校、华泰社区、文昌路、李村河中游等18个海绵城市样板工程,还有在建项目32项。试点区安装了监测设备42台,包括板桥坊河、大村河2处水质监测,楼山后河等5个排口水量监测,雨水花园、下沉式绿地等4个海绵典型设施监测,梅庵新区、华泰社区等14个样板工程项目监测等。

在中德生态园开展海绵城市规划和园区海绵城市建设评估,专门编制了《青岛中德生态园海绵城市建设实施方案》,规定分近、中、远三个阶段分别实现园区建成区面积的30%、50%、100%达到海绵城市建设目标要求。胶东国际机场提出规划打造全国第一个绿色"海绵机场"的目标,并制订了通过源头削减、过程控制和末端调蓄的排水控制体系,构建起水生态、水环境、水安全、水资源等四方面的海绵城市体系,以达到水径流控制率75%、再生水利用超过50%为目标的海绵城市建设初步方案。城阳区则在世界动车小镇(国家高速列车技术创新中心)的概念规划与城市设计中,充分吸取了海绵城市建设理念,欲将动车小镇打造成海绵城市园区。

为有效调度海绵城市建设工作,加强市、区两级沟通,青岛市在试点区建立了"四级例会、每周通报、专人负责、跟踪审计"的工作机制,高效推进海绵城市试点建设工作。在住建部、财政部组织的2016年度试点绩效评价考核中,青岛在第二批 14 个试点城市中名列第 2 位。

五、承办"上合峰会"向世界展现青岛风采

承办好上合组织青岛峰会,是以习近平同志为核心的党中央赋予青岛的一项重大政治任务。面临时间紧、任务急的情况,市委、市政府按照中央部署,尽善尽美地完成了场馆建设改造、市政道路提升、绿化美化、河道整治等各项工作,全力让世界感知中国魅力和山东青岛风采,为保障峰会顺利召开交出一份圆满答卷。

(一)会议场馆建设速度堪称奇迹

坚持特色办会思路,在会场选址、场馆装修装饰、城市景观等方面,将中华传统文化、"一带一路"倡议、山东和青岛特色等元素融入其中。会场所在的奥帆基地,既是青岛"山、海、城、湾"融为一体的标志性景观,又最大程度上减少了对城市的干扰。围绕"世界水准、中国气派、山东风格、青岛特色"的核心主题,破解工期、质量、安全、环保四个难题,如期圆满完成了奥帆中心、燕岛秋潮、小青岛等项目改造任务。会议中心、宴会厅、燕岛秋潮、小青岛需要改造的建筑总面积近 7 万平方米,如何高效率完成改造任务和设备设施调试,是场馆改造工作面临的首要难题。其中青岛国际会议中心总建筑面积 5.4 万平方米,工程建设涵盖土建、钢结构、安装、幕墙、装饰、园林景观、市政道排、智能化工程、音视频会议及其他专业工程,正常项目工期需要 3 年。但是,实际上 2017 年 9 月 26 日开始改造施工,2018 年 4 月 28 日竣工验收,用 7 个月的时间创造了国内同类工程建造史上的奇迹,展现了令人惊叹的"上合青岛效率"。

(二)市政道路和绿化美化得到全面提升

在市政道路改造提升方面,克服标准高、交通调流难、管线掘路多、涉及面广以及冬季低温等不利因素影响,按照"先地下、后地上"的原则开展道路整治提升各项工作。根据道路实际情况,对道路设施、交通设施、路灯设施、杆件、箱体等涵盖道路两侧建筑之间的市政全元素进行了全面整治提升。部分道路整治工程中采用沥青热再生及微罩面等新工艺技术,引入了道路围挡喷淋、中央绿化带自动喷雾系统,提高了工艺水平和工作效率。完成了包括香港路、山东路等 260 条市政道路和 45 座市管桥梁的提升工作。

以满足市民环境需求为出发点,聚焦绿化薄弱问题,提升城市绿化环境品质。高水准打造青岛奥帆中心环境提升工程,累计完成总施工

面积 15 万平方米,绿化总面积 9.1 万平方米,铺装面积 3.5 万平方米,共完成苗木栽植 3000 余株。高品质完成城区绿化美化整治提升,全市累计整治绿化面积 805.37 万平方米,栽植乔木 31.31 万株、花卉 527.26 万株,绿化美化整治提升呈现出"整理、增彩、增量、提靓"阶段效果。高标准改造建设各种小型绿地、小公园、街心花园,建成"口袋公园"86 处,有效实现了"绿化为民,增绿便民"的目的。

(三)城市河道和铁路两侧进行高标准整治

以李村河流域水环境治理为重点目标,围绕"两提、两清、两补、两分、两体系"十大整治内容,实行现场督查,建立河道巡查制度。经过 4 个月的治理,使李村河中下游断面水质检测结果显示各项指标均已转向良好,取得阶段性成效。同时完成楼山河入海口段、湖岛河、昌乐河、海泊河中下游、水清沟河、杨家群、河西河等 7 个河道整治提升工程项目,累计整治长度达 7280 米,使城区河道环境得到了较大改善。

在铁路沿线环境治理方面建立联席会议制度,按照"条块结合、以块为主,属地管理、责任到人"的原则建立管理网格,实行铁路和地方"双段长"工作机制,沿线区(市)"段长"为街道办事处、镇政府主要负责人。累计整治建筑立面 96 万平方米,补植绿化 128 万平方米,整治市政设施 14.4 万平方米,彻底解决了沙岭庄车站、唐河路、大同南路段等一批重点难点问题,铁路两侧环境实现脱胎换骨的变化。

总之,为了迎接"上合峰会"的召开,在场馆优化改造、周边环境提升、设施配套完善等方面,都充分对接市民所需、顺应群众所盼,努力让市民在峰会服务保障工作中看见变化、得到实惠。

纵观改革开放 40 年,青岛市城市基础设施建设取得了显著成就,源于市委、市政府对党中央、国务院伟大决策的坚决支持和响应,并结合自身的实践,逐步形成了"四大基本经验":一是始终坚持把"服务群众"作为城市基础设施建设的宗旨;二是始终坚持把"率先发展"作为城市基础设施建设的目标;三是始终坚持把"关注民生"作为城市基础设施建设的方向;四是始终坚持把"科学建设"作为城市基础设施建设的追求。这"四大基本经验"相辅相成、互相作用、相互融合,其共同点是为人民日益增长的美好生活需要服务,为改善城市目前不平衡不充分的发展状况服务,为构建富强文明和谐的现代化国际城市服务。

(作者单位:青岛市社会科学院)

青岛市经济增长新旧动能转换的评价与推进对策研究

马秀贞

2018 年 1 月 3 日,国务院批复《山东新旧动能转换综合试验区建设总体方案》,这是第一个以新旧动能转换为主题的区域发展战略。在试验区布局方面,方案赋予了青岛综合试验区核心区的定位,提出青岛要发挥海洋科学城、东北亚国际航运枢纽和沿海重要中心城市综合功能,突出西海岸新区、青岛蓝谷等战略平台引领,打造东部沿海重要的创新中心、海洋经济发展示范区,形成东部地区转型发展增长极。

经济增长旧动能表现为依靠大量资源投入、大量投资、大量中低端产品出口、对房地产过度依赖的粗放式发展模式,以高投入、高消耗、高污染为主要特征,这种模式积累的矛盾和问题越来越多、副作用越来越大,是不可持续的,也不符合社会主义的生产目的。新动能与改革开放、体制创新、技术创新、产业的结构转换和产业升级有关,如新技术、新产业、新实体、新模式、新业态、新观念带来的新增长,以及传统产业的转型升级带来的活力释放。山东省委、省政府把新旧动能转换主攻方向概括为"四新""四化""四提"。以新技术、新产业、新业态、新模式为核心,以知识、技术、信息、数据等新生产要素为支撑,促进产业智慧化、智慧产业化、跨界融合化、品牌高端化,实现传统产业提质效、新兴产业提规模、跨界融合提潜能、品牌高端提价值。

一、青岛推进经济增长新旧动能转换的主要工作成效

在推进经济增长新旧动能转换的过程中,青岛主要做了如下推进工作:一是聚焦转调创、发力蓝高新的结构性调整,二是推进供给侧结构性改革,三是聚焦、聚力新旧动能转换,这些推进工作是一脉相承的。

(一)第一阶段,推进供给侧结构性改革,为新旧动能转换扫清障碍,创造条件

"十二五"以来,青岛"聚焦转调创、发力蓝高新"的结构性调整,可

谓新常态下供给侧结构性改革的先行实践,既提供了可借鉴的方向、思路和路径,也赢得了时间和主动。供给侧结构性改革自中央2015年提出、2016年启动之后,2017年进入深化阶段。为落实中央的战略部署与精神,2016年初青岛根据"三去一降一补"的"五大任务"推进五项工作。一是减量,积极稳妥处置"僵尸企业",化解各种库存。二是增量,加快培育新产业,扩大公共产品、服务有效供给,加强环境污染治理。三是存量,增强现有产业和企业的修复动力,为企业"减负松绑",推动产业优化升级。四是变量,注意防范和化解各类风险。五是需量,培育消费增长点,进一步扩大有效投资。2016年7月出台了《关于深入推进供给侧结构性改革的意见》,明确了指导思想、原则、目标和推进措施。提出通过三年努力,以创新、服务和海洋为特色的新型经济结构初步建立,城市经济总量、发展质量和人均数量同步提升,发展健康度保持同类城市前列。2016年9月,研究、制定并下发"三中心一基地"行动计划,把建好"三中心一基地",作为青岛供给侧结构性改革的主打战役、"十三五"时期青岛转型发展、超越发展的重要抓手和建设国家沿海重要中心城市的关键支撑。

(二)第二阶段,聚焦、聚力新旧动能转换

对接、落实山东方案,推出《关于加快新旧动能转换改革实施方案》,编制《青岛市建设山东新旧动能转换综合试验区核心区总体报告》《青岛市新旧动能转换重大工程总体规划》,以重点区域规划建设、重点产业发展、重点项目推进、重大政策和事项争取、近期招商项目"五张责任清单"抓落实,新旧动能转换重大工程取得阶段性成效。突出"一个目标,一个布局、三大突破、三大动力,三大支撑",规划推进新旧动能转换重大工程。具体推进过程可大致梳理为六个阶段。

(1)部署阶段(2017年4～5月)。4月28日,省里召开新旧动能转换重大工程启动电视会议,青岛市成立领导小组和办公室,召开第一次全体会议,工作全面启动。

(2)调研和政策梳理阶段(2017年5～6月)。组织相关区(市)和部门,开展了54项专题调研,并形成了全市总体报告,上报省重大办。同时,梳理了十三大领域、100多条政策。青岛的思路和诉求得到省里高度认可。

(3)规划起草和推进阶段(2017年7～8月)。主要编制青岛市重大工程规划,并提出规划、产业、项目、政策、招商清单。同时,启动"双百千"行动、"千企招商大走访"等活动,作为配套支撑。

(4)重大事项争取阶段(2017年9～11月)。9月28日,省总体方案全面征求国家35个部委意见,青岛将涉及青岛的重大事项逐项分解、靠上争取。最后,创建国家军民融合创新示范区、开展汽车平行进口试点等 50 项重点工作写入国家批复的方案,争创国家中心城市、争创国际航运中心等 80 多项内容写入省规划,还有 78 个项目初步列入省新旧动能转换项目库。

(5)规划修改和意见起草阶段(2017 年 12 月～2018 年 3 月)。一方面,对接省方案和实施规划,对青岛市规划修改完善。另一方面,制定青岛市实施意见。现规划意见都已成型,争取向市委、市政府汇报后,尽快印发实施。

(6)全面实施阶段(2018 年 1 月至今)。1 月 3 日省方案正式获批,2 月 22 日全省召开动员大会,包括青岛市在内正式进入全面实施的新阶段,前期工作告一段落。

"十二五"以来的一系列举措,有力地推进了经济转型升级和新旧动能转换,为青岛转型发展、超越发展奠定了基础。但应该看到,中长期的、根本性的新动能有待形成,新旧动能的转换仍然在路上。

二、青岛市新旧动能转换的基本情况与评价

(一)结构优化动能

据统计,2017 年全市生产总值 11037.28 亿元,按可比价格计算,增长 7.5%;其中,第一产业增加值 380.97 亿元,增长 3.2%;第二产业增加值 4546.21 亿元,增长 6.8%;第三产业增加值 6110.10 亿元,增长 8.4%。三次产业比例为 3.4∶41.2∶55.4。人均 GDP 达到 119357 元。全年实现海洋生产总值 2909 亿元,增长 15.7%(现价),占 GDP 比重为 26.4%。全市现代服务业实现增加值 3340.2 亿元,增长 8.4%,占 GDP 比重为 30.3%。

1. 三次产业结构

"十二五"期间,全市三次产业年均增幅分别为 2.8%、9.7%、10.3%,其中第一产业增长相对缓慢,第三产业发展优势明显,年均增速比第二产业高 0.6 个百分点。三次产业增长速度不同导致产业结构发生积极变化,"十二五"以来,"两个比重"不断提高,第三产业占经济总量比重持续上升,第一、二产业比重不断下降;现代服务业占服务业比重不断提升。2017 年三次产业比例为 3.4∶41.2∶55.4,传统服务业占服务业比重 45.3%,现代服务业在服务业中的比重为 54.7%。产业结构不断优化升级,全市长期依靠第二产业带动经济增长的局面被打破,第三产业对经济增长的贡献率明显提升,成为拉动经济增长的主动力,服务经济为主的经济结构正加快形成(表 1、表 2)。

表1　全市生产总值和三次产业增速　　　　（单位:%）

年份	全市生产总值	第一产业	第二产业	第三产业
2010	12.9	1.4	12.6	14.4
2011	11.7	5.0	11.6	12.4
2012	10.6	3.2	11.5	10.5
2013	10.0	2.0	10.1	10.6
2014	8.0	3.8	8.5	7.9
2015	8.1	3.2	7.1	9.4
"十二五"平均增长	9.7	2.8	9.7	10.3
2016	7.9	2.9	6.7	9.2
2017	7.5	3.2	6.8	8.4

表2　全市生产总值构成　　　　（单位:%）

年份	全市生产总值	第一产业	第二产业	第三产业
2008	100	5.1	50.8	44.1
2009	100	4.7	49.9	25.4
2010	100	4.9	48.7	46.4
2011	100	4.6	47.6	47.8
2012	100	4.4	46.6	49.0
2013	100	4.3	45.6	50.1
2014	100	4.0	44.8	51.2
2015	100	3.9	43.3	52.8
2016	100	3.7	41.6	54.7
2017	100	3.4	41.2	55.4

　　但与发达国家和先进地区比,青岛"两个比重"还不够高。从国际上看,青岛大大低于许多国际化城市,纽约、伦敦、东京作为美国、英国、日本的服务性中心城市和国家中心城市,服务业高度发达,服务业比重均超过80%;从国内看,青岛低于许多副省级城市(表3)。例如,2017年青岛服务业中交通运输仓储和邮政、批发零售、住宿餐饮三大传统服务业占服务业比重高达42.3%,超过深圳12个百分点,而金融业比重低于深圳12.7个百分点。可见,通过提高"两个比重"提升新动能的空间和潜力还很大,产业结构有待进一步转强。

表3　2017年青岛与国内先进城市主要经济指标比较

城市	广州	杭州	西安	哈尔滨	济南	南京	深圳	厦门	沈阳	青岛
服务业比重	70.9	62.6	61.5	60.5	59.9	59.7	58.6	57.7	56.9	55.4

2. 新技术、新产业、新模式等新动能

进一步从代表新动能的高新技术产业、战略性新兴产业分析,这些产业规模还不够大。2017年,全市高技术产业实现增加值579.5亿元,增长10.9%,占GDP比重为5.3%;其中,高技术制造业增加值290.1亿元,增长10.6%,占GDP比重为2.7%;高技术服务业增加值289.4亿元,增长11.2%,占GDP比重为2.6%。战略性新兴产业增加值1104.7亿元,增长10.9%,占GDP比重为10%。而深圳实施创新引领发展战略,战略性新兴产业占比高达42.9%,率先步入高质量发展阶段。杭州信息经济增加值增速超过GDP增速两倍以上,对GDP贡献率超过一半。可见,代表全市新动能的新产业、新业态、新模式有待进一步做大。

(二)全要素生产率提升新动能

进一步从经济增长的源头上即要素投入角度分析,这些要素主要是三类:土地(自然资源)、劳动、资本等传统要素,技术、知识、信息、数据等新要素,创新、制度、政策等管理要素。

就理论角度而言,传统生产要素存在边际收益递减规律,技术、知识、信息和数据等是在新一轮科技革命进程中涌现出来的新要素,是新产业、新业态、新模式等新经济发展的关键要素,代表了新的经济增长动能;创新、制度、政策等是支撑新要素形成新经济、新动能的要素,因而也是经济增长新动能形成的要素。

经济增长新动能的形成,需提高每一种要素的生产率即全要素生产率,由于全部要素生产率的变化体现了技术进步的作用,经济学界通常用技术进步率替换全要素生产率这一概念。在计算上它是除去劳动、资本、土地等要素投入之后的"余值",即广义的技术进步率。可见,经济增长的新动能≈全要素生产率。

采用传统的最常见的索罗剩余值法对青岛全要素生产率进行估算(表4)。

表4 1981～2016年不同阶段各要素对经济增长的贡献率

发展阶段	劳动投入贡献率(%)	资本投入贡献率(%)	全要素生产率贡献率(%)	经济增长率(%)
1981～1990	6.36	29.80	63.84	9.13
1991～2000	7.29	39.73	52.97	13.81
2001～2010	13.87	52.37	33.76	14.69
2011～2016	13.02	64.54	22.43	9.38
1981～2016	9.81	44.62	45.57	12.02

1981～2016 年,全要素生产率对经济增长的贡献率达 45.57％,年均拉动经济增长 5.5 个百分点,为第一大贡献因素,但 4 个阶段的贡献率是逐步下降的,最近一个阶段 2011～2016 年的贡献率为 22.43％,为 4 个阶段中的最低值,年均拉动经济增长 2.1 个百分点,集中体现了结构变动、制度变迁、人力资本效率、技术进步等因素的共同作用。结合过去青岛产业结构变化看,从偏轻工业走向偏重化工,经济中更加注重的是资本密集型的大投资、大项目,推高了资本投入的贡献,同时也在一定程度上抑制了依靠创新推动经济转型的步伐。因此,全要素生产率对经济增长的贡献率在 4 个阶段呈现出明显的下降,内生性的经济增长模式仍待突破。

1981～2016 年,资本对经济增长的贡献率达到 44.62％,年均拉动经济增长 5.4 个百分点;4 个阶段的贡献率是稳步增加的,最近一个阶段 2011～2016 年的贡献率达到 64.54％,年均拉动经济增长 6.1 个百分点。在变动趋势上,资本投入增速波动较大,但大多年份资本投入增长率是最高的,说明了青岛经济增长资本驱动型特征比较明显。1981～2016 年,劳动投入对经济增长的贡献率只有 9.81％,年均拉动经济增长 1.2 个百分点;4 个阶段的贡献率是总体上升的,最近一个阶段 2011～2016 年的贡献率为 13.02％,年均拉动经济增长 1.2 个百分点,较上一阶段贡献率略有回落,反映出人口结构变化正对经济产生影响。

进一步分析 2011～2016 年数据(表 5),资本、劳动投入对经济增长的贡献率由升转降,与全要素生产率对经济增长的贡献率由降转升形成比较明显的对比。其中 2015～2016 年,劳动投入贡献率水平已低于 2011～2016 年平均水平,反映出青岛劳动投入方面存在的隐忧;而资本投入贡献率仍保持在较高的水平上,反映出依赖投资稳增长的模式仍然没有大的改变;这期间,全要素生产率对经济增长的贡献率虽有回升,但仍低于平均水平;综合以上因素,说明近些年青岛经济面临较大的下行压力,稳增长的需要依赖要素投入,但随着人口结构、投资效率的变化,传统的增长动力正在弱化,新动能正在孕育,但尚不能替代传统动能。

表 5　2011～2016 年各要素对经济增长的贡献率

年份	劳动投入贡献率(％)	资本投入贡献率(％)	全要素生产率贡献率(％)	经济增长率(％)
2011	11.46	51.85	36.69	11.65
2012	9.87	57.37	32.76	10.64
2013	13.78	63.58	22.63	10.00

(续表)

年份	劳动投入贡献率(%)	资本投入贡献率(%)	全要素生产率贡献率(%)	经济增长率(%)
2014	25.49	74.45	0.06	8.00
2015	9.03	70.65	20.32	8.10
2016	8.49	69.36	22.15	7.90
2011～2016	13.02	64.54	22.43	9.38

(三)市场主体素质与核心竞争力提升新动能

企业是市场经济的细胞,是推动经济增长的基本力量。下面从国有企业、民营经济和中小企业等分析市场主体新动能。

1.国有经济大而不强

竞争性领域制造业以代表旧动能的传统产业为主,服务业与区域性服务中心要求差距较大,国有经济的先导性、控制力有待强化。以青岛市直国有企业为例,基础性、公益性领域8家,竞争性领域(制造业)8家,竞争性领域(服务业)2家,投资平台、公司7家(表6)。

表6 青岛市直国有企业

分类	基础性、公益性领域	竞争性领域(制造业)	竞争性领域(服务业)	投资平台、公司
企业	1.青岛港(集团)有限公司 2.交运集团 3.青岛市政工程集团有限公司 4.青岛公交集团有限责任公司 5.青岛国际机场集团有限公司 6.青岛水务集团有限公司 7.青岛地铁集团 8.青岛能源集团有限公司	1.海信集团有限公司 2.青岛钢铁控股集团有限责任公司 3.青岛啤酒集团有限公司 4.青岛红星化工有限责任公司 5.澳柯玛股份有限公司 6.青岛海湾集团有限公司 7.青岛双星集团有限责任公司 8.青岛饮料集团有限公司	1.青岛银行 2.青岛旅游集团有限公司	1.青岛华通国有资本运营(集团)有限责任公司 2.青岛国信发展(集团)有限责任公司 3.青岛城市建设投资(集团)有限责任公司 4.青岛世园(集团)有限公司 5.青岛西海岸发展(集团)有限公司 6.青岛国际投资有限公司 7.青岛城市发展集团有限公司
数量	8	8	2	7

资料来源:根据青岛市国资委官网进行整理。

2. 小企业小而不多

小企业小而不多,特别是代表新动能的科技型中小企业小而不多。2015 年底,全市共有科技型中小企业 5358 家;而同期天津 70000 家,天津滨海新区超过 25000 家。2016 年,全市共有科技型中小企业 7251 家。成长性好、具有跳跃式发展态势的"瞪羚"企业和"独角兽"企业(10 亿美元以上估值、创办时间相对较短的公司)更是凤毛麟角。

3. 民营经济贡献份额有待提升

2016 年全市民营市场主体达到 97.62 万户,占全部市场主体总量的 96.97%;全市民营经济占全市税收的比重为 44.2%;全市民营经济新吸纳就业 50.2 万人,占全市新增城镇就业人口总量的 73.9%。和发达国家和先进城市相比,民营经济的贡献份额有待提升。

(四)小结

(1)青岛经济增长仍以旧动能为主,新动能提升空间巨大;新旧动能切换、接续的过程具有渐进性;新动能打造难以毕其功于一役,应保持定力,要有打持久战的信心;在技术储备、人才积累和制度环境良性互动下,新动能可能会集中涌现。

(2)新常态下,青岛新旧动能转换既要抓住科技革命和产业变革涌动的机遇,又要遵循经济规律,借鉴先进城市的做法,基于青岛的基础、优势,通过深化供给侧结构性改革挖掘新动能。

(3)青岛新旧动能转换突破方向:传统要素效率提升和要素升级;存量调整和增量增加;结构优化升级;市场主体素质和核心竞争力提升;改革创新;补齐社会民生"短板"。

三、推进新旧动能转换的对策建议

新常态下,青岛市新旧动能转换既要抓住科技革命和产业变革涌动的机遇,又要遵循经济规律,借鉴先进城市的做法,基于青岛的基础、优势,找准方向和路径。

(一)存量调整和增量培育路径:存量优化增量增加新动能

调整存量,主要是去产能、去库存、去"僵尸"等,盘活存量资产。增量增加:一是发展新产业。以知识、技术、信息、数据等新生产要素为支撑,以新技术、新产业、新业态、新模式为核心,促进产业智慧化、智慧产业化、跨界融合化、品牌高端化,实现传统产业提质效、新兴产业提规模、跨界融合提潜能、品牌高端提价值。二是新区域开发。培育创新型区域,如新功能区、园区、创新中心等。三是新品牌培育。品牌培育塑造要注重区域品牌、产业品牌、产品品牌、企业品牌和企业家品牌的塑造,高端、大众与小众个性化品牌塑造。

(三)产业结构优化路径:结构优化新动能

1. 加快形成较为发达的服务经济结构

要发挥全市服务业优势,明确质量效益目标和新旧动能转换方向,围绕加快建设国家重要的区域服务中心的总目标,大力实施新旧动能转换重大工程,聚焦"四新",推进"四化",切实促进服务业转型升级发展,推动生产性服务业向专业化、高端化转型,生活性服务业向精细化、品牌化发展,加快形成较为发达的服务经济结构,提升城市服务功能和辐射带动作用。

2. 改造提升传统动能与培育发展新动能共进

要聚焦"四新",以"四化"为导向,培育发展壮大电子信息、生物医药、汽车制造、轨道交通装备、船舶海工装备、航空航天装备等六大高端新兴产业;改造提升家电、机械装备、石化化工、橡胶轮胎、食品饮料、纺织服装六大传统优势产业,打造新型产业体系;以发展智能制造、精品制造、绿色制造、服务型制造"四造"为主攻方向,培育新型业态模式;以促进产业链、创新链、人才链、政策链"四链"融合为支撑,构建新型产业生态,加快建设具有国际竞争力的先进制造业基地。

(四)创新、改革和开放路径:三大动力源

以创新、改革、开放作为三大动力,全面激发社会创造力和市场活力,释放发展潜力。创新领域:重点突破创新平台建设、关键技术攻关、成果转移转化三个领域,构建海洋科学与技术国家实验室、国家深海基地、国家高速列车技术创新中心等国家级源头创新平台,实施科技型企业培育"百千万"工程,健全科技成果权益分配、交易转移转化机制。开放领域:围绕建设区域性国际航运中心、创新"一带一路"双向开放合作机制、争取服务业扩大开放综合试点等重点领域,增开中欧班列、东盟专线,新开洲际航线,探索建设自由贸易港,拓展平行车进口试点,形成全面开放新格局。改革领域:聚焦国有企业大而不强、民营经济不发达、投融资机制不顺畅、新型消费模式亟待培育等突出问题,以改革的办法解决深层次矛盾,构建成熟的市场经济体制。

(五)空间支撑和区域协调路径:区域协同联动新动能

对各功能区、园区等有效施策,因地制宜,形成特色突出、区域联动、错位竞争的发展新格局。构建"四区一带多园"引领、全域联动的新旧动能转换布局,探索国家战略承载区先行先试,老城区有机更新示范

和县域经济转型升级新路径。强化西海岸新区、蓝谷核心区、高新区和胶东临空经济示范区四大国家战略承载区、胶州湾老城有机更新示范带和胶州、平度、莱西等国家级、省级开发区"四区一带多园"引领,全域联动推动新旧动能转换,构建现代化经济体系,推动质量变革、效率变革、动力变革,实现经济实力位次前移、创新能力向国际水平迈进、产业结构迭代更新、营商环境达到国内一流。

(六)市场主体路径:素质和核心竞争力提升新动能

1. 国有经济和大企业做大做强

一是把新旧动能转换作为国有企业的重大任务。优化调整国有经济布局结构。推动国有资本进入现代旅游、现代金融、现代物流、现代传媒和现代海洋 5 个新兴产业。二是上市推动混合所有制,引入内外资本,发展混合所有制经济,放大国有资本功能。三是以"三中心一基地"建设为主攻方向,聚焦新技术、新产业、新业态、新模式,推进产业智慧化、智慧产业化、跨界融合化、品牌高端化,着力于企业核心竞争力构建,全面加快创新型企业建设,实现新旧动能转换和转型升级。

2. 提升民营经济贡献份额

一是做大做强民营骨干企业。建立骨干型中小企业名录,扶持一批经济效益与发展前景好的骨干型中小企业成长升级为大企业大集团。二是做专做精民营小微企业。搭建小微金融综合服务平台,设立小微信贷专营机构,积极发展村镇银行、贷款公司等小型金融机构,增加小微企业金融服务有效供给。三是深化商事制度改革。放宽企业前置性审批条件,简化审批程序;放宽行业准入条件,打破行业垄断;鼓励大众创新、万众创业。

3. 培育及扶持创客群体成长

培育一支高素质的、具有创新活力的创客队伍,客观上需要建立完备的创客培育体系。创客培育体系包括家庭、学校、创业平台以及社会氛围,培育敢于探索、积极创新、勇于实践、意志坚定、执着追求的创客。

4. 促进科研院所和科技创新平台的创造活力

通过科技体制、教育体制改革,完善知识产权保护制度,尊重智力、创新、知识价值,加快实施以增加知识价值为导向的分配政策。

(七)要素效率提升与升级路径:全要素生产率提升新动能

既要提高土地(自然资源)、资本、劳动等传统要素的产出效率,如提高土地的"亩产效益"、提升生态环境等,更要促进要素升级。要素升级动能有赖于技术(知识、信息、数据)、政策、制度、管理等创新带来的全要素生产率提升。通过新要素支撑带来新产业发展,通过创新、创意带来效率提升,通过制度改革带来红利的释放,通过管理带来成本降低,通过教育、培训带来劳动者素质提高和技能提升,通过规模报酬提升带来成本摊低,等等。提高全要素生产率除了要在创新、政策、制度等方面做文章外,尤其要突出科技创新、人才引进与培育,还需要政府在公共服务、城市功能提升等方面创造条件,促进要素升级和全要素生产率提升。

(作者单位:中共青岛市委党校)

青岛市装备制造业发展研究

刘俐娜

装备制造业是制造业乃至整体工业的核心组成部分,在供给侧结构性改革不断深化,以及新旧动能转换大背景下,装备制造业迎来跨越发展的良好机遇,是推动工业化向中高端水平迈进的重要依托。深入剖析青岛装备制造业发展现状及面临的机遇与挑战,进而提出发展思路和探索性建议,对推进青岛产业结构的优化升级,实现经济平稳较快发展,具有现实意义。

一、装备制造业内涵及特点

(一)基本范畴

装备制造业是指为国民经济各部门进行简单生产和扩大再生产提供装备的各类制造业的总称。按照国民经济行业分类,装备制造业包括金属制品业,通用设备制造业,专用设备制造业,汽车制造业,铁路、船舶、航空航天和其他运输设备制造业,电气机械和器材制造业,计算机、通信和其他电子设备制造业,仪器仪表制造业,金属制品、机械和设备修理业等9个行业大类。

按照产品功能和重要程度,可将装备制造业划分为4类:第一类是高端成套技术装备。主要是采掘、电力、化工、环保、工程、印刷、科技、军工等所需的各类专业成套装备,以铁路、公路、航空、海洋为载体的舒适型交通工具,以及计算机、通信和广播电视设备制造等,这是装备制造业最终集成结果。第二类是核心基础机械和设备。即制造装备的装备,主要包括数控机床、原动设备、各类电机、工业机器人、大规模集成电路及电子制造设备等,这是装备制造业发展水平高低的关键环节。第三类是重要基础工具及电子元器件。主要包括液压、气动、轴承、密封、模具、刀具、低压电器、微电子及电力电子器件等,这是装备制造业发展的重要基础。第四类是生产生活必需品。主要包括以电力、太阳能等为动力的家用电力器具,以金属为原材料的各类制品,如金属构件、园林工具等,这是装备制造业发展在改善和提高人类生活水平中的具体体现。

在装备制造业四大类中,前两类属于高端成套设备和高端加工机器,一般可归入中高端装备制造业范畴,主要涉及通用设备制造业、专用设备制造业、铁路、船舶、航空航天和其他运输设备制造业、计算机、通信和其他电子设备制造业等行业,以及其他装备制造业中的部分领域。后两类属于装备制造业中的低端工具及低端最终产品,可以归为低端装备制造业范畴。

(二)主要特点

装备制造业是机械工业的核心部分,承担着为国民经济各部门提供工作母机、带动相关产业发展的重任,可以说它是工业的心脏和国民经济的生命线,是支撑国家综合国力的重要基石。装备制造业具有以下 3 个明显特点:第一,具有高技术化、集成化、智能化发展趋势,是培育新动能的重要产业载体,是改造提升旧动能的重要条件。经济社会发展靠的是科学技术,每一次重大工业革命、每一次重要技术创新,最终都集中运用到装备制造领域。第二,关联度大,在技术创新、工艺设计、材料发展、加工制造等方面综合配套能力要求高,特别是一些技术难度大、需要跨行业协同制造的重大装备,不仅涉及机械加工,还涉及材料、仪表、电子和机械零部件等配套行业。第三,为各行各业提供现代化设备,从农业生产的机械化设备到国防安全的武器装备,都离不开装备产品。因此,加快装备制造业发展有利于提高国民经济各行业技术水平和劳动生产率,有利于提高国家综合竞争力。

二、青岛市装备制造业发展的比较优势

(一)产业发展基础好

经过多年发展,青岛市装备制造业已经具备较为雄厚的发展基础,构建起比较健全的产业体系,至 2018 年 9 月末,已覆盖装备制造业 9 个行业大类、60 个行业中类,在 233 个行业小类中,已涉足 177 个。2017 年,装备制造业增加值占规模以上工业比重 45.8%,比 2012 年上升 5.1 个百分点,年均提升 1 个百分点;年均增速 11.2%,高于规模以上工业增加值增速 1.8 个百分点。产品产销衔接良好,装备工业品出口在全市工业品出口中具有重要地位。2017 年,青岛装备制造业销售产值年均增速 11.8%,产销率达 97.5%;完成出口交货值占全市总出口交货值的 42.2%,比 2012 年提升 1.2 个百分点。

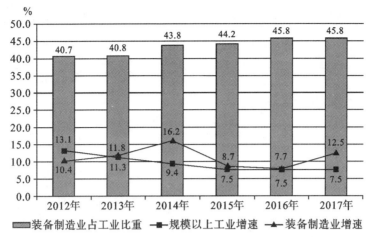

图1　2012～2017年青岛市装备制造业占比及增速示意图

（二）行业发展极具活力

从行业规模看，电气机械及器材制造业是装备制造的第一大行业，2017年产值占比为20.4%。除此之外，产值过1000亿元的行业有金属制品业，通信设备计算机及其他电子设备制造业，通用设备制造业，铁路、船舶、航天和其他运输设备制造业，汽车制造业，2017年完成产值占全市装备制造业的67%。

从行业贡献率看，汽车制造业对全市工业增长的贡献率达12.5%，是贡献率最高的行业。其次，分别为电气机械及器材制造业（贡献率10%），金属制品业（贡献率8.1%），专用设备制造业（贡献率7.4%），通信设备计算机及其他电子设备制造业（贡献率7.1%）。

从经济效益看，利税贡献最大的是电气机械和器材制造业，2017年实现利税占比为26.8%；排在第二位的是铁路、船舶、航空航天和其他运输设备制造业，占比21%；排在第三位的是通用设备制造业，占比14.2%。以上3个行业的利税合计占整个装备制造业的62%。从利税总额的增长速度看，汽车制造业、专用设备业增长较快，分别为19.8%、16.4%，分别高于平均水平7.9个、4.5个百分点。

（三）装备制造逐步向高端转型

近年来，青岛以高端化、智能化、集群化为方向，以动车小镇、汽车产业新城、临空经济示范区为核心，以高新区机器人产业园、莱西新能源汽车等工业集聚区等为载体，突出先进轨道交通装备、航空航天装备、智能制造装备等重点领域，高端装备制造业发展步伐加快，2017年完成产值占到装备制造业的25.7%。青岛装备制造业正逐步向具有较大规模优势、领先技术优势和较强竞争优势的高端方向迈进。

(四)龙头企业成果斐然,带动效应突出

龙头骨干企业对全行业的整体发展起着至关重要的作用。2017年,装备制造业中产值过 50 亿元的企业共 10 家,过 10 亿元共 72 家。其中,过 10 亿元的企业全年完成产值占装备制造业总产值的 61%,比上年同期增长 16%,高于规模以上工业增速 3.1 个百分点。龙头骨干企业成为支撑装备制造业快速发展的主力军。如以中车四方股份为核心企业,青岛轨道交通产业链拥有以中车四方、思锐科技、威奥轨道等 100 余家轨道交通装备研发、制造与配套服务企业,形成较为完整的高速列车及轨道交通装备相关技术创新体系和产业集群。2017年,全市共生产动车组 1512 辆,占全国的 56.7%。

三、青岛市装备制造业发展存在的问题

(一)核心竞争力缺乏,高端装备水平不高

高端装备制造业在国民经济发展中具有产业关联的带动作用,它居于现代工业化的主导地位,是振兴装备制造业的突破口。青岛现有的装备制造业是以基础装备和一般机械装备为主,国家重大技术装备较少,在产业格局中仍然处于价值链的中低端。2017 年,青岛市规模以上工业高端装备制造业完成产值占装备制造业比重为 25.7%,同比增长 7.4%,低于装备制造业增速 7 个百分点。尽管青岛许多企业主机制造能力接近国际水平,但与主机配套的核心技术和关键零部件的研发、生产严重滞后,已成为制约市场急需重大装备制造的"瓶颈",大多数企业在市场竞争中仍处于弱势地位。

(二)行业间发展不均衡

行业间发展不均衡在一定层次上制约了装备制造业的总体发展水平。在装备制造业中,金属制品、机械和设备修理业,仪器仪表制造业,专用设备制造业等 3 个行业产值所占比重较小,2017 年分别为 0.2%、1.4%、11%,对全市工业增长的贡献率仅为 8.1%。其次,行业间投资差距较大。汽车制造,计算机、通信和其他电子设备制造业分别投资 217 亿和 90 亿元,分别比上年同期增长 26.8%、11.7%;投资占比最高的通用设备制造业(26.3%),仅增长 0.3%;金属制品业,专用设备制造业,铁路、船舶、航空航天和其他运输设备制造业,电气机械和器材制造业投资均出现不同程度的下降。

(三)科技投入意愿不强,产学研用结合不紧密

尽管装备制造业增速较快,但由于企业创新能力仍较弱,导致部分产品或零部件不得不依赖进口,关键技术领域的产品配套能力和研发能力相对较弱。在以高速、高精、复合等为特征的装备制造业研发中,还需注重加强与国内外知名企业、科研院所的合作与交流,积极构建技术联盟、营销联盟,弥补自身研发能力不强的不足。

(四)资金与人才"瓶颈"制约发展

一方面,钢材等工业原材料价格呈现较快上涨态势,企业准备原材料、组织生产困难加大。从 2017 年第四季度青岛市工业景气调查情况看,被调查的装备制造工业企业在资金、原材料价格及用工情况等方面认为对企业经营影响程度较大。金属制品业中资金周转趋于紧张的企业占 27.2%,其次为通用设备制造业(20.9%)和专用设备制造业(18.8%),分别高于行业平均值 20.5 个、14.2 个、12.1 个百分点。另一方面,人工成本刚性上升,人员工资每年以 5%~10%的幅度上涨,使得工资增长超过劳动率的增长,进一步压缩了企业赢利的空间。在被调查企业中,11.3%的企业招工较为困难,而装备制造业中的通用设备制造业、专用设备制造业和汽车制造业 3 个行业尤为突出,分别高于行业平均值 9.5 个、4.8 个和 6.5 个百分点。

四、政策建议

(一)发挥龙头企业带动效应,完善产业链

创造条件促进装备制造业价值链的相同环节或上、下游环节在适当的区域集中,以提高产品质量、可靠性和基础配套能力为目标,组织实施强基工程,提升产业链整体水平,进一步推动装备制造业集群的发展。鼓励主机与配套企业联合攻关,引导企业间的生产合作,以龙头企业带动一大批中小企业,建立起大、中、小企业间在整机与零部件、硬件与软件、科研与生产、核心产品与辅助产品等方面相互配套的分工协作体系,形成完整的产业增值链条和相互促进的产业群体,夯实装备制造业的技术基础,增强产业发展的后劲。

(二)主攻高端制造,提高市场竞争力

要致力于本地传统产品向精品的升级,继续保持汽车、机械、金属制品等优势特色产业领域的领先地位,带动上、下游产业发展。优先引

进高端装备制造业企业和项目,有选择地引进有利于装备制造业转型升级的企业落户。积极推动产业结构高端化、园区功能特色化、强优企业专业化,鼓励传统产业实施技术改造,做新做实,提升产品影响力;鼓励优势企业兼并重组,做大做强,提高产业集中度;鼓励发展以高新技术企业为主的特色产业集聚区,做优做响,扩大辐射面。要致力于创建一批产品名牌化、市场国际化,具有相当效益的名牌产品生产企业群,以名牌产品效应提高装备成套生产能力,推动装备制造业经济总量的扩张、产业结构的调整和发展方式的转变。

(三)重视人才引进培养,营造创新环境

在装备制造业多项领域里,高级复合型人才十分缺乏,严重制约着青岛装备制造业的发展和提高,因此,人才的培养是青岛装备工业实现跨越式发展的关键。建议着力引进装备工业紧缺急需人才、高层次领军人才和创新型团队。抓好专业技术人才、企业经营管理人才等各类人才队伍建设,做好人才管理服务工作。创新人才政策机制,推进人才特区建设,建立政产学研一体化人才公共服务平台,制定出台更加灵活、开放、有效的人才政策,营造一流的创新创业环境。

(四)主督政策落实,加大资金支持力度

严格执行国家装备制造业有关政策,以深化供给侧结构性改革为主线,引导装备制造业产业优化布局,推进装备制造业企业在空间布局上的相对集中,增强产业效应。一是建立灵活高效的项目跟踪、技术推进和政策落实督办机制,健全重大政策出台、重点工作部署所产生的效益信息收集和任务推进发布制度,强化装备制造业企业主管部门的主体责任。适时健全装备制造业产品质量标准体系、政策规划体系和质量管理法律法规,定期发布装备制造业产业导向目录。二是加大财政支持力度,对重点企业或项目给予政策和资金扶持,尤其是对面向海外市场的产品加大出口扶持,不断增强产品的国际竞争力。努力降低企业在税收、运输、电力、人力、融资、研发、营销等方面的成本费用,激发企业内部的发展活力。拓宽装备制造业融资渠道,帮助解决融资难、融资贵问题。建立政府、银行、企业"共进共退"融资协调机制,列出分级保障重点企业名单,引导金融机构对重点企业实行优惠贷款利率。

(作者单位:青岛市统计局)

升级税收动力培育青岛市经济新动能研究

青岛市税务局税收科学研究所课题组

我国总体上进入工业化中后期和城镇化快速推进阶段,旧动能不断减弱,而新动能走向成熟还需要一个过程。推进新旧动能转换,需要树立质量第一、效益优先的目标导向,建立健全激发各种要素活力的制度机制。既要加大力度支持新技术、新模式、新业态、新产业,实现"无中生有",打造经济增长的新引擎;又要致力于传统产业转型升级,实现"有中出新",推动传统产业高端化、低碳化、智能化改造。其中,"无中生有"如何加快新动能高质量成长是一个亟待解决的问题。

一、税收动力和经济新动能的基本内涵

(一)税收动力的提出

经济决定税收,税收反作用于经济。2014年《深化财税体制改革总体方案》提出,建立有利于科学发展、社会公平、市场统一的税收制度体系,充分发挥税收筹集财政收入、调节分配、促进结构优化的职能作用。税收的功能得到进一步拓展,将税收上升到国家治理层面。因而,"税收动力"可以理解为税收在国家治理层面对经济社会发展所产生的影响力和推动力。

(二)新动能的基本内涵

概括地说,旧动能是指依靠大量资源投入、较高环境成本和社会成本驱动经济增长的动能,新动能是指主要依靠科技进步、高素质人力资本、集约资源投入、低环境成本和社会成本驱动经济高质量发展的动能。从我国经济发展的历史角度考察,旧动能主要是指依靠需求侧进行投资和出口拉动,以及依靠供给侧要素粗放投入来拉动经济增长的动能;新动能主要是指依靠供给侧提高全要素生产率拉动,以及需求侧

新消费拉动经济增长的动能。

(三)税收动力升级的途径

加快经济新动能成长,在制度方面,需要在市场机制发挥作用的基础上构建促进新动能的政策体系,具备良好的治理环境和营商环境。提升税收动力,就是适应上述需求,以供给侧结构性改革为主线,对标国家发展战略,借鉴世界各国有效经验,进行税收制度变革,进一步完善产业税收政策,优化税收营商环境,有效降低税收成本,为产业转型升级和经济高质量发展注入新动力。

二、发达国家推动经济新动能成长的税收经验借鉴

进入新世纪,高效、透明、可预期的税收营商环境在引导世界资源流动,促进经济转型升级方面的作用越来越大。各国不断优化税制设计,通过降低名义税率,调整税收优惠,使税制更加科学化且富有效率。许多创新型国家和新兴经济体都十分重视税收对创新的激励作用,从税收政策和办税服务方面推出了许多有效措施,这些做法值得我们学习借鉴。

(一)基于创新的税收优惠政策是普遍选项

1. 激励企业研发的税收政策

(1)从投入和产出端激励企业自主创新的税收政策。从投入阶段看,有加速折旧、加计扣除、投资抵免、结转扣除、税收返还、准备金制度等税收优惠。许多国家允许对企业创新有关的资本性支出,如机器设备,允许加速折旧或一次性摊销。如美国,高新技术企业用于研发的生产设备的折旧年限仅为 3 年,2018 年开始所有企业新购置的仪器设备可一次性摊销;日本先后制定涉及技术研发和新技术投产用机械设备特别折旧制度,规定购置设备第一年可按 50% 计提特别折旧;韩国规定对企业购置用于研发的生产设备,第一年按 50% 计提折旧或按投资额的 5%(其中国产设备按 10%)直接抵免税额。

各国对研发费用采取加计扣除等方式。如美国,高新技术企业当年研发费用超过前 3 年平均值的,超过部分可以按照 125% 税前扣除,当年不足抵扣的,向前 3 年追溯后向后 7 年追溯抵扣,但最长不超过 15 年。在个别条件下,未使用的研发抵免可向前结转 1 年向未来结转 20 年。

有的国家设立技术准备金制度。允许企业从应纳税所得额中提取未来投资准备金、风险基金和科研准备金。如日本、韩国税法允许提取

投资、研发等各种类型的准备金和技术公积金。韩国《风险投资企业培育法》规定,被政府认定为风险投资企业,可按收入总额的 3％(技术密集型产业 4％,生产资料产业 5％)提取技术开发准备金。

从产出阶段看,许多国家推行"专利盒"(patent box)税收优惠制度。即对企业来自符合条件的知识产权所得,尤其是来自专利的所得,给予减免公司所得税待遇。如法国,对企业从专利或专利产品的商品化过程中取得的收入减免部分税收。

(2)激励产学研协同创新的税收政策。美国规定,企业委托大学或科研机构进行某些基础研究,根据合同所支付的研究费用的 65％可直接从所得税中抵免,其中新增部分的 20％可以直接冲抵应纳税额;对于当年没有赢利的企业,可结转扣除或追溯至前 3 年扣除。日本对合作中所发生研发费用的 6％可以直接抵免公司税。

2. 对中小企业的税收减免政策

美国对企业规模小于 25 人的创业企业免征企业所得税,只按照个人所得税纳税。韩国对中小型高新技术企业在创业的前 5 年减半征收所得税,并减免 50％的综合土地税和财产税,其注册登记的资产和创业 2 年内获取的不动产享受 75％的所得税减免。法国对创立不满 8 年的高新技术企业,若满足一定条件,可以从首个获利年度起,所得税"三免两减半"。

3. 加强人才激励的税收政策

(1)股权激励的税收优惠政策。法国对员工持有股票期权 4 年以上的,在满 4 年后两年内行权的,行权所得不超过 100 万法郎的,按40％的税率征税;超过 100 万法郎的部分,按 50％的税率征税;4 年期满后超过两年行权的,上述税率分别减至 26％和 40％。英国对持有本企业股权 5 年以上的员工,其买卖股票时不再征收所得税和资本利得税。

(2)鼓励企业加大对职工培训投入的税收政策。许多发达国家都规定企业的职工教育培训费当年可以全额扣除,奥地利在全额扣除基础上还可按 20％加计扣除,荷兰按 20％～40％加计扣除。

(3)对特殊的科技人员实施个人所得税减免政策。如比利时,对企业研发项目中聘请拥有科学或工程学博士或硕士学位专业人员,减免80％的个人所得税。德国对发明人成果转化奖励只收 6％的所得税。韩国对为国内企业提供技术服务或在特定研究机构从事研究工作的外国技术人员,从其开始为国内提供劳动之日起 5 年内的劳动所得,免征所得税。丹麦为了向国际科技界和工商界选聘科学家和专家到丹麦工作,也规定减少在丹麦工作的外籍科学家和专家的个人所得税。

(二)不断优化税收管理和服务

从世界银行推出的 2018 年版《世界纳税指数年度报告》可以看出，各国纷纷在优化税收营商环境。主要包括以下几个方面：一是广泛应用信息技术带来税收征管方式的巨大变革，网络平台的有效利用极大地满足了新兴经济的办税需求，移动办税方式正在成为各国税收征管和纳税服务的新特色。二是广泛使用电子发票，在降低办税成本的同时，加强了对间接税的管理。三是精简报税资料，优化办税流程。利用在线备案收集的大量纳税人历史数据开展电子税务审计；数据比对技术和数据分析技术的发展正在迅速提高电子税务审计的效率。

三、青岛市新动能发展存在的不足

(一)人才吸引力招数有待进一步升级，人才集聚方向有待调整，引进团队项目力度有待加大

2018 年春季求职期全国人才供需竞争指数(即收到的简历投递量/发布的职位数量)显示(表1)，青岛市竞争指数在全国 37 个城市排名第 23 位，相比较于深圳(第 4 位)和杭州(第 16 位)，岗位竞争压力相对较小，也同时说明青岛在人才吸引力上有待提高。特别值得一提的是，2018 年城市商业魅力排行榜中，新一线城市排名第一的成都，在吸引人才住房方面规定，对企业引进的"金熊猫"人才，以低于市场价格的租金提供各类公寓(前三年免租金)；对于企业新引进的本科及硕士学历的人才、急需技能人才，按市场租金的 75％提供公寓或配套住房；租住人才公寓满 5 年后可申请购买。

表1　2018 年全国(不含港澳台)人才供需竞争指数

排名	城市	竞争指数	排名	城市	竞争指数
1	北京	102.9	9	重庆	38
2	成都	55.1	10	哈尔滨	36.7
3	上海	54	11	武汉	34.4
4	沈阳	53.5	12	长沙	34.1
4	深圳	53.5	13	广州	32.9
6	西安	47.8	14	长春	31.4
7	天津	45	15	太原	31
8	大连	39.1	16	杭州	30.8

排名	城市	竞争指数	排名	城市	竞争指数
17	苏州	30.7	23	青岛	26
18	南京	29.8	24	济南	24
18	郑州	29.8	25	合肥	22.7
20	兰州	29.3	26	海口	22.2
21	贵阳	27.2	27	无锡	22.1
22	石家庄	27	28	昆明	21

数据来源：智联招聘（www.zhaopin.com）。

从人才聚集方向看，2017 年秋季三大城市热门竞聘行业对比结果表明（表2）：深圳人才选岗倾向于计算机、金融、通信，杭州人才选岗倾向于互联网相关行业，青岛人才选岗则倾向于传统行业。这表明青岛传统产业仍占据产业发展主导地位，人才集聚方向有待向新动能产业引领。

表 2　2017 年秋季三大城市热门竞聘行业

排名	深圳	杭州	青岛
1	计算机软件	网络游戏	房地产/建筑/建材/工程
2	房地产/建筑/建材/工程	房地产/建筑/建材/工程	检验/检测/认证
3	基金/证券/期货/投资	IT 服务	快速消费品
4	通信/电信运营、增值服务	计算机软件	电气/电力/水利
5	网络游戏	互联网/电子商务	能源/矿产/采掘/冶炼

在经济转型、培育新动能的过程中，青岛、深圳、杭州三市普遍重视对高端人才及一流项目的引进。以深圳吸纳高层次人才、团队项目能力为最强（表3、表4）。截至 2018 年 2 月底，深圳已累计引进"孔雀团队"和广东省创新科研团队 141 个，"孔雀团队"主要是对来深圳工作的海内外高层次人才团队创新创业资助，包括 1 名带头人和 2 名及以上核心成员。必须由海外高层次人才（海外专家、留学回国人员或有丰富海外工作经历人员，海外学习、工作经历需在 2 年以上）或国内高层次人才（诺贝尔奖获得者，中国、美国、英国、德国、澳大利亚、以色列等国科学院、工程院院士，中组部"千人计划"、中科院"百人计划"、教育部"长江学者奖励计划"入选者，国家杰出青年科学基金项目、优秀青年科学基金项目获得者）组成。"孔雀团队"有效提升了深圳原始创新能力

和产业核心竞争力,为建设国家创新型城市和国家自主创新示范区提供了人才保障和智力支撑。

青岛虽属于15个新一线城市,但排名第12位,必须有独特或更具优势的人才政策和更优化的营商环境才能抢占人力资源和一流项目的制高点。

表3 2017年度引进高层次人才、团队项目统计表

名称	全职院士 (人次)	"千人计划" (人次)	团队项目 ("孔雀计划")(个)	引进各类人才 (人次)
深圳	12	66	30	263000
杭州		16		91300
青岛	5	16		131000

数据来源:深圳、杭州、青岛发布的2018年度政府工作报告,斜杠系无官方数据。

表4 高层次人才引进购房安家补贴类统计表(截至2017年度)

名称	顶尖人才 (两院院士等) (万元)	国家级 领军人才 (万元)	地方级(省级) 领军人才 (万元)	后备级(市级) 领军人才 (万元)	团队项目 (万元)
深圳	600	300	200	100	2000~10000
杭州	一人一议	100	80	60	20~500+ 比例收益
青岛	100	50	30		100~不低于 5000

数据来源:深圳、杭州、青岛政府网站,斜杠系无此分类。

(二)宜商环境在创业便利性、物流效率、商业运营风险和资本市场参与度4个指标上需要升级

2018年4月,中国发展研究基金会联合普华永道,从10个维度共57个变量,对我国30座城市的资本、技术及可持续发展等指标进行全面分析,发布了研究报告《机遇之城2018》。研究表明,深圳宜商环境综合积分在北上广深第一梯队中居第3位,在5个计划单列市中居第1位;杭州与青岛同属第二梯队,更具可比性,杭州居第3位;青岛居第14位,在5个计划单列市中居第4位。青岛市主要差距就在创业便利性指标等4个指标上(表5)。

表5 2018年26个城市宜商环境指标比较统计表

名次	城市名称	创业便利性（分）	人均劳动纠纷量（分）	物流效率（分）	资本市场参与度（分）	商业运营风险（分）	财政收支平衡度（分）	外贸依存度（分）	总分
1	苏州	25	12	14	18	23	26	24	142
2	南京	22	12	23	22	23	23	15	140
3	杭州	26	8	22	24	8	24	18	131
4	无锡	24	12	14	8	23	25	21	127
5	厦门	21	19	25	14	3	18	26	126
6	武汉	21	15	22	17	20	21	8	124
7	珠海	17	6	24	12	25	8	25	117
8	郑州	11	23	9	20	16	15	20	114
9	宁波	19	8	26	6	9	19	23	110
10	乌鲁木齐	19	16	12	1	24	22	7	101
11	天津	17	2	9	25	17	12	17	99
12	长沙	17	20	19	10	19	10	2	97
13	福州	17	19	15	15	3	11	16	96
14	济南	11	14	22	16	6	20	4	93
14	青岛	17	14	7	13	6	17	19	93
16	大连	5	4	17	21	12	9	22	90
16	成都	23	5	5	26	7	13	11	90
16	西安	11	24	7	19	10	6	13	90
19	重庆	11	1	4	23	26	4	12	81
20	太原	5	25	16	4	4	5	14	73
21	贵阳	17	9	19	3	14	7	3	72
22	昆明	11	17	12	9	1	16	5	71
22	石家庄	5	22	12	5	15	3	9	71
24	沈阳	11	4	4	11	12	14	10	66
25	兰州	5	26	2	2	18	2	6	61
26	哈尔滨	5	21	1	7	13	1	1	49

创业便利性指标方面,杭州排名第 1 位,远远高于青岛。这得益于其近年来大力支持创新创业。作为阿里集团的发源地与总部所在地,杭州已成为中国最重要的电子商务中心。

物流效率指标方面,杭州积分 22 分,是青岛的 3 倍多。这得益于杭州物流近年来的发展、成长、壮大,其在降低产品成本、提高客户服务水平、业务增值、提高灵活性和自我更新等方面,均有独特优势。

商业运营风险指标方面,杭州积分 9 分,是青岛的 1.5 倍。这得益于杭州在防范企业商业运营风险方面所做的努力。例如,在为大规模出口的企业,积极争取政策资源,利用国家资源为企业的新兴市场海外客户新增授信,支持企业海外接单的同时,针对小微企业风险意识弱、抗风险水平不高的特点,有关方面专门成立客户专享服务机构,为小微客户提供专项服务。

资本市场参与度指标方面,杭州积分 24 分,接近青岛的 2 倍。这得益于杭州出台的《关于全面落实"凤凰行动"计划的实施意见》等一系列提高资本市场参与度的政策举措。注重打好政策系列"组合拳",通过上市、兼并重组,深化供给侧结构性改革,努力把企业做大做强。

(三)制度性交易成本较高,仍有较大压缩空间

从企业税费成本比较发现(表 6),深圳为企业减负力度最大,每元 GDP 减负 0.061 元,杭州次之,每元 GDP 减负 0.028 元,青岛减负力度最小,每元 GDP 减负 0.024 元。

表 6 2017 年城市间纳税人税费减负率统计表

城市名称	减负总额(亿元)	GDP(亿元)	减负率:每元 GDP 减负额(元)
深圳	1369	22438	0.061
杭州	349	12556	0.028
青岛	265	11037	0.024

从税收角度看,深圳市降低企业成本的主要做法是大幅度降低企业地方税。如 2017 年 1 月 1 日起,全市土地使用税税额标准由 30、21、13、9、5、3 元/平方米调整为 15、12、9、6、3 元/平方米。2017 年 10 月 1 日对符合核定征收条件的纳税人,按经营范围分为工业企业、商业及其他企业、外贸综合服务企业,其购销环节应征的购销合同印花税,分别按其销售收入的 70%、50% 和 30% 作为计税依据核定征收。

从办税成本来看,青岛市网上办税业务覆盖面明显低于深圳的 96.23% 和杭州的 90%。特别是原深圳国税局在全国率先建成了"企业财务软件对接申报纳税平台",并在原前海国税局试点。这个对接申报

平台除了实现财务报表税企间转换,还实现了增值税小规模纳税人申报、居民企业所得税季度申报,682个数据项由财务软件自动采集、生成,在平台上一键完成申报。节省人力的同时,极大提高了申报准确率。

(四)产业集群效应不够明显,战略性新兴产业增量不足

深圳高端产业加速培育,龙头企业引领增长。2017年,华为等纳税百强企业实现税收1276.25亿元,增长41.1%,税收占比超过40%;该市全年新兴产业(七大战略性新兴产业和四大未来产业)实现增加值9183.55亿元(已剔除行业间交叉重复),占GDP比重达到40.9%,成为我国战略性新兴产业规模最大、集聚性最强的城市。杭州市重点打造"1+6产业集群",2017年信息经济实现增加值3216亿元(表7),占GDP比重25.6%,对经济增长的贡献率超过50%。相比而言,青岛市2017年战略性新兴产业增加值1104.7亿元,占GDP比重10%,存在差距,也意味着后发提升空间广阔。

表7 杭州市"1+6"产业集群

指标	计量单位	2017年	比上年增长(%)
信息(智慧)经济增加值	亿元	3216	21.8
其中:电子商务产业	亿元	1316	36.6
云计算与大数据	亿元	1207	31.9
数字内容产业	亿元	1870	28.5
软件与信息服务产业	亿元	2318	27.8
电子信息产品制造产业	亿元	733	10.7
移动互联网产业	亿元	1333	35
文化创意产业增加值	亿元	3041	19
旅游休闲产业增加值	亿元	928	12.6
金融服务产业增加值	亿元	1065	6.7
健康产业增加值	亿元	749	10.4
时尚产业(制造业)增加值	亿元	275	−8.0
高端装备制造产业增加值	亿元	399	−0.4

"独角兽"企业拥有的数量,从一个侧面,说明了城市经济的活跃度和创新度,人才资金的汇聚能力。目前,"独角兽"企业已经成为引领一线城市及新一线城市经济发展的重要力量。2018年3月23日,科技部火炬中心联合中关村管委会、长城企业战略研究所、中关村银行公布

《2017年中国独角兽企业榜单及趋势研究报告》。该报告显示,全国上榜164家"独角兽"企业,总估值达6284亿美元。从所属行业看,战略性新兴产业居多,基本属于新动能企业,从城市分布情况(表8)看,杭州17家,深圳14家,分居第3位和第4位。而青岛作为新一线城市,尚无一家。

表8 2017年度城市拥有"独角兽"企业数量统计表

名次	名称	数量	名次	名称	数量	名次	名称	数量
1	北京	70	8	南京	2.5	10	珠海	1
2	上海	36	9	天津	2	10	镇江	1
3	杭州	17	10	宁德	1	10	成都	1
4	深圳	14	10	宁波	1	10	东莞	1
5	武汉	5	10	沈阳	1	10	无锡	1
6	香港	4	10	丹阳	1	20	贵阳	0.5
7	广州	3	10	苏州	1			

(五)获益税收优惠政策存在"不充分、不平衡"和"两难两担心"问题

首先是"不充分"问题。从企业方看,既有上级考核利润指标倒逼企业不敢享受问题,也有财务人员疏于研究税收政策导致的"怠政"问题。从税务机关看,应立足青岛新的定位,争取更加优惠的税收政策。其次是"不平衡"问题。在信息发达地区,则优惠享受充分,反之不足。市内、市郊纳税人享受的比例、额度均大于偏远的市区企业。再次是"两难两担心"问题。具体表现:一是部分纳税人认为优惠政策要求复杂,难以执行,特别是科技类企业政策,新名词过多、条款笼统,作为企业财务人员不好把握,担心理解不准被处罚。二是部分纳税人认为"分别核算"要求难以落实,担心因为享受优惠政策招来税务检查,导致补缴税款金额比享受政策优惠金额更大的后果。

四、推动新动能更好更快成长的建议

(一)"引进"和"发掘"并举,加速提升青岛市人才资源竞争力水平

提升人才引进水平。整体布局吸引人才流入机制和制度。从事业留人、情感留人、待遇留人、制度留人等多维度整体考虑人才队伍的构建,从引进、培养、激励、保障各个方面入手,特别是梳理优化青岛市鼓励创新、包容创新的机制和环境,营造人才竞相涌入及快速成长环境。

1."引进"建议

一是关心引进人才成长。重点解决好中低端人才在住房、子女入学等方面的实际困难问题。例如,对于各类新引进的符合鼓励性产业发展的中低端人才,按市场租金的50%～70%提供公寓或配套住房;租住人才公寓满5年后可申请购买。二是出台战略性新兴产业引进人才的特殊税收优惠政策,如个人所得税地方留成部分予以全额补贴。三是进一步加大一流项目的引进力度。特别是高层次人才聚集与一流项目引进结合起来,优化项目评估制度,优先支持新动能企业项目,充分发挥一流项目集群经济效应。

2."发掘"建议

一是配合新旧动能转换重大工程,继续加大相关政策宣传力度。不但要定期轮训政府公务人员,而且要通过多种传播渠道向全社会宣传,提高对新旧动能转换重大意义及经济发展方向的认识,普及相关知识和新旧动能转换的各类政策,明确具体做法。统一思想,达成共识,形成合力,集思广益,发掘各方的金点子、好办法,激发各方活力。为此,税务部门应采取多种方式,如在门户网站、手机移动端、办税服务大厅、纳税人学堂等地方宣传支持新旧动能转换和军民融合企业的创新措施,让广大纳税人一目了然。二是支持在青高校、职业技术院校培养新动能企业急需人才,政府可按委培人数给予一定补贴。三是创新人才评价机制,改变以静态评价结果给人才贴上"永久标签"的做法,建立健全以创新能力、质量、贡献为导向的各类人才评价体系,形成并实施有利于各类人才潜心研究和创新的评价制度。

(二)打造公平效率的营商环境,加快新动能成长

1.补短板强弱项

组织相关部门以"营商环境评价指标"为指引,有针对性地补短板强弱项。例如,加大对物流企业的扶持力度。地区交通物流集疏能力影响企业经营成本和效率。借鉴先进城市经验,建立健全包括"平均订货周期""现货供应率""发货的错误率""运输延迟比率"等在内的政府评价指标体系,促进企业业务增值、提高灵活性和自我更新。对达到指标体系要求的,在财税政策、基础设施等方面给予优惠待遇。

2.进一步深化"放管服"改革,优化营商环境

(1)再降门槛,便利新设市场主体。例如,取消"多证合一"登记、变更信息确认程序,纳税人无须专程到税务机关进行相关信息确认。

(2)再转理念,探索推行信用审核。例如,改革高新技术企业认定全面审核机制,采取根据企业信用积分,按10%比例抽查的方式进行审核,比例按情况调整。

（3）再简程序，提高办税服务效率。例如，办税核心部件存在的前提下容缺受理，扩大领购发票不再实物发票查验范围至 C 级纳税人。

（4）再优管理，推进信用增值应用。例如，理顺旧动能退出机制，优化注销工作机制，最长注销时间压缩一半至 20 个工作日。推出"银税直连"服务举措。实现税务部门和银行的数据直连，有效化解银企信息不对称问题，帮助信用企业更快捷地获得银行融资服务。

（5）再循规则，支持推动开放共赢。例如，做好赋予海关特殊监管区域企业增值税一般纳税人试点工作。

（6）再强监控，提升后续管理质量。例如，分类管理，有效应对风险。无风险不选案，无疑点不稽查，提高异常名录库企业的抽查比例，重点查处恶意偷逃骗税等重大税收违法案件。

3. 建议建立容错保障机制

在资金支持、人才资源支持和税收支持等方面，消除非人为因素执法风险；政府公务人员和相关部门人员应当主动作为、勇于担当，形成切实解决问题的制度环境和人文环境。

（三）有效降低企业成本，增强新动能企业内生动力

由市政府牵头，探索按"一件事情"思维重塑各部门办事流程，设计包括税务部门在内的多个部门事项"最多跑一次"清单，实现有关事项的一窗受理、一窗出件。

在不同规模企业调研的基础上，细化企业收费项目、缴纳税款情况，全面落实国务院减费降税的各项措施。对新动能企业确应征收的税费，在合法的弹性范围内按最低档征收，最大限度降低企业成本。

采取有效措施大幅提升青岛电子税务局的办理涉税业务的能力，将网上办税业务覆盖面提升至 90% 以上。充分发挥信息科技在纳税服务中的创新应用，如在手机移动端实现与纳税人视频互动，方便纳税人享受个性化订制服务。

加快推广应用青岛市税务系统在全国领先的、青岛特色的"智税通"平台。该平台旨在打通企业 ERP 系统与税务系统的数据鸿沟，实现税企双方数据信息的整合利用，充分挖掘大数据价值。通过试点，应用数字化自动填表使能技术，申报效率由原来的半天时间缩短为 10 分钟，企业申报人员由原来 39 人减少到 5 人，申报准确率大大提升，纳税申报过程中的税收风险明显降低。

建立对税收优惠政策企业税务检查的前置评估程序，容许新动能企业在税务机关辅导下自查，处理好有关涉税问题，解除企业享受优惠政策的后顾之忧，实现安全纳税。

出台扶持新动能企业发展的征管措施。创新探索"诚信推定"理念升级,先行先试,除举报、虚开发票、涉嫌骗取出口退税以及税务总局推送案件外,自 2018 年起三年内,不组织对青岛新旧动能转换企业和军民融合企业的全面纳税评估工作,两年内不专门组织对上述企业的税务检查,为新动能企业减负,避免不当打扰。

(四)以本地龙头企业为核心发展产业集群,加快新动能企业成长的加速器建设

增强青岛市资源整合能力。顶层设计规划并做强做粗做长青岛市龙头企业为核心的主导产业链,使产业链之间的交易成本降到最低,产生无法替代的比较优势,并集中力量引进以国际国内产业领军企业为代表的在主导产业链中起关键作用的技术和项目,实现高位嫁接。引导完善产业链的上下游先进配套企业,形成产业集群的辐射带动效应,加快青岛市主导产业集群的跨越式发展。

1. 顶层设计全市现有及新动能产业集群的发展规划及评价体系

一是将现有十大产业集群建设计划推进情况列入政府工作报告,并公开公布相关数据持续追踪管理,切实通过产业集群的建设,打造新动能企业的孵化器。二是以本地龙头企业为核心的战略性新兴产业为主体,顶层设立产业集群。如青岛港港口经济产业集群、中车四方股份轨道交通产业集群等。三是建立科学规范反映产业集群贡献度的评价体系,推动主导产业集群的可持续发展。

2. 以工业战略性新兴产业为突破口,加大"潜力独角兽企业"和创新型领军企业培育力度

一是在 6 个国家高新技术产业化基地和 4 个国家火炬特色产业基地以及本地龙头企业的基础上,结合山东新旧动能转换综合试验区带来的重大机遇,充分利用先行先试的政策改革优势,加大研发力度,促进科技成果转化,抢占先机,做大做强,孕育出青岛的"独角兽"企业。二是以上合组织青岛峰会为契机,搞好国际经贸交流活动和经贸合作,有效对接全球优质资源,吸引国际机构、跨国公司和高级人才进驻青岛。主动融入全球创新网络,积极参与全球创新合作与竞争,以云计算和大数据、新能源、高端装备制造等领域为重点,培育一批亿元级创新型领军企业。三是借力军民融合示范区建设,实现青岛经济换道超车。利用先行先试综合优势,建成军民融合产业链的高端价值链核心,成为青岛市未来经济增长的新生力量。

青岛市税务局将积极参与市委、市政府招商引资重大项目税收评估工作,打好招商引资、引智、引税的组合拳。重点做好引税的分析、预测工作,税收优惠的可行性分析报告等,在提供优惠政策个性化服务的同时,全程跟踪关注重大项目在立项、建设时期可能产生的,应归属青

岛本地但易于流失的税源,保证招商的税收质量。当下的税收政策,对未明确的事项可以以最有利于新动能企业的政策执行。特别是对于市委、市政府重大项目,可以一项一议,在提供政策确定性基础上,提供专属服务,登门服务,最大限度为青岛新动能成长服好务。

(五)探索增减税结构调整战略,充分发挥财税制度对新动能企业成长的导向性、关键性和支撑性作用

青岛市作为新旧动能转换综合试验区主核心,可向国务院申请以下相关优惠政策。

1. 积极争取优惠政策,最大限度激发新动能成长

积极争取青岛市前湾港成为启运港退税政策的离境港。该政策可以减少企业物流成本和资金占用,增强青岛前湾保税港区对山东乃至沿黄各省物流的集聚效应。

2. 争取更加优惠的增值税政策

2018 年 5 月 1 日起,对符合条件的装备制造业等先进制造业企业、研发等现代服务业企业和电网企业未抵扣完的进项税额予以一次性退税。建议扩大山东新旧动能转换综合试验区先行先试政策适用范围,筛选具有青岛特色的新动能企业试行增值税留抵退税政策,减轻企业加快新旧动能转换的资金压力。同时建议青岛军民融合企业或项目试行增值税即征即退政策,扩大军民融合示范区的集聚效应。

3. 争取更加优惠的企业所得税政策

建议将科技型中小企业的研发费用加计扣除比例 75% 的规定,扩大运用于其他非科技型中小企业,全面促进中小企业转型升级。建议对国家科技重大专项、重大科技创新项目或新动能企业提高所得税前研发费用加计扣除比例,或者试行税收抵免政策,对上述项目或企业给予研发费用总额 20%～30% 的税收抵免。对自行研发形成的无形资产可允许选择采取缩短摊销年限的方法摊销。充分考虑新动能企业发展和传统企业升级改造大额投资产生亏损的可能性,建议将相关亏损弥补期限由 5 年延长为 10 年。

创新"类专利盒"制度。建议在研发成果国内转化的前提下,将跨国企业在我国设立的研发中心等非独立法人性质的"常设机构"纳入研发费用加计扣除适用范围,为我国争取更多的国际化优质研发要素。

加大对科研技术人员税收优惠的力度。对科技人员的科技收入(如技术援助、版权费)减免个人所得税,对其专利收益及专有技术收益采取减免个人所得税措施,例如,比照企业所得税政策,在 500 万元以内的免税,超过部分减半征收;对其工薪收入施行减半征收个人所得税。

完善激励人才教育的税收政策。加大企业教育经费支出税前扣除

力度,在对一般企业的职工教育培训费扣除标准提高(2018年开始由原来的2.5%提高到8%)的基础上,对高新技术企业当年的职工教育培训费实行全额扣除。

　　(课题组组长:张梦谦;课题组成员:谭伟、冯守东、刘建明;课题执笔:刘建明)

2019

社会篇

2018～2019年青岛市社会形势分析与预测

于淑娥

2018年,青岛市经济社会继续保持总体平稳、稳中有进、结构趋优的良好态势。居民收入稳步增长,社会民生持续改善。前三季度,青岛市实现生产总值(GDP)9086.1亿元,按可比价格计算,增长7.4%。前三季度,全市一般公共预算收入完成923.9亿元,增长6.8%。10件32项市政府市办实事总体有序推进,其中,13项已完成年度目标,7项进度超过90%。

一、2018年青岛市社会建设成效显著

(一)城乡居民收入稳步提高,消费能力同步提升,消费价格温和上涨

前三季度,城镇居民人均可支配收入38114元,同比增长7.9%;农村居民人均可支配收入17954元,同比增长7.7%。全市社会消费品零售总额3426.5亿元,同比增长10.1%。其中,限额以上单位零售额1172.7亿元,同比增长10.4%。大众消费商品发挥基础支撑作用,粮油食品、服装鞋帽针纺织品、日用品类商品零售额同比分别增长22.2%、10.3%和22.8%。消费升级类商品增长较快,限额以上单位家用电器和音像器材类、金银珠宝类、石油及制品类零售额同比分别增长21.2%、10.8%和15.0%。

前三季度,全市居民消费价格同比上涨2.3%,其中,食品价格上涨2.9%,非食品价格上涨2.1%;服务价格上涨1.8%,消费品价格上涨2.6%。

(二)社会民生事业投入持续增加,公共服务能力不断增强

前三季度,全市固定资产投资同比增长3.2%,较上半年回落3.7个百分点。但是从"补短板"领域看,基础设施投资同比增长24.6%,教

育投资同比增长 34.2％,卫生和社会工作投资同比增长 14.8％。

1～7 月份,青岛民生支出 709.72 亿元,占全部支出的 77.1％,比上年同期增长 9.8％。前三季度,全市财政用于民生方面支出 922.6 亿元,同比增长 8.3％,较一般公共预算支出增速高 1.9 个百分点。其中,公共安全支出同比增长 36.1％,文化体育与传媒支出同比增长 25.5％,医疗卫生与计划生育支出同比增长 29.3％,城乡社区事务支出同比增长 17.3％。

1. 强化公共就业服务,就业局势稳中有升

2018 年,青岛市坚持稳中求进的工作总基调,通过实施就业优先战略,深化"一次办好"改革,强化公共就业服务,就业局势保持稳中有升的态势。1～9 月份,全市城镇新增就业 64.1 万人,同比增长 11.9％,为年计划的 213.7％;完成技能提升 2.45 万人,占年计划的 81.7％;政策性扶持创业 1.46 万人,占年计划的 97.3％;期末城镇登记失业率为 2.91％。

(1)优化就业创业环境,完善公共创业扶持政策。扩大创业补贴扶持范围,将在青岛行政区域内创办的各类市场主体、外地户籍在青岛连续居住六个月以上的失业人员纳入创业补贴扶持范围;缩短创业补贴发放周期,降低创业融资门槛。截止到 7 月底,全市政策性扶持创业 1.4 万人,同比增长 6.89％;发放创业类资金 1.65 亿元,同比增长 0.67％;创业担保贷款发放规模 4.1 亿元。

(2)做好就业兜底保障工作。连续第 10 次提高社会公益性岗位从业人员补贴标准,自 2018 年 6 月 1 日起,社会公益性岗位综合补贴提高到 1910 元,惠及全市公安协警员、城管协管员及卫生协管员等 3000 余人。

(3)新增就业人员结构呈现新特点。一是外来劳动力贡献大。1～9 月份,本市劳动者就业 34.5 万人,同比增长 9％;外来劳动者来青就业 29.6 万人,同比增长 15.4％,高出本市就业者 6.4 个百分点。二是招聘者工资持续增长。1～9 月份,全市人力资源市场平均招聘工资 4223 元/月,同比增长 9.2％。三是就业稳定性增强。1～9 月份,用人单位新招用人员中,劳动合同期限 1 年以上的占 85.6％,同比上升 2.4 个百分点。

(4)新增市场主体和民营经济为劳动力就业发挥重要作用。一是新增市场主体拓展了新的就业空间。1～9 月份,全市吸纳就业的单位共计 7.9 万个,同比增长 14.9％,其中初次吸纳就业的达 2.3 万个,同比增长 14.8％;二是在各所有制经济中民营经济吸纳劳动力增长最快。1～9 月份,民营经济吸纳就业 49.3 万人,同比增长 12.7％,占新增就业总人数的 76.8％,所占比例上升 0.5 个百分点。而国有、集体企业吸纳

就业 5.3 万人,同比下降 1.4%。外商投资企业吸纳就业 4.5 万人,同比下降 13.3%。

(5)服务业吸纳就业继续保持增长态势,制造业吸纳就业形势回暖,新动能行业就业不断扩大。1～9 月份,服务业吸纳就业 41.8 万人,同比增长 18.4%,增幅较 1～6 月份扩大 3.5 个百分点。制造业吸纳就业 16.2 万人,同比下降 0.3%,但降幅较 1～6 月份缩窄 2.6 个百分点。随着青岛市新旧动能转换重大工程不断深化,新动能行业就业不断扩大。1～9 月份,科研技术服务业、交通运输设备制造业、专用设备制造业、信息传输计算服务软件业吸纳就业同比分别增长 24.5%、18.8%、9.9% 和 3.4%。

(6)促进重点群体就业工作有新举措。促进高校毕业生就业,上半年全市完成高校毕业生就业见习培训 5652 人,留用 4776 人,留用率达 84.5%。实施创业培育“海鸥行动”,培训以大学生为主体的创客 800 余人。全市新认定就业困难人员 3.4 万人,实现就业 3 万人,就业率 90%,较 1～6 月份上升 7.6 个百分点。高学历外来劳动者增加。1～9 月份,外来劳动者就业中,大专以上学历的 15.2 万人,同比增长 12.6%,占外来劳动者就业人员总数的 51.2%。继续支持和推进新型职业农民培训。先后以市政府名义下发 9 个政策性文件,上半年实现农民工就业 24.6 万人,增长 10.8%。前三季度,完成新型职业农民技能证书培训 1.57 万人,为年计划的 104.7%。

(7)城镇登记失业率持续走低。1～9 月份,新增城镇登记失业人员 7.5 万人,同比增长 0.1%,登记失业人员规模与上年同期基本持平。9 月末,城镇登记失业率为 2.91%,较上年同期降低 0.28 个百分点,较 6 月末降低 0.04 个百分点。

2. 持续优化城乡教育资源配置,义务教育均衡发展取得新成效

2018 年,青岛市继续优先支持教育事业发展。投入资金支持学前教育普惠发展和城乡义务教育均衡发展,提高中小学标准化食堂建设补助标准,加大对平度、莱西等经济薄弱市教育补助资金的倾斜力度,教育“精准”支持取得实质性成效。

(1)破解教育热点难点问题,科学推进义务教育均衡发展。一是加快消除城镇大班额,实施《青岛市 2018～2020 年解决大班额问题学校建设计划》,2018 年,全市计划新建、改扩建 25 所学校。全市中小学不超过省定班额的班级数达到 88.8%,其中市北区、高新区达 100%。二是支持和规范社会力量办职业教育,出台关于《积极支持民间资本进入教育领域促进民办教育健康发展办法》,对民办职业教育学校按照生均公用经费 1600 元的标准足额拨付,民办中等职业学校在校生在校企合作专项资金、现代学徒制、中高职专业联盟等项目建设与公办中等职业

学校同等对待。三是印发实施《青岛市普通中小学高水平现代化学校建设实施方案》《青岛市普通中小学高水平现代化学校建设评估方案》,前者明确了办学思想、办学条件、教师队伍建设、学校制度建设、课程实施高水平、素质培养高水平现代化 6 个建设标准,后者针对农村义务教育薄弱学校创建高水平现代化学校普遍存在硬件和软件"短板"都突出的问题,重点从操作层面进一步明确了城区学校如何帮扶农村薄弱学校,及城乡学校如何进行一体化捆绑式评估,以促进农村义务教育薄弱学校内涵发展。截至 9 月底,投入资金全年支持改造 30 所义务教育薄弱学校,27 所学校已开工,占年计划的 90%。

(2)支持学前教育普惠发展。2018 年,全市各级财政不断加大学前教育投入,截至 9 月底,规划建设的 60 所幼儿园已全部开工,占年计划的 100%,其中 58 所已主体完工。青岛学前三年入园率达到98.5%,学前教育普及水平位居 15 个副省级城市前列。

(3)提高中小学标准化食堂建设补助标准,支持全市 100 所标准化食堂建设。截至 9 月底,100 所中小学标准化食堂已全部开工,占年计划的 100%,其中 92 所已完工,占年计划的 92%。

(4)继续实施家庭教育普及工程。截至 9 月底,已举办家庭教育公益讲座 189 场,培训家庭教育指导师 165 人,分别占年计划的 94.5%和82.5%;创建示范家长学校和社区"父母学堂"工作全面展开。

3. 加大投入力度,改善就医条件,居民就医更加便捷实惠

统筹 5 亿元,支持市立医院二期、市公共卫生中心、第八人民医院东院区等医疗卫生项目建设,方便群众就医。投入近 5.2 亿元,将基本公共卫生服务项目人均补助标准提高至 56 元,进一步细化、实化基本公共卫生服务项目内容;投入 3000 余万元继续强化院前急救网络体系建设,有效提升突发事件的紧急处置水平和快速反应能力。截至 9 月底,拟引进的 4 家高水平医院中,延世大学青岛世福兰斯医院于 7 月 2日开工建设;青岛新世纪妇儿医院于 7 月 28 日投入运营;海尔哈佛医学创新中心已完成医疗机构设置审批手续,正在加紧进行场地建设;哈佛(青岛)妇产医学中心正在根据哈佛专家团队要求进一步进行场地改造和装修。

4. 多措并举,社会保障制度更加完善

(1)养老服务线上、线下齐发力。启动养老综合服务互动平台建设。截至 9 月底,已完成平台建设方案设计、审核、概算评审和立项批复,预计 10 月份完成项目招标。社区养老服务场所再扩容,20 处社区食堂全部开工,占年计划的 100%。其中 6 处已试运营,8 处预计 10 月中旬投入试运营,其余 6 处于 10 月底投入试运营。

(2)医疗卫生保障水平提高,居民医疗负担进一步减轻。按照"兜

底线、织密网、建机制"的要求,不断完善以基本医疗保险、大病医疗保险、补充医疗保险以及长期护理保险互相衔接、多层次的医疗保险体系。2018年市财政投入近31亿元,主要用于提高城乡居民医疗保险补助标准,其中一档提高至690元/年,二档及少年儿童、大学生提高至610元/年;落实财政兜底责任,投入资金对2017年居民医疗保险基金收支缺口进行了专项弥补,有效推动了全市医疗保险制度可持续运行。在与保险经办机构签订合作协议、完成救助操作细则制定和救助系统对接以及开展宣传培训的基础上,9月底开始全面实施困难居民医疗刚性支出救助受理、审核和救助金发放等工作。截至9月底,16处急救站点已完成基础设施建设,其中4处站点已并网试运行。

(3)长期护理保险体系进一步完善。《青岛市长期护理保险暂行办法》(青政发〔2018〕12号)正式实施,将生活照料纳入护理保险,满足失能失智老人护理需求。1月1日起,城乡居民医疗保险参保人员按照新政策享受待遇。截至9月底,全市共有744万人次享受相关保障待遇。其中,居民基本医保基金支付29.7亿元,大病保险资金支付1.91亿元,全民补充医保资金支付0.85亿元。4月1日起城镇职工长期护理保险参保人员按照新政策享受待遇。前三季度,全市共有1.7万余名失能失智人员享受护理保险待遇。

(4)构建困境未成年人关爱保护救助体系。完善孤残儿童生活养育金和困境儿童生活补助金制度,将机构供养和社会散居孤儿生活养育标准分别提高到每人每月1500元和1200元;出台残疾人教育救助和奖励办法,提高困难残疾学生和奖励残疾大学生标准,切实维护残疾人受教育权利。

5. 便民利民工程全域统筹取得新业绩

2018年,青岛市继续推进社会民生建设全域统筹、政府实办实事,各项工作进展顺利。

(1)城乡居民居住条件进一步改善。截至9月底,住房保障已完成6837套(户),占年计划的97.7%。其中,实物配租3193套,租赁补贴3644户。楼院整治已完成462个,占年计划的92.4%。棚户区已启动改造29053套(户),占年计划的83%;农村危房改造已开工1167户,占年计划的97.3%,其中1103户已基本完工,占年计划的91.9%。

(2)城乡居民出行更加便捷。截至9月底,结合地铁线路开通运营、交通拥堵情况和市民出行需求,累计开辟调整公交线路73条,为年计划的146%;老旧交通信号设施建设已完成升级改造218处,为年计划的145.3%。

启动农村公路"三年集中攻坚"。从2018年开始,连续3年开展农村公路集中攻坚专项行动,实施路网提档升级、自然村庄通达、路面状况改善、运输服务提升"四大工程",积极开展"四好农村路"(建好、管好、养护好、运营好)示范区(市)、城乡交通运输一体化和城乡公交一体化示范区(市)创建活动,全力打造青岛农村公路"升级版"。另外,青岛西站站房内部开始装修,站房顶棚已完成拼合;济青高铁经过3年的建设,工程已经进入收尾阶段。

(3)多措并举解决停车难。近年来,青岛市持续发力停车场建设。仅2018年前10个月,中心城区就完成50余处公共停车场建设改造,新增停车泊位超过1万个;中央商务区A-1-8A停车楼项目公示,建成后,可提供停车泊位450个;7月启动了覆盖中心城区、全方位的停车资源普查。通过普查,将更精准地掌握全市停车资源总量、分布及使用情况,为下一步的精准管理提供数据支持。

(4)4个国家级功能区试点"证照分离",企业办证时限缩短40%以上。2018年,山东省政府发布《关于在国家级功能区开展"证照分离"改革试点工作的实施意见》,统筹推进"证照分离"和"多证合一"改革。青岛高新技术开发区、青岛经济技术开发区、胶州经济技术开发区、西海岸新区等4个国家级功能区被纳入试点范围,企业办证时限普遍缩短40%以上,高效、便捷、稳定可预期的营商环境逐步形成。截至9月底,试点区域各部门已办结"证照分离"事项8267件,其中通过"审批改备案、告知承诺、提高透明度和可预期性"三项改革方式,使2042家企业快速投入生产经营,企业开办便利化程度有了较大提升。

(5)支持文化惠民工程。支持文化场馆、博物馆等公共文化设施免费开放,鼓励民办博物馆发展;支持演艺集团"青岛院线"等惠民演出,丰富市民文化生活;推进文化消费试点,对市民看电影、看书、看演出和参与文化艺术培训体验等予以补助;启动文化消费促进活动,市民通过"青岛市文化惠民消费办公室"微信公众号了解和参与。截至9月底,共发放文化惠民消费电子券1650万元,11.5万余人次在平台消费,实现优惠1487.69万元;稳步推进健身场地建设。100处场地已全部完成硬化,其中42处已建成,占年计划的42%,另有12处正在进行安装施工。

6. 推动绿色发展,城乡环境进一步改善

(1)推动绿色发展保护生态环境。安排1.5亿元,给予重点水源地、生态湿地、生态公益林生态补偿;拨付1亿元,推动炉具厂片区等7个搬迁片区和搬迁企业环保搬迁;支持建筑节能改造、污水处理厂升级改造、燃煤锅炉超低排放改造、环保垃圾焚烧等环保项目,建设低碳节能绿色环保的美丽城市。

(2)农村村庄环境改造整体推进。截至9月底,100个村庄已全部整村开工。其中,节能保暖改造开工505.5万平方米,为年计划的101.1%(其中163.5万平方米已完工,占年计划的32.7%)。清洁能源供热开工 1979 万平方米,占年计划的 99%(其中 501 万平方米已完工,占年计划的 25.1%)。公厕建设已新增和改造公厕 230 座,占年计划的 100%(其中新增 186 座、改造 44 座)。美丽乡村建设 100 个村庄全部实现整村开工,占年计划的 100%(其中 39 个已完工,占年计划的 39%)。

(3)环境违法行为得到有效打击,环境安全总体可控,未发生突发环境事件。1～9 月份,全市环保系统共检查企业 2.8 万家次,查处各类环境违法行为 1467 起,罚款 1.05 亿元,对责令改正但拒不改正的环境违法行为实施按日连续处罚 3 起,排污单位自觉守法意识逐步增强。1～9 月份,全市 183 家涉重金属排放企业污染防控能力进一步提高。全市 921 家企业共产生危险废物约 9.6 万吨,处置约 7.2 万吨。整治散乱污企业 2473 家。1～9 月份,全市产能过剩行业实现零新增。新河和董家口两个化工园区通过省级专业化工园区评审认定。整改煤炭经营不规范业户 54 家,取缔 339 家。建成全省最大风电项目,本市可再生能源发电装机容量达到 145 万千瓦。新建天然气管网 209.3 千米,新增用户 9.41 万户,管道天然气镇街驻地覆盖率达到 90.7%。上半年万元国内生产总值能耗完成省下达降低 2.5%的目标任务。全市化肥农药减量增效行动,新增水肥一体化面积 18.4 万亩,达到 63 万亩,完成省下达的目标任务。

(4)全力打好大气、水、土壤等污染防治攻坚战,坚决打赢蓝天保卫战。①大气质量 6 项主要指标全部改善。1～9 月份,本市空气质量优良率 84.2%,同比提高 7.3%。②水环境质量稳中向好。前三季度,全市 94 个市级及以上地表水监测断面中,水质达到或优于Ⅲ类的优良水体 33 个,胶州湾水质继续改善,优良海域面积占比稳定保持在 70%以上。③土壤环境质量较为稳定。深入实施水污染防治行动计划,不断加强北胶莱河、墨水河、嵯阳河等重点水体综合治理,深入推进"蓝湾整治",实施 44 项绿色港口项目建设;开展李村河污染攻坚治理,张村河水质净化厂建成投运,对沿河 29 个社区实施雨污分流改造,完成管道铺设 296.2 千米,治理污染点源 96 处,本市城市污水处理率保持在 98%以上。④环保、公安联合开展机动车路查执法 313 次,检查车辆 3.43 万辆。城市公交营运车辆清洁能源使用率达到 88%以上。⑤开展"绿盾 2018"自然保护区监督检查专项行动,上年生态环境部卫星遥感点位核查发现的 109 处自然保护区违法违规问题全部完成整改;10 处自然保护区内水矿采矿点全部停止建设。

(5)"口袋公园"建设小试牛刀。按照绿化美化整治提升工作部署,遵循"见缝插绿、因地制宜"原则,全市积极开展"口袋公园"建设,高标准改造建设城市中的小型绿地、小公园、街心花园等。截至 9 月底,全市新建改建"口袋公园"160 个,绿化面积 40.58 公顷。各区(市)均有涉及,其中,市南区普宁路游园,市北区萍乡路游园、镇江路游园,李沧区香蜜湖游园等效果明显。

7. 公共安全保障能力进一步提升

(1)食品安全保障水平进一步提高。截至 9 月底,完成定性定量检测,在"自愿、公开、公正、科学、严谨"原则基础上,检测 66412 批次,为年计划的 102.2%,总体合格率为 96.74%;继续推进星级农贸市场创建,组织开展实地测评、民意调查等,按《青岛市 2018 年星级农贸市场创建办法》和《青岛市 2018 年星级农贸市场创建标准》公示测评成绩和市民满意度调查结果,评定不少于 40 个三星、四星或五星三个等级的星级农贸市场,并分别给予资金奖励。

(2)启动过期药品定点回收。近年来,全市食药监部门开展了丰富多样的关于过期药品回收的宣传活动,包括交回过期药可获赠小礼物等,一些药品零售企业也配合推出赠送会员积分、送优惠券等回馈活动,鼓励市民自觉清理家庭储备药品,提高安全用药意识,消除随意丢弃家庭过期失效药品造成的安全用药隐患,同时防止家庭过期药品流入非法渠道。先后在部分药品零售连锁店设置了 200 多个家庭过期药品定点回收点,2018 年底回收点将增至 1000 处,市食品药品监管部门正在探讨出台过期药品回收机制,将过期药品回收和垃圾分类结合,实现市民将过期药品投入有毒害垃圾箱。

(3)应急救护证书培训成果进一步扩大。截至 9 月底,红十字应急救护云平台正式上线运行;采用网络化教学与课堂教学相结合的方式完成"第一响应人"应急救护员培训 19306 人,占年计划的 96.5%;60 台 AED 设备全部设置完毕,涵盖市区范围内机场、车站、码头等交通枢纽,会议中心、文化体育场馆、景区、公园等人员密集场所和市民活动中心、政务服务大厅等窗口单位。

(4)公路安全生命防护工程提前完成。自 2015 年国务院启动公路安全生命防护工程以来,青岛市连续三年累计投入 3 亿多元,整治普通国、省道隐患路段 257 千米。督导各区(市)累计实施农村公路安防工程 5200 余千米,提前完成国务院要求工作任务。

(5)制订《上合组织青岛峰会安全生产综合整治行动实施方案》,成立了安全生产专班,有力保证了重大活动期间全市安全生产形势的持续稳定。上半年,全市发生各类生产安全事故起数同比下降30.9%,死亡人数同比下降 29%,未发生较大及以上生产安全事故。

(三)持续加大社会民生项目投入,补齐公共服务"短板"

大项目是经济社会发展的主要载体和"生命线",是加快新旧动能转换、实现高质量发展最重要的支撑。2018年,青岛市级重点项目共有200个,总投资8088亿元。教育卫生等社会事业项目8个,截至9月底,开工在建7个,开工在建率87.5%。其中,竣工2个,完成投资35.8亿元,完成年度计划投资的72.2%。

拨付资金50亿元,支持新机场、地铁、青连铁路等城市重大功能设施建设。统筹资金8.1亿元,支持重大水利工程建设,全力保障省黄河水东调应急工程、省引黄济青改扩建工程、青岛市黄河水东调承接工程资金需求,解决局部地区资源性缺水问题;安排公交补贴15.1亿元、隧道通行费补贴4.8亿元,降低市民出行成本。安排自来水亏损补贴2.4亿元、海水淡化运营补贴1.5亿元、供热亏损补贴0.56亿元,垃圾处理费1.36亿元、污水处理费6.2亿元,保障城市公用事业运转。

前三季度,在青岛启德实验学校项目、青岛科技大学中德双元工程学院、即墨市山东省立医院青岛医院合作医疗项目、青岛市第八人民医院东院区地下工程建设项目等一系列教育、卫生项目的引领带动下,教育、卫生和社会工作投资快速增长,增速分别为34.2%和14.8%,为补齐公共服务"短板"发挥了积极作用。

(四)人才建设多措并举,结构进一步优化

2018年,青岛市围绕实现"三个更加"的城市发展定位,发布《关于实施新旧动能转换技能人才支撑计划的意见》,出台了力度空前的技能人才培养实施意见和海外引才新政,构筑了多层次、宽领域的人才聚集平台。瞄准全国一流水平,以实现高质量发展为目标,实施堪称青岛有史以来含金量最高、创新突破最大的引才、育才、助才、成才、留才"五大工程",为城市发展提供有力的人才智力支撑。

1. 结合海外高层次人才特点"量身"打造海外引才新政

包括对顶尖人才给予500万元生活补贴、对顶尖人才团队重大项目给予最高1亿元的综合资助、对引进符合条件的海外高层次人才的机构和个人奖励标准最高提至50万元,政策力度跻身全国"第一方阵"。截至9月底,青岛的留学回国人员累计达到1.3万余人,每年在青岛工作的外籍人士达到1.5万余人。其中,106名院士、115名"泰山学者"特聘专家等创新创业领军人才组成的高层次人才方阵,正在成为新旧动能转换"先行者"和"特种兵",为青岛市建设宜居幸福创新型国际城市贡献着智慧和力量。

2. 建设集政策、资金、产业等优势于一体的创业平台和科技孵化器,实现了从"筑巢引凤"到"筑巢育凤"的巨变

截至9月底,全市共拥有5处留学人员创业园区,孵化面积超过80万平方米,入驻企业超过500家,已发展成为以国家级留学人员创

业园为引领、各特色园区优势互补、服务功能完善的留学人员创业园区集群。各园区已集聚中科院"百人计划"专家 24 人、山东省"泰山学者"特聘专家 73 人,入驻企业的研发和运营管理人员近万人。其中,作为青岛集聚海外高层次创业人才密度最高的单体孵化器,青岛高层次人才创业中心形成了以硕博毕业生为研发技术骨干的创业人才聚集高地,入驻企业累计获国内外专利 300 多项,填补国内空白 40 多项,达到或接近世界领先水平 126 项。

3. "海外预孵化"大幅提高海外人才来青落地创业成功率

通过建立青岛留学人员协会海外分会、举办中国青岛海外高层次人才创业创新大赛等多种形式,鼓励海外高层次人才离岸创新创业,对有意向来青创业的海外人才进行政策、知识产权、技术、投资对接等整体前置服务,通过"海外预孵化",解决海外人才"水土不服"的问题,使海外人才在海外完善创业团队或创业项目,显著提高海外人才来青岛落地创业的成功率。

4. 启动 2018 年"青岛招才引智名校行"活动,岗位需求 2100 余个

涉及海洋环境、高端装备制造、电子信息、金融法律、新能源、新材料等多个领域。引才对象主要为国内重点高校 2019 年应届硕博毕业生。更加注重引才活动的实效性,一地多场行业引才,深度挖掘招揽人才,引进紧缺急需专业人才。

5. 青岛国际院士港:在全球顶尖人才圈形成磁场效应

2018 年 8 月,第二届海外院士青岛行暨青岛国际院士论坛吸引来自 22 个国家和地区的 109 名院士,218 家企业及金融机构,106 所高校、科研机构参会,其间有 49 名院士签约全职院士,53 家达成合作意向,41 所与青岛国际院士港签约。截至 2018 年 7 月,院士港已累计签约引进国内外知名院士 108 名,其中外籍院士 81 名,占比达 75%,分布在生物医药、新能源新材料、高端装备制造、网络信息和设计研发等领域。16 个院士项目投入运营,已有 8 个项目产出 25 种产品,实现产值近 50 亿元。青岛国际院士港已经建立起的院士与企业、高校、科研机构、政府"五位一体"合作模式,最大化地放大了院士港的人才集聚效应。

6. 平度市技师学院揭牌,青岛再添技能人才"摇篮",填补了青岛市北部无高等职业院校的空白

9 月 10 日,平度市技师学院揭牌,中德合作项目签约暨首届"卓越技师班"开班。至此,青岛市技师学院累计达到 4 家。该技师学院规划办学规模 6000 人,以培养技师(预备技师)和高级工为主要目标,同时承担企业在职职工中高技能人才和各类职业教育培训机构师资培训任务,为青岛市产业转型升级和新旧动能转换重大工程实施培养

相应人才。

"中德卓越技师班"是落实《关于筹建青岛中德智能制造工匠学院战略合作备忘录》的重要示范,将采用德国"双元制"人才培养模式,引进德国双元制培养标准,采用译自德国原版的标准教学资源,引进德国标准考核认证体系,毕业时拥有全国通用的人社部职业资格证书,同时考取欧盟认证、国际通用的德国 AHK 证书。毕业后优先推荐到莱茵科斯特有限公司承诺整合其客户资源(包括西门子、博世、SAP、库卡、ABB 等世界 500 强公司)或其他德资企业面试就业。

7. 发布最新的积分落户细则,为城市发展增添动力

2018 年积分落户政策调整,进一步放宽落户条件、优化指标体系,提高积分指标的操作性、可控性和准确性。进一步降低积分落户门槛、扩大覆盖人群。积分落户指标由 11 项调整为 9 项,优先解决稳定居住、稳定就业人员落户。拟落户人员名单在公示无异议情况下将根据最终积分排名及落户指标确定。

(五)智慧城市建设步伐加快,社会治理现代化稳步推进

1. 继续加强社会信用体系建设

近年来,青岛市按照国家、山东省的工作部署和市委、市政府关于加快"信用青岛"建设的要求,全面推进信用青岛建设。信用制度体系逐步完善;统一社会信用代码转换完成;市公共信用信息平台建成投入使用,归集信息 1 亿多条;签署发布联合奖惩备忘录 13 个,参与部门 50 多个;全市 20 多个领域建立了信用监管体系;信用环境获得较大改善,城市信用监测排名持续上升,进入全国前 10 名。2018 年印发《关于进一步加强社会信用体系建设工作的实施意见》(以下简称《意见》),提出了全市社会信用体系建设的工作目标和工作举措。《意见》更加突出以下特点:一是进一步提升信用基础建设,通过加快信用立法、完善优化信用平台、加强信息归集等,为全市信用体系建设夯实基础;二是进一步突出试点引领带动,开展重点行业、重点区域、重点领域、重点人群试点工程,为全市信用体系建设做出示范;三是进一步扩展信用服务应用,建立个人信用积分评价机制,开展"信易+"创新工程,实现信用经济社会生活的高度融合;四是进一步强调信用主体权益保护,严格按照法律法规采集信用信息,依法依规实施信息公示,建立健全信用修复机制,最大限度实现信用主体的权益保障。《意见》的出台,将进一步加大全市社会信用体系建设工作力度,弥补薄弱环节,使青岛的信用体系建设符合最新形势要求,为新旧动能转换等重大战略决策实施提供有力保障。

2. 提出改革社会组织管理制度的 124 项措施

制定下发关于改革社会管理制度促进社会组织健康有序的意见，搭建全面系统的政策框架。加强社会组织综合党委自身能力建设，新组建社会组织综合党委办公室，制定社会组织党建工作制度，规范内部工作流程，明确工作职责，形成责任清晰、各司其职、互相配合、齐抓共管的工作格局。组织开展青岛市第三届和谐使者推荐评选活动，充分发挥和谐使者示范带动作用。

（六）美丽乡村建设取得阶段性成效

1. 推进农业持续绿色发展

整合投入约 4.5 亿元，建设 29.7 万亩农业综合开发高标准农田。统筹资金 3000 万元，支持区（市）开展畜禽养殖废弃物资源化利用工作；统筹资金 7300 万元，加强动物疫病防控措施保障，并对病死动物进行无害化处理给予补助；出台《完善粮食主产区利益补偿机制的实施意见》，扩大粮食主产区生态补偿范围。

2. 大力提升农村居民生活水平

安排美丽乡村示范村创建资金 2.4 亿元，村级公益事业一事一议财政奖补资金 1.8 亿元，农村改厕资金 1.85 亿元，优化农村人居环境，推动农民基本生产生活条件持续改善。自 2016 年起累计投入资金 5.52 亿元，支持 10 个经济薄弱镇、200 个省定贫困村和 310 个市定经济薄弱村精准脱贫，为扶贫开发工作提供资金保障。

3. 青岛 4 个村庄入选全山东首批美丽村居建设试点

山东省政府办公厅公布第一批美丽村居建设省级试点村庄名单，全省一共 56 个试点村庄。青岛市的莱西市水集街道产芝村、西海岸新区铁山街道大下庄村、平度市旧店镇罗头村和即墨区龙泉街道柳林村 4 个村庄入选。通过开展试点，这些村庄将形成可推广、可借鉴的美丽村居建设模式，为打造乡村振兴齐鲁样板奠定坚实基础。相关部门将在人才、技术、土地、资金等方面给予积极支持。

4. 青岛两村庄上榜"2018 年中国美丽休闲乡村"

农业农村部将 150 个村落推介为 2018 年中国美丽休闲乡村，并予以公示。青岛市城阳区青峰社区、胶州市玉皇庙村入围。青峰社区位于城阳区惜福镇街道之东南隅的王乔崮脚下。近年来，依托毛公山发展生态旅游和红色旅游，成为远近闻名的旅游特色村庄。玉皇庙村位于胶州市胶北街道，该村整合古村落文化、农业、旅游资源，打造红色教育基地、剪纸艺社、陶瓷艺社、尼山书院、骡花艺社等具有浓郁地方民俗文化特色的旅游景点，开展以赏花、品果、采摘、逛庙会、农家宴、红色教育、乡土文化印记、民间手工艺传承为主要特色的乡村旅游。

二、2019年青岛市社会发展形势预测

2018年第四季度和2019年,青岛市将以习近平新时代中国特色社会主义思想为指导,认真践行党的十九大提出的以人民为中心的发展理念,高质量完成2018年拟定的包括市政府市办实事在内的各项改革和建设任务。2019年,青岛市将以满足人民日益增长的美好生活需要为出发点和落脚点,继续深化社会领域改革,加大民生领域投入,提高保障和改善民生的水平,创新社会治理,着力改善城乡环境,进一步提升人民群众的获得感,使人民对美好生活的向往和期待得到更大满足。

(一)将持续增加民生投入,不断增强公共服务能力,居民获得感将进一步增强

1. 继续实施积极的就业政策,全力促进就业工作

通过提升公共就业服务能力,丰富服务供给,改进服务手段,提高服务效果,满足用人单位和劳动者多层次多元化的就业创业服务需求,实现更高质量的充分就业。预计2019年实现新增就业人数同比增长10%以上,就业结构、质量进一步优化,民营经济仍将成为吸纳劳动力的主力军。

2. 继续科学推进义务教育均衡发展

推进实施《青岛市普通中小学高水平现代化学校建设实施方案》《青岛市普通中小学高水平现代化学校建设评估方案》,继续探索义务教育学校采用城区学校帮扶农村薄弱学校、城乡学校一体化捆绑式评估的方式,促进农村义务教育薄弱学校内涵发展。2019年,将组织局属及市南区、市北区、李沧区、崂山区、城阳区20%的义务教育学校与平度市、莱西市的镇以下农村义务教育薄弱学校跨区域合作办学;西海岸新区、即墨区、胶州市、平度市、莱西市教体局将组织城区学校与所有乡村薄弱学校进行合作办学。到2020年,全市90%以上的中小学达到市中小学高水平现代化学校建设标准。

3. 医疗卫生服务体系建设将有新成果

继续推进医联体发展,深入推进分级诊疗。积极推进分级诊疗制度建设是解决市民看病问题的重要举措。积极探索建立基层首诊、双向转诊、急慢分治、上下联动的分级诊疗模式。2019年,将在19家三级医院加入医联体基础上,以医联体和医共体建设为载体,以家庭医生签约服务和基层医疗卫生机构能力建设为依托,加强卫生、财政、人事、物价、医保等政策联动,加大工作力度,采取更加有效措施,积极探索建

立大医院"愿意放"、基层"接得住"、群众"愿意去"的分级诊疗机制,鼓励和促进更多的医疗机构加入医联体,进一步提升分级诊疗的规模和层次,缓解看病难、看病贵。

4. 社会保障将更加完善

随着医保、社保、救助等系列政策的不断完善和实施,养老设施将在质量和规模上进一步发展;养老平台建设在2018年完成招标,2019年正式实施运行;16处急救点2019年有望启动运行。

政府购买社会救助服务将在2020年全面推行。《关于积极推行政府购买服务,加强基层社会救助经办服务能力的实施意见》确定到2020年,政府向社会力量购买社会救助服务工作全面推行,基层社会救助经办服务能力显著增强的目标。明确了政府是购买社会救助服务的主体,购买内容包括事务性工作、服务性工作和其他工作。镇(街道)全面设立社会救助窗口,实现困难群众社会救助申请"一次办好"。合理配置基层社会救助经办人员,加强对区(市)、镇(街道)、村(社区)社会救助经办服务人员的培训,提高社会救助服务能力和专业化水平,提升社会救助政策执行力。

5. 城乡居民出行条件将进一步得到改善

(1)农村公路"三年集中攻坚"将在2019年初见成效。根据规划方案,2018年12月前开展项目勘察设计、招标投标、建设实施、工程验收等工作,完成村级公路网化工程建设任务,2020年10月前保质保量完成"四大工程"(路网提档升级工程、自然村庄通达工程、路面状况改善工程和运输服务提升工程)所有建设任务,全面提升农村公路路网整体水平。到2020年底,提升改造"窄路基路面""畅返不畅""油返砂"路段,逐步消除路网中"断头路""瓶颈路"以及简易铺装路面,具备条件的自然村率先实现全部通等级油(水泥)路,全面改善农村群众交通出行条件。

(2)中央商务区A-1-8A停车楼2018年内开工建设。将加大相关研究,利用老城区及老旧小区边角地块、街头绿地及小区空地,建设预制装配竖井式机械停车场,缓解市中心城区停车难问题。

(3)打造车联网系统。将5000余辆公交车统一纳入监控范围,一辆公交安8个监控探头。人们可以通过车载监控视频,找人、寻物、看事情经过。2019年,公交车内的监控探头将实现4G传输,更加方便相关部门实时掌握公交车内甚至车外的情况。

(4)济青高铁通车运营进入倒计时,2018年年底,一大批铁路线通车。作为我国第一条以地方为主投资建设的高速铁路,济青高铁经过3年的建设,将于2018年年底建成通车,届时,济南至青岛运行时间由原来的近2个半小时缩短至约1小时。年底,青连铁路、胶济胶黄联络线、董家口疏港铁路等线路将同步通车。

（5）青岛西站将进入桥面浇筑的施工阶段。地下综合换乘中心正全力建设，保证与青岛西站同时开通使用。

6. 将实施更加严厉的食品药品标准，确保市民吃得放心、安心

在前期申报、测评、社会调查基础上，2018年底将评定不少于40个星级农贸市场，它们将分别获得40万元、60万元和80万元的综合奖补资金，并将其中的不低于10%的综合奖补资金用于对市场文明诚信经营业户等进行奖励，以此鼓励和推动农贸市场主体维护食品安全。

7. 环境：着力打好打赢8场标志性战役

2019年，将加快改善环境质量，为提高打赢污染防治攻坚战的针对性、及时性和有效性，打赢蓝天保卫战和打好柴油货车治理、黑臭水体治理、胶州湾及近岸海域防治、水源地保护、农业农村污染治理、危险废物治理和自然保护区突出生态问题整治8场标志性重大战役。

8. 全面实施"证照分离"改革

青岛将按照《国务院关于在全国推开"证照分离"改革的通知》及全国推开"证照分离"改革电视电话会议的精神，自11月10日起，在全市全面推开"证照分离"改革。改革第一批包含106项涉企行政审批事项，涉及全市30余个部门。"证照分离"改革主要是实现"照后减证"，减少企业领取营业执照后的行政审批事项，简化行政审批手续。除涉及国家安全、公共安全、生态安全和公众健康等重大公共利益外，分类推进行政审批制度改革，重点破解"办照容易办证难""准入不准营"等问题，实现持"照"即可经营，使审批更简、监管更强、服务更优。将进一步营造法治化、国际化、便利化的营商环境。

（二）文化：将实施青岛文化领域供给侧改革"金凤竞飞"计划并支持文创产业发展

《青岛市文化领域供给侧结构性改革实施方案》明确提出，到2020年，本市文化事业更加繁荣，文化产品和服务供给体系更加完善，人民基本文化权益得到更好保障，文化产业作为青岛市国民经济支柱性产业的地位更加巩固。同时，提出增强文化供给能力、完善文化设施网络、深化文化体制改革、推动文化产业升级、补齐文化发展"短板"等5方面38项具体任务。内容涵盖公共文化服务体系建设、弘扬优秀传统文化、国有文化资产管理、文艺创作生产、文化产业发展等多方面。提出了包括财政、科技、外贸、税务、金融、徒弟、劳动等27条针对性很强的保障措施。

1. 青岛特色：突出影视、海洋文化产业

坚持把社会效益放在首位，实现社会效益和经济效益相统一，推出

更多思想性、艺术性、观赏性俱佳的文化产品,提供更多有意义、有品位、有市场的文化服务。

2. 文化惠民:未来图书馆藏人均超1.8册

实施文化惠民提升工程。推进公益文化场馆免费开放,继续做好公共图书馆、文化馆(站)、博物馆、纪念馆、美术馆免费、错时开放和自助开放服务项目。开展"领读一百天改变人生路""全市农民读书节"等全民阅读活动。到2020年,各区(市)公共图书馆(室)图书藏量要达到本区域常住人口人均1.8册以上。支持城市数字影院升级改造,到2020年全市影院达到100家、银幕630块,实现票房收入8.5亿元。

实施流动服务提升工程。每个公共图书馆、文化馆至少配备一辆流动服务车,面向基层和农村开展流动服务。

打造特色公共文化服务惠民品牌。强化"东亚文化之都""电影之都""音乐之岛"等城市文化品牌建设,广泛开展"市民五王大赛""微演艺六进""欢乐青岛广场周周演""市民文化艺术节""文化大讲堂""雅乐惠民""银龄欢歌大舞台"等系列群众文化活动,打造10个以上具有广泛影响力和示范带动效应的市级文化品牌。

3. 公共服务:八成以上博物馆将免费开放

加强公共文化产品的创作与生产。实施青岛市舞台艺术精品工程,到2020年筛选推出3~5部精品剧目,打造一批在国内文艺舞台产生较大影响的艺术精品。开展影视精品推进工程,到2020年扶持创作50部优秀电影、电视剧、纪录片、动画片。

积极推进公共文化服务均等化。加强图书馆、文化馆总分馆制建设,加强公共博物馆建设。到2020年,全市博物馆总数达到100家以上,全市80%以上的博物馆实现免费开放。

4. 无线网络:实现公共文化场所全覆盖

编制全市公共文化设施专项规划。探索实施"互联网+公共文化服务",建立"文化青岛云",加快推进数字文化资源实现"一站式"服务。建设公共文化数字资源库群,市图书馆形成15个以上特色数字资源库,各区(市)图书馆至少建设2个特色数字资源库。在全市全部镇(街道)实现独立设置、功能布局和设施设备完备、面积1000平方米以上的综合文化站。开展第三批历史建筑认定工作,对符合标准的历史建筑进行确定、公布,实施保护措施。

5. 金凤竞飞:打造文化创意"小巨人"

实施"金凤竞飞"计划。打造一批文化创意"小巨人"企业。支持文化类科技型中小企业入选"千帆计划",对符合条件的科技型中小微文化企业可按规定优先获得专利权质押贷款及资助。大力发展数字创意产业,制定出台电竞产业发展专项扶持政策,促进文化与相关产业融合发展,打造海城联动、古今交融、轴带展开、梯次推进的滨海文化长廊。大力发展海洋文化体验经济,实施一批海洋文化体验示范项目,打造一批海洋文化体验品牌,加强古遗址、传统村落、历史文化街区、工业遗产等文化遗产的保护利用等。实施文化消费促进工程。举办"青岛文化惠民消费季",以看电影、看书、看演出以及参与文化艺术培训和体验等"三看一共享"活动为突破口,整合影院、书店、剧院、文化培训机构等文化消费资源,对参与看电影、看书、看演出、艺术培训的市民给予补贴,培育消费习惯,带动相关产业发展。

(三)智慧城市建设将上新台阶

1. 到2020年建成全国领先智慧城市

借上合青岛峰会东风,发布《青岛市推进便捷支付城市建设工作实施方案(2018—2020年)》,到2020年年底,卡支付、手机支付、可穿戴设备支付、基于识别技术的支付在各行业领域普遍应用,市级综合支付云平台和市级智慧市民服务云平台应用基本普及,建成便捷高效城市治理模式和智慧生活方式的创新区、示范区,最终实现通过一个APP即可解决市民所需。基本建成全国领先的便捷支付城市。

2. 出台垃圾分类新举措:逐步推广厨余垃圾粉碎

新的垃圾分类方式本着实事求是原则,充分考虑青岛市末端处置设施种类和处理能力以及居民生活垃圾产生特点,着重打通前端分类投放到末端分类处理的全过程,建立和完善垃圾分类投放、分类收集、分类运输、分类处置的分类管理体系。倡议市民采取各种措施,积极开展家庭的厨余垃圾的沥水工作。逐步推广厨余垃圾粉碎技术。

3. 整治涉农乱收费、乱摊派问题

从2018年9月到11月底,针对涉农乱收费乱摊派问题,将采取自查、督查、抽查相结合的方式,坚持监管与查处相结合,围绕7个整治重点方面,重点解决"强制征收卫生费、浇地费、水费、校服费"等问题,建立健全信息共享、联合督导、问题会商的长效机制,做到全市上下"一盘棋",形成整体合力。以强有力的保障措施,推动专项整治行动各项任务落到实处。

4. 基层政权和社区建设将更加规范

出台青岛市关于加强和完善城乡社区治理工作的实施意见;推进乡镇政府服务能力建设,出台加强乡镇政府服务能力建设实施方案;指导市北区做好"全国社区治理和服务创新实验区"结项验收工作。

5. 社会组织管理将更加健康有序

贯彻落实市委、市政府《关于改革社会组织管理制度,促进社会组织健康有序发展的实施意见》,尽快出台配套文件;建立健全脱钩后行业协会商会相关管理制度;开展民办非企业单位登记管理质量提升专项行动;继续开展打击整治非法社会组织专项行动。

(四)继续深化落实积极人才政策,为实现率先发展提供人才支撑

1.青岛院士港建设将进入新时代

常态化举办"海外院士青岛行""青岛国际院士论坛"活动,致力于打造院士技术成果发布、交流、推介、交易于一体的院士技术论坛,向全球科学界发出强劲"中国声音"。同时,院士工作站、院士研究院等9个核心功能板块有机融合组成的青岛国际院士港加紧布局,继续坚持以核心技术为突破,关键问题解决为引领,着重打通基础研究和技术创新的"绿色通道",通过基础研究带动应用技术群体的突破。将着重在成果转化和产业推动上发力,积极促成各方合作。继续加强制度创新,优化营商环境,形成思想碰撞交流的磁场,让各类创新要素在这里汇聚成洪流,探索创造"后硅谷"模式,全力争取承接国际大科学计划和大科学工程。

2.加快推进实施《关于实施新旧动能转换技能人才支撑计划的意见》

实施"金种子""金蓝领"等培育资助项目,着力支持新旧动能转换企业加快技术技能类领军、骨干人才培养。构建多元化的技能人才引进集聚平台体系,对全职引进的技能领军人才给予奖励和补贴,对引进的高技能人才,在住房、子女入学等方面,按规定与高层次人才享受同等待遇。优化技能人才落户政策,畅通就业落户、毕业落户、积分落户渠道,重点支持行业企业引进紧缺急需技能人才。到2022年,全市技能人才突破110万人,其中高技能人才突破35万人,重点支持培养引进技能大师100人、首席技师500人、产业技能领军人才1000人、"金蓝领"骨干技能人才1万人。

破解技能人才发展"瓶颈"。在企业率先探索设立特级技师、首席技师、技能专家,拓展技能人才发展空间。创新职业资格与学历、职称比照认定政策,使技工院校毕业生在公务员招考等8个方面与高校毕业生享受同等政策待遇。企业聘任的高技能人才,在出国进修等6个方面与本单位相应专业技术人才享受同等待遇。

实施技能人才培养奖补试点。根据全市新旧动能转换、海洋经济发展、重点产业发展需求,建立职业教育专业、类型、层次和区域布局动态调整机制,加快形成产业与职业教育协调发展新格局。强化技工院校对接新旧动能转换办学导向,深入推进集团化办学和校企合作,开展技工院校新旧动能转换技能人才培养奖补试点工作(试点期限为2019～2020年)。

优化职业培训机构发展环境,保障民办职业培训学校办学自主权。政府依法在土地划拨或出让、规划建设、金融、设置审批、项目申报和奖励评定等方面,给予民办职业培训学校与公办学校同等待遇,按规定落实民办职业培训学校税收优惠政策。

(作者单位:青岛市社会科学院)

2018～2019 年青岛市实施乡村振兴战略形势分析与预测

沙剑林

2018 年 3 月,习近平总书记在参加全国"两会"山东代表团审议时,作出了推动乡村产业振兴、人才振兴、文化振兴、生态振兴、组织振兴和"打造乡村振兴齐鲁样板"的重要指示。青岛市委、市政府认真贯彻落实总书记的指示精神,坚持以习近平新时代中国特色社会主义思想为指导,坚定不移践行新发展理念,围绕突出创新引领、实现"三个更加"目标要求,坚持农业农村优先发展,按照"产业兴旺、生态宜居、乡风文明、治理有效、生活富裕"的总要求,全面实施乡村振兴战略,大力推进乡村产业、人才、文化、生态、组织振兴,坚定不移走城乡融合发展、共同富裕、质量兴农、绿色发展、文化兴盛、乡村善治、精准脱贫的中国特色社会主义乡村振兴道路,努力为打造乡村振兴齐鲁样板贡献青岛力量,全市乡村振兴取得良好开局。

一、2018 年青岛市实施乡村振兴战略形势分析

(一)取得的成绩

1. 乡村振兴整体推进新格局全面构建

青岛市委坚持把解决好"三农"问题作为全党工作重中之重,按照"五级书记抓乡村振兴"要求,充分发挥党总揽全局、协调各方的领导核心作用,引领带动全市深入实施乡村振兴战略。一是强化组织领导。对标省委由主要领导担任农村工作领导小组组长做法,调整市委农村工作领导小组,由市委主要领导担任组长,定期召开领导小组会议,研究重大问题、决策重大事项、推进整体工作。市委、市政府主要领导先后主持召开全市农村工作会议、市委农村工作领导小组会议、全市乡村振兴暨脱贫攻坚现场会等,主持召开市委常委会会议专项研究乡村振

兴重点工作 10 余项。强化督导落实,实行"月调度、月通报、月观摩",市委、市政府组织开展美丽乡村建设、农村改革等乡村振兴重点工作观摩推进会 14 次,定期调度、督导重点工作推进情况,确保中央和省各项决策部署有效落实。二是强化工作责任。建立健全市乡村振兴推进工作机制,出台了《实施乡村振兴战略领导责任制实施办法(试行)》《涉农区市党委政府向市委市政府报告实施乡村振兴战略推进情况工作制度(试行)》《乡村振兴信息动态报送制度》等制度,明确市、区(市)、镇村乡村振兴工作责任,确定五大振兴分别由市级领导牵头、相关部门统筹推进,明确任务,压实责任。10 月份,青岛西海岸新区出台一揽子乡村振兴扶持政策,通过发动能人回村任职、开展"千名干部进乡村"活动等多种举措,着力帮助村班子"强起来""能干事""干成事",组织了千名村支书和党员干部参加的观摩推进大会,掀起了新区乡村振兴热潮。涉农四区三市全都召开相关会议,进行再动员、再部署、再发动,汇聚起实施乡村振兴战略的强大力量。三是强化政策落实。围绕"七条之路""五个振兴",先后出台实施乡村振兴战略政策意见 10 余项,十八大以来累计出台"三农"工作重要政策文件 60 多个,实施现代农业十大重点工程、美丽乡村标准化建设工程、青岛农业科技展翅行动、实施乡村振兴战略加快农业农村现代化行动计划等一系列重大行动、重大工程、重大项目,确保中央和省各项决策部署全面落实落地。

2. 城乡深度融合发展成效显著

立足青岛大城市带大农村的基本市情,着眼创建国家中心城市和建设现代化国际大都市,总体规划、一体布局城乡发展空间,在以城带乡、抓镇带村上率先突破,塑造城中有乡、乡间有城、城乡相间、动静相宜的城市新形态。一是推进城乡规划融合。优化城市空间布局,坚持"三带一轴、三湾三城、组团式"城市空间布局,构建"中心城区—次中心城市—特色镇(街道)—城乡社区"城镇体系,在全市规划建设 510 个城镇型社区、578 个农村新型社区和 290 个历史文化特色村,有序推进农村人口向城镇和社区集中、产业向园区集中、土地向规模经营集中,加快乡村振兴步伐。二是推动城乡基础设施互联互通。以同城化为目标,大力发展轨道交通和高速公路,实施新机场高速、潍莱高铁、济青高铁、青连铁路等重点工程,基本构建起市域"1 小时经济圈",城区和涉农区(市)联结能力不断增强。巩固"四好农村路"建设成果,加快提升农村公路网络化水平,95% 行政村开通公交。三是推动公共服务均等化。坚持教育投入优先向农村倾斜,全面消除超大班额,四区三市成为"全国义务教育发展基本均衡县"。城乡居民养老保险、医疗保险实现制度并轨,最低生活保障制度、就业制度实现一体化,农村低保达到每人每月 490 元,集中供养标准达到每人每年 12120 元。农村社区化服务和医疗服务网络实现全覆盖,市级财政补助 12 亿元,在全市建设农村新型社区服务中心 1057 个,农村社区服务中心覆盖率达到 100%,村庄标准化卫生室实现全覆盖。

3. 农业高质量发展迈上新水平

青岛市坚持深化农业供给侧结构性改革,以规模经营、产业融合、品牌增效、科技提质"四轮驱动"为动力,加快农业新旧动能转换,推动农业提质增效、高质量发展。一是大力推进规模化经营,做优特色农业。规划建设粮食功能区 300 万亩、高效设施农业功能区 100 万亩,推动优势产业向优势区域集聚。2018 年全市夏粮总产达到 143 万吨、同比增产 11.4%。全市口粮自给率常年稳定在 200% 左右,蔬菜、油料、肉蛋奶和水产品人均占有量超过全国平均水平。二是大力推进产业融合发展,做强农业全产业链。全域创建农业"新六产"示范区,推动三次产业深度融合发展,实施农产品加工业转型升级行动,农产品加工出口企业达到 1200 多家,年销售收入过 1 亿元农业企业 106 家,前三季度农产品出口额达到 277.2 亿元。大力发展"旅游+""科技+""生态+"产业,建成现代农业园区 935 个,培育国家休闲旅游农业示范镇村 28 个,乡村旅游年收入 140 亿元。实施"互联网+现代农业"行动计划,培育年交易额 1000 万元以上农业电商企业 52 家,年交易额达到 58 亿元。三是大力推进品牌增效,做精品牌农业。实行农业品牌"量质并进",打造"青岛农品"品牌集群,"三品一标"农产品达到 1042 个,国家地理标志农产品居全国同类城市首位。整建制创建国家农产品质量安全市,地产农产品检测合格率达 99.1%,居全国同类城市前列。四是大力推进科技提质,做实高效农业。围绕为农业插上科技的翅膀,推动农业科技化、机械化、信息化、标准化发展,组建现代农业科技创新联盟和产业技术体系创新推广团队,整合打造了"国际种都""绿色硅谷"等科技展示推广平台,落地省级以上农业重点实验室 39 个,农业科技进步贡献率达到 67%,农业机械化综合水平达到 87%,全面推进粮食作物、经济作物、养殖业、加工业机械化。

4. 农民收入实现持续较快增长

坚持以产权制度改革为突破口,全力保障农民财产权益,赋予农民更多改革红利,释放农村发展活力,推动农民和集体"双增收"。前三季度,农村居民人均可支配收入 17954 元,增长 7.7%,绝对值居全省第一。一是推进农村土地"三权分置"改革,让土地变资产。全市 4679 个村庄、486.9 万亩耕地完成确权登记颁证,占应确权村庄 96.3%,近 100 万户农民吃上发展生产的"定心丸"。建立起市、区(市)、镇(街道)三级农村产权交易系统,开展农村土地承包经营权、集体建设用地使用权、房屋所有权和林权"四权"抵押贷款,农地抵押贷款余额达到 9.93 亿元。二是深化农村集体产权制度改革,让农民变股民。把全域村庄和全部资产纳入改制范围,落实集体经济组织成员收益分配权。全市96%的村庄完成清产核资任务,5645个村(社区)启动农村集体产权制度改革,占总数的94%,成立经济合作社、股份经济合作社等集体经济组织5239个,占总数的87%,累计量化资产389亿元,分红10.8亿元,434万农民落实了集体资产股份占有权和收益权,成为有股金、薪金、租金、医保金、养老金的"五金农民"。三是积极培育新型经营主体,让身份变职业。围绕解决好谁来种地问题,突出抓好农民合作社和家庭农场两类农业经营主体发展,让农民成为令人向往的职业。全市农民专业合作社达到1.3万多家,家庭农场和种植大户1.2万多家,已成为现代农业发展的主力军。以政府规章的形式出台《新型职业农民培育管理办法》,培育爱农业、懂技术、善经营新型职业农民9万人,被评为国家新型职业农民培育示范市。

5. 农村人居环境全面改善提升

牢固树立绿水青山就是金山银山发展理念,一手抓美丽乡村建设,一手抓绿色发展,实现保生态、保发展有机统一。一是大力实施美丽乡村"十百千"示范创建工程。坚持生态美、生产美、生活美、服务美、人文美"五美"融合标准,每年创建10个集聚类农村新型示范社区、100个美丽乡村示范村和1000个美丽乡村达标村,全市省级美丽乡村达标村覆盖率达到59.2%。注重文化传承,留住记忆乡愁,创建全国美丽乡村5个、中国最美休闲乡村5个,崂山青山渔村、即墨雄崖所村和凤凰村列入国家传统村落保护名录。二是深入开展农村人居环境整治。全市所有镇(街道)、村(社区)建成配齐生活垃圾收集转运设施设备,垃圾无害化处理率达95%,农村环卫一体化和"厕所革命"基本实现。农村公路通车里程达13036千米,占全市公路的81.1%。行政村客车(公交)覆盖率达到98%。"农村供水城市化、城乡供水一体化"格局基本形成。县域电力设施联络率达到71.32%、配电自动化覆盖率达到93%,供电可靠性得到大幅提升。三是积极推进农业绿色发展。大力实施化肥、农药减量增效行动,推广测土配方施肥600万亩、水肥一体化63万亩、绿色防控146万亩,化肥、农药施用总量实现零增长。完成畜禽养殖"三区"划定任务,规模化养殖场畜禽粪污处理设施配建率达到94%,农作物秸秆综合利用率达到92%,全市林木绿化率达到40%以上。四是持续推进家风村风行风建设。深化文明村镇和文明家庭创建,8个村镇获评"全国文明村镇"称号,2个家庭入选"首届全国文明家庭"称号,每年组织"新农村新生活"教育培训1000多场,全市建立新时代文明实践中心8个、镇(街道)新时代文明实践分中心35个、村(社区)新时代文明实践站(所)300个,推动形成家风正、村风淳、行风清、乡风美的良好社会风尚。

6. 乡村治理体系更加完善

把组织振兴放在突出位置,强化基层党组织政治功能,使每个基层党组织成为坚强战斗堡垒。一是构建新时代农村基层组织体系。建强"市委—区(市)党委—镇(街道)党(工)委—农村社区党委—村党组织"五级联动的农村基层党建工作机制,全面建立 1088 个农村社区党委,确保党的组织全面覆盖农村基层,党的工作全面覆盖农村各类组织和群体。二是大力推进抓党建促乡村振兴。从 2012 年开始,分三轮从市直机关部门选派 253 名、从区(市)选派 2731 名第一书记驻村帮扶,助推 200 个省定贫困村和 310 个市定经济薄弱村全部摘帽。从市级机关抽调 120 名处级以上领导干部,组成 20 个乡村振兴工作队开展联镇帮村工作,实现集体经济空壳村和薄弱村全覆盖。整顿软弱涣散党组织,按照不低于 5％比例,4 年来倒排 1540 个村(社区)党组织,全部如期完成整顿任务。三是实施"三乡"人才建设工程。推动农村能人回乡、城市优秀青年下乡、科技人员兴乡,累计招募 1812 名"三支一扶"高校毕业生,袁隆平、束怀瑞、赵振东等 7 名院士在青设立涉农研究中心。

(二)存在的问题

尽管青岛市乡村振兴实现良好开局,但对照打造乡村振兴齐鲁样板的要求,对照走在前列目标定位,对照人民群众日益增长的美好生活需求,仍存在一些问题和不足。

1. 农业农村基础设施薄弱

青岛市农村面广量大,虽然近年来在农村道路、环卫一体化、集中供水、村容村貌等方面得到极大改善,但与城市相比基础设施总体落后,有近 80％的村没有现代化生活污水处理设施,近 90％的村没有实现统一供暖供气。农村基础设施建设投入长期不足、历史欠账太多。

2. 农村集体经济增收困难

全市仍有一半以上的村庄经营性收入不足 3 万元,集体增收缺乏有效途径,而且仅靠村集体自身无法维持正常运转。从 2017 年开始,省委要求村级组织保障资金县域范围内平均每村每年不低于 9 万元,青岛市村庄年均运转经费达到 14.8 万元,也仅能满足村级班子基本运转。

3. 农村"空心化"现象普遍

初步统计,全市农村房屋空置率高于 15％的村庄占 35.2％,外流人口占农村户籍人口 21.4％,且多以青壮年为主,"空心化"成为乡村振兴面临的突出问题。

二、2019年青岛市实施乡村振兴战略趋势预测

2019年,青岛市将坚持以习近平新时代中国特色社会主义思想为指导,全面实施乡村振兴战略,加快推动乡村产业振兴、人才振兴、文化振兴、生态振兴、组织振兴,向农业强、农村美、农民富的目标扎实迈进。

(一)乡村产业振兴将迈上新台阶

坚持质量兴农、绿色兴农、科技兴农、品牌强农,以农业供给侧结构性改革为主线,推进农业由增产导向转向提质导向。规划建设"新六产"综合示范区,打造青岛国际种都,完善现代农业生产体系、产业体系、经营体系。以规划建设300万亩粮食功能区、100万亩高效设施农业功能区为牵引,推动优势产业向优势区域集聚。大力推进产业深度融合,实施农产品加工业转型升级行动,大力发展"旅游＋""科技＋""生态＋"新业态,推动三次产业深度融合发展。大力推进品牌增效,实行农业品牌"量质并进",打造"青岛农品"品牌集群。大力推进科技提质,围绕为农业插上科技的翅膀,推动农业科技化、机械化、信息化、标准化发展,整体提升农业科技和装备水平。

(二)乡村人才振兴将实现新突破

坚持把人力资本开发放在首要位置,创新完善引才、用才、育才体制机制,畅通智力、技术、管理下乡通道,推进农村能人回乡、优秀青年下乡、科技人员兴乡。加快培育新型农业经营主体,大力发展农民合作社和家庭农场,打造一支懂农业、爱农村、爱农民的人才队伍。持续推进农业领域"放管服"改革,落实"一次办好"要求,以权力的"减法"、服务的"加法"激发市场的"乘法",为农村人才集聚和企业发展营造良好环境。

(三)乡村生态振兴将取得新进展

继续抓好美丽乡村"十百千"示范创建,高标准创建10个集聚类农村新型示范社区、100个美丽乡村示范村和1000个美丽乡村达标村。深入开展农村人居环境整治,集中力量改善提升农村垃圾处理、供暖供气、村道改造等民生基础设施水平,增强农村群众获得感。积极推进农业绿色发展,大力实施化肥、农药减量增效行动,加快规模化养殖场畜禽粪污处理设施配建,提升农作物秸秆综合利用水平。

（四）乡村文化振兴将开创新局面

坚持以社会主义核心价值观为引领,加强农村思想道德建设和公共文化建设,深入挖掘优秀传统农耕文化蕴含的思想观念、人文精神、道德规范,培育挖掘乡土文化人才,弘扬主旋律和社会正气,培育文明乡风、良好家风、淳朴民风,改善农民精神风貌,焕发乡村文明新气象。"乡风文明、家风良好、民风淳朴"的新时代社会主义文明乡村建设取得新成效。

（五）乡村组织振兴将取得新成效

坚持自治、法治、德治相结合,深化拓展"莱西会议"精神,强化农村基层党组织领导核心地位,建立健全党委领导、政府负责、社会协同、公众参与、法治保障的现代乡村社会治理体制,确保乡村社会充满活力、安定有序。深化农村集体产权制度改革、农村"四权"担保融资、承包地和宅地基"三权"分置改革,实施好农村集体经济发展三年行动计划,加快消除集体经济薄弱村。积极培育新型经营主体,使身份变职业,抓好农民合作社和家庭农场两类农业经营主体发展,让农民成为令人向往的职业。

（六）乡村振兴推进机制将更加健全

健全完善领导责任制,组织专门班子统筹推进乡村振兴工作,制定乡村振兴督查考核办法和监测方案,实行定期评估、每季调度、半年督导、年度考核。出台乡村振兴规划,推进全域统筹融合发展,建立健全城乡融合发展政策体系,遵循乡村建设规律,健全"五个振兴"工作方案,制定城乡产业、要素、公共服务、基础设施等融合发展体制机制,发挥农民的主体作用和首创精神,凝聚起全市上下共同推进乡村振兴的强大合力。发挥青岛大城市、大工业、大开放优势,在现代化国际大都市建设大框架下,全域规划、一体布局乡村振兴工作,构建"三带展开、三区保护、百村示范、千村提升"的乡村振兴总体布局,即大沽河绿色发展带、滨海城镇化辐射带、平莱交通经济带、崂山、珠山铁镢山、大泽山大青山三大生态涵养区,每年打造 100 个左右省级乡村振兴示范村,提升 1000 多个农村新型社区服务中心所在村发展水平,实现城乡互促互动、深度融合。

（作者单位:青岛市农业委员会）

2018～2019年青岛市交通运输形势分析与预测

柳 宾

2018年，青岛市按照高质量发展要求，以大交通体系建设为引领，推进项目建设攻坚、物流产业升级、公交都市创建"三大行动"，实施做强枢纽、优化交通组织等工程，推动了交通运输各项事业的持续发展。

一、2018年前三季度青岛市交通运输发展状况分析

（一）做强枢纽，交通组织进一步优化

1. 港口重点项目建设加快推进

一是青岛港前湾港区迪拜环球集装箱码头工程西侧2个泊位竣工。2018年3月，青岛港前湾港区迪拜环球码头工程（一期）通过竣工验收，标志着世界上最先进、亚洲首个全自动化集装箱码头达到正式投产条件，实现了全自动化码头从概念设计到商业运营，开创了全自动化集装箱作业的新纪元。该项目共建成10万吨级集装箱泊位1个和3万吨级泊位1个，年设计通过能力130万标准箱；自动化码头高度融合了物联网、智能控制、信息管理、通信导航、大数据、云计算等技术，计算机系统自动生成作业指令，现场机器人自动完成相关作业任务，实现了码头业务流程全自动化。

二是青岛港原油管道二期投产。董家口港—潍坊—鲁中、鲁北输油管道工程是山东省2017年重点建设项目，也是山东省新旧动能转换重大工程，其中一期工程（始于青岛港董家口港区、终于潍坊市滨海新区）已于2017年8月22日投产；二期工程继续承接、延伸一期工程建设，包括潍广管道、京博支线和齐润支线，途经潍坊、东营、滨州3个地级市，2018年7月28日投产试运行，实现了原油从码头经管道进炼厂的"门到门"全程物流，直接服务于潍坊、东营、滨州地区的地炼企业，为推动山东省新旧动能转换和加快建设世界一流海洋港口注入了新动

力。至此,青岛港在原油贸易方面集码头接卸、转运、储存、卡车及管道运输于一身,已经成为综合性原油集散中心,原油进口能力占整个中国的 1/6 还多。

三是青岛港全自动化码头荣获"自动化码头最佳效率奖"。2018年 5 月,在英国伦敦召开的全球自动化码头峰会上,青岛港全自动化码头荣获"自动化码头最佳效率奖"。

四是青岛港董家口港区首条外贸集装箱航线开通。2018 年 5 月 29 日,"东方海泛宁波"轮满载外贸出口重箱,从青岛港董家口港区驶往菲律宾马尼拉,标志着青岛港董家口港区首条外贸集装箱航线开通运营。

五是青岛港成为首个试点"智慧港口"。2018 年 6 月在重庆召开的中国联通合作伙伴大会暨通信信息终端交易会上,中国联通宣布将在青岛等 16 座城市开展 5G 规模试点,其中在青岛的运营内容是智慧港口。同时,中国联通还携手华为联合发布了业界首个"5G Edge-Cloud 智慧港口解决方案",为智慧港口建设提供全连接的无线网络支撑。这标志着在最新一代 5G 网络的支持下,青岛"智慧港口"建设将驶入快车道。

2. 新机场有序建设

一是新机场航站楼主体结构完成施工。截止到 5 月底,青岛新机场航站楼主体结构(含砌体工程)、屋面钢网架结构已经完成施工;站前高架桥完成西半幅通车,共计 11 联、完成 9 联,已完成的工程量为 80%。8 月底,航站楼监控中心主体完工并开始安装调试,工作区监控中心正在施工建设。至 9 月底,新机场已进入全面设备安装和系统调试阶段。

二是综合管廊项目进展顺利。新机场综合管廊项目主要包括南三路项目、航站楼综合管廊项目等 11 个地下综合管廊项目,计划建成综合管廊工程 18.23 千米。截至 8 月底,累计建成廊体 18.89 千米,为总量的 103.6%;累计完成各类管线入廊 109.27 千米。

三是新机场核心区天然气配套工程竣工。8 月 22 日,青岛能源集团胶东国际机场核心区天然气配套工程竣工通气。工程总投资近 9000 万元,主要包括新建天然气中压管网 20 余千米、迁建天然气高压管线约 8 千米,建设天然气高中压调压计量站两座,并采用三路气源保障,全面打造清洁能源示范基地。

四是首条进场主干路贯通。9 月 26 日,机场南六路转体桥成功实现转体,"飞架"胶济铁路实现桥梁合龙,标志着青岛新机场首条进场主干路实现贯通。机场南、北区就此得以连接,为后续超大型设备进场提供了有利的道路基础。

3. 铁路枢纽建设进展有序

一是铁路红岛站基本竣工。红岛火车站位于青岛市红岛经济区河套街道,是青岛市三个铁路枢纽主客站之一,是一个融合高铁、城际铁路、地铁、城市公交和出租车等诸多功能的大型综合性交通枢纽,建成后将是青岛市第一大火车站、山东省第二大火车站。截止到9月底,红岛站高架候车层基础屋面、采光顶以及弧形的铝板吊顶已基本完成,正在进行石材铺贴;站房的施工进度基本上完成90%。

二是青岛西站主体完工。青岛西站即原规划建设的青盐铁路(青连铁路)胶南火车站,位于青岛市黄岛区(青岛西海岸新区)铁山街道大平岭村、小平岭村,是青岛市第四大综合交通枢纽站,规模为6台14线(包括4条货运线),综合站房面积为6万平方米,具有始发终到功能。根据设计,车站自下而上结构层依次为地铁区间、地下通廊及高架站房;其中,站房由东站房、高架候车室及西站房三部分组成,自东向西呈"T"字形,采用上进下出的流线模式。5月底,完成东站房、高架站房高架层混凝土浇筑;8月初,车站大跨度钢结构屋面整体提升圆满成功,东站房和高架站房主体成功封顶;8月底,基本完成高架候车室的幕墙工程、有柱雨棚和无柱雨棚。

4. 物流重点项目进展迅速

一是山东济铁胶州物流园开园。7月26日,位于胶州胶北街道的山东济铁物流园正式开业运营。该物流园是国家示范物流园区——青岛胶州湾国际物流园引进的重点项目,主要业务包括铁路笨大货物运输、铁路整车运输、海铁联运、铁公联运、公路运输,以及仓储配送,海关、商检、保税服务等。

二是宝湾国际物流中心、京东"亚洲一号库"、西海岸智慧物流园一期公路港建成并投入使用。

三是胶州湾保税物流中心获山东省政府批复。8月3日,山东省人民政府批复同意青岛市《关于设立胶州湾保税物流中心(B型)的请示》。该物流中心以青岛天正世隆物流发展有限公司为投资主体设立,规划面积为1.0005平方千米,正式封关运行后将开展保税仓储、国际物流配送、进出口贸易和转口贸易、出口货物入中心退税等业务,对青岛开放型经济辐射带动作用及促进山东加快向自由贸易港区转型升级具有重要意义。

(二)做强通道,设施网络进一步优化

1. 铁路

一是济青高铁进入试车阶段。济青高铁是国家"四纵四横"太青客运通道的重要组成部分,也是我国第一条以地方为主投资建设的高速铁路,西起济南东客站,途经章丘北站、邹平站、淄博北站、临淄北站、青州北站、潍坊北站、高密北站、胶州北站、青岛胶东机场站,东到红岛站,全长307.9千米,总投资599.83亿元;开通后,将与京沪高铁和石济、石太等客运专线相连,形成山东半岛到京津冀、东北、中原、长三角的快速客运通道,同时,将与青荣城际铁路、青连铁路等线路连接。8月2日,济青高铁正式开始联调联试。

二是青连铁路线下工程(钢轨以下的工程)全部完工。青连铁路正线长度194千米,国铁Ⅰ级,双线,客货兼顾,设计时速200千米,工程投资估算总额238亿元。9月4日,青连铁路线下工程全部完工,随之开始铺轨、四电施工和联调联试。青连铁路通车后,将串联起青岛到连云港的五大港口,青岛到上海的时间将压缩至4个多小时。

三是董家口港区疏港铁路全线贯通。7月20日,连接青岛港董家口港区与外界的大动脉——青岛港董家口港区疏港铁路全线贯通。该铁路总长19.863千米,其中:线路正线长度14.623千米,起于青连线董家口站,终点至港区内装卸作业区站;联络线长度为5.24千米。采用国铁Ⅰ级、双线标准,工程总投资估算20.7亿元。作为港区集疏运体系的重要组成部分,董家口疏港铁路对保障港口发展运营具有关键作用;同时,该铁路将与新建青连铁路和中国第一条重载铁路——山西中南部铁路相接,有力延伸了港口腹地,补齐集疏运"短板",助推青岛港集团发展战略全面升级。

四是潍莱高铁平度段开工建设。潍莱高铁项目起自济青高铁潍坊北站,终至青荣城际莱西北站,全长约126千米,其中平度段约66.1千米,占全长的52%。4月13日,潍莱高铁平度段正式开工;当天,平度的49个项目也集中开(复)工,总投资额达350亿元。潍莱高铁作为山东省新旧动能转换的支点项目,将济南、青岛、烟台三地紧密连接起来,对实现"三核引领、多点突破"有着极为重要的意义;而平度段的修建将显著提升胶东半岛北部地区客运通道的能力,完善山东省快速铁路网建设,加快青岛全域统筹实施。

2. 公路

一是高速公路建设加快推进。龙青高速龙口至莱西(沈海高速)段于9月底正式通车,龙口至青岛的行车时间由3小时缩短为1.5小时;新机场高速(一期工程先期实施段)、济青高速改扩建工程(青岛段)进展顺利;青兰高速双埠至河套段拓宽改建工程、董家口至梁山高速(董家口至新泰段)工程前期工作有序展开。

二是积极推进国道、省道养护大中修和桥梁维修改造工程,加快公路安全生命防护工程建设,开展交通运输治超工作。扎实推进"四好农村路"建设,服务乡村振兴战略实施。完成重点区域普通国、省道公路安全隐患整治,以及机场高速、青银高速青岛段、流亭立交桥及周边道路等环境整治提升。

三是普通国、省道路网监测与应急处置平台正式运行。青岛市普通国道、省干线路网平台于 2018 年 5 月份开始正式运行,青岛境内的国、省干线公路由此与高速公路一样实现全方位全天候监控,统一纳入全市交通运输公共服务中心,标志着青岛交通进入"智慧公路"新时代。

(三)做强港航,产业链条进一步优化

1. 港航运输快速发展

一是深化青岛国际航运服务中心功能,发布国内首只邮轮经济发展指数,加快建设港航贸易、交易、金融等功能性平台,努力打造区域性国际航运中心。

二是加强与国外港口合作步伐。与全球 22 个港口建立友好港关系,横跨亚、欧、非、美等大洲;持续深化与缅甸皎漂港等重要港口项目的合资合作;与"一带一路"沿线国家联通,加快发展青岛港中转业务;青岛通道货值占山东省九成以上。上半年,新增外贸集装箱航线 12条、总数达到 175 条,新增海上航线 10 条,海港货物、集装箱吞吐量分别达到 2.6 亿吨、938 万标准箱。

三是青岛前湾保税港区全域正式封关运营。7 月 3 日,青岛前湾保税港区三期封关运营。此次封关面积为 3.68 平方千米,包括青岛港全自动化集装箱码头、北港区冷链物流及仓储区域、衡山路以西片区共三个区域,标志着青岛前湾保税港区经过一系列空间整合优化,实现全域 9.12 平方千米封关运营,为国际一流海洋港口建设增添了新优势。

四是青岛港营收、净利快速"双增长"。2018 年,青岛港始终坚持以经济效益为中心,以创新驱动为主线,保持战略定力,深化服务供给侧改革,加快新旧动能转换,做大做强码头装卸业务,持续深耕现代物流,深入实施"金融、国际化、互联网"三大战略,提质增效、创新发展,推动公司持续健康发展。1~6 月,青港国际实现营业收入 57.39 亿元人民币,较上年同期增长 19.9%;归属于母公司股东的净利润为 19.08 亿元人民币,较上年同期增长 23.1%。

2018 年 1~8 月青岛港吞吐量统计表

项目	1 月	2 月	3 月	4 月	5 月	6 月	7 月	8 月
港口吞吐量(万吨)	4535.12	3930.63	4320.71	4330.86	4551.76	4372.75	4531.04	4581.14
集装箱吞吐量(万标箱)	162.33	135.11	157.12	159.35	164.16	160.05	164.93	165.22

2. 航空运输持续增长

一是优化空中航线中转网络,加快空中直航航线开辟。上半年新增航线 18 条、加密 8 条,总数达 163 条;航班起降 8.8 万架次,同比增长 2.5%;航班放行正常率 84.01%,同比增长 14.7%,正常性排名稳居华东大型繁忙机场前列。

二是谋划推进航空产业布局发展。1~6 月,空港旅客、货邮吞吐量分别达到 1167.9 万人次、10.89 万吨;其中,进出国际旅客 176.5 万人次,占旅客总量的 15.1%,同比增长 18.5%,曼谷、釜山、新加坡、吉隆坡等国际热门城市航线的客座率保持在 80% 以上。

2018 年 1~8 月青岛航空客货吞吐量统计表

项目	1 月	2 月	3 月	4 月	5 月	6 月	7 月	8 月
航空旅客吞吐量(万人)	184.26	183.46	205.90	207.24	205.29	181.79	230.99	239.85
航空货邮吞吐量(万吨)	2.11	1.50	1.99	1.99	2.00	1.30	1.76	1.84

三是青岛机场服务质量进入全球前列。根据国际机场协会(ACI)发布的 2018 年第三季度 ASQ(国际机场协会机场服务质量调查)测评结果,青岛流亭国际机场 2018 年第三季度服务测评总体满意度达 98%,在全球参与测评的 332 家机场中列第 10 位,环比提升 3 位。ASQ 测评的 33 项指标当中,青岛机场"转机方便容易""餐饮设施""手推行李车方便充足"等 9 项指标进入全球前列。

(四)做强物流,产业结构进一步优化

1. 突出多式联运等国家示范项目建设,充分发挥多式联运联盟作用,努力做强做优中亚班列,即黄班列实现常态化运行

至 6 月份,青岛港共开通多式联运集装箱班列线 37 条,其中省内班列 25 条、省外班列 7 条、过境班列 5 条,覆盖山东,辐射沿黄流域,直达中亚,基本形成横贯东西的"海铁联运物流大通道"。上半年,青岛港海铁联运箱量完成 51.6 万箱,继续保持全国沿海港口首位。同时,继续推进"内陆港"建设,至 6 月份已建成郑州、西安、新疆等 10 个内陆港,增强了青岛港作为"丝绸之路经济带"沿线地区"出海口"和"桥头堡"的竞争力,也极大地巩固扩大了内陆腹地市场。

2. 完善智慧物流体系,顺丰与青岛港实现全面合作,共同搭建"互联网+"港口供应链服务体系

青岛市无车承运系统平台在线车辆超过 5000 辆,在全部危货企业

试点运行电子运单,建成"两客一危"营运车辆4G视频实时监控平台。发布月度"青岛物流景气指数"。

3. 物流业运行总体平稳向好

2018年上半年,全市新增国家A级物流企业5家,总数达76家;全市实现物流业增加值469.8亿元,占全市GDP的比重为7.8%,占服务业增加值的比重为14.5%。1～6月,全市社会物流总额14002.4亿元,同比增长8.2%,较GDP增速高0.6个百分点;全市社会物流总费用为811.1亿元,占GDP比重为13.6%,较上年同期下降0.6个百分点,表明青岛物流业降本增效取得积极成效。

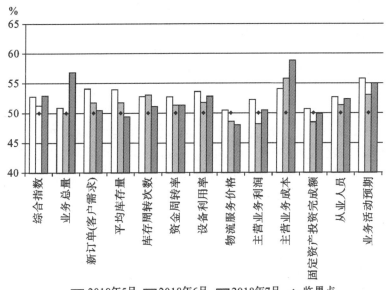

2018年5～7月青岛市物流业景气指数变化示意图

(五)做强公交,出行环境进一步优化

1. 地铁

一是加快轨道交通运营安全管理制度建设。青岛地铁获全国轨道交通公共服务标准化试点。青岛地铁3号线荣获詹天佑大奖。

二是青岛地铁11号线于4月23日开通运营。地铁11号线是山东省首条地铁高架线路,全长58.35千米,以高架敷设为主,起自苗岭路站,向北沿松岭路、滨海公路敷设,经3处山岭隧道穿越崂山,沿规划硅谷大道向北至大田路,沿大田路向东终至鳌山湾站;全线设车站22座,在苗岭路站与运营地铁2号线换乘;平均站间距2.8千米,设计时速120千米,采用大小交路行车,最长跑完全程不超过1小时。开通首月,客运总量 168.1 万人次,日均客运量约为 5.6 万人次。

三是各地铁线路加快建设。截止到 9 月底,地铁 4 号线开工率超九成,机械法区间占 69.8%。地铁 8 号线全线 79 个工点已开工 71 个,累计开工率达 90%,其中机场结建工程中盾构区间左、右线已实现贯通;除闫家山站、沧口站外,全线 18 座车站已开工建设 16 座,其中 3 座车站完成主体结构施工;17 个区间已开工建设 16 个。地铁 13 号线已实现洞通、桥通、轨通、电通,基本完成单体调试工作,9 月 1 日开始为期 3 个月的空载试运行。

2. 公交

一是深入推进公交路权、信号、场站"三个优先",线网布局"一个优化"和政策规划"一个落实"等"311"工程,开展公交都市创建评估验收准备工作。开展公共交通乘客满意度调查和运营服务质量考核。进一步加强驾驶员培训行业管理,促进驾培行业转型发展。

二是结合地铁线路开通运营、交通拥堵情况和市民出行需求,优化调整公交线路。1～9 月累计开辟调整 471 路、943 路、9 路、15 路、104 路、205 路、220 路、375 路、675 路、676 路、773 路、774 路、902 路、925 路等 73 条公交线路,为年计划的 146%。市区公共交通日均客运量达 274 万人次,万人公共交通车辆保有量 28.5 标台,公共交通站点 500 米覆盖率达到 97%,公共交通机动化出行分担率为 53%,乘客满意率为 92% 以上。

三是推进公交场站、专用道、充电桩建设。截至 2018 年 6 月,全市新能源公交车 4169 辆(其中,纯电动 3471 辆、插电式混合动力 698 辆)。建成充换电站 7 座,换电工位 25 个,可满足 750 辆纯电动公交车的充换电需求;建成充电站 70 余座、充电桩 900 余个,可满足 3000 余辆电动公交车充电需求。

二、青岛市交通运输发展趋势

根据规划,今后几年青岛将进一步推进一体化综合交通网络建设,到 2020 年,建设成东北亚国际航运综合枢纽、东北亚国际物流中心和国家综合交通枢纽。

(一)铁路网络将更加完善

1. 济青高铁、青连铁路将正式开通

根据规划,"十三五"期间,山东将建成"两横三纵双辐射"高铁网,力争到 2020 年末,基本形成以济南、青岛为中心的"1、2、3 小时"高铁交通圈。2018 年底,济青高铁、青连铁路将同步通车。届时,济青高铁

西连济南枢纽,在济南与青岛之间将形成济青高铁、胶济客运专线和原胶济铁路并存的"客货分离六线"运输格局,并与京沪高速铁路和石济、石太等客运专线相连,可形成山东半岛到京津冀、东北方向和山东半岛去往中原城市群、长三角的快速客运通道;东接青岛枢纽,与青荣城际铁路、青连铁路等衔接,构成连接济南、青岛间多个中心城市和通达山东沿海烟台、威海、日照等中心城市的快速客运主通道,形成省内的 2 小时交通圈。届时,青岛到济南将缩短为 1 小时、到北京将缩短为 2.5 小时、到上海缩短为 4 小时、到日照则只需要 40 分钟,由一座铁路末端城市蜕变为交通枢纽。

2. 平度城际铁路将开工建设

平度城际铁路(简称"青平城际快线"),位于青岛市胶州市和平度市境内,线路起点为胶州北站,穿过胶济客专、济青高铁后,沿 S217 向北行进,跨过沈海高速后,接着转入 S218 敷设,跨过青新高速公路,继续向西北方向进入平度市。线路全长约 59.4 千米,共设车站 11 座,其中地下站 3 座、高架站 8 座;全线设置 1 座车辆基地和 1 座停车场。该线路将于 2018 年底开工,2019 年建成通车。

3. 新的高铁线路将纳入规划

青岛正力争将时速 350 千米高铁青岛—日照段或青岛西至诸城段纳入上位规划,以加强与京沪二线高铁通道连通,并开始战略性预研青岛经环渤海高铁到蓬莱—大连跨海通道建设。这些项目建成后,将实现青岛高速铁路多向融入沿海高铁、鲁南高铁等国家主通道。

(二)港航运输能力将进一步增强

1. 国际海港枢纽建设将加快推进

按照计划,青岛市将进一步建设辐射全球的国际海港枢纽,加快推进港口集疏运通道建设,拓展经济腹地;打造与城市交通衔接顺畅的综合枢纽体系,加快区域物流枢纽建设,推进"多港联动、多式联运、多业融合",发挥青岛港过境货物优势,加快打造欧亚大通道多式联运中心。到 2019 年底,将逐渐形成囊括东南亚、地中海、欧美等主要集装箱航线及青岛航运市场主要货种的综合集装箱航运指数。

2. 国际航运服务中心功能将进一步提升

预计未来 5～10 年内,青岛国际航运服务中心将服务航运、港口、船代、货代等 4000 余家航运企业,推动航运总税收实现翻倍,促进航运金融、保险、法律、咨询等高端航运服务业发展,新增就业岗位 2 万个,港航业经济贡献度由目前的 5% 提高到 10%,成为集聚产业要素资源的重要平台、拉动区域经济发展的强大引擎、提升城市核心竞争力的原动力。

(三)新机场将陆续建设使用

1. 胶东国际机场将投入使用

按照计划,胶东国际机场将于 2019 年验收转场,2021 年全面运营。到 2025 年,胶东国际机场的旅客吞吐量将达 3500 万人次、货邮 50 万吨,成为国家级关键交通节点、面向日韩地区的区域门户机场、环渤海地区的国际航空货运枢纽机场。

2. 通用机场将陆续开建

根据《山东省民用机场布局规划》,到 2035 年,青岛将陆续建成 7 个通用机场,其中:2018～2022 年新增 4 个,即即墨、平度、青岛公务机(军民合用)、莱西,建设内容包括 800 米以上跑道、停机位、机库、通信导航、候机楼、加油保障等设施;2023～2025 年新增 1 个,即崂山;2026～2035 年布局 2 个,即胶州洋河和青岛西海岸。

(四)城乡交通基础设施将进一步完善

1. 农村公路建设将快速发展

2018 年 8 月青岛市政府出台的《关于进一步做好"四好农村路"工作的实施意见》中提出,组织开展农村公路"三年集中攻坚"专项行动,积极开展日常性养护和养护大、中修工程,在全省率先消除路网中现有全部危桥,提升农村公路技术状况水平,健全农村客运和物流体系,实施城乡交通运输一体化。到 2020 年,新建、改造农村公路约 160 千米,路面状况改善约 2500 千米,在全省率先实现具备条件的自然村全部通等级油(水泥)路,农村公路列养率保持 100%,具备条件的行政村全部通客车,农村客运公交化改造比例达到 90%以上,物流服务网点覆盖率达到 90%以上,对具备条件的 300 人以上岛屿码头适当进行改扩建,改善靠泊条件;到 2022 年,进一步提升"四好农村路"建设水平,全面推进城乡交通一体化建设深度,农村客运公交化改造比例达到 95%以上,全市所有行政村物流服务网点覆盖率达到 100%。乡村公路建设由此将进入快车道。

2. 城市轨道交通将更加便捷

国家已批复青岛市城市轨道交通 9 条线路,包括地铁 1、2、3、4、6、7、8、11、13 号线,总长 359 千米。同时在建的有 5 条线路,即 1 号线、2 号线西段、4 号线、8 号线和 13 号线。2018 年年底,13 号线将开通运营,届时,青岛市地铁运营线路将达到 4 条、175 千米,初步进入网络化运营时代。青岛地铁将坚持国际一流标准,以国际化视野高水平规划、高品质建设、高效能管理,打造"安全地铁、高效地铁、人文地铁、活力地铁"的行业标杆。

按照预计,2 号线西段将于 2019 年通车,1 号线将于 2020 年底通车,4 号线和 8 号线将于 2021 年开通。届时,青岛地铁的运营里程将超过 300 千米,全面进入轨道交通网络化运营时代,构筑起便捷高效、安全舒适、节能环保的城市轨道交通服务体系,跻身全国地铁先进城市行列。受益于地铁,岛城的交通状况、商圈辐射力、景区热度、产业提升等都将发生新的积极变化。

(作者单位:青岛市社会科学院)

2018～2019年青岛市乡村文化建设发展情况分析及预测

郑　国

　　近年来,青岛市以习近平新时代中国特色社会主义思想为指导,认真学习贯彻习近平总书记关于实施乡村振兴战略的系列讲话和指示精神,按照省委、省政府和市委、市政府的总体部署,以国家公共文化服务体系示范区后续建设为抓手,大力实施乡村文化振兴战略,积极推进乡村公共文化服务体系建设,完善乡村文化设施网络,广泛开展乡村公益文化活动,扶持培育乡村文化队伍,取得了显著成效。胶州市、平度市、莱西市和青岛西海岸新区、即墨区全部被命名为"山东省社会文化先进县"。

一、2018年青岛市乡村文化建设发展情况分析

(一)乡村文化建设基本情况

1.乡村基层文化设施网络实现全覆盖

　　加强基层文化设施建设,农村三级公共文化服务网络更加完善。以"千万平方米"社会事业公共设施文化项目建设和落实"文化惠民、服务群众"实事为抓手,不断完善乡村公共文化设施网络。"十三五"以来,平度、莱西、胶州、即墨区、青岛西海岸新区、城阳区等全部规划或建成开放了大型综合性市民文化中心。目前,青岛西海岸新区、即墨区、胶州市、平度市、莱西市5个县级公共图书馆和5个县级文化馆,全部为国家一级馆。组织各区(市)对镇(街道)综合文化站和村(社区)文化活动室等基层文化设施实施改造提升工程,建设功能齐全的图书室、文娱活动室,对村(社区)基层综合性文化服务中心建设和文化广场建设实施"以奖代补",配备各类文体活动器材,完善文化服务功能,村(社区)基层综合性文化服务中心实现了全覆盖。2018年,为提升基层文化中心的服务效能,用典型引路,在全市评选公布了一批乡村基层文化服

务中心示范点。

2. 大力实施文化惠民工程,公共文化产品和服务供给更加丰富

一是实施公益文化场馆免费开放工程,农村公益文化场馆全部实现免费开放。二是积极推进农村数字影院建设和农村公益电影放映工程。目前青岛各区(市)农村全部建设了数字影城,全市年均放映农村公益电影 7 万多场,实现每个行政村平均每月至少放映 1 场电影的目标。三是积极推进农家书屋建设工程,建成农家书屋 6040 家。四是实施卫星直播公共服务工程,为全市边远山区、海岛居民接入了卫星电视,实现广播电视村村通。五是着力实施送戏下乡工程,组织全市专业艺术院团和群众文艺精品队伍深入广大农村和社区为广大群众年均演出 500 多场次。六是实施农村文化扶贫工程,对全市 200 个省定贫困村和 310 个经济薄弱村的文化设施建设进行了以奖代补。

3. 广泛开展农村公益文化活动,农民文化生活更加丰富

全市各级文化部门面向农村年均组织文化活动 5 万余场,着力打造并形成了一系列农村文化活动品牌。一是着力打造公益文化服务品牌。各区(市)公共图书馆广泛开展了"文化大讲堂"等公益文化培训活动。市文化馆举办"农村文化艺术节",开展"艺术彩虹"文化走基层系列活动,春节期间组织书画家到经济困难村庄现场为村民写春联、写"福"字,面向全市农民工子弟开设公益文化培训班。各区(市)结合各自实际,面向农村打造了一系列公益文化品牌,即墨区组织了"送戏进万家"活动,胶州市组织了"文化惠民村村行"活动,青岛西海岸新区区组织了"小品进社区"等活动。二是着力打造民俗节庆文化品牌。充分利用元旦、春节、清明、"五一"等传统节日,积极开展各类深受农民喜爱的民俗文化活动,弘扬传统优秀文化,满足农村居民文化需求。即墨市"周戈庄上网节"、胶州市"中国秧歌节"、青岛西海岸新区"琅琊旅游文化节"、平度市"大泽山葡萄节"、莱西市"月湖文化艺术节"等民俗节庆活动,吸引了数以千万计的农民群众广泛参与,营造了欢乐祥和的节日氛围。三是着力建设乡村广场文化活动品牌。组织各区(市)结合实际,推出广场文化品牌活动,胶州市启动"营海之夏"广场文艺周周演活动,青岛西海岸新区举办"黄岛之夏"广场文艺演出活动,即墨区开展"和谐即墨"欢乐广场周周演活动,文化广场成为乡村居民娱乐、健身、交友的重要阵地,被誉为"没有围墙的剧场"。

4. 加强乡村文艺精品创作和精品活动策划,推动群众文化活动质量水平有效提升

以"海燕奖"群众文艺创作会演和中国艺术节"群星奖"为载体,创作了一大批农村题材的群众文艺精品,广场舞《豪情鞭鼓俏秧歌》、舞蹈《田野的嫚儿》、小品《将心比心》《新房之夜》等 4 件作品荣获十艺节"群

星奖",获奖数量居全国同类城市之首。创新策划举办了"五王"大赛精品活动,通过层层海选全市的歌王、舞王、琴王、戏王、秀王,让全市百姓特别是乡村文化人才脱颖而出,在高水平艺术舞台进行展示,与艺术家同台、与专业人士比肩,从而激发了百姓特别是乡村文化人才的激情和热情,群众参与度极高,活动举办以来有几十万人报名参与,惠及百姓百万人次。此项活动荣获山东省人民政府创新奖。

5. 传承弘扬乡村优秀传统文化,让"乡愁"润泽人心

一是积极推进"乡村记忆"工程。全面开展对全市古村落民居建筑群的保存现状调查与评估工作,主要对西海岸新区、平度市、莱西市等农村地域相对广阔,文化遗存相对丰富的地区进行进一步普查。新普查传统村落 10 余个,基本摸清其年代、类型、风格、保存现状等基本情况,系统研究、理清古村落发展脉络,深入认识其历史文化价值和特色。同时,对重点古村落进行历史建筑修缮和村容村貌整治。二是建设乡村博物馆。通过支持有条件的村落建设乡村博物馆,保护、征集、整理和展示有地方特色的自然生态,历史建筑和构筑物,传统生产生活用品、生产方式、风俗习惯、传承人口述史等文化遗产。青岛市共建成开放各类乡村记忆博物馆 15 家,主要包括传统技艺、民俗生产(生活)、红色文化和海岛记忆等门类。三是开展非物质文化遗产保护传承工作。完成公布青岛市第五批市级非遗代表性项目。每年都组织开展"非遗月""文化和自然遗产日"非遗宣传展示、非遗进校园、评选非遗保护亮点工作和模范传承人等系列活动。2018 年,首次举办"指尖上的青岛——民间十大匠人"的评选。青岛胶东非遗博物馆、红岛经济区韩家民俗村等 23 个历史文化展示点被省文化厅评为"全省首批县及县以下历史文化展示十百千示范点"。

6. 大力发展乡村文化产业

一是加大政策支持。2018 年 6 月份,青岛市政府出台《关于在新旧动能转换中推动青岛文化创意产业跨越式发展的若干意见》,有针对性地提出推动文创产业发展 48 条,其中包括要重点实施文化基因开发工程,结合乡村文化创意产业发展,将大力支持乡村特色文化产业做强做大。二是加强规划引领。青岛市正在对推进文化创意产业规划编制工作,乡村特色文化产业将作为重要组成内容,做好布局规划,推动文创产业与农业、旅游、科技等融合,引导乡村特色文创产业健康有序发展。三是扩大文化消费。以深化乡村文化供给侧改革为主线,继续开展文化消费促进活动,推动产业转型升级,提供更多更好的文化产品和服务,引导广大农民朋友参与文化消费,共享文化成果,更好地满足农民朋友对美好生活的新期盼。

7. 加强辅导培训,乡村文化人才队伍更加健全

一是加强对乡村文化队伍辅导。市群众艺术馆组建 1200 余人的群众文化辅导队伍,依托在全市建立的 20 个市级示范辅导点、100 多个区级示范辅导点,年培训乡村文艺人才和基层文化骨干近 10 万人次,带动了乡村文化活动的蓬勃开展。二是积极培育乡村文艺团队。在全市培育建设了 8000 余支舞蹈队、秧歌队、合唱团、庄户剧团。组织各区(市)积极搭建乡村文化活动平台,每年吸纳数千支乡村文化队伍常年活跃在"广场周周演""农村文化艺术节""广场舞大赛"等乡村基层群众文艺舞台。

(二)当前乡村文化建设存在的主要问题及发展预测

一是发展不平衡。南强北弱、东强西弱的问题有待于进一步改善。随着社会发展,由于历史欠账等原因,农村公共文化服务体系建设总量不足和空间分布不均等不平衡现象仍然比较突出,既有的文化举措更多偏向硬件设施建设,软件的提升更需改进。二是缺少有较大知名度、在群众中有较大影响力的文化活动品牌。以需求为中心的机制尚未形成,没有较好地形成服务主体与服务对象的良性互动,文化产品供给与群众需求有偏差,群众参与率不高。部分公共文化服务在开放时间、服务水平等方面有待调整和提升,特别是在如何满足群众多样化、个性化的文化生活需求方面,还有待于进一步探索和挖掘。三是公共文化服务数字化、网络化建设相对滞后。服务内容和形式单一,缺乏特色,内容形式及载体创新不够,缺乏充足的吸引力,利用率还不够高,影响居民对公共文化的参与度。四是基层文化设施存在重建设轻管理问题,基层文化设施知晓率、使用率有待于进一步提高。多元化保障格局尚未建立,经费投入总量仍然偏小,常态化投入机制缺位,社会力量投入比重薄弱。多数区(市)对宣传文化人员、文化活动没有专项保障经费,公共文化事业经费投入的连续性不强,多采取"一事一议"的方式进行,没有形成常态化、系统化的财政投入机制。五是专业文化人才不足,文化产品质量不高。大部分农村社区文化从业人员数量不足,年龄结构老化现象严重,文化程度普遍不高,专业技术水平普遍较低,文化产品质量相对较低,文化人才青黄不接,影响了文化服务水平。

二、2019 年青岛市乡村文化建设发展预测

(一)顶层设计和政策引导进一步加强

乡村文化振兴发展是一项跨部门的系统工程,是全社会的共同责任,只有各部门、各单位乃至全社会共同努力才能做好。建立有效的乡

村文化建设协调机制,形成政府、市场、社会的良性互动,使乡村文化建设从单一系统的"内循环"逐步转为面向社会的"大循环"。在坚持政府主导、财政必要保证的前提下,引入治理理念,发挥市场机制,聚合各方面力量,充分体现现代公共文化服务体系开放性、多元性、创新性特点,有效提升政府的文化治理能力,保障好、实现好、发展好广大乡村群众的文化权益。制订出台"青岛市乡村文化振兴工作方案",研究制定"镇(街道)综合文化站和村(社区)综合性文化服务中心服务标准",为推进乡村文化建设奠定坚实的政策基础,评选命名一批镇街道综合文化站、村(社区)综合性文化服务中心示范点,引领全市农村基层文化建设再上新台阶。

(二)乡村公共文化服务阵地建设进一步加强

继续推进镇、村两级文化服务设施改造升级,镇综合文化站要独立设置。坚持一院多能、一室多用,整合基层宣传文化、党员教育、科学普及、体育建设等设施,建设村综合性公共文化服务中心。过去对镇文化站(街道文化中心)的功能认识有所狭窄,限制了其综合性功能的发挥。应及时纠偏,尽快完善其包括基层宣传文化、党员教育、科学普及、体育健身等多项功能,尽可能利用闲置的校舍、礼堂、祠堂等设施及开放式的村部等场地空间,适当改扩建及新建,建设综合性文化服务中心,满足群众多项文化需要。

(三)创新打造群众文化活动品牌,群众文化活动的覆盖面扩大、影响力进一步提高

重视文化建设的差异化需求,细化对策,避免一刀切,尽快建立群众文化需求反馈机制,发展"菜单式"、"文化超市"式文化服务体系。重视审视和挖掘本地区地域文化特色,根据群众的个性化文化需求,有针对性地提出本地公共文化服务的内容和形式,形成"菜单"供群众选择。打造区域特色文化示范区,使人力、资金等向区域特色文化集中,使公共文化真正与不同地域的民众文化需求相契合。继续在全市组织开展"市民'五王'才艺大赛",更好地辐射带动农村文化活动开展。举办"农村文化艺术节""农民读书节"等面向农村、农民的专题文化节庆活动。组织开展"艺术彩虹"文化志愿服务村村行和"希望的田野"贫困村巡演等文化志愿服务活动,更好地满足贫困村和经济薄弱村广大农民的文化需求。

(四)创新公共文化服务运行机制,打造乡村公共文化服务新常态

一是深入实施公共图书馆、文化馆总分馆制,在镇(街道)和村(社

区)建立分馆和基层服务点,引导城市公共文化资源向广大农村地区倾斜。二是推进农村公共文化服务数字化,完善公益文化场馆网站、手机APP等数字服务平台,增加符合农民文化需求的资源与信息,推进实施"电视图书馆项目",通过电视媒体将图书馆的优质资源与服务推送到广大农村电视用户。

(五)建立健全农村文艺扶持奖励机制,进一步推进农村题材文艺创作

完善《青岛市文艺创作生产引导目录》,推出一批具有浓郁乡村特色、充满正能量、深受农民欢迎的农村题材文艺作品。建立健全优秀农村题材文艺作品扶持奖励机制,扶持奖励优秀农村题材文艺作品。深化"深入生活、扎根人民"主题实践活动,组织艺术家深入农村开展采访采风活动,丰富艺术创作内容,每年组织评审、筛选一批重点优秀作品,在出版、展示、宣介等方面给予扶持。

(六)农村非遗保护进一步加强,传承乡村优秀传统文化

加强乡村非物质文化遗产资源普查工作,加强对濒危非遗项目的抢救保护,将更多乡村非物质文化遗产纳入市级非物质文化遗产名录。加大力度扶持茂腔、柳腔等地方戏繁荣发展,支持非物质文化遗产传承人开展传承、传习活动。培育乡村"非遗"文化传承人。积极组织推荐掌握一定技艺、有学习意愿的乡村非遗传承人参加各级各类培训。每年至少举办1期非遗保护工作专题培训班。鼓励技艺精湛、符合条件的中青年传承人申报各级代表性传承人,形成合理人才梯队。加大对市级非遗代表性传承人的资金扶持力度,帮助传承人进一步钻研技艺、提高水平。鼓励支持非遗代表性传承人"走出去"参加国内外非遗博览会、民间艺术展演等活动。实施区(市)、镇(街道)、村历史文化展示工程,建成内容丰富、形式新颖、互动性强的历史文化展示场所。建立乡村历史文化遗产保护目录,加大对农村历史街区、传统民居院落和生产生活民俗的挖掘保护。编制青岛市传统文化村落名录,开展历史文化、风俗民情、自然风光等特色村庄认定,争取更多村落进入国家传统村落保护名录、入选全国生态文化村以及省"乡村记忆工程"试点村落。

(七)振兴乡村传统工艺,乡村文化产业繁荣发展

加大对乡村文化产业的扶持力度,积极支持有地域特色的传统工艺做大做强。积极开发民间艺术、民俗表演等项目,培育有地域特色的传统工艺产品,推动青岛市民俗文化产业加快发展,评选一批非遗生产性保护基地,扶持平度草编、即墨老酒、崂山面塑等非遗项目进一步发展壮大。推进乡村文化与旅游融合。引导利用古民居、古遗址、古村

落、古街等文化资源融入休闲农业和乡村旅游,在文化遗产、节庆赛事、养生文化、民俗文化、名人文化等方面进行创意开发。把支持乡村文化创意产业繁荣发展作为市文创产业扶持政策的重要内容。搭建乡村文化产业融资平台。将支持乡村文化创意产业繁荣发展作为市文创产业金融服务平台的重要内容,纳入全市文创产业"百亿信贷计划",充分发挥文创特色银行的作用,量身定做、设计推出一批文创特色金融产品。

(八)农村基层文化队伍建设进一步加强

壮大乡村文化管理队伍。群众是乡村文化振兴的出发点和落脚点,是公共文化服务的受众,更是发展公共文化的潜在人才,要围绕群众而不是硬件设施开展文化活动。以队伍建设为抓手,实施乡村文艺人才发现计划,通过乡村文艺人才发现计划这个环节,积极遴选基层文艺积极分子,发现并带动一批文化活动爱好者和积极分子,达到带动一片、活跃基层的作用。按照有关规定和标准为镇(街道)综合文化站配足配齐工作人员。村(社区)综合性文化服务中心设立由政府购买的公益文化岗位,每个村(社区)至少配置1名公共财政补贴的工作人员。加强业务培训,提升基层公共文化从业人员的业务素质,镇(街道)和村(社区)文化专兼职人员每年参加集中培训时间不少于5天。发展壮大文化志愿者队伍,吸引企事业单位退休人员、返乡大中专学生等参与乡村文化建设。培育农村文体团队。扶持发展农村广场舞队、庄户剧团等民间文艺社团和业余文化队伍,到2020年,每个区(市)至少培育10支具有一定规模和艺术水准的群众文艺代表队,每个综合文化站打造3～5支特色文艺队伍,每个村(社区)至少培育3支业余文艺团队,每支队伍每年开展活动12次以上。

(作者单位:青岛市社会科学院)

2018～2019年青岛市体育事业发展形势分析与预测

丁金胜

习近平总书记在党的十九大报告中指出："广泛开展全民健身活动,加快推进体育强国建设,筹办好北京冬奥会、冬残奥会。"这体现出党对体育事业的重视程度。体育行业作为朝阳产业,发展日新月异,市场风起云涌,总会发生许多新的变化。我们要努力挖掘发展契机,展望行业前景,加快体育强国建设,深入贯彻党的十九大会议精神,以习近平新时代中国特色社会主义体育思想为指导,全面落实全国体育局长会议精神,为下一步体育改革发展做准备。2018年,在青岛市委、市政府的正确领导,市人大及其常委会监督和社会各界的关心支持下,青岛市体育工作取得了可喜成绩,实现了群众体育、竞技体育、体育产业协调发展,走在了全国的前列,首次入围最具体育活力城市排行榜前十以及全民健身榜Top100的城市。

一、2018年青岛体育事业发展基本情况

(一)群众体育蓬勃开展

一是群众性体育健身活动和竞赛蓬勃发展。2018年,青岛市继续广泛开展全民健身活动。以政府购买服务、办赛补贴等方式,支持协会、俱乐部、赛事公司等社会力量承办群众体育赛事,巩固"政府主导、部门协同、社会参与"的全民健身格局。举办全国群众登山健身大会、畅游汇泉湾、社区健身节、沙滩体育节、第八届国际武术节、"青岛球王"系列赛、"百千万三大赛"青岛赛区比赛、"快乐运动秀"等一系列全民健身活动,连续举办和承办青岛市体育大会、青岛市徒步大会、全国全民健身操舞大赛、万人健步行、"百县篮球、千乡乒乓球、万人象棋"赛。在节假日期间将群众喜闻乐见的体育表演项目引进商场、推进社区,营造了浓厚的全民健身氛围。2018年,青岛市举办市级以上全民健身活动

100 余项,区(市)级活动 300 余项,社区级活动 1000 余项,直接参与群众近 500 万人次。青岛市全民健身场地设施已达到 9200 余处,健身辅导站点达 5200 余个,社会体育指导员数量超过 2.5 万人,国民体质检测达标率 96%以上。

二是继续推进全民健身设施建设。完成 2018 年度市办实事"新建 100 处笼式足球和体育健身公园"的调研选址和招标程序,笼式足球和多功能健身场地达到 450 处。围绕体育健身文化、设施、组织、服务和赛事活动等 5 个方面,加大财政投入,预算 2230 万元,在 14 处运动公园和社区中心增设 LED 屏幕、体育文化展示造型和健身知识宣传栏,新建和改造众多健身设施、器材。坚持节俭、可持续原则,创新场馆建设和赛后利用模式,新建和维修改造体育场馆 16 处,其中新建场馆 6 处(市民健身中心、市射击中心、国家级足球训练基地、皮划赛艇基地、市体校综合训练馆、平度奥体中心),全部采取 PPP 融资模式,政府和社会资本共同承担建设和运营经费,便于赛后运营和场馆利用,这些新建场馆已全部交付使用,具备办赛条件。特别是市民健身中心项目获评全国 PPP 示范项目。青岛市重大体育基础设施区域总体布局更加均衡,为今后体育事业与体育产业发展打下了良好基础。协调有关单位建设了健身场地。完成了省定 200 个贫困村的体育行业扶贫调研,积极与乡村振兴工作队和第一书记联系,制定了乡村振兴体育行业扶持政策。

三是青少年体育活动普及推广。首次与教育部门联合对青岛市青少年体育进行督导检查,共同组织市级中小学生 5 个项目的体育联赛,参与队伍 700 余支,人数近万人。积极调动各级各类体育特色学校和社会体育资源,优化青训网络建设。据统计,各区(市)级体校设立的竞技项目有 21 个单项、59 个项次,在体育俱乐部和基层学校设立训练点 200 余个,委托办队 19 个项目。推广普及中小学生游泳技能培训,上半年组织培训 5 万余人次。

四是积极开展老年人、职工、残疾人等人群体育活动。市老年人体协在市老年人体育活动中心举办了"大众广场舞自编套路""长风·手杖健身操"两期培训班,来自青岛四市六区的 130 余名健身骨干参加了培训。两期的健身操舞培训工作,为 2018 年市老年人体育活动培训工作拉开了序幕,增添了新鲜血液,奠定了更好的基础。随着第四届山东省老年人运动会在青岛落下帷幕,为中老年体育健身留下又一个美好回忆。运动会共进行了棋类、柔力球、门球、健身秧歌(腰鼓)、网球、田径、乒乓球、台球、健身气功、健身球操、气排球、太极拳(剑)等 12 个大项、75 个小项,近 4000 人参与。第四届老运会的成功举办,赢得社会各界的广泛关注,取得了良好的社会效应,充分体现了老年体育在全民健身和健康中国两大战略中的重要地位和作用,为加快转变发展方式,推进体育强省建设贡献了力量。

五是加强国民体质监测,指导群众科学健身。根据青岛市体育局的统一部署,4月23日至27日,青岛市国民体质监测队走进胶州市,为400余名当地学校教师和村民开展国民体质监测义务服务活动,进行体质测试和健身指导。此次活动也是国民体质监测2018年开展全民健身志愿服务"六进"(进机关、进企业、进社区、进农村、进学校、进部队)活动的首站,受到当地的热烈欢迎。体质测试人员为当地群众提供个性的科学健康指导,帮助他们合理有效地锻炼;推广和宣传自我保健、保持良好的生活方式和饮食习惯等科学健身理念,为改善身体素质、进行科学体育锻炼提供了依据。

六是完善全民健身组织体系建设。新增3家市级体育协会(壁球、赛艇皮划艇、毽球),市级体育协会达到53家。积极推进区(市)体育总会建设,逐步向街道、乡镇一级延伸,现有区(市)级体育总会10家,乡镇(街道)级体育总会140家,社区级体育总会44家,奠定了群众体育的组织基础。完成了8个区(市)4000余名市民的体质监测任务,培训健身气功社会体育指导员100余名,推行社会体育指导员挂靠站点制度,构建亲民、便民、惠民的全民健身服务网络。

七是积极宣传体育健身文化。加大对全民健身活动的宣传报道,协助拍摄以青岛体育人为题材的电影——《郭川》和《眼镜飞侠》。组织撰写《青岛市竞技体育史话》,标注青岛特色体育文化符号,展现一代代青岛体育人无私奉献、团结协作、顽强拼搏的精神风貌。

(二)竞技体育成绩显著

2018年,青岛体育竞赛表演事业发展稳定。成功举办第24届省运动会、2018青岛马拉松赛、青岛海上马拉松、青岛西海岸夜间马拉松、第十届青岛国际帆船周·青岛国际海洋节、"远东杯"国际帆船拉力赛、国际极限帆船系列赛青岛站、首届"仁洲杯"国际青少年羽毛球友谊赛、"哥德杯"世界青少年足球赛等多项省级以上大型赛事。

为备战第24届省运动会,先后组织26支队伍到外地集训,引进外籍教练指导"瓶颈"项目,加大科研保障力度,完善各类训练保障,狠抓反兴奋剂工作。最终,青岛代表团以165枚的金牌,领先第二名济南55枚的成绩问鼎金牌榜第一。"比赛金牌奖""比赛总分奖""青少年组金牌奖""青少年组总分奖""优秀运动员组金牌总分奖""金牌成绩奖""总分成绩奖"7个榜单的第一名全部被青岛代表团收入囊中,创省运会参赛以来的最好成绩。

山东省第24届运动会是全省综合性运动会,时隔32年再度落户青岛,第 24 届省运会共设 26 个大项(竞技项目)、810 个小项、1130 枚金牌。青岛代表团共派出 1365 名运动员在 25 个大项、623 个小项上进行了角逐。青岛健儿突破重重障碍,奋勇争先,以 265 枚金牌获得"比赛金牌奖"第一;以 9421.5 分获得"比赛总分奖"第一;以 287 枚金牌获得"青少年组金牌奖"第一;以 9707.5 分获得"青少年组总分奖"第一;以 295.5 枚金牌 3841.5 分获得"优秀运动员组金牌总分奖"第一;以 582.5 枚金牌获得"金牌成绩奖"第一;以 13549 分获得"总分成绩奖"第一,以压倒性优势一举包揽本届省运会所设七大奖项的全部 7 个第一,取得骄人战绩。力压主要竞争对手济南 121.5 枚金牌、烟台 167.5 枚金牌、淄博 233.5 枚金牌,并获得体育道德风尚奖,取得了运动成绩和精神文明双丰收。

2018 年全国射箭 U17(青年)锦标赛中,青岛市体育运动学校培养输送的女子射箭运动员张梦瑶代表山东队参赛,并以两轮 2676 环的成绩排名第一,获得女子个人双轮全能冠军。在 2018 年全国柔道大奖赛开赛首日,由青岛市体校培养输送至山东省队的女子柔道运动员李亚男发挥出色,获得了 48 公斤级冠军。这次全国大奖赛夺冠,是李亚男继 6 月在全国柔道公开赛夺冠后获得的又一次冠军,她用一场场胜利,为山东柔道为青岛柔道在中国女子小级别占下一席之地。

(三)持续推进"帆船之都""足球名城"城市品牌建设

持续深化"帆船之都"城市品牌建设,在 2017～2018 克利伯环球帆船赛青岛站活动期间,整合国际赛事传播平台和全媒体资源优势,建立了体育赛事、新闻宣传、文化交流、城市推介四位一体的"中央厨房"外宣新路径。据统计,BBC(英国广播公司)、CNN(美国有线电视新闻网)等数十家海外媒体专题报道近 80 篇,国内主流媒体报道近 200 篇,网络媒体等发布及转载达 1100 余条,新闻曝光量达 970.8 万。此外,借助官方外事活动和青少年帆船运动国际交流之机,广泛开展青岛"帆船之都"宣传推介,有效提升城市品牌国际知名度和影响力,努力将青岛推向全国乃至世界观众的眼前,进一步推动青岛的国民经济、旅游经济、文化体育等事业的发展。2018 年,青岛市体育产业增加值已达 190.25 亿元,同比增长 11.2%,占当年全市 GDP 的 1.73%,居全省首位。

积极推进足球改革,加快提升青岛足球整体水平。在深入调研论证的基础上,起草了《青岛市足球改革发展实施方案》,下一步将尽快出台正式文件。完成了 28 场职业足球赛事和 260 余场群众性足球赛事的竞赛组织工作。注重培养优秀足球后备人才,继续与黄海俱乐部开展青训交流合作。举办各级各类足球培训班 10 期,培训人员 230 余名。

二、存在的主要问题

(一)全民健身公共服务体系有待完善

一是全民健身公共服务体系建设仍不完善。新增 3 家市级体育协会(壁球、赛艇皮划艇、毽球),市级体育协会达到 53 家。积极推进区(市)体育总会建设,逐步向街道、乡镇一级延伸,现有区(市)级体育总会 10 家,乡镇(街道)级体育总会 140 家,社区级体育总会 44 家,奠定了群众体育的组织基础。完成了 8 个区(市)4000 余名市民的体质监测任务,培训健身气功社会体育指导员 100 余名,推行社会体育指导员挂靠站点制度,构建亲民、便民、惠民的全民健身服务网络。还需要进一步规划乡镇地区服务建设,满足青岛市乡镇地区人民的健身运动需要。

二是群众日益增长的健身需求与公共体育资源不足的矛盾仍然比较突出,城乡体育设施建设不均衡。完成了 2018 年度市办实事"新建100 处笼式足球和体育健身公园"的调研选址和招标程序,笼式足球和多功能健身场地将达到 450 处。根据组织青岛峰会保障需要,协调有关单位建设了健身场地。在 14 处运动公园和社区中心增设 LED 屏幕、体育文化展示造型和健身知识宣传栏,新建和改造众多健身设施、器材。完成了省定 200 个贫困村的体育行业扶贫调研,积极与乡村振兴工作队和第一书记联系,制定了乡村振兴体育行业扶持政策。虽然取得了一定成效,还需要进一步完善,继续推进全民健身设施建设,努力减小城市与农村之间存在的发展差异。

(二)竞技体育项目发展不均衡

一是竞技体育成绩不均衡。2018 年第 24 届省运会上,共设 26 个大项(竞技项目)、810 个小项、1130 枚金牌。青岛代表团共派出 1365名运动员在 25 个大项、623 个小项上进行了角逐。总体来说,在本届省运会上,帆船、田径、射箭、游泳、羽毛球、篮球、足球、跆拳道、橄榄球、羽毛球等传统优势项目,继续保持了全省的领先位置。更可喜的是,部分潜优势项目上升为优势项目,如游泳、现代五项、艺术体操、举重、乒乓球、皮划艇、赛艇、射击、击剑一跃成为优势项目。尤其是男子足球队时隔 12 年再度实现甲、乙组双冠王,用实力捍卫了青岛市"足球名城"的荣誉;帆船队包揽了本届省运会全部 12 枚金牌,创造了历史最佳战绩;田径队夺得 35 枚金牌,占田径项目金牌总数的 38.9%,霸主地位不可撼动,"田径之乡"实至名归;游泳队一举夺得 23 枚金牌,独霸榜首,创造了近几届省运会最佳战绩；篮球队、橄榄球队稳扎稳打，豪取三冠军，继续保持强队本色；羽毛球队、射箭队、击剑队、跆拳道队共夺得 36 枚金牌，用汗水和拼搏捍卫了强队本色；举重队、乒乓球队、射击队卧薪尝胆，成绩大幅度提升，一跃成为优势项目。这些项目对青岛市代表团包揽全部第一，形成了强有力的支撑。但是，一些弱势项目还有待进一步提升，如体操、跳水、网球、手球等项目，和其他城市相比还有差距。足球竞争力不强，与"足球名城"建设和人民群众期盼尚有较大差距。

二是缺乏优秀的训练员以及后备运动员。部分运动项目的发展基础比较薄弱，需要加强教练员队伍建设，优化队伍结构，建立以培养高精尖体育人才为目标的新的竞技体育发展体系，提升教练员业务能力是青岛市竞技体育持续发展的根本。竞技体育发展中，面临的最大问题就是运动员的缺失。在一座拥有 900 多万人口的城市，找不到几个优秀的运动员也是可悲的。并且，人才的培养不是一天两天的事情，它是一段长期的过程。

（三）体育产业发展总体相对滞后

与北京、上海等城市相比，青岛体育产业规模相对偏小，有国际影响力的体育赛事品牌还比较单一。未形成完整的产业体系和一定的发展规模。缺乏高素质综合专业的体育经营管理人才，阻碍了青岛体育产业的可持续发展，应进一步加强。另外，相关产能潜能没有充分发挥，产品质量不高。尽管现阶段无形资产开发利用已具备一定成功经验，但还有很大上升空间。对各种体育赛事的会徽、会标、冠名权以及健身俱乐部商标、队名价值等重视和关注还存在欠缺，产业潜能发挥还达不到标准。

三、下一步主要工作任务和措施

国家体育总局局长、党组书记苟仲文在 2018 年献词中提出，总局系统的广大党员干部要深刻认识党的十九大胜利召开的伟大历史意义，全面把握新时代新使命新思想新征程的思想内涵，切实把思想和行动统一到党的十九大精神上来，更加牢固地树立"四个意识"，坚决维护以习近平同志为核心的党中央权威和集中统一领导，坚定不移走中国特色体育强国之路。必须深入思考、精心谋划 2020~2035 年、2035 年到 21 世纪中叶（2050 年）的体育强国建设目标，清醒认识中国体育在全面建成小康社会、基本实现社会主义现代化、建设社会主义现代化强国中承担的光荣使命，把体育事业摆到中国特色社会主义伟大事业的全局中去谋划、去推动、去落实、去担当。

(一)持续推动群众体育,迈入新台阶

一是继续开展群众性体育健身活动与竞赛。青岛市以政府购买服务、办赛补贴等方式,支持协会、俱乐部、赛事公司等社会力量承办群众体育赛事,巩固"政府主导、部门协同、社会参与"的全民健身格局。继续举办全国群众登山健身大会、畅游汇泉湾、社区健身节、沙滩体育节、"青岛球王"系列赛事、"百千万三大赛"青岛赛区比赛、"快乐运动秀"等一系列全民健身活动,营造浓厚的全民健身氛围。再接再厉,完善各类体育社会组织组队参赛机制,促进人才队伍建设,加强体育指导员队伍建设,逐步形成项目推广普及优势。广泛开展不同层次、不同类型的全民健身活动,保持体育锻炼人数逐年增长。

二是加强全民健身基础设施建设。青岛市将继续资助各区(市)实施和完善"五个一"工程(综合体育场、体育馆、游泳馆、全民健身中心、体育公园)建设。接力2018年度市办实事"新建100处笼式足球和体育健身公园"的调研选址和招标程序工作,加快施工进度,争取早日为市民提供福利。围绕体育健身文化、设施、组织、服务和赛事活动等5个方面,加大财政投入,在运动公园和社区中心增设LED屏幕、体育文化展示造型和健身知识宣传栏,改造健身设施、器材。坚持节俭、可持续原则,创新场馆建设和赛后利用模式,采取PPP融资模式,政府和社会资本共同承担建设和运营经费,便于赛后运营和场馆利用。根据省定贫困村的体育行业扶贫调研和与乡村振兴工作队联系情况,推进乡村振兴体育行业扶持政策。进一步完善乡镇健身设施建设,减小城市与农村之间存在的发展差异。贯彻全民健身国家战略,大力推进"健康青岛"建设。

三是加大全民健身组织网络建设力度。继续强化各级政府全民健身领导小组职能,统筹开展本辖区的全民健身工作。积极推进区(市)体育总会建设,逐步向街道、乡镇一级延伸,完善市、区(市)、街道(乡镇)三级体育总会,协调和指导各级体育协会的建设,进一步推进城乡基层体育健身组织的规范化建设。各区(市)每年增加建立健身辅导站点,结合体质监测活动,构建亲民、便民、惠民的全民健身服务网络。

四是加强社会体育指导员和全民健身志愿者队伍建设。青岛市将完善健全市、区(市)社会体育指导员协会制度及机制,加大经费投入及宣传力度,营造良好舆论氛围,为构建亲民、便民、惠民的全民健身服务网络奠定基础。加强社会体育指导员队伍业务培训:组织指导员进修学习,提升指导员技术水平;加强培训基地设施建设。加大经费投入,完善体育设施建设;扩大师资队伍建设,加强社会体育指导员管理,促进社会体育指导员培训及管理工作更加制度化、规范化、科学化。

五是广泛开展老年人、职工、残疾人等人群体育活动。为加快转变发展方式,推进体育强省建设,要完善与老龄社会相适应的老年人体育工作体制和运行机制,坚持把增强体质、提高健康水平、丰富精神文化生活作为老年体育工作的重点。继续加大对老年体育健身设施的投入,使全市经常参加体育锻炼的老年人数比例达到70%,达到《国民体质健康测定标准》的老年人比例占75%以上。积极开展社区老年健身项目,并逐步推广。

六是加强国民体质监测,指导群众科学健身。青岛市将进一步完善各级国民体质监测中心(站点),开展全民健身志愿服务"六进"(进机关、进企业、进社区、进农村、进学校、进部队)活动,进行体质测试和健身指导。体质测试人员为群众提供个性的科学健康指导,帮助他们合理有效地锻炼;推广和宣传自我保健、保持良好的生活方式和饮食习惯等科学健身理念。一对一为受测者提供合理化健康建议,为他们提供专业化的健康指南,让更多市民认识到体质监测的重要性,了解自身体质状况,获得属于自己的个性化运动处方,改善市民身体素质,进行科学体育锻炼,加强全民健身科学研究,促进科学健身成果的转化。

(二)竞技体育发展基础进一步夯实,提升可持续发展水平

一是合理调整竞技体育项目结构,优化布局。青岛市将着眼于国家奥运和省全运战略,进一步优化人才优势,做好项目发展规划。合理调整竞技体育项目结构,搞好其他竞技体育项目发展,避免长板大力扶持、短板放任自流现象。加强体操、跳水、网球项目的培育,如加强宣传推广吸引后备人才资源,引进先进城市的训练理念完善战略措施。落实对职业足球扶持和监管工作,积极探索实践符合青岛实际的足球发展新思路和管理模式,加快提升青岛足球整体水平,让"足球名城"实至名归。

二是更新观念,培养竞技体育后备人才。树立"体育教育"观念。体育基础训练的对象是中小学在校生,由此得出"体育离不开教育"的结论,无疑是对的,但从德智体美劳全面发展的教育方针来说,同样教育离不开体育。可以理直气壮地站在体育的立场上,创办体育教育。比如,体育中小学以培养竞技体育后备人才为主要目标,属于竞技体育;普通中小学仍以增强学生体质为根本目的,属于群众体育。在以自办体育中小学为手段开展竞技体育基础训练的同时,体育行政部门还应激励、支持社会力量兴办体育中小学,鼓励、欢迎国办中小学和有条件的企事业单位及社会团体开展单项的体育竞技体育训练,形成燎原之势,以展开竞争、促进发展。

三是做好退役人员的安置工作。积极与相关部门配合,完善就业

安置、伤病防治、社会保险等运动员保障工作机制,努力实现运动员社会保障全覆盖,进一步做好退役运动员就业安置。解决退役人员的安置问题,是保障竞技体育顺利发展的重要因素。只有运动员退役后的生活得到更好保障,家长才能更无顾虑地让孩子选择体育行业,才能吸引更多的人投身到竞技体育。对退役运动员要结合其自身特点合理安排。比如,可以给他们提供进入高校学习深造的机会,提高自身文化知识及管理知识,培养既懂得体育专业技能、又拥有管理知识的综合人才,为青岛市竞技体育的管理层储备人力资源。

四是提升教练员能力和优化配置。加强教练员队伍建设,优化结构,建立项目教练团队,在部分项目试行训练科目分解,提高训练精细化程度,确立教练员目标责任制和奖惩激励机制,全面推行竞聘上岗、岗位培训制度,提高教练员队伍的业务水平和综合素质;引导教练员树立"科学技术是第一生产力"的思想,自觉加强科学理论的学习;同时,组织好定期集中培训、外出进修等继续教育活动。通过多种方式,努力提高其科学选材、科学训练、科学管理的技能水平。完善体育科研服务平台,开展科学训练规律研究,为科学选材、运动训练、创伤防治、运动营养、心理指导、运动监控等提供技术支撑,加快推进"科训医管"一体化建设。例如,针对不同运动员制定不同训练负荷和强度,根据项目和运动员的特点,选择合适的训练手段和方法,保证运动员的身体机能可以完成相关训练目标,不能盲目追求训练强度,超过运动员生理负荷,以免造成损伤及过度心理压力。

(三)体育产业发展持续推进

一是大力发展健身服务业和竞赛表演业。鼓励和引导社会资金投资健身服务业,建立多种所有制投资主体并存、高中低档健身休闲企业互补的健身服务网络。提高大型体育场馆的经营开发水平,增加社会效益和经济效益。以新旧动能转换为牵引,积极促进体育产业健康发展。青岛成立了体育局新旧动能转换重大工程工作领导小组,通过广泛调研,对体育管理、体育竞赛表演、体育健身休闲等11类体育产业的重点发展方向进行了细化,确定以竞赛表演为产业核心,以大众健身为产业基础,以促进体育消费为产业驱动器,以创建国家运动休闲城市为目标。完成"青岛市创建国家运动休闲城市总体方案研究""产业集聚视角下青岛休闲体育产业发展路径分析"2个课题。注重发挥体育优选产业项目的带动效应,三翼冰雪俱乐部和智慧健身云服务项目成功入选2018年全国优选体育产业项目名录,崂山100公里国际山地越野挑战赛项目被山东省体育局推荐上报参加国家体育产业示范项目的评选,提高了青岛的知名度。进一步培育体育竞赛表演市场。充分发挥市体育竞赛管理中心的作用,积极引进举办高层次、高水平的体育竞赛,完善体育赛事市场化运作机制,市区联动,努力打造国内外具有较高影响力和本土特色的品牌赛事。

二是积极打造特色体育品牌,建设更加富有活力、时尚美丽、独具魅力的青岛。2019年,第三届世界休闲体育大会在莱西举办,大会拟设置马拉松、自行车、攀岩、射箭、健身操舞、马术、钓鱼等约20个比赛项目。届时,莱西将向全世界展示青岛优越的生态宜居环境和一流的休闲体育资源。本届大会由青岛市人民政府主办,青岛市体育局、莱西市人民政府等单位承办,秉承"绿色、共享、开放、节俭"办会理念,突出政府主导、市场化运作,采取体育、旅游、文化相结合的方式,拉长办会周期。旨在通过世界休闲体育大会这一国际性平台,向全世界展示青岛优越的生态宜居环境和一流的休闲体育资源,促进青岛市体育与其他相关产业融合发展。2015世界休闲体育大会在青岛成功举办之后,作为赛事举办城市,青岛市在"后休闲体育大会时代",充分发挥休闲体育大会的示范带动效应,积极布局了以休闲旅游、休闲体育、休闲食品、休闲养生、休闲文化"五位一体"的休闲产业体系,促进了经济社会保持持续健康发展。通过打造"乐在莱西"品牌、开门办赛、文化推广等形式,有效提升了青岛市的知名度、美誉度,全市凝聚力和影响力显著增加。

三是整合资源拓展体育产业领域。目前,青岛体育产业同旅游、卫生、文化、健康等领域融合发展势头良好,并积极向地产、金融等领域拓展,与海尔地产集团就共同推动即墨温泉田横运动休闲特色小镇建设达成战略合作意向,与工商银行青岛分行就支持体育产业发展签订战略合作协议,为扩大青岛体育产业规模注入了新动能。促进体育产业与其他产业深度融合,实现资源利用效益最大化。要继续重视和推进体育文化创意、体育旅游、体育会展、体育传媒、体育科技等新兴产业的发展。坚持加强对体育组织、体育赛事和活动名称、标志等无形资产的开发,加大对相关知识产权的保护力度。积极推广知名体育产品,不断提高品牌效应,提升市场价值。

四是加强高危险性体育项目监督检查,确保体育市场正规有序运转。组织对青岛全市范围内33处滑雪及游泳项目的场所进行安全督导检查。积极开展大型体育场馆免费或低收费开放工作,对青岛拟申报的体育场馆运营开放情况进行绩效评价和审核。

五是以"一次办好"改革为突破口,改进行政审批工作,优化体育市场营商环境。贯彻落实"一次办好"改革要求,研究制定相关措施,优化办理流程,缩短办理时限,进一步降低各类市场主体投入体育的门槛,放宽准入,使市场在资源配置中起决定性作用和更好发挥政府作用,让群众满意。

六是稳步发展体育彩票业。加大体彩公益性宣传和销售力度,为体育公益事业提供资金保证。通过增加体彩终端机,拓展手机在线销售渠道,加强体育彩票销售与大型体育赛事、节庆展会活动的结合等。健全风险防范机制,加强规范化管理,确保体育彩票业健康发展,为社会公益事业及青岛体育事业发展多作贡献。

七是加强培养体育人才。拓展人才引进渠道,积极改进人才引进和人才管理模式,建立合理科学的绩效考核指标与机制,利用多渠道和多措施,鼓励相关人士投身体育产业,提高体育产业专业人才的整体素质水平。

(作者单位:青岛市社会科学院)

2018～2019年青岛市就业创业形势分析

张春龙　于文超

党的十九大指出："就业是最大的民生。要坚持就业优先战略和积极就业政策，实现更高质量和更充分就业。"这是党的全国代表大会首次提出的重大论断，也是党中央在新时代对就业工作的崭新定位。围绕高质量和充分就业，认真分析青岛市就业工作的总体现状、取得的工作经验，深入分析和解决推进高质量和充分就业中的主要矛盾和问题，进一步明确工作措施，为做好下步就业创业工作提供依据。

一、2018年青岛市就业创业工作总体状况

2018年，全市就业形势呈现"总体平稳，稳中向好"的发展态势。一是全市就业形势稳中向好。1～10月份，全市城镇新增就业70.1万人，同比增长12%。其中，本市劳动者就业37.8万人（本市城镇劳动者就业17.2万人，本市农村劳动者就业20.6万人），同比增长9.6%；外来劳动者来青就业32.3万人，同比增长15%。二是城镇登记失业率持续走低。1～10月份，全市新增城镇登记失业人员8.2万人，同比增长0.75%，登记失业人员规模与上年同期基本持平。10月末，城镇登记失业率为2.93%，较上年同期降低0.22个百分点。三是政策性扶持创业实现突破。1～10月份，全市政策性扶持创业1.5万人，创业带动就业6.6万人。发放创业类补贴资金3.5亿元（一次性创业补贴6875万元，一次性小微企业创业补贴833万元，一次性岗位开发补贴补贴191万元），其中市级资金3.2亿元，创业担保贷款发放规模5.1亿元。四是重点群体就业稳定。1～10月份，全市新认定就业困难人员3.7万人，实现就业3.4万人，就业率91.4%。五是人力资源市场供需基本平衡。1～10月份，全市人力资源市场用人单位提供岗位37.4万个次，求职人数32.6万人次，求人倍率为1.15，全市人力资源市场岗位需求略大于求职人数，基本平衡。六是就业质量稳步提升。1～10月份，全市人力资源市场平均招聘工资4122元/月，同比增长9.1%。用人单位新招用人员中，劳动合同1年以上的占85.6%，同比上升2.3个百分点，就业

稳定性增强。

二、青岛市推动高质量和充分就业的主要做法

（一）实现经济增长与拉动就业良性互动

党的十八大以来,青岛经济保持了较好的发展势头。2016年经济总量跨越1万亿元,达到10011.29亿元,成为全国第12个经济总量过1万亿元的城市,成功跨入"万亿俱乐部"的行列。2013～2017年,全市经济增速分别达到10%、8.0%、8.1%、7.9%、7.5%。良好的经济发展势头创造了大量就业岗位。从重点建设项目拉动就业情况来看,青岛市将2012年以来全市3035个重点建设项目[市级项目936个,区(市)级项目2099个]纳入市公共就业一体化信息系统进行管理,实施土地征用、项目招商、项目遴选、项目建设与就业的"四个联动",落实失地失业人员证书培训计划、重点建设项目技能培训计划和技能人才储备计划"三个培训计划",在满足重点建设项目人力资源需求的同时,最大限度地促进重点建设项目拉动就业,累计吸纳就业28.8万人,占全市就业总量的9.3%,经济增长成为拉动就业的重要力量。

（二）构建城乡一体就业政策体系

为破解全域统筹、城镇化步伐加快背景下,城乡就业政策不统一、农村城市二元分割等问题,2012年以来,市政府下发一系列政策性文件,将失地农民、农村转移劳动力等全部纳入政策扶持范围,在就业创业和职业培训政策的适用范围、补贴标准等方面全部实现同城同标同待遇,全市所有城乡劳动者符合条件的,均可享受政策扶持,实现了就业政策的城乡均等化、一体化。此外,2016年以来,市政府接连下发《关于实施就业优先战略行动 进一步做好新形势下就业创业工作的实施意见》(青政发〔2016〕1号)、《关于助推新旧动能转换 进一步做好就业创业工作的实施意见》(青政发〔2017〕27号)、《关于印发我市"十三五"促进就业规划的通知》(青政发〔2017〕28号)、《关于印发〈我市失业预警预测和调控应急工作实施方案〉》(青政办发〔2017〕1号)等政策文件,成为推动新时代就业发展的纲领性文件,为推动推动青岛市高质量就业和充分就业打下了坚实基础。

（三）释放创业带动就业新动能

一是加大创业政策扶持。市政府下发《关于实施大众创业工程 打造创业之都的意见》,将小微企业创业补贴由1万元提高到最高3万

元,将创业担保贷款额度由 10 万元提高到最高 45 万元,小微企业最高可贷到 300 万元。市人社局、财政局出台《我市创业孵化基地和创业园区管理办法》,在全国率先构建起省、市、区(市)、街道四级创业孵化载体奖补体系,市级示范性基地最高奖补 500 万元。二是打造创业孵化体系。在全国率先创建大学生创业孵化中心,先后建立了湛山创客工厂、国内首所创业大学,建成了覆盖返乡农民工、失业人员到大学生、博士、院士等各类群体的创业孵化体系。目前,全市累计建成各类创业孵化基地 89 家,成功孵化 6700 家企业。三是拓展创业融资渠道。2014 年以来,市政府安排"双 10 亿"资金扶持创业(即 10 亿元市级创业带动就业扶持资金、10 亿元创业担保贷款担保基金),全市累计发放创业补贴 4.45 亿元,创业担保贷款 30.43 亿元,政策性扶持创业 11.6 万多人。四是提升完善创业服务。市及区(市)人力资源社会保障部门通过开展项目路演和创业竞赛等形式,遴选优秀创业项目,并促使其在青岛市落户。建立创业导师队伍,面向社会公开招募选聘创业专家,组建创业导师资源库,开展创业指导服务,提升城市创业品质。

(四)完善帮扶机制兜牢就业底线

一是突出抓好高校毕业生就业创业工作。实施高校毕业生就业创业促进计划,启动实施大学生农村电商工程,开展大学生就业"梦想起航行动"等系列活动,实施大学生创业精英"BEST"计划,将在青研究生住房补贴由硕士、博士分别 400 元/月、600 元/月,提高至 800 元/月、1200 元/月,提高高校毕业生就业创业水平。2017 年,全市累计接收非师范类高校毕业生 7.7 万人,共引领大学生自主创业 2756 人,培训以大学生为主体的创客群体 4374 人,创业活动参与率达 90% 以上。二是妥善推进化解过剩产能职工分流安置。对化解过剩产能企业裁减人员实行实名制信息管理,建立"一对一"需求台账,形成了"五个帮扶"(企业稳岗帮扶、就业帮扶、创业帮扶、技能帮扶、托底帮扶)制度,提供精准对接服务。10 家搬迁和化解产能过剩企业,累计分流 2103 名职工,经过帮扶实现就业 1282 人。相关经验做法在《人民日报》刊发宣传。三是实施就业和社会保障精准扶贫。下发《关于坚决做好就业与社会保障精准扶贫工作的通知》,实施"五大行动"(就业扶贫、创业扶贫、技能扶贫、人才扶贫、社保扶贫),确保实现四个百分之百帮扶。四是强化就业困难人员帮扶。完善就业困难人员认定管理制度,将城镇困难居民、农村贫困人员和外来务工稳定就业 6 个月以上人员全部纳入认定范围,通过政策援助、免费培训、岗位安置等措施,保障困难群体就业率。2017 年,新认定就业困难人员 25196 人,实现就业 22366 人,就业率达 91.41%。

(五)提升公共就业服务供给水平

构建了市、区(市)、街道(镇)、社区四级联办的业务经办信息网络,同时与省、部级平台实现了对接协同,与外部区域实现了业务协同。实名制、一体化信息系统的使用,使青岛市的就业大数据,以及"互联网＋就业创业"服务成为现实。目前已实现 29 项公共就业业务的线上受理、线上审核、线上反馈和一次性线下办结。此外,为强化基层公共就业平台建设,市政府下发《关于加强基层公共就业服务平台规范化建设的通知》,推动信息网络、人员配备、服务事项等下沉到街道(镇)、社区(行政村),方便城乡劳动者"家门口"享受就业创业政策扶持。目前,信息网络已全部延伸到中心社区,各项补贴均可到街道(镇)申领,补贴审核时间从 2～3 个月缩短为 20 个工作日。

三、推动高质量就业存在的问题

党的十八大以来,青岛市就业工作取得了历史性成就,发生了历史性变革,形成了具有青岛特色的工作模式和工作经验,为青岛市经济社会发展提供了重要支撑。但也要清醒地认识到,我国是世界上劳动力资源最丰富的发展中国家,解决就业问题具有长期性、艰巨性、复杂性,扩大就业始终是一项必须长期坚持的重大战略。对照十九大提出的高质量和充分就业的奋斗目标,青岛市就业工作还存在以下挑战和困难。

一是就业总量压力不减。从全国看,我国每年需在城镇就业的新成长劳动力超过 1500 万,其中,2010～2017 年的毕业生人数按照 2%～5% 的同比增长率逐年增长,近 7 年间累计毕业生人数达到 5706 万。2018 年全国高校毕业生预计上升至 820 万,再创近 10 年毕业生人数新高值。从青岛看,据预测,"十三五"期间,全市每年城镇新增就业将保持在 70 万人左右(包括本市城镇就业、农村劳动力转移就业和外来人员就业),每年本市户籍高校毕业生和外来高校毕业生总量将达到 10 万,就业规模将长期处于高位,就业总量矛盾将长期存在。

二是结构性矛盾更加突出。从全国看,现阶段适应产业转型升级需要的高层次研发人员、高技能产业工人和创新型复合型人才不足,部分新成长劳动力就业技能难以跟上市场变化,大龄低技能劳动者就业难题将持续存在。从青岛看,随着市场经济增速换挡,以及智能制造、"机器换人"进程的不断加快,与经济结构、产业结构相适应的产业工人,特别是掌握高精尖技术的高技能人才供给不足,结构性失业(由经济结构变化引起的失业)更加突出,摩擦性失业(由信息不对称、劳动者技能素质不匹配引起的失业)淘汰落后产能职工安置、就业脱贫、对口扶贫的任务更加艰巨。

三是新就业问题不断凸显。一方面,随着新技术、新产业、新业态、新模式的大量涌现,平台就业、居家创业等新就业形态层出不穷,对完善就业政策、统计体系,提升就业服务能力都提出了新要求,迫切需要用更加宽广的视野、更加有效的举措回应和破解。另一方面,经济社会发展的不确定性也将对就业带来影响。比如,经济下行压力不减、国际贸易摩擦加大、汇率波动等外部因素,对实体经济特别是外资企业、出口贸易企业等带来影响,并将传导到就业端。

四是中美贸易摩擦对青岛市就业产生一定影响。经对受贸易摩擦企业入户调查,已有291家企业受到中美贸易摩擦影响,占21.6％。其中,制造业企业占50.2％,批发零售业企业占45.1％。2018年8～9月份,共113家企业因受中美贸易摩擦影响减员,共计减员716人,占全市减员总数的0.5％。其中,有47家企业预计年底前还将继续减员,预计减员836人。

四、下一步推动高质量就业的主要措施

推动就业工作迈入新时代,实现高质量和充分就业,要紧紧围绕“就业是最大的民生”这个主题定位不动摇,牢牢把握“稳就业、促创业、兜底线、防风险、强服务、抓落实”这条工作主线,瞄准重点环节,抓住关键领域,精准发力,综合施策,推动实现高质量和充分就业。

(一)稳就业,牢牢守住就业基本盘

一是推动经济发展与促进就业互动融合。要继续实施就业优先战略,把稳定就业和扩大就业作为经济运行合理区间的下限,将城镇新增就业人数、失业率作为宏观调控的重要指标,纳入国民经济和社会发展规划及年度计划统筹考虑,深入推进经济发展与就业联动机制,加快壮大经济发展新动能,改造提升传统动能,不断增强经济创造就业岗位的能力,努力在新旧动能转换中拓展就业新空间、促进就业增长。二是推动产业结构调整与扩大就业联动。要结合产业发展和结构调整,不断增强产业发展拉动就业的能力。鼓励发展现代服务业,增强服务业吸纳就业的能力;支持劳动密集型产业提升改造,拓宽就业领域;要推进三次产业融合发展,拓展农业吸纳就业空间。三是推动小微企业与扩大就业同步。一方面要全面落实小微企业降税减负各项政策,加快小微企业注册便利化改革;另一方面要不断扩大小微企业就业创业政策的覆盖面,切实降低小微企业运行成本,促进小微企业提供更多就业岗位带动就业。四是推动新兴业态发展与扩大就业协调。当前平台经济、众包经济、分享经济等新兴业态快速发展，催生了大量的新兴岗位。要在国家新兴业态就业政策出台之前，立足实际，主动作为，积极探讨将现行政策向新兴业态扩展延伸，为新兴业态的发展提供便利，鼓励新兴业态轻装前进，在自身发展壮大的过程中不断增加新的就业岗位。

（二）促创业，推动以创业带动就业

一是完善创业政策。要不断扩大政策覆盖范围、降低门槛、提高标准，使各类市场主体最大限度享受一次性创业补贴、一次性创业岗位开发补贴、创业担保贷款及贴息、创业场所租赁补贴等创业扶持政策，通过政策扶持实现就业创业，扩大和带动就业。二是发展创业载体。要按照"政府搭台、社会主导、市场运作"的原则，通过政策杠杆撬动，鼓励和调动各方面的积极性、主动性创建创业载体。在巩固现有国家级、省级、市级、区（市）级、街道（镇）级创业孵化基地（园区）的基础上，一方面要结合新旧动能转换重大工程，阶段性降低市级创业孵化基地（园区）认定标准，提高奖补标准，鼓励创建更多创业孵化示范基地（园区）；另一方面要按照标准化、专业化、市场化的新要求，对现有的创业孵化载体进行提升改造，打造创业孵化体系的升级版，提高创业带动就业能力。四是拓宽融资渠道。要扩大创业担保贷款范围，将高级技工学校和技师学院毕业生、本市户籍农村自主创业农民等纳入扶持范围，延长贷款期限，由2年延长到3年，降低反担保门槛，由原先的2人减少到1人。五是营造创业氛围。通过创业者自荐、社会征集等方式，开展创业项目征集、优秀创业项目遴选活动，在全市评选出一批优秀创业项目、创业团队，并给予一定奖励，建立市及区（市）级创业项目库，为创业者提供项目支持。启动全市创业项目遴选活动，组织开展"十佳创业明星""十佳大学生创业之星"评选，并以市政府名义给予表彰和奖励，营造崇尚创业、支持创业的社会氛围。

（三）兜底线，全力抓好重点群体就业

一是全力促进高校毕业生就业创业。一方面牢固树立"把高校毕业生就业创业放在就业工作首位"的思想，在政策设计、资金支持、平台支撑、服务对接等方面，对高校毕业生给予重点扶持，最大限度发挥高校毕业生的人力资源红利。另一方面，扎实推进高校毕业生就业促进计划和创业引领计划，加大创业大学、大学生创业孵化基地（园区）建设，深入实施"三支一扶"等专项行动，强化高校毕业生就业创业全方位服务，千方百计促进高校毕业生就业创业。二是稳妥做好新旧动能转换企业职工分流安置。按照"特事特办、急事急办"的原则，广开绿色通道，使通过岗位转换的分流职工尽快实现就业。没有实现转岗的，按规

定及时为其办理失业登记,尽快使其享受失业保险金政策;有就业创业和职业培训需求的,尽快享受就业创业扶持政策、免费接受技能培训,最大限度预防失业,减少失业,避免发生规模性、区域性、行业性集中失业风险。三是完善就业援助长效机制。一方面,科学合理确定就业困难人员范围,强化分类帮扶措施、加大跟踪服务和实名制动态管理,努力在制度设计上不留漏洞。另一方面,根据动态数据库变化情况,及时掌握就业困难人员就业创业、职业培训等个性化需求,广泛开展有针对性的就业援助行动,靶向发力,精准施策,综合发挥政策效应,确保零就业家庭、低保家庭中符合条件的至少有1人稳定就业,保障群众基本生活。四是做好贫困人口就业帮扶。紧密对接扶贫主管部门工作部署和推进安排,落实好扶贫公益性岗位、扶贫就业项目、扶贫技能培训等政策,确保有就业、创业和培训需求的贫困人口百分之百帮扶就业、百分之百帮扶创业、百分之百参加免费培训,圆满完成市委、市政府交给的扶贫任务。

(四)强服务,让群众更好享受就业创业政策红利

一是推动公共就业创业服务均等化。要全面落实基本公共就业创业服务项目,使符合条件的非本市户籍人员、本市农村劳动者享受同等的政策扶持。要加大数据共享,力争通过大数据方式,逐步取消不必要的就业失业登记证明。此外,要加快从"窗口办理"到"综合柜员制"改革,力争到2020年,全面实现公共就业创业服务的"就近受理、全城通办"。二是推动公共就业创业服务信息化。要建立健全公共就业创业基础数据库,逐步实现单位和个人电子信息的及时存储、随时提取。推广电子签章应用,实现公共就业创业服务的全程电子化、智能化。到2020年,全部公共就业创业培训业务实现网上预约、网上申请、网上受理、网上审核、网上反馈。三是推动公共就业创业服务精准化。通过公共就业创业数据应用,逐步摆脱"千人一面"式的服务方式,逐步建立"一人一表、一人一策"式的服务机制,更好地满足人民群众个性化、多样化的公共就业创业服务需求。

(五)抓落实,让群众有实实在在的获得感

一是抓好政策宣传宣讲。结合新一轮就业创业政策实施,在报纸、电视、新媒体进行广泛宣传,举办"全市就业创业和职业培训政策宣讲培训班",对区(市)、街道基层经办人员进行全员培训,把好的政策面向基层宣讲好,让每一名基层经办人员都熟悉政策、掌握政策,使全市城乡一体的就业创业政策在执行层面实现全市"一盘棋"。二是发挥就业创业目标考核作用。发挥好市委综合考核和市政府就业创业目标考核两个"指挥棒"的作用,不断完善考核内容、突出考核重点、细化考核标准、加大激励惩戒,加大考核结果运用,督促区(市)政府落实促进就业创业责任。三是搞好就业创业政策绩效评估。通过市政府专项督查、不定期现场抽查等,对区(市)政策落实情况、服务开展情况、平台建设情况等进行督查,切实防止政策空转情况发生。四是创新群众满意度评价途径。围绕就业创业和职业培训工作的重点难点,建立健全第三方评估机制,由社会力量对就业创业、职业培训和公共就业创业服务领域的工作情况,开展服务对象满意度调查,把真实情况摸上来,查找问题,推进工作改进。

（作者单位:青岛市人力资源和社会保障局）

2018～2019年青岛市社会救助发展形势分析

孙启泮

《中共中央 国务院关于实施乡村振兴战略的意见》提出："完善统一的城乡居民基本医疗保险制度和大病保险制度,做好农民重特大疾病救助工作。巩固城乡居民医保全国异地就医联网直接结算。完善城乡居民基本养老保险制度,建立城乡居民基本养老保险待遇确定和基础养老金标准正常调整机制。统筹城乡社会救助体系,完善最低生活保障制度,做好农村社会救助兜底工作。"因此,社会救助体系的建设是乡村振兴战略的基础工程。社会救助作为社会保障体系的组成部分,具有不同于社会保险的保障目标。社会救助是社会保障体系中的基础保障和核心保障,以反贫困为目标,使社会的每一个体能够有尊严地生活,体现了人类命运共同体的理念。社会救助制度的完善和优化是决定乡村振兴战略达到预期的一个关键因素,是农民安居乐业的重要保障。

一、2018 年青岛市社会救助发展形势分析

2016 年,青岛市政府出台了《关于加快推进社会救助体系建设的意见》,提出完善最低生活保障、特困人员供养、受灾人员救助、困难居民医疗救助、教育救助、住房救助、就业救助和临时救助等 8 项制度,并将加强社会力量参与作为一项基本内容,"8＋1"社会救助制度体系基本框架进一步健全完善。

(一)城乡最低生活保障制度稳步推进

2017 年 4 月 1 日起,青岛城乡低保标准实现"七连涨",分别提高到每人每月 660 元、490 元,其中六区(即墨区除外)和高新区统一为每人每月 660 元,首次实现城乡一体化,全年共发放低保金 8.3 亿元,7.8万户、11.6 万低保对象受益。2017 年 11 月 1 日起施行的《青岛市城乡最低生活保障工作实施办法》,进一步完善青岛社会救助体系,规范了

青岛市城乡最低生活保障受理、审核、审批流程,同时在现行政策的基础上增加了部分新的政策点。《办法》规定:符合条件的农村困难群众可申请城市最低生活保障;外来转移人口中符合条件的困难群众纳入青岛市保障范围;困难重度残疾人申请低保取消了年龄(成年以上)、婚姻和单独立户的限制;提高了低保家庭金融资产标准;纳入扶贫部门"建档立卡"的扶贫对象因收入超出低保标准时采取渐退方式退出;建立诚信机制,加大了处罚力度和措施。

表1 2017年青岛市最低保障情况

	城镇居民低保人数(人)	城镇居民低保户数(户)	城镇居民低保资金(万元)	农村居民低保人数(人)	农村居民低保户数(户)	农村居民低保资金(万元)
全市	24220	15520	23815.6	87141	57860	53121.3
市南区	3837	2530	4115.3			
市北区	13854	8751	13445.8			
李沧区	2891	1723	2989.1			
崂山区	140	82	158.2	1907	1019	1692.6
黄岛区	782	542	754.7	14225	9440	10276.7
城阳区	215	144	224.8	3379	2145	7676.6
即墨区	1008	710	852.8	19672	13161	12532.0
胶州市	762	524	661.9	14474	9260	7996.6
平度市	502	345	422.7	23699	15719	13086.2
莱西市	229	169	190.3	9785	7116	4860.6

数据来源于青岛市民政局网站。

2018年上半年,全市共保障城乡低保对象7万户、10.6万人,发放城乡低保金3.6亿元。2018年1～9月,市区保障特困人员1677人次,发放城市特困人员保障资金297万元;农村保障特困人员41436人次,发放农村特困人员保障资金5550万元。

表2 2018年1～9月青岛城乡低保情况

	城市居民低保标准(元)	城市居民低保人数(人)	差额补助水平(元)	城市居民月发放资金(万元)	农村居民低保标准(元)	农村居民低保人数(人)	差额补助水平(元)	农村居民月发放资金(万元)
1月	660	23594	521	1991	490	86624	358	4396
2月	660	23362	522	1770	490	86176	358	4393

(续表)

	城市居民低保标准（元）	城市居民低保人数（人）	差额补助水平（元）	城市居民月发放资金（万元）	农村居民低保标准（元）	农村居民低保人数（人）	差额补助水平（元）	农村居民月发放资金（万元）
3月	660	23185	523	1074	490	85803	355	3870
4月	660	22907	525	1666	490	85283	394	4374
5月	660	22394	526	1550	490	84129	394	4229
6月	660	22142	527	1534	490	83453	394	4154
7月	660	21820	527	1497	490	81433	396	4032
8月	660	21047	528	1468	490	79914	396	3999
9月	660	20729	529	1453	490	78584	393	3979

数据来源于青岛市民政局网站。

表3　2018年1～9月城乡特困人员救助情况

	城市特困人员生活标准（元）	城市特困保障人数（人）	城市发放特困人员保障资金（万元）	农村特困人员生活标准（元）	农村特困保障人数（人）	农村发放特困人员保障资金（万元）
1月	990	141	25	735	4656	629
2月	990	147	28	735	4600	622
3月	990	165	29	735	4541	597
4月	990	171	31	735	4550	611
5月	990	178	31	735	4715	635
6月	990	178	31	735	4537	605
7月	990	178	31	735	4549	605
8月	990	259	45	735	4616	620
9月	990	260	46	735	4572	626

数据来源于青岛市民政局网站。

(二)医疗救助获得较快的发展

在完善医疗救助制度方面,青岛市对特困供养人员、最低生活保障、低保边缘和中低收入家庭成员,以及因医疗费用负担过重、造成支出型贫困家庭成员和外来务工人员、非青岛户籍在青就读的大学生等特殊困难人员,通过采取资助参保和费用补助相结合的方式实施医疗救助。建立青岛市困难居民医疗救助即时结算信息管理系统,对符合救助条件的困难居民,通过社会医疗保险定点医药机构即时结算,实现困难居民医疗救助与基本医疗保险、大病医疗保险、大病医疗救助相衔接的医疗费用同步结算。同时,对遭遇突发事件、意外伤害、重大疾病或其他特殊原因导致基本生活陷入困境、其他制度无法覆盖或救助之后基本生活仍有严重困难的家庭和个人,给予应急性、过渡性救助。"困难居民医疗救助制度"在全国社会救助工作推进会上作典型推广。

2017年上半年,青岛市已向71407人实施医疗救助,支出资金1.5亿元,救助人数较上年同期增加22%,支出同比增长80%,困难群众的获得感明显增强。2017年全年救助困难居民8.8万人,"一站式"结算2.7亿元,同比增长22%;发放临时救助金4800万元,同比增长35%;推行居民家庭综合保险,共理赔人身和家财保险5189起,赔付1544万元,有效提升了居民抵御灾害风险的能力。青岛市将低保家庭、特困供养、散居孤儿中,因患罕见病种或慢性病种个人负担过大的医疗支出费用,纳入医疗刚性支出兜底范围。

截止到2018年9月底,青岛市共为7.5万名困难居民发放医疗救助金20369万元。

(三)残疾人的社会救助受到重视

青岛市提出,市政府按照本地居民生活必需的费用确定、公布最低生活保障标准,并根据本地经济社会发展水平和物价变动情况适时调整,逐步缩小城乡差距。对获得最低生活保障后生活仍有困难的老年人、未成年人和重度残疾人,实施分类重点救助。户籍所在地为城镇且实际居住满3年、无承包土地、不参加农村集体经济收益分配的家庭,可以申请城市最低生活保障。在居住地稳定就业的外来转移人口家庭,有固定住所且家庭成员均在居住地连续缴纳社会保险满3年的,可以在居住地申请最低生活保障。无劳动能力、本人收入低于当地最低生活保障标准、依靠家庭供养且符合低保边缘家庭认定条件的成年重度残疾人,可以以个人名义单独申请最低生活保障。具有青岛市常住户口,持有《中华人民共和国残疾人证》、残疾等级为一级和二级的智力、精神、视力、肢体、听力、言语、多重残疾人,自2018年1月1日起,护理补贴标准为每人每月130元;自2019年1月1日起,护理补贴标准为每人每月140元;自2020年1月1日起,护理补贴标准为每人每月150元。

（四）住房救助和教育救助等专项救助发展较快

新增保障性住房申请家庭,统一纳入公共租赁住房保障范围。对于青岛市住房保障机构公布的未销售的经济适用住房和限价商品住房项目,在公开销售后仍有剩余房源的,新增保障性住房申请家庭可按规定购买。2018年,青岛市租赁补贴的保障标准,低保家庭每月每平方米20元;家庭人均月收入高于低保标准低于810元(含)家庭每月每平方米18元;其他家庭每月每平方米16元。崂山区、城阳区、西海岸新区、高新区范围内公共租赁住房租赁补贴的补贴标准由区住房保障行政主管部门会同区财政部门统筹辖区内商品住宅市场租金水平和被保障家庭收入水平合理确定。

青岛市在完善教育救助制度中提出,完善幼儿园和大、中、小学各学段救助政策,其中,学前教育阶段,对经市、区(市)教育部门同意设立的普惠性幼儿园在园家庭经济困难儿童,发放政府助学金;义务教育阶段,对所有学生免费提供教科书、作业本,对农村家庭经济困难寄宿生补助生活费;高中教育(含中等职业教育)阶段,对符合条件的家庭经济困难学生,减免相关费用,发放国家助学金;普通高等教育阶段,对家庭经济困难学生减免相关费用,发放励志奖学金、国家助学金,或者提供国家助学贷款、安排勤工助学等。将低保、低保边缘家庭,因子女在国家认可的全日制普通高等院校就读期间,在有关部门和社会力量救助之后,家庭基本生活仍然存在严重困难的救助标准,由原来的1500元调整为原则上本科5000元、专科以下的3000元(学校发放的奖学金不列为救助范围)。全年临时救助封顶线由原来的1万元提高到2万元。

（五）特困供养人员的救助和临时性救助逐步完善

青岛市在完善住房救助制度中提出,区(市)政府对符合条件的住房困难的最低生活保障家庭、分散供养的特困供养人员给予住房救助。城镇住房困难标准和救助标准,由区(市)政府根据本区域经济社会发展水平、住房价格水平等因素确定并公布。住房救助通过实物配租、发放住房租赁补贴、危房改造等方式实施。另外,对最低生活保障家庭中在法定劳动年龄内、有劳动能力并处于失业状态的成员,人力资源社会保障部门要通过落实就业创业扶持政策、开发公益性岗位等办法,给予就业救助。加强基层社会救助经办服务能力建设,调研起草推进政府购买服务加强基层社会救助经办服务能力的实施意见。

截止到2018年9月底,青岛市共为9851户困难居民发放临时救助资金2863万元,户均补助水平为2906元。

表4　2017年收养性社会福利单位情况

	单位数（个）	年末职工人数（人）	年末床位数（床）	年末住院人数（仅包括老年人和残疾人服务机构）（人）	老年人（人）	青壮年（人）	少年儿童（人）
全市	296	6078	43271	25460	18499	409	418
市本级	31	2175	8438	8250	1707	397	412
市南区	16	363	3496	1264	1264	0	0
市北区	51	1107	9147	6255	6255	0	0
李沧区	32	682	3373	2481	2481	0	0
崂山区	9	243	1732	526	520	0	0
黄岛区	20	475	2731	1583	1457	0	0
城阳区	15	161	3041	1053	1053	0	0
即墨区	21	134	3408	750	706	0	0
胶州市	9	102	2499	792	671	0	0
平度市	80	346	2505	1250	1186	0	0
莱西市	12	290	2901	1226	1199	0	0

(六)慈善救助工作得到了有力推进

2017年,青岛市慈善总会实际接收款物合计3925.1万元,其中,可作为慈善救助使用的社会捐赠款物3905.1万元,在助学、助医、助困、助老、助残、赈灾、义工项目几大方面共支出3936.5万元。2018年可用非定向资金1850万元,2018年拟安排支出1440.2万元,其中慈善救助项目支出1240.2万元;补充创始基金200万元。慈善救助项目支出包括助困项目400万元,助医项目"心连心"救助工程150万元,助学项目87万元,助老项目275万元,助残项目100万元,其他救助及紧急救助228.2万元。推进慈善组织建设,逐步完善各行各业慈善分会,打造横向到边、纵向到底的慈善组织网络,广泛调动社会各界参与慈善事业的积极性。发掘慈善项目,提高慈善资金使用精准度,打造精准慈善,同时以项目促进募捐、以项目扩大影响。做好慈善信息公开,打造透明慈善,进一步提高慈善组织的社会公信力。

二、青岛社会救助和精准扶贫在 社会经济发展过程需要整合

2018年是乡村振兴战略实施的第一年,作为现代农业发展水平位

居全国第七的青岛,以深化农业供给侧结构性改革为主线,强力推进乡村振兴战略过程中,部分农民尚未脱贫仍旧是青岛市经济社会发展的"短板"。《青岛市"十三五"脱贫攻坚规划》提出,将深入推进精准扶贫、精准脱贫,打造全域扶贫的"青岛样板",确保在全市率先全面建成较高水平小康社会的进程中,贫困(经济薄弱)村、贫困人口一个不掉队。但是,以反贫困为目标的社会救助存在一些问题和不足,制约着扶贫和乡村振兴战略的实施。

(一)青岛市的农村社会救助同农村的精准扶贫和扶贫开发未能有效整合

农村社会救助和扶贫的目标都是反贫困、消除贫困。传统的扶贫和社会救助是完全不同的两种政策和制度。首先是对象不同。扶贫的对象是有劳动能力和劳动愿望的人;而社会救助对象,在早期称为"五保户",后来规范为"三无"人员,即无劳动能力、无生活来源且无法定赡养、抚养、扶养义务人,或其法定赡养、抚养、扶养义务人无赡养、抚养、扶养能力的老年人、残疾人以及未满16周岁的未成年人。虽然扶贫对象和救助对象都是困难人群,但人群性质和困难程度不同。扶贫对象是由于受到自然条件和人为因素等外部环境影响而不能获得劳动的机会导致阶段性贫困;救助对象是由于年老、残疾、幼小而没有劳动能力又没有赡养、抚养人而面临生存困难,相当一部分是属于永久性贫困。其次是扶救方式不同。扶贫工作的方式是通过生产开发、促进就业和改善环境,帮助贫困地区发展经济带动贫困人口脱离贫困,是针对地区不对人;而社会救助的方式是国家对符合条件的生活困难人员给予保障基本生存的救助,是对人不对地区。第三,资金来源不完全相同。扶贫资金既有国家财政资金,也有企业、社会资助和信贷资金等,而社会救助则完全是财政资金的无偿提供。第四,执行和管理部门不同。社会救助执行和管理是按救助项目分属不同的部门管理。民政部门负责管理最低生活保障、特困人员供养救助、临时救助和医疗救助,教育部门负责教育救助,住建部门负责住房救助,人社部门负责就业救助。虽然农村扶贫工作主要由各级政府扶贫办负责统筹协调,但民政、教育、卫生等几乎所有政府部门和人民团体都有扶贫工作任务。同时,政府还动员社会力量参与扶贫。

(二)精准扶贫、扶贫到户的提出和发展促使这两种制度衔接和叠加

"大水漫灌"式的扶贫政策和措施存在的一些弊端逐步暴露,如在贫困地区真正享受优惠政策和受益扶贫资金的往往是非贫困人群,精准扶贫可以使社会扶贫重心下沉,从过去的扶贫县到扶贫乡,再到扶贫村,最后到扶贫户。扶贫走到这一步就和社会救助范畴的农村最低生活保障制度在保障对象和工作方式等方面没有太大区别了。扶贫和社会救助同时服务于当前脱贫攻坚任务,由于两种制度并行,难免会产生一些因保障对象重叠、工作相互交叉而造成的扶贫救助资金使用分散、效率低、管理成本高等问题。

(三)扶贫开发会不会作为一个长期的政策体系运行下去

按照我国农村扶贫开发工作的总体要求,2020 年全面建成小康社会,国家级贫困县全部摘帽,贫困发生和贫困的形态都会表现出不同的特征。在这种背景下,大规模的扶贫开发工作还会不会存在? 如果存在,又会出现什么样的变化? 社会救助制度是一个长期运行的较为稳定的制度安排,扶贫开发是作为一个长期的政策存在,还是在短期内结束,对于反贫困政策的策略选择会产生重大影响。但就目前来看,扶贫开发将成为历史阶段而存在,缺乏稳定性和制度性。

(四)两条贫困线造成制度的碎片化

任何一项反贫困政策都要首先解决贫困人口的识别问题。要准确识别贫困人口,首先要科学划定贫困线。社会救助和扶贫开发两套政策体系采取不同的贫困线划定办法,存在不同的贫困线,而这不同的贫困线又造成两类政策所认定的贫困人口群体是有所不同的。这种贫困线和贫困人口群体划分的分离,是阻碍两类制度体系整合的重要障碍。在城市范围内,不存在与农村相类似针对贫困人群的扶贫项目。虽然从实践上来说,这可能并不是个大问题,可是如果考虑到社会救助的城乡一体化趋势,却有逻辑上矛盾的地方。从政策框架来看,扶贫开发的概念更大一些,甚至在政策表达中,农村社会救助是包含在扶贫工作之中的。从地理空间来看,社会救助既覆盖农村,又覆盖城市,它所覆盖的空间范围更大。必须考虑,扶贫开发工作应不应该扩展到城市中,尤其是在城乡社会救助一体化的背景下,政策的合理性、可解释性、逻辑性让我们不得不思考。

三、2019 年青岛市社会救助发展展望

2019 年是精准扶贫的关键年,决定着 2020 年扶贫工作能否完美收尾。未雨绸缪,社会救助和精准扶贫的整合必将逐渐进入决策层的视野。从现实来看,城乡一体化要求扶贫工作不仅能够在农村开展,更有必要在城市开展,这也是精准扶贫同社会救助整合的基础。两者的整合不仅需要社会民众的支持,也需要政府各部门的通力合作、相互协调,实

现两者的效力叠加,而不是相互掣肘,将有限的资源消失在内耗中。

(一)有计划、有步骤、分门别类地推进整合扶贫开发和社会救助

青岛经济社会发展不仅是全省的排头兵,也在全国走在前列,具有一定的影响力。要实现国际化的大都市目标,必须在社会救助和精准扶贫的整合方面率先发展。到2020年,我国全面步入小康社会后,不仅在青岛,就是全国现行贫困标准下的区域性贫困和贫困户都不存在了,所有为解决贫困人群就业而实施的生产自救、项目开发以及为快速解决贫困人口脱贫而建设扶贫单位"大团购","政府兜底大采购"等扶助措施,都要按照市场机制的要求逐步规范,使贫困地区的产业发展和商品市场走上市场化的良性循环。对贫困人口实施教育救助、医疗救助、住房救助、就业救助和临时性救助以及最低保障都属于社会保障范围,纳入社会救助中,对因各种原因造成的贫困都通过社会救助来统一解决。

(二)高度重视城市的贫困问题,在城乡一体化下考虑城乡贫困政策

当前,青岛农村的贫困问题要比城市的贫困问题更为严重和突出,自救能力相对更为薄弱,在此情况下,大力开展农村的扶贫工作,先解决农村的贫困问题有其合理性。随着青岛城镇化和服务行业现代化的深入推进,应将城镇困难家庭纳入精准扶贫帮扶范围。如城乡接合部的亦工亦农、非工非农的状态下的村落,如果不提前防范和规划,有可能发展为脏水横流、乌烟瘴气的贫民集中地。外来务工人员,由于没有本地户籍,不能享受城市低保等社会救助政策,又因不在农村生活,也不能享受到农村扶贫和低保政策,处于城乡扶贫和社会救助政策之外的"都不管"。这部分群体需要通盘考虑,纳入扶贫和社会救助中去。

(三)建立统一的贫困家庭信息库

要实现社会救助和扶贫开发的整合,必须解决贫困家庭信息共享问题,建立统一的贫困家庭信息库。一是做好建档立卡的基本工作,搜集贫困家庭的相关情况,保证适当、准确、及时。二是建立起数据共享机制,这种机制要体现输入和输出两个方面,确保反贫困工作的相关部门和机构及时获得相关信息,也能及时将本部门获取的信息导入。三是做好信息的动态管理,实现一定程度的预测和预估。

(四)统一贫困线和家计调查方法

实现扶贫和社会救助的整合,统一贫困线是必不可少的。在统一贫困线的基础上,需要进一步完善家计调查方法,使两者所瞄准的贫困

人群没有大的出入，能够包含所有贫困户而没有遗漏。目前，采取最低生活保障申请人出示收入证明、社会救助工作人员入户调查和邻居取证等方式难以全面准确地掌握家庭的经济状况。

（五）改变救助金额的补差制救助方式

补差制（救助全额标准减去受助者实际收入）的救助方式，意味着受助者就业收入增加多少，那么其实际救助金将相应减去多少，受助对象就业收入的增加并不能带来总体收入水平的提升，间接强化了救助的劳动负激励。在实践中，其他专项救助或优惠政策与低保资格进行简单捆绑，获得低保救助资格，就可以自动获得其他很多救助项目或优惠政策，而对于那些收入略微高出最低生活保障线的家庭，受到比较严重的"相对剥夺"。导致出现"挤破脑袋吃低保"的现象，受助对象就业的积极性降低，自我改善生活的愿望不高，形成比较明显的"救助依赖"现象。通过扶贫和社会救助的整合，变社会救助中的补差制为全额制，促使收救助对象有余力去发展生产和积极就业创造更多财富，积极脱贫。

（六）专业化的社会救助和扶贫，是现阶段努力的方向

社会救助和扶贫是专业化非常强的事业，而目前却恰恰相反，都是非专业性的工作人员在做。比如，政府各个部门派出的扶贫工作组会利用部门的资源进行扶贫开发，但是由于缺乏社会救助的价值理念，不懂社会救助本身具有的科学性和规律性，往往造成扶贫工作事倍功半和新的不公平和不平等。必须改变过去那种谁都可以去扶贫的工作思路，把专业性的工作交给专业人士去做，历史上社会工作者就是因社会救济而产生的专业群体。政府和部门在扶贫和社会救助中，应优化工作程序，把资源交给社会工作者，让社会工作者发挥专业优势，做好社会救助和扶贫工作，充分发挥市场机制，更好地配置社会资源。而政府部门应加强监督和督查工作，使扶贫和社会救助能够良性发展。

（七）社会救助不仅是"兜底线"，更是"促发展"

市场化的经济发展、小政府大社会的法治政府的治理结构，使得贫富分化成为必然，不断有社会成员由于自身的能力或生理、心理条件等原因而致贫，需要社会救助。社会救助越来越凸显其重要性，改革社会救助制度、完善社会救助体系已经成为社会共识。社会救助正处在转型时期，在长期实际工作中逐步发展出来的各项救助制度需要不断优化和发展。社会救助不再以保障被救助者的生存为最终目标，而是把保障其生存看作基础，在此基础上，通过各种配套救助和社会工作，促进被救助者通过自助摆脱贫困状态,融入主流社会。因此,社会救助发展和改革将不再局限于"兜底线",更应该关注"促发展",这样的社会救助才是可持续发展,才是符合公平、公正的社会理念,也是对社会被救助者个人尊严的尊重。

(八)开展适时的政策评估

对社会救助和扶贫进行科学评估至关重要。只有通过科学的评估,才能获得对于政策的合理评价和反馈,推动政策的完善和改进,而这方面青岛明显做得不够。进行评估指标的设计和引入第三方评估应该是下一步工作需要推进的方向。

(作者单位:青岛市社会科学院)

实施学前教育行动计划以来
青岛市学前教育发展状况分析与前景展望

姜　红

教育肩负着促进人的全面发展、塑造人成长的重任,而学前教育更是儿童接受社会教育的起步阶段,对于儿童价值观的形成、培养儿童的社会认知能力和促进其人格的健康发展具有重要作用。近几年来,青岛市以"率先实现教育现代化、让城乡居民学有优教"为目标,积极推进学前教育普惠发展,认真落实山东省3期学前教育行动计划,学前教育发展成效显著。

一、实施学前教育行动计划以来
青岛市学前教育发展概况

2011年以来,青岛市积极落实山东省3期学前教育行动计划,学前教育水平全面提升,取得了较好的成效。

(一)推进第一、二期学前教育三年行动计划(2011—2016年)取得的成绩

2011～2016年,青岛市以组织实施第一、二期学前教育三年行动计划为契机,大力推进学前教育扩总量、调结构,学前教育普及率、普惠性和办园质量得到全面提升。

1. 形成以政府投入为主的学前教育投入制度

2010年,全市财政性学前教育经费仅为2.7亿元,到2016年,提高到接近12.8亿元,增长3.7倍。公办园生均补助标准每年达850元,普惠性民办园生均补助平均每年2400元。财政投入力度的加大,带动学前教育软、硬件水平的快速提升。

2. 幼儿园数量大幅增加,结构得到优化

六年间累计投入30多亿元,新建、改建幼儿园1029所(其中农村

园 916 所),提供优质学位 19 万个,到 2016 年底,达到省定办园条件的幼儿园比例达 90％,比 2010 年提升 53 个百分点。省级、市级示范幼儿园 572 所,占全市幼儿园(规模 3 个班以上)总数比例的 25％。主城区 60％的幼儿园实行就近入园。学前教育普及率 2016 年在全国 15 个副省级城市中位列第一。

3. 学前教育师教师学历、待遇有较大提升

2016 年,专科及以上学历的幼儿教师所占比例达到 83％,比 2010 年提高 24 个百分点。幼儿教师待遇进一步提高,农村非事业编制幼儿教师工资大幅提升,由 800 元提高到 3200 元。

4. 健全制度,公益普惠的学前教育体系基本形成

2013 年颁布实施地方性法规《青岛市学前教育条例》,并围绕学前教育布局规划、经费投入、教师编制标准、收费标准以及早期教育机构管理等,出台系列制度文件。健全公办和普惠性幼儿园发展保障制度,全市 80％的幼儿进入公办园和普惠性民办园就读。

(二)第三期学前教育行动计划(2017—2020 年)推进成效显著

2017 年 3 月底,市政府办公厅印发《青岛市第三期学前教育行动计划(2017—2020 年)》,进一步推动学前教育持续、健康发展。一年多来,学前教育发展更进一步。到 2018 年 6 月,全市有幼儿园 2137 所,在园幼儿 25.3 万人,学前三年入园率达 98.5％。

1. 财政投入继续加大

2017 年,青岛市财政投入学前教育 14.96 亿元,同比增长 16.93％,占财政性教育经费比例 5.68％。公办园生均公用经费 850 元/年以上,部分区(市)达到 1600 元。普惠性民办园生均定额补助标准平均 2400 元/年,部分区(市)达到 3600 元。2018 年 1～7 月,对新开办普惠性幼儿园按照 3 万元/班标准给予一次性奖励,共计 536 个班级拨付奖励资金 1608 万元;安排专项资金 420 万元,支持新建、改扩建农村幼儿园食堂 210 处。争取中央财政专项资金 1600 万元,专项用于在两孩政策新增人口集中区、主城区和城乡接合部,新建和改扩建幼儿园,应对入园高峰。按不低于 1800 元/年标准资助在园家庭经济困难幼儿。免除学前孤儿、残疾幼儿、低保家庭和建档立卡家庭经济困难的幼儿保教费。

2. 普惠性幼儿园快速增加,城区公办园学位增加

2017 和 2018 年共计划新建、改扩建幼儿园 160 所,其中,2017 年新建改扩建 100 所,计划 2018 年新建改扩建 60 所普惠性幼儿园。到 2018 年 7 月,已开工 60 所,完工 45 所。2017 年以来,为缓解城区公办园入园难问题,通过新建公办园、公办园办分园等方式,在城区新开办公办园 51 所,增加学位约 1.6 万个(其中 2018 年公办园增加学位

10950 个)。到 2018 年底,全市认定普惠性民办园预计超过 200 所,提供普惠性学位约 4 万个。全市省、市示范类幼儿园达到 660 余所。

3. 学前教育队伍建设进一步提升

2017 年以来,新增公办幼儿教师 254 名、农村公办园非公办教师 951 名。到 2018 年初,公办教师中,有教师资格证的占 78.2%,拥有本科以上学历的占 28%;民办专任教师中,有教师资格证的占 62.6%,拥有本科以上学历的占 13.6%。为农村幼儿园补充非事业编制教师,实施幼儿教师学历提升和名师、名园长培训计划。建立农村公办园非公办幼儿教师工资统筹发放机制,镇(街道)中心幼儿园和村(社区)幼儿园非公办教师工资经费 80% 列入区(市)、镇(街道)财政预算,月平均工资提高到 3700 元。通过实施三年一轮园长、幼儿教师全员培训,缩小了学前教育队伍的城乡差别、公办园与乡村民办园差别。2018 年初,全市学前教育教职工达到 2.9 万人。

4. 早教指导服务顺利开展

到 2018 年 6 月底,青岛市各类早教机构达 500 余处。上半年,每处机构已开展不低于 2 次的免费公益早期教育指导服务,提供约 6 万人次服务,2～3 岁婴幼儿家长受指导率达到 80% 以上。

5. 幼儿园监管加强

在实施《青岛市学前教育条例》的基础上,重点加强对幼儿园办园行为的监管。加大对无证幼儿园治理工作,到 2018 年 7 月底,通过发放办园许可、设为看护点、取缔等方式完成整治无证幼儿园 268 处。改革幼儿园招生制度,通过网上报名、热点公办园电脑派位等方式保证招生的公开公平公正。2018 年市内三区就近招生的幼儿园比上年增加 10 所,达到 150 所。

(三)青岛市学前教育存在的问题

1. 存在数量不足与地域差异等供需矛盾

城乡幼儿园需求差别大。城镇入园难问题较为突出。青岛市城镇儿童入园难问题一直存在,特别是中心城区,公办园入园难、规范化民办园入园贵问题十分突出。全面放开二胎政策后,对学前教育的需求处于快速增长期。据有关部门测算,最近几年,入园户籍儿童数量逐年快速增长。因此,青岛市幼儿园总量不足,但农村由于外出打工人口较多,且部分打工人员携带子女,农村老年人较多,大多承担看护学龄前儿童的责任。因此,相对来说农村幼儿园能够满足入园儿童的需求。

2. 幼儿园类别结构性差异显著

公办园发展规范,多为省级、市级示范园,且收费较低,处于供不应求的状态。私立园区发展两重天:部分品牌幼儿园具有一定发展特色,办园较为规范,受到较多家长的青睐。但是,由于其收费较贵,有的幼儿园收费高达公办园的四五倍,且由于民办园自主定价机制不完善,部分民办园收费上涨过快问题较为突出,只能满足部分高收入家庭孩子的入园需求,而对于大多数工薪阶层家庭来说,昂贵的学费阻挡了其子女进入这些幼儿园接受学前教育;对于小规模的民办幼儿园来说,由于办学场地狭小,教师学历低,管理不规范,很多家长不愿意让孩子到这些幼儿园接受学前教育,特别是民办非普惠幼儿园,这一问题较为突出,造成这些幼儿园生源不足,更难以吸引高素质教师的加入,而收入少也造成后勤保障提升的难度加大。与此同时,据相关部门调查,普惠性民办园有相当一部分处于亏损的边缘,加大财政支持力度已成为当务之急。

3. 师资力量有待提升

近几年来,青岛市幼儿教师数量有一定增长。2012 年以来,核增幼儿园事业编制 2975 个,并按照 150 人/年的速度补充幼儿教师。专科以上学历的教师比例也快速提升,但是学前教育高校培养的幼儿教师多数不愿到乡村工作,造成乡村幼儿教师数量不足,专业知识不能满足要求。与此同时,家长反映幼儿园教师不能善待孩子的现象也时有发生。这其实与学历并无太大的关联,体现的是教师职业素养和道德修养的不足。此外,教师队伍性别比不够合理,男性教师比例过低。男教师与女教师相比,虽然可能在耐心细致方面略逊一筹,但往往能更好地培养儿童的勇气和勇敢精神。因此,适当增加男教师是必要的。

二、2019 年青岛市学前教育发展趋势预测

2019 年,入园儿童将继续保持较大增幅,对普惠性幼儿园需求继续增长,需要继续保持较大的财政支持力度,全面规范幼儿园办园行为,提升幼儿园办学质量。

1. 幼儿园数量增长仍不能满足主城区学位需求

城区配套幼儿园建设虽然会持续,但是,受建成区土地等条件限制,新建幼儿园土地缺乏,市区可开发土地规模小,配建幼儿园数量会较少。据从有关部门了解,青岛市 2019 年计划新建幼儿园 60 所。全面放开二孩政策后,青岛市新增人口增幅较大,预计全市 2019 年比 2018 年入园户籍儿童增加 9000 人,并将在今后几年保持更大的增幅。此外,青岛市外来务工人员子女也在持续增加。因此,今后几年甚至十几年,青岛市随着入园儿童的快速增长,对幼儿园数量、质量以及幼儿教育教师队伍建设都提出了更高的要求。特别是主城区儿童对于进入公办园和普惠性民办幼儿园的需求仍然是很大的。因此,入园难问题

仍将继续存在,通过公办园办分园、委托办园等方式改扩建现有公办幼儿园,加大对普惠性民办园的支持力度不失为可行之策。

2. 师资队伍培训进一步受到重视

当前,培育提升幼儿教师职业素养已成为社会共识。尽管近年来幼儿园硬件建设提升快,但其实,幼儿园的发展提升,更为重要的是人的因素。也就是说,教师其实是幼儿园发展质量的重要决定因素。青岛市幼儿教师数量虽然在缓慢增加,专科以上学历的教师比例也从2010年的59%,到2016年为83%,2018年上半年更是达到89%。但是,在数量和学历要求以外,提升教师的职业素养和道德修养尤为重要。一是培养教师热爱岗位、关心孩子的职业精神。有爱心,爱孩子是教育好孩子的前提。没有爱心的教师,也就不会为孩子们付出耐心并给予其关爱。在选拔教师时应更多关注其道德水准,提升幼儿教师进入门槛。二是培养教师与孩子们沟通的技巧。与天真的孩童交流,同与成年人交往有很大的差别。需要了解孩童的心理,对他们进行恰当的引导,才能帮助其掌握正确的社交礼仪、教会其与别人沟通的技巧,助其了解哪些事可以做、哪些事不能做,从而为其价值观和人生观的形成奠定基础。为此,教师要加强心理学学习,尤其对于儿童心理学要从理论、实践两方面学深学透,学以致用,达到融会贯通。

3. 办园规范化水平进一步提高

建立完善市级统筹、区(市)为主的学前教育管理体制。研究制定幼儿园办园质量评价指标体系,开展第三方办园质量评估。将学前教育行动计划重点目标任务列入对区(市)政府教育工作督导考核内容。普惠性民办园管理办法制定以来,对普惠性民办园实行分级管理,新增城镇居住区配套幼儿园采取划拨方式供地,由区(市)政府投资建设。市财政按照50万元/班的奖补标准,支持鼓励区(市)政府回购出让地性质的配套幼儿园。通过实施学前教育信息化建设工程,在当前80%的公办园及普惠性民办园完成信息化设备配备工作的基础上,2019年该比例将进一步提升,从而提升学前教育教学质量和办园规范化水平,为更多幼儿园成为省、市示范类幼儿园奠定良好基础。目前青岛市省、市示范类幼儿园仅占40%,提升空间很大。

4. 幼儿园监管更加完善

加快制定办园水平发展性督导评估和办园质量评价指标体系,开展第三方办园质量评估。教育部门对幼儿园教学、后勤保障、招生、收费等方面进行监管,特别是对于不同类别民办园的收费标准制定上限和涨幅区间,并对违规办园行为制定处罚裁量规定。健全办园质量评估监测体系,提高保教质量。要加强对幼儿园的日常监管。加大日常巡查力度,定期对家长进行问卷调查,了解他们对幼儿园各项工作的满意度,及时发现幼儿园存在的问题,督促其第一时间加以改进。要加大对普惠性民办园的监管力度,遵照普惠性民办园进入门槛,制定等级认定标准,并建立健全淘汰机制。同时,加强对普惠性民办园的教学及日常管理等方面的指导监督,尽快提升其办园水平,让更多的百姓了解并接纳普惠性民办园。

（作者单位:青岛市社会科学院）

青岛市农村无害化厕所改造研究

张维克

厕所是人们生活中须臾离不开的必需空间，也是反映社会变迁和社会文明进步程度的一个特别重要的指标，直接关系到广大人民群众工作与生活环境的改善，关系到国民素质的提升。党的十八大以来，习近平总书记多次强调，随着农业现代化步伐加快，新农村建设也要不断推进，要来个"厕所革命"，让农村群众用上卫生的厕所。为全面深入贯彻习近平总书记关于在农村进行一场"厕所革命"的重要指示精神，青岛市将农村无害化卫生厕所改造列为市办实事，把农村改厕作为乡村振兴战略的一个重要契机和有力抓手，由政府全面主导农村改厕进程，不断加大财政投入力度，在全省率先高标准、高质量地完成了农村改厕任务，并在此基础上鼓励部分区（市）进行后续管护的尝试，取得了很大成绩，得到农村群众的真心拥护，使广大农村的卫生面貌焕然一新。

一、青岛市农村无害化卫生厕所改造成效显著

2016～2017年，青岛市强化政府在厕所改造过程中的主导作用，安排专项财政资金作保障，成立改厕工作相关领导和组织机构，制定了严格的标准和程序，推动了此项工作保质保量地在全市范围内大规模快速展开。两年来，全市农村改厕工作范围共涉及8个区（市）、92个镇街、5109个村庄，改厕数量达82万余座，受益群众200万余人，困扰农村群众数千年来直接的切身利益问题一举得到解决，为在广大农村地区实施振兴乡村战略、建设美丽乡村营造卫生、优美、舒适、整洁的生活和工作环境奠定了牢固基础。

（一）实施农村改厕的本质在于改善农村人居环境

所谓无害化卫生厕所，是指符合卫生厕所的基本要求，具有粪便无害化处理设施、按规范进行使用管理的厕所。无害化卫生厕所的基本要求是要有墙、有顶，贮粪池不渗、不漏、密闭有盖，有沼气排出管，厕所清洁、无蝇蛆、基本无臭，粪便废液按规定定期清出。

人类的粪便中带有多种肠道传染病和寄生虫病的病原体,在缺乏无害化处理和良好卫生管理的情况下,往往会散发出恶臭,导致苍蝇滋生、环境污染;如果污染了食物、饮用水,就会造成传染病的流行或暴发流行,严重危害人类的身体健康。因此,建设一种更安全、更卫生的厕所一直是人类不懈的追求目标。1870年,英国人赫利尔在前人的基础上经过努力发明了现代冲水马桶。与此同时,美国人也开始在建筑物里安装室内厕所。然而,现实的状况是,尽管100多年过去了,但由于长期受到落后经济发展条件的制约以及几千年来沿袭的不良卫生习惯,我国农村相当多的地区仍然使用不符合卫生要求的厕所,旱厕、连茅圈,甚至露天茅坑都不少见,所谓"一个土坑两块儿砖,三尺土墙围四边"的现象随处可见,这是广大农村地区厕所的真实写照。尤其是到了夏天,这些不安全、不卫生的厕所更是臭气冲天、蝇蛆滋生,不仅造成严重的环境污染,而且成为多种肠道传染病、寄生虫病的滋生地和传染源,增加了多种重大疾病传播的风险。因此,将农村地区的旱厕、连茅圈、露天茅坑等改建为无害化卫生厕所,不仅是为了改善农村的人居环境,也是为了转变长期以来农村群众养成的卫生观念和改变不良的卫生行为习惯,更是党和政府为实现农村居民获得基本公共卫生服务,最终实现农民少得病、不得病而采取的重大举措。可见,大规模地实施农村无害化厕所改造工程,对于提高农村群众的生活质量、提升农村人口的整体健康水平和改善农村人居环境有着特别重要的积极意义。

(二)选择符合本地实际的无害化卫生厕所样式

改革开放以来尤其是党的十八大以来,随着农村经济社会的加速发展和生活水平的大大提高,农村居民的环境卫生意识迅速增强,不仅把自家的厕所建造得安全、卫生、方便的要求越来越强烈,而且对粪便进行无害化安全处理的愿望越来越迫切。正是在这种情况下,青岛市为贯彻习近平总书记关于"厕所革命"的精神要求,在山东省委、省政府的部署下,按照率先发展的要求,于2016年和2017年在农村实施了大规模的无害化卫生厕所改造工程,取得了重大成就。

从样式上讲,广大农村地区的卫生厕所有四大模式:一是在城镇污水管网覆盖到的村庄和农村新型社区,推广使用水冲式厕所;二是在一般农村地区,推广使用双瓮漏斗式化粪池和三格式化粪池(见图1、图2);三是在重点饮用水源地保护区内的村庄,全面采用水冲式厕所;四是在山区或缺水地区的村庄,推广使用沼气池式厕所等。鉴于本地的实际,青岛市主要采用了双瓮漏斗式化粪池和三格式化粪池两种样式。

1. 三格式化粪池

从结构原理上讲,三格式化粪池是由地上的厕屋和地下的粪池两部分组成,地上厕屋高不低于 2.2 米,外墙边长不小于 1.5 米,厕屋建造应高出地面 10 厘米;地下的粪池由三个相互连通的密封粪池组成,青岛市一般采取的是长方形设计。各粪池容积计算依据粪水贮存时间而定,大致按 2∶1∶3 计算,其中 1 号池贮存 20 天,2 号池贮存 10 天,3 号池贮存 30 天。根据三个池子的主要功能,可依次分为截留沉淀与发酵池、再次发酵池和贮粪池。粪便由进粪管进入 1 号池,依次顺流至 3 号池后,基本上不再含寄生虫卵和病原微生物,达到了粪便无害化要求,可以供农田直接施肥用。在具体建设中,进粪管与水平呈 45°,由于进粪管口安装在 1 号池,因而位置要尽量高(可根据实际抬高便器台位置)。过粪管上口要低于进粪管口,第一管下口距化粪池底的距离应为化粪池有效深度的 1/3,第二管为 1/2,角度为 45°～60°,长度根据需要截取。此外,化粪池两个隔墙距盖板留一个砖的空隙,以便通臭气。还要注意的是,两个过粪管在隔墙上的位置稍错开,不要对正;而排臭管往往是紧靠厕屋外墙,下口安装在化粪池 1 号池高于进粪口的位置。

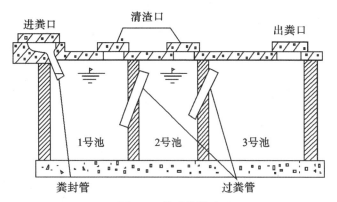

图 1 三格式化粪池

2. 双瓮漏斗式化粪池

就设计构造而言,双瓮漏斗式化粪池是固化物在池底分解,上层的水化物进入管道流走,防止管道堵塞,给固化物(粪便等垃圾)有充足的时间水解。安装时,在对接处粘上封闭胶带后,先把瓮体对接,再用螺钉加固后将瓮体放入挖好的坑里,瓮体周围用细土填好夯实,防止瓮体塌陷、倾斜,瓮体高出地面 5～10 厘米,瓮盖周围用水泥砂浆加固,起到防渗固定作用。调整好过粪管口的位置,瓮与瓮之间用过粪管连接,在过粪管与瓮体连接处用专用的管件连接,起到防渗固定作用。双瓮漏斗式化粪池一年清掏两次即可,每次冲厕用水仅为 0.3～0.4 升,相当于不到半瓶矿泉水的水量。总体上而言,农村厕所冲水量仅为城市水冲式厕所的 1% 左右,比较适宜于北方农村地区。

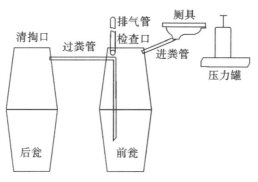

图 2　双瓮漏斗式化粪池

青岛市在大规模开展农村无害化卫生厕所改造工程中主要选取三格式化粪池和双瓮漏斗式化粪池两种样式,其原因主要有三点:一是针对青岛市地处北方丘陵地带的实际情况,在寒冷的冬季,传统的单砖砌化粪池容易出现冻池现象,出现渗漏,而且开挖面积大,容易污染地下水,也容易滋生细菌和产生恶臭,使用三格式化粪池和双瓮漏斗式化粪池能够做到无渗漏、密封性较好,有利于农村生态环境的改善,因而成为农村无害化卫生厕所改造的优选。二是农户都有施用农家肥的习惯和需求,而这两种样式的厕所都可以经过储存发酵,直接抽取废液废渣用来施肥。三是三格式化粪池和双瓮漏斗式化粪池的造价较低,一般地质条件下 1000 元左右即可建造好,即使是遇到较为复杂坚硬的地质,大概 2200 元左右亦可建好,经济负担相对较轻,能够承受得起。

以莱西市和平度市为例。从莱西市的情况看,2016 年共改厕52124 座,其中双瓮漏斗式化粪池为 44180 座,三格式化粪池为 7944座;2017 年共改厕 96984 座,其中双瓮漏斗式化粪池为 73833 座,三格式化粪池为 4896 座,管网式为 13926 座,沼气池式为 2433 座,其他样式为 1896 座。二者相加,在总共 149108 座改厕中,双瓮漏斗式厕所共118013 座,占总数的 79%;三格式化粪池共 7481 座,占总数的 5%,这两种样式的化粪池就占了 84%。

从平度市的情况看,2016 年共改厕 57000 座,全部为双瓮漏斗式化粪池;2017 年共改厕 268200 座,其中双瓮漏斗式化粪池 232817 座,三格式化粪池 1549 座,管网式为 23427 座,沼气池式为 5075 座,其他样式为 5332 座。二者相加,在总共 325200 座改厕中,双瓮漏斗式厕所共 289817 座,占总数的 89%;三格式化粪池共 1549 座,占总数的0.4%,这两种样式的化粪池就占了近 90%。

(三)充分发挥政府在推进农村改厕中的主导作用

2016 年以来,青岛市坚决贯彻习近平总书记关于"厕所革命"的指示精神,全面落实党中央关于改善农村人居环境、加强生态文明建设的战略决策,按照省委、省政府要求,在认真总结过去农村改厕工作的经验和教训的基础上,将基础设施建设和社会事业发展重点放在农村,由政府全面主导,把农村无害化卫生厕所改造工作纳入振兴乡村和新型城镇化建设的工作布局中,取得了农村改厕工作的决定性胜利。

1. 健全组织机制,压实领导责任

青岛市委、市政府高度重视农村无害化卫生厕所改造工作,将其作为重要的民生工程来抓。在将农村改厕列入市办实事项目的同时,青岛市还以市委、市政府的名义出台了《关于深入推进农村改厕工作的意见》,印发了《关于建立青岛市农村改厕部门联席会议制度的通知》《青岛市 2016 年农村无害化卫生改厕项目实施方案》《青岛市 2017 年市办实事农村改厕工作实施方案》等文件。为将此项工作全面落实到位,市政府专门成立了市农村改厕联席会议办公室,定期由市政府督查室、市城市管理局、市财政局等部门组织联合督查组赴各个项目区(市)进行巡回督查。市城市管理局作为牵头单位,7 个项目区(市)将厕所改造工作作为本区域的年内重点工作,均成立领导小组、出台实施方案、制订工作计划,形成了改厕工作上下联动、相关部门合力抓、层层到人的工作局面。

2. 落实资金保障,扫除主要障碍

不可否认,多年来农村无害化卫生厕所一直难以普及有诸多原因,但资金问题无疑是最主要的问题:一方面,受财力制约,农村改厕方面政府的投入相对不足,难以起到支撑作用;另一方面,长期以来农民的收入较低,忧虑改厕的费用问题,因而主动要求改厕的积极性并不高。为突破这种困窘局面,在改厕资金保障方面,青岛市按照政府主导、分级负担、集体和社会资助、群众自筹相结合的原则,多方筹集农村改厕资金,由项目区(市)统筹安排,按照每座平均不低于 1000 元的标准投入建设,而在丘陵山区地带,每座投入低则为 1200~1300 元,最高投入甚至达每座 2200 元左右。尽管目前的财力还不是特别充足,但各级政府都把改厕作为一项政治任务来看待,有力地保障了资金及时足额到位。在市、区两级资金统筹上,青岛市财政对各项目区(市)进行了补助,具体标准为:平度市、莱西市每座 600 元,其他区(市)每座 400 元。此项改厕资金实行专款专用,项目区(市)政府按改厕资金使用管理规定严格执行,市城市管理局、市财政局时时跟踪督导资金的落实情况,确保农村改厕资金及时、足额到位。两年来,市级财政共安排改厕资金 3.87 亿元,为全市大规模的改厕工作顺利开展提供了坚强有力的资金保障。

3. 科学制订方案,快速推进工作

各项目区(市)政府都把农村改厕作为一项严肃的政治任务来看待,制订了具体工作实施方案,确定了政策措施、工程进度计划以及资金安排要求,对改厕数量和时间节点作出了明确要求。共完成改厕数量达 82 万余座,受益群众 200 万余人,在全省率先实现了农村无害化卫生厕所的改造工作,完成了农民群众期望已久的"厕所革命"。

4. 加强技术指导,强化质量监督

与其他大型工程相比较,实施农村无害化厕所改造工程有三个突出的特点:一是单个工程量小,但总体工程量大;二是表面上看施工工艺简单,但施工标准要求很高;三是建设时间短,但后续管护时间很长。可以说,这三个方面都直接涉及广大农民群众的切身利益。正因为如此,青岛市制订了农村无害化卫生改厕项目技术方案,针对农村改厕技术指导的组织领导、技术指标、技术培训、健康教育、无害化效果监测与卫生学评价等有关内容作出了具体规范。两年来,市级改厕部门聘请卫生部门等专家先后开展 6 轮次的技术培训,同时,聘请省住建厅、省标准化院、市疾控中心等专家对改厕一线的管理人员进行质量标准、施工规范和维护管理等培训,从而强化了整个改厕流程的技术规范,促进了改厕标准的统一。

在质量监管上,为严把改厕质量关,青岛市出台了《青岛市农村改厕质量督导制度》等一系列文件,确保改厕工作有规可依、有序开展。市改厕办联合市政府督查室、财政局每月定期进行调度督查,强化全市改厕面上督导。全市还建立了改厕周统计、月汇总和《督查通报》制度,定期对改厕进度质量进行通报。在村(社区)、镇(街道)、项目区(市)三级验收的基础上,市级公开招标第三方公司对各项目区(市)进行质量督导、数量核实等评估验收工作,确保改厕质量达标。

5. 注重宣传引导,促进居民参与

农村无害化厕所改造,归根到底是服务于广大农村居民的生活,因此,让居民理解、参与进来才能更好地发挥改厕工作的实际效果。在改厕工作初期,一些村民存在观望和怀疑的态度:一是担心工程量大,会破坏现有的家庭设施;二是担心改厕会造成使用不便,不能真正改善如厕环境。面对村民的质疑,全市改厕部门坚持以实际效果说理,用实际行动来打消村民的顾虑。首先,通过在各村树立典型示范户的方式,以实物功效调动周边农户改厕的积极性。其次,加强技术指导,坚持技术人员入户到场,尽量以最少的工程量设计施工方案,一些家中格局狭小的老式房屋也能改造成功。再次,加强入户抽检验收。市级第三方和各项目区(市)、镇、村验收工作人员及时到村入户随机抽检验收,确保达到全部合格,让改厕工作落到实处。

为突出农村无害化卫生厕所改造的实际效果,青岛市还广泛利用各类媒介,对改厕工作进行全方位宣传,全市各级部门共印发海报、宣传册 10 万余份,改厕使用的明白纸 8 万余份,制作了工作资料汇编1000 本,改厕后续使用讲解光盘 1 万张。中央电视台、青岛电视台等平面媒体,《人民日报》《大众日报》《青岛日报》等纸质媒体以及凤凰、腾讯等各类网络新闻媒体宣传 20 余次,使得农村改厕的好处得到广泛宣传,营造了全市广泛参与的良好氛围。

6. 农村改厕效果优良,社会反响正面积极

青岛市的农村改厕工作已经完成,但改厕效果如何还需要全方位的检验。改厕的卫生效益、环境效益和社会效益不仅需要长时间的客观数据积累来作支撑,更需要得到广大农村居民真心实意的认可,从而在后续运营维护中将农村改厕的良好效果长期维持下去。

第一,关于青岛市农村改厕的卫生效益评估。2017 年 5 月,市改厕办牵头组织市疾控中心专业技术人员,按照 1‰ 的抽检比例,对 2016年度 30 余万座农村改造户厕进行了全面系统的卫生学评价。参照国标《粪便无害化卫生要求》和《农村户厕卫生规范》标准,通过对全市 30个镇(街道)52 个村(社区)随机抽检的 4019 份样本进行检测,结果显示:蛔虫卵监测合格率为 100％,成蝇监测合格率为 99.5％,臭度监测合格率为 97.2％,卫生学整体评价指标合格率为 94.3％。这个结果表明,青岛市改建后的农村居民厕所无害化效果是成功的,处于优良状态。

第二,关于项目分区(市)改厕的效果评价。从各项目区(市)改厕效果来看,尽管各项目区(市)改厕总量中的过半任务集中在 2017 年完成,但改厕后的整体效果经过居民使用后的检验,同样较为理想。特别值得一提的是,胶州市在 2016 年就全面完成了农村改厕工作,到现在已经有近两年的实践时间,无论是卫生效果和社会效果都经受住了时间的检验,在全市改厕工作中具有较强的代表性。

2017 年 7 月 31 日至 8 月 4 日,山东省农村无害化卫生厕所改造联席会议办公室委托第三方对胶州市农村改厕工作进行考核验收,验收组抽查了胶州市 8 个镇、25 个村庄、2466 户,确认胶州市农户无害化卫生厕所覆盖率为 92.70％,超过 90％的全覆盖认定标准,群众满意度为 99.94％,实现了农村改厕的全覆盖,也充分表明胶州市改厕取得了很好的社会效果。

二、青岛市农村改厕过程中存在的问题

青岛市农村改厕任务在数量上已经超额完成,这是一个巨大的成就,值得充分肯定。但是,由于时间紧、任务重、思想认识不够等,建设

过程中出现的问题以及后续管护方面的问题依然存在,大致有三个方面的问题需要引起相关部门的高度重视。

(一)监理走过场而导致的质量不达标问题

从实际情况看,个别项目区(市)由于认识不足、准备不充分等原因,农村改厕工程进度明显滞后,到了 2017 年的 10 月、11 月才真正发力,全力以赴推进工期,这说明责任单位对农村改厕的重要性、青岛市对农村改厕进程的安排并没有真正重视起来,第二、第三季度改厕进展缓慢,耽误了工期,只好在最后一个季度加班来确保 2017 年底前完成,而工程往往因为赶工期而出现监理走过场、外面好看里面质量不高等问题。

这一点,在不同项目区(市)工作进行对比时就格外明显。由于思想重视、准备充分,胶州市与崂山区的改厕工作都做得比较好。以崂山区为例,尽管该区多山环境下的农村改厕投入资金较高,一般为 2200 元左右,在无法连接市政管网的地方,因地制宜地采用砖砌三格式化粪池为主要建设方式,如北宅街道埠落社区内改厕标准统一、三格式内部全部做了抹平防渗处理,上部采用三块水泥预制板分别加以覆盖,虽然显得笨重,但结实耐用,也能有效防止未成年人拖动而发生危险,适合农村的实际生活,值得赞扬。

但是,在同样采用三格式化粪池改造为主要方式的个别项目区(市),即使在同一村庄,也存在改厕标准不一、标准不严、三格式化粪池内部防渗处理不到位等问题。还有个别村庄改厕后属于"面子光滑、里面简陋",没有从坚固实用的角度考虑,三格化粪池的盖板竟然选用了大理石,而且只有两块盖板,这就造成了两种可能出现的后果:一方面,大理石价格昂贵,抬高了造价,且大理石极易破碎,不适合经常拖动的使用环境;另一方面,两块盖板对应三格式化粪池,会导致后续在检查、使用上很不方便。显而易见,这种施工在设计和建设上还较为粗糙,未能充分考虑到改厕的实用性。

另外,还有个别的村庄改厕后用水泥砂浆将三格式化粪池全部封闭起来,仅仅留下直径约 10 厘米的圆孔用来抽取粪液,这样做虽然解决了农村儿童安全问题,但对于农民抽取粪液肥田则造成了很大困难,对于后期检查、维修而言也十分不便。

再有一种情况同样值得注意,即在个别项目区(市),一些地方内外厕具均已改造完的地方,进粪管基本上是水平设置的,违背了"水往低处流"的基本原理,而由于农村冲水箱普遍较小、冲水不足等原因,往往导致大便后冲厕困难;更由于农村地区普遍是户外厕所,还存在着冬季上冻堵死管道而难以使用的尴尬情况。

(二)改厕完成的后续管护工作亟待加强

随着农村厕所改造的完成,厕所使用后续的粪液抽取、维修管护等问题逐渐突显。除个别区(市)在后续管护方面进行的探索外,因国家和省尚未出台后续管护政策,以及受资金投入和队伍建设等因素制约,大部分区(市)尚未大面积开展改厕后续管护工作。

对后续管护,农村居民集中反映的是,改造后管护成本应该由谁来承担的问题。这表明,尽管农村居民都认为农村改厕是大好事,但由于农村地区经济水平、收入水平相对较低,居民对安全等方面的需要更为强烈,对于环境需求尚不那么迫切,因而普遍希望政府能免费抽取粪液,不愿意付出一部分费用,还存在强烈依赖政府和搭便车的心理。

三、关于完善农村改厕工程后续管护的对策与思考

农村改厕是一件利国利民利后代的大好事。随着农村改厕建设工作的基本完成,农村地区的生产生活条件明显改善,农民的生活质量也有了较大提高。为巩固全市农村改厕的成效,确保改厕后环境效益和社会效益长久发挥,有必要对前期建设中存在的问题和后续管护问题进行整改和研究,使改厕的良好效果维持延续下去。

(一)坚持建管并重,针对暴露出来的问题开展自查与抽查

近两年来,青岛市以将农村无害化卫生厕所改造列为市办实事为契机,强化政府在厕所改造过程中的主导作用,快速有效地推动此项工作保质保量地在全市范围内大规模展开,确保了市办实事的顺利完成,一举解决了困扰农村群众数千年来的切身利益问题,为在广大农村地区实施振兴乡村战略、建设美丽乡村奠定了良好的基础,也得到了农村群众的真心拥护。但是,由于前期建设过程中存在着赶工期、赶进度、赶数量等因素,导致一些厕所出现质量不高甚至不达标的现象,给后续管护带来了诸多问题。对此,建议相关监督机构对存在问题的地方开展一次自查与抽查活动,将安全隐患逐一排查出来,进行彻底整改。

(二)深入农户家中开展宣传,调动农民的积极性

农村改厕是一项典型的民生工程。这项工作要获得成功,首先需要得到群众的普遍拥护与认可,这是开展民生项目的前提条件。在民生工程落实过程中,无论是建设、监理还是后续管护,都需要政府领导好,主导各方力量的参与和博弈,把稳民生工程落实的方向。

民生工程的监督关键在于激活人民群众监督本身的活力。从本轮

农村改厕中看出,政府投入民生工程大量资金,完成了农村改厕的建设任务。从历史来看,这是对过去农村剪刀差不公平待遇的一种回馈,也是以工补农、城市反哺农村,使城乡之间均衡发展的应有之义。但是,应当指出的是,农村居民在本轮厕所改造中的应有参与作用并未得到完全的发挥,特别是对政府投资的施工、维护过程缺乏足够的监督力度,很大程度上就是一种被动接受的旁观者,这与农民自己作为民生工程受益者的身份是很不相称的,也是后续管护中需要特别注意的。因此,要采取多种方式引导农户正确使用卫生厕所,加大宣传引导力度,对可能出现损害厕具的方式提前告知农户;要广为宣传合理控制冲厕次数和水量,禁止将生活废水、食物残渣等倒入便器或化粪池等错误使用习惯,防止形成堵塞和影响发酵效果,防止掺有化学成分的粪液作为肥料使用时对农田造成副作用。冬季时,要采取一些有效保暖措施,防止厕具和配件发生冻裂。总之,各相关部门和工作人员一定要深入农户家中开展宣传解释工作,充分调动农民参与的积极性和主动性,在获取真实民意、民情,了解真正民声的基础上再作出决策。

(三)宣传成功典型经验,鼓励结合实际进行探索

青岛市大部分项目区(市)是在2017年底前完成的农村改厕工程,对于如何实现后续管护的良好运行尚无现成的经验可以借鉴。应提倡各地结合实际,鼓励探索符合本地特点的管护模式。在这方面,作为全市先行者的胶州市所创造的经验可供参考。

胶州市在2016年基本完成建设任务以后,迅速转变思路,将工作的重点放在后续长效管护机制的建设上,并根据自己的实际,最终确立了三种有效的管护模式。

第一,"粪污直排、专业化处理"模式。胶州市依托污水处理体系,对"城中村"和距离主城区、镇驻地较近的村庄,因地制宜在村内单户设立沉淀池或化粪池,将粪液和生活污水通过城市地下管网纳入市级或镇级污水处理厂,进行专业化处理。该模式主要分布于主城区附近及镇驻地附近,辐射70个村,受益1.3万农户。

第二,"联片整治、模块化处理"模式。胶州市对村内已铺设管网,但距离主城区和镇驻地较远的村庄,在几个村庄之间设立区域小集中污水处理厂或污水处理模块,对周边村庄的农户进行改厕,收集化粪池中的粪液和生活污水,通过管网进入区域小集中污水处理厂或污水处理模块,进行模块化处理。该模式主要分布于镇区域中心及大沽河沿岸两侧,辐射56个村,受益1.1万农户。

第三,"单户改厕、集中化处理"模式。对于不靠城区、不靠镇驻地、不靠工业集聚区、不靠污水处理厂的"四不靠"偏远村,考虑到人口密度较低,建设污水集中处理模块、铺设地下管网、后期运营成本较高,建成后难以达到处理规模等因素,胶州市主要进行单户改厕,采取三格化粪池或双瓮化粪池对粪液进行初步无害化处理,分类收运至镇厕污集中处理系统进行资源再利用或收运至污水处理厂进行集中处理。该模式是胶州市农村改厕的主要管护模式之一,全市 12 个镇街均涉及,辐射 572 个村,受益 9.6 万农户。

(四)以市场为导向,建立多种多样的长效后续管护机制

尽管各项目区(市)有不同的特点,但有一点是共同的,这就是都需要建立长效后续管护机制。为此,一是要像开展建设那样重视对后续管护机制的组织领导,将建管并重落到实处。各区(市)政府要继续落实主体责任,切实加强厕具维护、粪液收运处理和有效利用的领导工作,全过程全方位无死角地抓好农村改厕工作。二是以市场为导向,建立多种多样的长效后续管护机制。要按照政府补助引导、集体和社会资助、群众自筹相结合的原则,多方筹集改厕后续管护资金。在这方面,胶州市进行了很好的探索,经验值得推广。按照该市出台的《关于建立农村改厕工作长效管护工作机制的实施意见》,市财政每年投入800 万元,用于抽厕补助和厕所维修补助。经测算,每个农户一年抽厕约需 4 次,每次抽厕费用 30 元,其中胶州财政补贴 10 元、镇街财政补贴 10 元、农户个人交费 10 元。三是建立维修管理队伍。要积极鼓励社会多方参与,鼓励企业或个人成立农村厕所管护服务站,具体负责对改后厕所维修维护、定期收运粪液、进行资源化无害化处理,并根据实际情况建立专门粪液收运队伍,或利用现有城乡环卫一体化和农村沼气服务合作社的队伍设备,对改后厕所进行统一管理,定期统一收集、统一运输,统一进行无害化处理和资源化利用。例如,胶州市采取由各镇街进行公开招标,委托物业公司组成专业管理队伍进行管护,每1500 户配备一辆抽粪车辆,满足全部改厕农户的抽厕需求,真正做到了"专业人干专业事"。四是积极培育粪液利用市场,变废为宝。在有机农业、林业、果业等比较发达的项目区(市),也可由政府或企业与苗木培育、林果种植、有机农作物种植等大型种植企业(户)对接,将收集后的粪液作为有机肥使用,如平度市将粪液作为葡萄的肥料收到了良好的效果。而在有机农业不发达、或对粪液需求量相对不大的项目区(市),则可由政府统一组织,将无害化粪液收集后,运送到污水处理企业进行集中处理。

(作者单位:青岛市社会科学院)

青岛市建设县域整合型医疗卫生服务体系研究

李传荣　王景宏　徐　媛

建立和完善整合型医疗卫生服务体系是世界各国医疗卫生事业发展的重要研究课题和发展趋势之一。2015 年 3 月 6 日,国务院办公厅印发的《全国医疗卫生服务体系规划纲要(2015—2020 年)》(国办发〔2015〕14 号)首次提出了"构建与国民经济和社会发展水平相适应、与居民健康需求相匹配、体系完整、分工明确、功能互补、密切协作的整合型医疗卫生服务体系"的目标。县域医疗卫生服务体系作为我国卫生服务体系的重要组成部分,承担着为广大农村居民提供基本公共卫生服务和基本医疗服务的重要职责,国家确定的深化医改、建设分级诊疗制度建设的目标之一是"实现大病不出县,90％的治疗控制在县域"。如何整合县域医疗卫生服务体系、提高区域卫生服务整体效率是当前青岛市深化医改的一项重中之重的任务。

一、国内外整合型医疗卫生服务体系建设概况

(一)整合型医疗卫生服务体系的内涵

"整合型医疗卫生服务体系"的概念是世界卫生组织(WHO)在总结提炼世界各国探索实践的基础上于 2008 年提出来,其定义可概括为:"将包括健康促进、疾病预防、治疗和临终关怀等在内的各种医疗卫生服务的管理和服务提供整合在一起。根据健康需要,协调各级各类医疗机构为病患提供终生连贯的服务。"它的核心理念是以人的健康管理和医疗服务需求为导向,在健康促进、疾病预防、医疗诊断、康复服务、长期护理及临终关怀等诸多方面提供无缝隙服务,在强化疾病防治、推进健康管理、降低诊治成本等方面都起到良好的作用,从而满足医疗服务对象多元化的卫生服务需求,也符合我国当前深化医疗卫生体系改革的目标导向。2015 年,世界卫生组织(WHO)正式将"以人为

本"的一体化卫生服务提供模式和服务体系(整合型医疗卫生服务体系)建设,作为一项新的全球发展战略。

(二)国际社会整合型医疗卫生服务体系建设的实践经验

"整合型医疗卫生服务体系"作为一个较为成熟的概念虽然是近些年才提出的,但对医疗卫生服务体系的整合探索从 20 世纪 60～70 年代就开始了。随着对健康影响因素和有效干预措施研究的不断深入,越来越多的国家认识到传统的医药卫生服务体系和格局已无法适应老龄化、疾病谱变化和生活方式转变等带来的健康需要。20 世纪 60 年代,整合的思想与策略便开始在卫生领域流传并应用,美国经济学家 Alain Enthoven 认为,疾病的诊疗是一个复杂的过程,是一个需要连续提供服务的过程,它涉及预防、治疗、康复等各个环节和步骤,这种连续性的、整体的医疗服务无法通过个体层面的医院来提供,因此需要对不同层次和不同类型的医疗机构进行组织结构上的整合,形成一体化的医疗服务体系。

20 世纪 70 年代以来,以英国、美国等为代表的西方发达国家针对完善公共卫生服务体系建设做了积极探索和实践,并且从 20 世纪 90 年代以后,逐步推广到印度等发展中国家,取得了很好的经验成果,国际影响力不断提升。为了提高卫生服务质量、公平性、可及性和卫生资源的利用效率,各国对医疗卫生服务系统的整合内容和方式大体一致。一是在服务提供方面,各种初级卫生保健机构和医院协调合作,提供多层次、一体化和连续的医疗卫生保健服务;二是在治理机制方面,形成协调统一的治理机制,并有广泛的社会参与和多部门合作确保健康公平性;三是在组织管理方面,对临床、行政和后勤部门进行统一管理,并配备充足而有资质的人力资源和标准化的信息系统;四是在筹资支付方面,既有充足的资金来源,又通过有效的筹资和支付方式建立促进整合的激励机制。

(三)我国县域整合型医疗卫生服务体系建设的探索与实践

2009 年中央推动实施的新医改,明确了建立健全覆盖城乡居民的基本医疗卫生制度,为群众提供安全、有效、方便、价廉的医疗卫生服务的总体目标,并开始探索整合公共卫生服务资源的有效形式。2012 年,在国务院《关于县级公立医院综合改革试点的意见》中,进一步提出"鼓励有条件的地区探索对医疗资源进行整合、重组和改制,优化资源配置、扩大卫生服务提供、缓解看病难问题的策略,期望通过县域内各类医疗机构的联合、协作提高医疗资源整体利用效率,从而扩大医疗服务供给"。2015 年 3 月,国务院办公厅印发《全国医疗卫生服务体系规划纲要(2015—2020年)》,要求整合各级各类机构的服务功能,防治结合、上下联动、中西医并重、多元发展、医养结合,为群众提供系统、连续、全方位的医疗卫生服务。2015年9月,国务院印发《关于推进分级诊疗制度建设的指导意见》,指导各地推进分级诊疗制度建设,整合医疗资源,推动区域资源共享。分级诊疗的提出标志着我国的医疗服务发展模式开始由"个体机构提供"向"多机构协作提供"转型。2016年12月,国务院印发《"十三五"深化医药卫生体制改革规划》中再次提出要完善医疗服务体系,优化卫生机构布局,推动功能整合和服务模式创新,健全上下联动、衔接互补的医疗服务体系。党的十九大报告中也对"实施健康中国战略"作出了全面部署,要求"优化医疗资源结构和布局,明确各级各类医疗卫生机构的功能定位,加快构建优质高效的整合型医疗卫生服务体系,形成科学合理的就医秩序,为居民提供一体化、连续性的健康管理和基本医疗服务"。

县域作为我国基本的行政单位,拥有超过9亿的人口,占到了全国总人口的70%。目前,我国县域实行的是由县级医疗卫生机构、乡镇卫生院和村卫生室构成的三级医疗卫生服务体系。长期以来,受卫生资源配置和利益机制等影响,我国的县域医疗服务体系"碎片化""重复建设""协调合作性差"等问题突出,县、乡、村医疗卫生机构之间缺乏组织整合性和任务协同性,双向转诊功能弱化,长期的条块分割状态导致医疗服务的整体效率低下。这种系统分割、层级断裂、竞争无序、缺乏协作的卫生服务体系已经难以满足人民群众对健康服务的需求,亟须优化配置和整合医疗卫生资源,为人民群众提供多层次、一体化的整合型医疗卫生服务。

在国家积极探索推进分级诊疗、构建优质高效的整合型医疗卫生服务体系的大背景下,近年来,各地积极探索医疗服务体系的整合,医共体作为整合县域医疗卫生服务的典型方案,在全国范围内逐步推开,其中安徽天长、深圳罗湖和福建尤溪等医共体模式在探索的过程中积累了大量的好经验好做法,对各地推进县域医疗卫生服务体系的整合具有重要的借鉴意义。

综合来看,我国实践探索的以县域医共体为主要模式的县域整合型医疗卫生服务体系建设具有以下特征:第一,在区域内实现了医疗卫生机构真正一体化、整合式发展。从天长到罗湖再到尤溪,这些地区建立的紧密型医共体都是实行人财物统一调配和管理,它们的成员单位是真正的一家人,大医院不会再从自身的利益出发,从基层医疗机构去虹吸病人,而是真正下沉到社区,通过培训、坐诊等方式让基层强起来。只有提高了社区的服务能力和质量,才能吸引更多的患者在社区就近就医,进而大幅度减轻大医院的工作压力,降低医共体的整体医疗成本,增加医共体的经济收益。第二,采取"总额包干、节余留用"的医保付费方式,提高医保基金使用效率。节余医保基金除部分用于医共体发展外,主要用于奖励职工。这种支付方式促使医共体一方面必须对症下药、合理检查,降低医疗成本,减轻患者看病负担,另一方面必须做好居民的预防保健和慢性病管理等工作,提高居民的健康水平。第三,注重整体健康水平的提高,从医疗服务到健康服务。小病在基层机构治疗可以节约成本,大病在县医院治疗不但会增加患者经济负担还会带来医保基金的流失,特别是对于大量的慢性病患者来说,疾病的预防和控制对治疗情况会产生重大影响。因此,减少居民患大病的机会,是增加医共体收入的关键。医共体改革实施以后,居民健康管理工作在医院里被提上了前所未有的重要位置上。县医院一方面组织义诊和各种宣传日活动向群众开展健康教育,另一方面对乡镇卫生院和村卫生室加大培训力度,指导他们做好基层群众的健康管理工作。

二、青岛市县域整合型医疗卫生服务体系建设情况

青岛市对县域整合型医疗卫生服务体系建设探索起步较早。2013年,青岛市卫生局就与国家卫生发展研究中心合作,启动了以高血压、糖尿病防治为重点的一体化服务体系建设研究工作,在胶南市的部分医疗机构开展了试点探索。2015年,即墨市被省医改领导小组确定为县级公立医院综合改革省级示范县,2016年又被国家卫计委确定为分级诊疗制度建设国家级试点县。为落实好国家、省医改试点、示范任务,即墨市在深入学习借鉴安徽天长县、深圳罗湖区改革经验的基础上,于2017年启动以"健康即墨"为主题的县域整合型医疗服务体系整体建设。本文以即墨的改革为例,对青岛市的县域整合型医疗卫生服务体系建设情况作深入剖析。

(一)即墨区医疗卫生资源及其管理改革概况

即墨于2017年8月撤市设区,现辖7个镇、8个街道、有1033个村庄、121万人口。2017年,即墨地区生产总值1310.61亿元,城乡居民人均可支配收入31960元。即墨区现有各级各类医疗卫生机构1069个,其中公立医疗卫生机构34个、民营医疗机构200个、社区卫生服机构36个、中心村卫生室79个、村卫生室720个。即墨区作为县级公立医院综合改革省级示范市、分级诊疗国家试点县(市),先行先试,自2017年始积极创新医疗卫生服务管理模式,积极探索以县级龙头医院,与辖区内的乡镇卫生院、村卫生室等医疗机构实行一体化管理,结成利益共同体、发展共同体、责任共同体和服务共同体,通过县域

医共体的形式真正构建起连续性、整合性医疗卫生服务提供体系,实现提高基层医疗卫生服务能力、构建分级诊疗、促进医防结合等目标,从而缓解群众就医难问题,提高居民就医的便捷性与可负担性,更好地满足人民群众的健康需求。目前,即墨区已建立分别以区人民医院和区中医院为牵头单位的两个纵向联合的紧密型医共体,其中区人民医院管辖 17 家卫生院、61 家中心卫生室,区中医院管辖 8 家卫生院、37 家中心卫生室。

(二)即墨区整合型医疗卫生服务体系建设的主要做法

1. 整合县域内医疗资源

2017 年 9 月,即墨区出台《加快推进医疗共同体建设的工作方案》,由区人民医院、区中医院牵头,组建了两个联系紧密的医共体,并实现了医共体内部人财物的统一管理。医共体人员按规定实行内部调剂,牵头医院派出专家下沉到乡镇医院开展帮扶工作。专家们到基层医院后,定期开展专家坐诊、查房带教和手术会诊等服务,并指导新技术、新业务开展,带动提升基层医疗服务能力。统一资产财务管理,基层医疗机构的大型医疗设备由医共体牵头单位实行统一管理、共同使用。以区域卫生信息网络为支撑,建立了消毒供应、医学检验、影像诊断、胸痛和脑卒中五个中心,医共体内实现信息互联互通、检查结果互认、远程会诊协作。牵头单位对医共体内的医疗、科研、公共卫生等工作实行统一规划管理,并负责医共体的发展规划、业务培训、评价考核和绩效管理等。

2. 改革医保支付方式

医保支付制度改革是实施县域医共体建设的有力抓手,也是改革中必要一环。在市人社部门的大力支持下,2018 年即墨区实施了"区域医疗包干、超支分担、结余奖励"的居民医保按人头预付费改革。将当年居民医保筹资总额按一定比例提取风险金后的 95% 作为总预算,并将其转换为人头费后,根据医共体覆盖的参保人数来进行统一打包付费,交给两个县域医共体包干使用,用于支付年度内应由居民医疗保险基金支付的所有医疗费用,包含住院统筹金、门诊大病统筹金、普通门诊统筹金、长期医疗护理统筹金和大病医疗保险费用。医共体结余或超支的医保资金总额,与另一个医共体按照 6∶4 比例分配或分担。这种超支分担、结余奖励的医保支付方式,把原来医疗机构想方设法多花的医保基金从医院收入变为医院成本,倒逼医共体内各医疗机构主动控制不合理医疗费用,同时注重提高医疗服务质量,将病人留在县域内就诊。而且,各级医疗卫生机构在追求自身利益的同时,也会更加注重疾病预防和健康教育,减少居民患病,形成一种激励相容的利益机制。这不但符合县域医共体建立的初衷,也让县域内各级卫生机构形成一定程度的利益共同体,进一步推动医疗服务体系的整合发展。

3. 推动辖区内医院与基层医疗机构双向转诊

医共体的建设是实现"大病不出县"、扭转"倒三角"就医结构、恢复良好就医秩序的重要选择,是逐步实现基层首诊、双向转诊、急慢分治、上下联动分级诊疗模式的重要载体。即墨区实施医共体建设后使双向转诊通道更加畅通,通过医共体内部建立的双向转诊绿色通道,基层医院在遇到不能解决的急症或大病时,可以迅速采取上转措施,妥善安排患者上转急诊或住院,及时得到上级医师规范诊疗,确保居民的生命安全。同时,在区医院确诊后的慢性病或术后康复患者也可以通过双向转诊,转至基层医院做后续治疗,大幅降低群众就医的交通费、误工费和家属陪护等非医疗支出,有效减轻家庭和社会的负担,有利于形成"首诊在基层,大病进医院,康复回社区"的就医新格局。

4. 促进预防与医疗深度融合

通过实施医保按人头付费,促使县域医共体积极推动以疾病治疗为中心向以维护居民健康为中心转变,组织居民没病早预防、有病早治疗,从而实现健康效益最大化。2017 年 8 月起,即墨区大力推进家庭医生签约服务,为辖区内居民提供区、镇、村三级联动的家庭医生签约服务,组建了 223 个基层家庭医生服务团队,为签约居民提供免费基本医疗公共卫生和转诊等服务,并成立了 20 个专业化的家庭医生团队,提供个性咨询、上门指导等定制化有偿签约服务。医共体内的专家深度参与家庭医生团队,提高签约医生团队的服务能力。通过建立的"医共体工作业务群"进行学术交流,定期指导和检查,帮助基层机构提高技能、规范服务。此外,针对慢性病早期发现、生活指导和随访观察技能等内容,医共体内专家组织开展专题培训,并定期举办一些常见病、慢性病的健康知识讲座,与当地群众进行面对面交流,传授慢性病防治理念,提高居民健康意识。同时,医保的激励作用使得医共体内各医疗机构努力让辖区内的居民少患病,对辖区内的居民进行全方位的健康管理,这样就能减少医保金的支出,获得更多的结余分配。

5. 建立整合型的慢病防治系统

即墨区将慢性病防控作为整合型医疗卫生服务的重要内容,提高居民健康水平,形成了"社区管理—120 转运—专病中心救治—社区康复"无缝衔接的密闭"管理环"。目前,即墨区全部乡镇 20 多个卫生院都已建成慢性病防治系统平台,慢病防治与家庭医生形成有效的有机结合,实现分类指导,个性化管理。在进行家庭医生签约时,就将高血压、糖尿病等慢性病患者作为重点签约对象。运用信息化手段,对签约的高血压患者实施个性化签约服务。高血压、糖尿病患者佩戴专用血压测量仪,在家中就可将血压值上传至医院慢性病系统平台,医生可根据监测数据对患者进行医疗指导,如果患者数据出现异常可通过平台进行预警,帮助患者提前预防。当慢性病患者情况危急时拨打120电话,120急救网络与胸痛中心和卒中中心的信息管理系统能够有效对接,从而实现院前急救、转运和院内救治的无缝衔接,最大限度节省救治时间,提高抢救效率。病人康复出院后,救治医院将病人信息转给签约的家庭医生进行常规管理和跟踪治疗。

(三)即墨区县域整合型医疗卫生服务体系建设效果与问题分析

1. 县域整合型医疗卫生服务体系建设成效

自2017年,即墨区启动实施县域整合型医疗卫生服务体系建设,取得了三个方面的初步成效:一是基层医疗卫生机构服务能力得到较大提升。2017年以来,区人民医院、区中医院选派115名主治以上医生下沉到基层,镇卫生院选派280名业务骨干进一步下沉到中心卫生室,通过筑牢基层的服务能力来提升整个县域服务基础,留住一般患者在乡镇内就医。2017年,镇卫生院标准化建设达标率100%;门诊量比上年增长16.21%;二级医院门诊量比上年增幅下降了4.3%。二是辖区内医疗卫生机构疾病预防工作得到加强。"医共体建设+按人头付费"使得医院从单纯提供医疗服务到提供全过程的健康管理转变,减少辖区内居民患大病成为减少医共体支出的关键,因此二级医院的大夫主动下沉到乡镇,与镇村医疗卫生人员一起想方设法做好疾病预防,加强重点慢性病的管理及健康宣教活动,让居民少生病、少生大病。三是辖区居民选择基层就诊比例持续提高。2017年度,基层医疗机构诊疗量占全区总诊疗量的比例提升5%、中心卫生室门诊量占基层医疗机构门诊量的比例提升18%;二、三级医院向基层医疗机构转诊的人数增长25.49%。2018年前三季度,基层服务量占比较上年同期提升近30%。由于更多的居民首先在基层就诊,群众的就医负担也有所减轻。

2. 县域整合型医疗卫生服务体系建设主要问题分析

通过与国内先进地区县域整合型医疗卫生服务体系建设情况分析比较,即墨区的工作还存在四个方面的主要问题:一是医共体内利益分配机制有待完善。利益分配的合理性是推动县域医共体发展的关键要素。目前,按即墨区实行的医保按人头总额打包预付,只涵盖了居民医保基金,而居民医保本来是趋于超支的盘子,即使管理得好现阶段的总体结余也有限,医共体内各医疗机构按一定比例分配到的结余资金也会较少,对调动各方面服务积极性的作用不大。二是县域外的医疗卫生服务整合缺乏有力抓手。目前医保按人头打包付费的作用范围只限于县级层面,总体的支付方式对县域外三级医院的服务行为缺乏有效的制约,在当前县外就诊费用占医保基金支出比例近40%的情况下,单纯加强县域内的服务整合,实施效果将大打折扣。三是县域内信息共享尚未实现。高效的信息共享和传递是医疗机构之间合作协调、提供连续整合服务的基础条件之一。即墨区虽然建立了覆盖各级医疗卫生机构的信息系统平台,但由于前期资金投入资金不足等原因,信息系统尚不完善,存在系统功能扩展受限等问题,县域医共体内部医院之间、县级医院与基层医疗机构,以及医疗机构和公共卫生机构之间的互联互通、信息共享还不够通畅,通过信息系统有效整合医疗卫生资源存在一定困难。四是双向转诊机制有待加强。有效双向转诊是实现分级诊疗的关键途径,也是建设整合型医疗服务体系的重要手段和目标。调查发现,就诊患者对上转有较大需求,但在上转过程中,当患者由基层机构上转至医院后,信息沟通不畅是影响患者获得及时专业治疗的主要原因,而受各种因素影响下转仍然较难执行。造成这一问题的主要原因,一方面是医共体内缺乏统一明确的转诊标准,且缺乏监督和追责措施,大多数医生为了规避医疗风险,较少主动选择让患者转诊;另一方面是出于自身利益的考虑,医务人员对病人下转并不积极,虽然医共体内实行利益共享机制,但眼前现实利益与难以预期的远期利益相比,选择"留住"病人更切合实际。此外,基层医疗卫生机构的服务能力不高、基层药品供应不足和转诊渠道不畅也是影响患者选择向下转诊的重要原因。

三、推进青岛市县域整合型医疗卫生服务体系建设的政策建议

整合型医疗卫生服务体系的最终目标是在合适的时间和合适的地点提供适当的服务,除了满足患者需要,该模式尤为重视整合健康促进、疾病预防、疾病治疗和临终关怀等各种医疗卫生服务,是减少卫生体系碎片化和资源浪费优质医疗卫生服务体系,应当能够为服务对象提供连续的、协同的综合性、系统化解决方案。建立整合型医疗卫生服务体系,涉及相关政策和服务提供方式等方面深远的转变,要求在政府主导下、采取多部门合作的措施,建立一个以初级卫生保健为基础的卫生体制,从以疾病为中心转变为以健康为中心,保障服务全民覆盖和可及,强调健康促进和预防,使服务提供更加连续、公平、有效、高质量和更好地满足居民的健康期望。近年来,青岛市大力推进深化医改工作,颁布实施了一系列改革政策措施,从政策的角度来看,向整合型医疗卫生服务模式的转换正在发生,但由于原有利益驱动机制及管理方式尚未彻底改变,缺乏促使供方之间相互联动的经济激励、有效的健康服务

信息系统保障等原因,整个医疗卫生服务体系还未有效地实现纵向一体化(各级供方之间)和横向一体化建设(健康促进、预防、治疗和临终关怀等各类服务之间),影响了医疗卫生服务系统的效率并增加了成本。针对青岛市在县域整合型医疗卫生体系建设方面存在的问题,学习借鉴国内外先进经验,提出以下建议。

(一)厘清政府和公立医疗机构的关系,落实政府办医责任

公立医疗卫生机构是青岛市医疗卫生服务体系的主体。过去政府对公立医疗卫生机构的管理是"九龙治水",公立医疗卫生机构的所有权和经营权界限不清,政府举办和监督公立医疗机构在不同程度上有时缺位、有时越位,需要按照"政事分开、管办分开"原则厘清政府和公立医疗机构的关系。"政事分开"的"政"是指政府作为出资人的举办、监督职责,"事"是指医疗卫生机构的经营管理自主权,核心是厘清政府和医疗卫生机构的权力清单,政府把主要精力放在管方向、管政策、管引导、管规划、管评价上来,该放的权要放,该收的权要收,医疗卫生机构依法依规享有经营管理自主权,在权力范围内开展活动,提供医疗服务,实现所有权与经营权分离。"管办分开"的"管"是指政府部门按照职能对医疗卫生机构进行监管,"办"是指政府举办医疗卫生机构,核心是将政府的举办权和部门的监管权分开,将举办权集中,实现权责一致。

厘清政府和医疗卫生机构的关系,实现"政事分开"和"管办分开"。首先,政府作为公立医疗卫生机构的举办主体,要制定并落实好政府的权力清单和责任清单。举办主体行使公立医疗卫生机构的举办权、发展权、重大事项决策权、资产收益权等,具有审议公立医疗卫生机构章程、发展规划、重大项目实施、收支预算、选拔任用公立医疗卫生机构领导人员等权力(权力清单);同时,必须履行制定区域卫生规划和医疗卫生机构设置规划、落实政府投入责任、建立以成本和收入结构变化为基础的医疗服务价格动态调整机制、深化编制人事制度改革、建立适应行业特点的薪酬制度、建立以公益性为导向的考核评价机制的责任(责任清单)。

其次,作为全行业的监管主体,要制定并落实好监管清单。政府及其相关部门要建立健全全行业、多元化综合监管制度,重点加强对各级各类医院医疗质量安全、医疗费用、大处方、欺诈骗保、药品回扣等行为的监管,建立"黑名单"制度和问责机制,完善机构、人员、技术、装备准入和退出机制,对公立医疗卫生机构床位规模、建设标准和大型医用设备配备等进行监管,加强医保对医疗服务行为和费用监管,加强对公立医疗卫生机构经济运行和财务活动的会计与审计监督,加强对非营利

性社会办医院产权归属、财务运营、资金结余使用等的监管,加强对营利性社会办医院赢利率的管控。

落实政府办医责任,需要建立有效的组织形式。从各地实践探索的经验看,政府牵头建立公立医疗卫生机构管理委员会,建立统一高效的办医体制,将分散在政府相关部门的举办权、发展权、资产收益权等集中,打破多部门"九龙治水"的局面,落实好政府领导、保障、管理、监督等各方面的责任,是一种较为有效的形式。

(二)明确各机构的功能定位,推动医疗卫生资源深度纵向整合和横向整合

《全国医疗卫生服务体系规划纲要(2015—2020年)》明确医疗卫生服务体系主要包括医院、基层医疗卫生机构和专业公共卫生机构。纵向整合是分级诊疗的关键,涉及为患者提供持续性服务时基层、二级和三级医疗机构之间的沟通和协调,包括重新定义这些机构(特别是医院)的职能及其相互之间的关系。这三级医疗机构必须携手实现"三合一"原则,即"一个系统、一个人群、统一的资源"。要实现纵向整合,需要至少采取三个方面的策略:一是在纵向整合的服务网络中明确各机构的作用,二是通过技术援助和能力建设加强供方间的联系;三是依据"三合一"原则建立正式的服务网络。根据各地的实践经验,建议整合县、乡、村三级医疗资源,建立以资产为纽带、人财物统一管理的紧密型医疗共同体,通过医共体利益共享、责任共担机制推动医疗资源深度整合、提高县域医疗资源利用效率。在医共体内部,牵头单位对医共体内的医疗、科研、公共卫生等工作实行统一规划管理,并负责医共体的发展规划、业务培训、评价考核和绩效管理等;对卫生人才实行统一招聘、统一培训、统一管理,根据工作需要在医共体内各成员单位之间进行人员的合理调配,统筹使用。同时,要注重加强信息化平台建设,整合各类信息系统,建立远程会诊、心电、影像、检查检验等诊断中心,实现资源的共享共用。

横向整合旨在提供更加全面、完整的服务,包括保健、预防、治疗、康复和临终关怀服务,由一线医疗机构进行协调。横向整合要以患者的需要,而不是以服务供应系统的需要为核心,以提高医疗卫生服务管理的有效性和服务的协调性,减少重复性服务、提高资源使用效率。就系统层面看,横向整合的主要形式是将服务整合到同一个机构。例如,杭州的"十二五"规划项目主要在社区卫生中心建立了慢病联合服务中心,中心整合了公共卫生、慢病的专科以及基层医疗服务,成功地转变了之前碎片化的服务提供。此外,这种联合中心使患者更加方便,到一线机构单次就诊就获得多种服务。镇江的"大卫生"项目将所有医院和社区卫生中心的临床诊断与实验室合并为单一机构,这种服务在地理位置上的整合减少了重复服务,提高了资源使用效率。

(三)积极推进运行机制改革,促进医疗服务模式创新

要提高医疗卫生服务体系的整体效率,必须落实分级诊疗制度,实行基层首诊、双向转诊、上下联动、急慢分治。需要建立合理的激励机制,促进服务模式创新,既要改变医方的行为,也要合理引导患者的行为。当前医改进入深水区,改革的整体性、系统性和协同性是关键。财政补助机制、服务收费机制、医保支付机制和医生薪酬分配机制改革,必须有效协同,实现对医疗机构和医生的"激励相容",以达到体系建设的预期目标。

首先,要改革财政投入机制。在全面落实财政政策、加大投入的基础上,一方面要改变过去财政补助跟着医生、跟着编制走的补助方式,采取财政补助与服务绩效挂钩的方式,依据各医疗卫生机构提供的基本医疗服务数量、质量和群众满意度实施补助,工作量越大、质量越好、群众满意度越高,财政补的钱就越多。另一方面,设立专项补助资金支持优质医疗资源下沉,对县级医院下派到基层的专家薪酬要有财政的专项补助,对基层现有在职医务人员进修、培训、培养也要有专门的财政补助。例如,深圳市政府给医院提高专家下社区补助,专家在医院每看一个普通门诊财政补助30块钱,如果病人到社康中心去看病财政则补37块钱,以此来鼓励所有公立医院、所有医务人员,包括退休医生到社康中心去开医生工作室。

其次,是收费机制改革。青岛市现行的医疗服务收费政策是按照机构的级别设定的,同一个专家在不同级别的医疗机构坐诊收费不同,越到基层机构收费越低。特别是基层医疗机构实施综合改革、取消药品加成后,将挂号费、诊查费和护理费整合设立一般诊疗费,统一规定不高于10元,由于缺乏相应财政补偿和价格补偿,造成医院不愿意向基层下沉资源。深圳市在这方面进行了有益探索,该市为鼓励医院的专家到社康中心开专家工作室,不仅提供财政补助,而且诊查费收费标准跟上级医院也是一样的,让同一专家在不同医疗机构的职业价值(收费标准)相同,这样的政策设计思路值得青岛市学习借鉴。

第三,要改革医保支付机制。通过探索总额预付下"总额包干、超支自付、节余留用"的医保支付制度,将人头费用转化为医保基金,医共体内部各级医疗卫生机构对医保基金进行使用,医保基金结余的越多,医疗卫生机构获得的收入就越多。总额预算下的多种打包付费方式,"结余留用"机制使得医院从价格成本差值积累产生收入的动机发生转变。为达到财务平衡和寻求发展,其管理目标不再是单纯追求服务数

量,而是在一定总额下的服务水平、服务数量、服务质量和安全等多维度的成本最小化。

第四,是改革薪酬分配机制。其实质重建医生行为激励机制,着力于让医生提供适宜技术、提供适量服务,且质量有保证,更多围绕患者疾病的结果改善,而非服务累加所带来的"利润"积累。与改革目标及医保总额预付制度有效协同,探索建立成本最小、服务效果最优的薪酬分配激励机制,主要包括两个方面:一是以成本最小化及服务效果最优等绩效指标来评估医生的努力程度,获得医生行为绩效;二是根据医生行为绩效,给予正向的薪酬回应,形成与改革目标相一致性的薪酬激励,实现"激励相容"。

(四)健全与体系目标相一致的考核评价问责机制,加强多方监管

一是建立完善以公益性为导向的考核评价问责机制,加强对县域医共体内各医疗卫生机构、特别是公立机构及其负责人的绩效考核,考核结果与医疗卫生机构财政补助,医保支付,工资总额,负责人薪酬、任免、奖惩等挂钩,激发机构内部自主管理的活力,实现社会效益和经济效益双提升。

二是建立与公众健康目标及问责制度相一致的激励机制。任何医疗卫生机构的行为都受到激励机制的影响,激励因素通常体现在如何对医疗卫生机构及医务人员进行补偿,但这些激励因素可能是经济或非经济的,同时也包含卫生服务机构和更广泛意义上的卫生服务体系的文化对行为的激励作用。应当建立以服务数量、质量和效率(果)目标等绩效指标为导向,包含财政补助和医保支付在内的总额预算制,让医疗卫生机构承担预算超支或低绩效(如服务质量与效率及患者满意度)的财务风险,杜绝任何激励机制鼓励医疗卫生机构多提供服务或减少服务,彻底改变目前公立医疗机构创收趋利和不能有效调动全额卫生事业单位服务积极性的运行机制。

三是健全多元化的评估与监管体系。加强细节管理,科学实施卫生政策与卫生技术评估,加大行业技术管理与培训力度,下大力气改革医疗技术、质量安全、评估认证制度,建立健全第三方评价制度,为各层次决策者提供合理选择卫生政策和卫生技术的科学信息与决策依据,对新技术的开发、应用、推广与淘汰实行政策干预,从而合理配置卫生资源,提高有限卫生资源的利用质量和效率。

(作者单位:李传荣、王景宏,青岛市卫生和计划生育委员会;徐媛,青岛市卫生计生发展研究中心)

青岛市足球运动发展研究

李京禄

足球运动是世界第一运动,也是人民群众喜闻乐见的传统体育项目。党的十九大以来,党中央把振兴足球作为发展体育运动、建设体育强国的重要任务摆上日程。习近平指出,建设体育大国和体育强国,是中国人民实现"两个一百年"奋斗目标的重要组成部分。中国现代足球普及程度和竞技水平与足球强国相比差距还很大。李克强总理高度重视足球等体育事业和体育产业工作,国务院多次专题研究部署,制订出台了《中国足球改革发展总体方案》,我国足球改革迎来了前所未有的大好机遇。青岛拥有良好的足球氛围,应进一步强化机遇意识、责任意识、率先意识,拉长职业足球"短板",夯实社会足球根基,着力打造具有全国影响力的足球名城。

一、基本概况

青岛是一座酷爱足球的城市,有"足球之城"的美誉。青岛足球运动历史悠久,20 世纪 20 年代初现代足球就传入青岛,改革开放以后也取得了较好的成绩,1993 年就有了第一家职业足球俱乐部,2002 年青岛颐中足球俱乐部获得中国足协杯冠军,在 1995 年第三届、1999 年第四届、2011 年第七届全国城市运动会上,青岛足球代表队均获得冠军。青岛涌现出郝海东、宿茂臻、李霄鹏、郑龙、于大宝、王永珀、刘国江、魏吉鸿等多名高水平的足球运动员、教练员和裁判员,向国家队输送了50 多名优秀队员,向全国各职业俱乐部输送了 200 余名优秀队员,在历届全运会山东足球代表队中超过半数队员来自青岛。

目前青岛拥有 2 家职业足球俱乐部参加全国职业足球联赛,其中黄海足球俱乐部为甲级联赛球队,并保持中甲第三、四名的成绩;中能俱乐部 2016 年 10 月因资金、核心球员转会等原因降为中乙联赛球队;有 50 多支业余足球队伍参加城市联赛,全市常年参与足球活动人口近30 万人(青少年 10.5 万人),初步探索出一条中国特色、青岛气派的足球发展路子。2009 年 10 月,全国青少年校园足球联赛启动仪式和全国足球工作座谈会在青岛举行,刘延东副总理到会并对青岛足球工作给予充分肯定,明确以青岛市校园阳光足球计划为模板,在全国范围内进行推广。青岛市先后被选为亚足联"中国展望"试点城市、首批"中国足球发展"试点城市和国家级校园足球试验区。

二、做法与成效

长期以来,青岛市把加快足球发展、深化足球改革作为体育事业发展与改革的突破口,作为体育战线全面贯彻落实党的十九大精神、习近平总书记系列重要讲话和习近平新时代中国特色社会主义思想的实际行动和重要举措,进一步提高对深化足球改革、推进足球发展工作重要性的认识,着力打造在全国具有影响力的"足球名城"。

(一)完善多层次立体化规划发展体系

一是强化顶层设计。先后出台了《青岛市足球事业十年发展规划(2015—2024)》和《关于加快青岛足球名城建设的意见》,城市足球和职业足球一同谋划、一同布局、一同推进。

二是坚持规划引领。青岛共拥有各类足球活动场地 913 块,可承办职业足球比赛及训练的体育场 4 个,2015 年以来新建 349 块笼式足球场地,"十三五"时期还将新建足球场地 300 块。加快国家级足球青训中心建设工作。一期工程 450 亩于 2018 年交付使用,二期工程再建550 亩,总占地面积达到 1000 亩,从而达到能够满足国家队、高水平职业队训练以及校园足球、青训队伍、各级培训、群众性足球赛事的需求。

三是深化足协管理体制改革。明确了完善各级足协和各专业委员会改革的基本思路,改变市足协与市足球运动管理中心"两块牌子、一套人马"的组织架构,积极推进足协去行政化管理,建立科学化、社会化和专业化管理运行机制。

(二)改革创新足球发展机制

区分足球的公益属性和产业属性,厘清政府和俱乐部的职责边界,按照符合当代职业足球运作模式、符合国情市情要求,加快足球职业化、市场化步伐。

一是完善职业联赛竞赛体制。按照中国足协赛事组织要求,成立了青岛足协和公安、卫生、体育、宣传等部门为成员的职业足球联赛青岛赛区组委会,不断改进完善赛事组织工作,青岛赛区 3 次获得中国足协职业联赛"最佳赛区",多次获得职业联赛"优秀竞赛组织奖""最佳商务奖""优秀体育场奖"等称号。

二是推进足球俱乐部职业化改革。从 1994 年中国足球职业联赛开始以来,青岛市便组建队伍参加联赛,20 多年来青岛职业足球从无到有、不断发展,青岛海牛、青岛颐中、青岛中能、青岛黄海成为不同时期青岛球队征战中国职业足球联赛的代表。目前,正以培育职业足球俱乐部冲超为重点,加强各职业足球队、梯队和训练基地建设,构建职业足球俱乐部良性发展机制。同时,强化俱乐部的社会责任,鼓励引导俱乐部走向社会、走向校园开展大众普及活动。

三是完善支持职业足球发展政策。贯彻国务院办公厅《关于加快发展体育产业的指导意见》(国办发〔2010〕22 号),市政府出台俱乐部扶持和奖励办法,重点对职业足球俱乐部给予支持,市财政每年给予中超职业足球俱乐部扶持资金 1000 万元,中甲职业足球俱乐部扶持资金 500 万元,2011 年以来累计投入扶持资金 6500 万元。设定最高 6000 万元奖励资金,对取得佳绩的俱乐部给予奖励,积极争取社会资金支持,建立完善行政监管、社会监督、行业自律相结合的工作机制,提高俱乐部自我发展能力。

(三)积极推进青少年足球

一是强化政策支持。出台《青岛市全国青少年校园足球改革试验区实施方案》,实施"校园阳光足球计划",建立由教育部门主导、体育部门协助、社会力量参与的校园足球工作格局。目前,全市校园足球特色学校已由 2007 年的 34 所增加至 302 所,其中 131 所学校被教育部授予"全国青少年校园足球特色学校"称号。优化工作机制,建立市中小学体质健康联席会议制度,成立校园足球改革试验区推进工作领导小组。完善校园足球组织构架,成立了全国第一个正式注册的具有独立法人资格的校园足球协会——青岛市校园足球协会。

二是完善竞赛体系。构建了"小学、初中、高中、大学"四级校园足球联赛体系,全市范围设"市长杯",各区(市)组织了"区(市)长杯",各学校有"校长杯",实现了校园足球赛事全覆盖。青岛市"市长杯"校园联赛已成功举办 27 届,2018 年有 238 所学校的 359 支队伍、近 7000 人参赛,比赛场次 887 场,有效带动了校园足球的普及提高。每年区(市)级、校级联赛超过 1 万场,参与学校 700 余所,参赛人数达 1.7 万。青岛市第二届校园足球精英赛,全市 86 支最佳阵容参赛队、1334 名优秀运动员参与其中,初步形成了青岛市自有的青少年校园足球竞赛体系。

三是强化足球育人功能。加强地方和学校特色课程建设,出版地方教材《快乐足球》,支持学校开发足球项目校本教材,将足球课程列入教学大纲、进入校本必修考试课程。加强体育与其他课程有机融合,通过语文课的足球作文、美术课的足球绘画、足球舞蹈等,强化学科教学的体育渗透。

四是完善人才培养体系。健全后备人才培养机制,出台了《青岛市中小学生足球后备人才招收办法》,各足球特色学校均招收足球后备人才,自 2015 年起每年单列计划招收 1400 多名足球特长生。畅通人才成长通道,近年来有近百名各年龄段足球人才入选国家各级梯队和中超等职业俱乐部;全国青少年校园足球精英冬令营中,青岛队员占比超过 20%。

五是完善青少年足球培训体系。建立由试点学校—区(市)训练营—市级精英训练营组成的三级青少年足球培训体系,完善球员数据档案、跟踪培养机制。鼓励采取政府采购服务的方式聘用优秀退役运动员和高校志愿者等担任兼职教师。创建足球俱乐部与学校"体教结合"模式,黄海、中能、鲲鹏、绿茵等足球俱乐部每年派出大批教练员深入足球特色学校执教。

六是构建足球保障体系。建设"政府主导、社会参与、市场运作、统筹发展"的保障体系,实现有资金踢球、有场地踢球、有安全踢球,保障了校园足球高水平、可持续发展。设立校园足球发展专项资金,通过比赛冠名等方式吸引社会各方参与,形成多元投入机制。近两年全市及各区(市)已累计投入近 6000 万元。投入 4.6 亿元新建及改造学校足球场地 450 个,建设 100 处笼式足球场地支持校园足球的校外训练。实施校方责任险、校方无责任险和学生平安保险。建立安全事故第三方调节处理机制,解决了学生踢球安全之忧。

(四)全面推进社会足球

坚持从发展基层足球入手,开展全民足球运动,调动全民参与足球运动的热情,培育形成广受欢迎的品牌赛事,吸引更多的人参与足球、热爱足球。

一是大力发展群众足球。全市形成传统、按年度举办的成人业余足球赛事已达 8 项,分别是青岛市足协杯赛、青岛市超级杯赛、青岛城市足球联赛(包括超级、甲级 2 个等级)、青岛市业余五人制足球锦标赛、青岛市沙滩足球锦标赛、青岛市中老年足球联赛、青岛业余足球联盟(简称"大联盟")以及"谁是球王"足球公开赛等赛事,全年各类赛事 5000 余场,近 5 万人次参赛。2018 年,康太源、红狮、鲲鹏等多支业余球队参加了中国足协举办的全国性足球赛事并取得较好成绩。

二是加强专业人才培训。严格学员准入制度,突出培训特色,强化培训效果。2018 年共举办各级各类足球培训班 31 期,培训总人数达 1302 人,培训规模和参训人数创历史之最。2017 年至今共举办 33 期足球教练员、裁判员培训班,6 月承办的中国足协职业级教练员培训班,是青岛首次承办最高级别的足球教练员培训班。

三是推进"足球试点区"改革。定期对各区(市)足球工作进行评估,并注重选点改革、树立标杆。城阳区作为全市"足球试点区",近 5 年累计投资 4.7 亿元,建设了 35 处 24 小时免费的标准足球场,形成 15 分钟足球运动圈。全区常年参与足球活动的人口约 3 万,不到 4000 人就拥有一片标准足球场地,85% 以上的学校实现"班班有球队、周周有比赛",全区共有全国青少年校园足球特色学校 19 所,形成了广受赞誉的"城阳现象"。

(五)深化足球发展的交流合作

一是积极开展足球对外交流。积极参与中国足协对外交流计划,加强与国内外高端足球专业培训机构的交流与合作,积极承办国际国内高端足球赛事,创办和培育青岛"国际友好城市杯足球赛""全国足球试点城市邀请赛"等品牌赛事。建立与国内外足球学术理论研讨和各类足球人员培训交流平台,承办全国校园足球管理人员、足球特色学校校长、体育教师、足球教练员和国家级裁判员等各类培训班,交流分享校园足球经验。从荷兰引进 5 名足球教师到青岛市中小学任教,通过德国足球亚洲基地开展中德青少年足球交流活动。

二是深化与足球强国、国际顶级俱乐部合作。依托职业俱乐部加强与足球强国、国际组织的深度合作,突出了"中西合璧"的多元化足球青训合作模式的构建,既有政府间的官方合作,如 2015 年 9 月,德国足协、德国国际合作机构与中德生态园在青岛共同签署《德国足球项目战略合作协议》,德国足协、德国国际合作机构在中德生态园建立青岛办事处,合作建立德国足球亚洲基地项目,将德国足球青训体系全面引入中国;又有与国外顶级足球俱乐部、国外足协的深度合作,如 2015 年 10 月,巴塞罗那足球俱乐部(巴萨)与黄海集团合作建立青岛巴萨黄海足校,将世界闻名的巴萨青训体系首度引入中国。此外,青岛中能俱乐部与克罗地亚足协合作建立青训系统,崇鼎俱乐部与英国托特纳姆热刺建立合作关系,众力联合体育与意大利 AC 米兰达成合作。目前,欧洲各大足球强国,几乎都在青岛有青训机构或合作单位,青岛球员不出远门就可体验来自世界足球强国的训练体系。

三、问题与不足

尽管青岛市足球改革发展取得了一些成绩,但与足球强市的要求和群众需求相比,还存在差距和不足。

一是足球事业发展组织保障仍需加强。青岛市足球改革发展联席会议制度尚未建立,无法更加深入、系统地推进足球事业的改革发展工作。推动足球发展的政策措施还需进一步落实，诸如土地、财税、吸引社会资本和发展足球产业的优惠政策落地还较为困难，社会资本进入足球行业的积极性还不够高，缺乏像恒大、苏宁、淘宝等大投资者的参与。

二是城市足球场地设施依然不足。虽然近年来青岛市大力加强足球场地建设，但结合足球名城建设及未来发展需求，足球场地覆盖率依然较低。以全市 920 万人口 913 块足球场地计算，平均 1 万余人才拥有 1 块场地，而且 80% 以上的场地在学校。同时，由于缺少高端体育场馆，难以引进和举办高水平足球赛事。

三是职业俱乐部综合实力不强，缺少中超球队。职业足球作为足球运动发展的龙头，具有极强的市场潜力和引领作用。一家高水平的职业足球俱乐部的存在，不仅能够提高城市地位和影响力，同时也能激发和鼓舞广大市民的城市荣誉感和关注足球、热爱足球的信心。目前青岛市缺少参加中超足球联赛的俱乐部，现有的两个职业俱乐部缺乏雄厚的财力支撑，资金链条单一、脆弱，自身的基础设施建设和保障体系相对滞后，难以实现向高端、一流的目标发展。

四是支持青岛足球发展的"人才红利"尚未充分释放。多年来，青岛培养的优秀运动员在国家队和各顶级职业俱乐部队已形成了青岛效应，如姜宁、郑龙、刘健等，这表明青岛青少年足球训练是优质、高效的，但青岛职业足球却没有充分享受这些"人才红利"，没有实现更好的发展，其根源就在于青岛市职业足球俱乐部在资金投入和管理运营等方面还没有达到国内一流标准，没有构建起留住和吸引高水平人才的俱乐部平台。

五是足球文化发展、足球产业开发能力不足。青岛虽然拥有厚重的足球底蕴，但至今未形成具有青岛特色的足球传统文化，市民对足球的理解和认可度还不充分，对城市足球的精髓提炼和挖掘不足。缺少足球产业发展机构。目前青岛还没有一家负责足球产业开发运营的公司，足球品牌赛事缺少市场开发和资源整合，足球市场尚未形成。

六是青训质量不高，球员的整体素质不强。当前，职业足球的青训面临足球人口不足、竞赛体系不充分不健全、年均比赛数量不够的现实问题，尤其是技战术和意识培养短缺，必须不断更新训练大纲，完善竞赛体系，真正提高本土球员的核心竞争力。

四、对策与建议

一是加强对足球工作的组织领导。成立由市领导担任总召集人，主管部门负责人担任召集人，各相关部门、区（市）政府、有关企业负责人组成的青岛市足球改革发展联席会议，日常工作由市足球协会承担。

市体育局充分发挥行业优势,加强对足球改革发展的政策研究和宏观指导,定期对各区(市)足球发展情况进行评估并通报结果,市教育局履行好校园足球管理职责,各部门通力合作,步调一致地做好全市足球工作。

二是加强足球场地建设。将足球场地建设纳入土地利用总体规划和城乡建设总体规划,纳入城镇化建设和全民健身场地建设总体规划。整合全市体育设施,争取新建一处市民健身中心、青少年足球训练中心和公共足球训练中心,充分满足校园足球、社会足球、青训工作、培训活动和承办大型赛事的需求。在全市现有 913 块足球场地(其中标准足球场地数量为 135 块)的基础上,继续加强足球场地建设,力争到 2030 年,全市各类足球场地达到 2000 处,标准足球场地不低于 240 块。

三是促进职业足球俱乐部发展。完善职业足球俱乐部扶持、奖励机制,与俱乐部比赛成绩挂钩,不断加大对职业足球俱乐部的扶持、奖励力度,引导俱乐部良性发展,营造职业俱乐部发展的良好环境。积极探索培育中超俱乐部的有效途径,采取超常举措,尽快实现中超目标,最大限度挽留本土足球人才。

四是扎实推进青少年足球。敢于先行先试,突破政策和体制障碍,探索市政府与驻青高校合作,从青岛高中球队中选拔优秀球员组建大学生球队,搭建球员成长的立交桥,解决高中校队球员出路不畅问题,拓展后备人才培养新领域。加强定期培训,着力提高体育教师的足球教学能力、教练员的执教能力、裁判员的执法能力,尤其是青训机构近 300 名教练员的综合职业素养。强化校园足球育人功能,进一步提升队员的拼抢意识、自律意识、团队协作意识以及自主创新意识。及时出台对青少年校园足球特色学校激励政策,调动青少年校园足球特色学校加快发展的积极性,解决场地、设施新建和改造不足的问题,支持国家级、市级"满天星"训练营推进工作。

五是推动足球产业发展。加大足球无形资产开发和保护力度,通过打造赛事品牌、开发足球附属产品、培育足球服务市场、探索足球产业与相关产业的融合发展,构建全方位、全过程足球产业链,不断增加足球产业收益,形成多种经济成分共同兴办足球产业的格局。

六是加快推进青岛城市足球文化建设。开展形式多样、内容丰富的足球文化宣传、普及、教育活动,增强社会认同感,在全社会形成支持足球、参与足球的良好氛围。加强足球文化资源开发等方面的研究,满足人民群众各种足球文化需求。创办青岛足球名人堂,传承青岛足球的历史文化。加强与新闻媒体的合作,推进足球新闻宣传工作,畅通信息发布渠道,营造助推足球发展的健康舆论氛围。

(作者单位:青岛市人大常委会)

发挥人才支撑作用　加快新旧动能转换

——关于青岛市人才队伍建设的调研报告

张　勇

城市竞争的核心在于产业竞争,产业竞争归根结底是人才的竞争。为加强青岛市人才队伍建设,推动产业转型升级,加快新旧动能转换,近日,市政府研究室会同市人社局、科技局开展专题调研,先后召开了各区(市)、市直有关部门、重点功能区、驻青高校、科研院所以及大中型企业等多个层次座谈会,认真学习借鉴武汉、成都、长沙等城市"人才新政",结合青岛市实际,就如何发挥人才支撑作用,加快青岛市新旧动能转换,提出了一些对策建议。

一、青岛市人才队伍建设现状

近年来,青岛市大力实施创新驱动和人才优先发展战略,深化人才发展体制改革,积极引才育才留才用才,政策力度居于国内同类城市前列,人才队伍呈现出量质齐升的良好态势,为促进经济社会发展提供了重要支撑。截至 2017 年年底,全市人才总量突破 180 万人,其中专业技术人才 73 万人、高技能人才 23 万人,人才总量和高层次人才数量均居山东省第一。

(一)人才集聚质量日益提升

高层次人才队伍稳步壮大,科技领军人才加速聚集,引进诺贝尔奖获得者 1 人、驻青院士 28 人、聘任院士 26 人、国家"千人计划"专家 180 人、国家"万人计划"专家 34 人、长江学者 21 人,享受国务院特殊津贴人员 636 人,山东省泰山学者及海外特聘专家 210 人,省泰山产业领军人才工程人选 45 人,省突出贡献中青年专家 216 人,市创业创新领军人才 175 人。全市高级专业技术职务人才达 7 万人,高学历人才突破 10 万人。

(二)人才政策力度显著加大

以"青岛英才211计划"为统领,先后制定了顶尖人才奖励资助政策、"人才特区"政策、博士后培养留青计划、硕博研究生住房补贴等一系列措施,初步构建起适合不同层次不同发展阶段人才需求的政策体系。例如,对新当选和全职引进的顶尖人才奖励500万元,对顶尖人才及团队给予最高1亿元项目资助,对来青就业的硕士、博士三年内分别每月发放800元、1200元住房补贴等,政策扶持力度可比肩深圳等城市。

(三)人才引进渠道更加多元

连续举办17届蓝色经济国际人才暨产学研合作洽谈会,连续3年举办"百所高校千名博士青岛行"活动,与国内129所重点高校签订高层次人才合作战略协议。每年组织重点企事业单位赴国内科教资源丰富城市开展靶向引才,在国外设立25家海外引才引智工作站、4家海外工商中心,每年至少组织4批次10余场次海外招才推介会。设立最高金额30万元的"红娘"奖,激励中介机构、个人引进高层次人才及团队。

(四)人才发展平台日趋完善

建设以"四区一带多园"为代表的一系列功能区和园区,着力推进国家海洋科学与技术实验室、中科院青岛分院等科研平台建设,先后引进清华大学、北京大学、复旦大学、山东大学等知名高校30所,探索建设了国际院士港、院士智谷、博士创业园、高层次人才创业中心等高端孵化平台,为人才施展才华提供了广阔舞台。

(五)人才服务环境持续优化

深入开展职称评审改革,在高校科研院所和市直大企业实行股权期权激励试点,极大激发了科研人员创新创业活力和积极性。加大资金扶持力度,设立了13个科技信贷风险准备金池,累计为430家次科技企业提供20.5亿元资金支持,有效助推科技创新和科研成果转化。全市累计开工建设人才公寓526万平方米,有效缓解人才住房紧张状况。重组青岛人才服务中心,实现一站式保姆型便利化服务,为400余名高层次人才发放"服务绿卡",连续6年荣膺"魅力中国——外籍人才眼中最具吸引力的中国十大城市"。

二、人才队伍建设存在的问题及原因分析

虽然青岛市人才队伍建设取得了有目共睹的成绩,但与自身发展

要求相比、与先进城市相比还有不小差距。全市每万人人才数 1836 人，远低于南京的 2672 人、宁波的 2373 人、杭州的 2231 人、深圳的 2200 人、武汉的 2043 人，人才占常住人口比例处于副省级城市中等偏下水平。特别是与加快新旧动能转换的迫切需要相比，青岛市人才队伍仍存在一些不适应问题。

（一）存在的问题

1. "高精尖"人才相对不足

近几年，青岛市持续加大高端领军人才引进力度，但能够引领产业发展的一流科学家、科技领军人才仍较匮乏，能跻身国际前沿、参与国际竞争的世界级大师更是"稀有"。青岛市驻青院士有 28 人，而仅南京大学就有 32 人、浙江大学 38 人，一所重点高校的院士数量就超过了青岛市总量，况且这 28 名驻青院士平均年龄超过 76 岁，多数过了科研创新的"黄金期"，主要从事海洋地质、海洋大气等基础理论研究，很少能够申请到国家重点项目课题，能够转化成现实生产力的项目更少。

2. 技能型人才支撑乏力

技能型人才是推动产业发展的基础支撑。据《世界科技杂志》表明，工业领域正常的人才结构是 1 个科学家、10 个工程师、100 个技能人才。多年来，青岛市技能人才的求人倍率（招聘岗位数与求职人数的比率）一直在 1.5：1 以上，高级技工甚至达到 2：1 以上，全市人力资源市场技工缺口常年在 5 万人以上，供需矛盾十分突出。尽管功能区等采取了一些综合性措施，但效果不甚理想，技能型人才短缺已成为影响青岛市制造业改造升级和发挥产能的重要制约因素。

3. 应用型产业人才占比较低

青岛市高校、科研院所等事业单位科研人员占比高，而企业科研人员占比较低。据不完全统计，全市近 40% 的高层次人才聚集在科教文卫等公共服务领域，与深圳、苏州、温州等城市 80% 以上聚集在产业领域形成鲜明反差。深圳 90% 的研发人员、90% 的研发投入、90% 的研发机构、90% 的职务发明都来自企业，反观青岛市，以海洋领域为例，拥有全国 50% 以上超过 1600 名的高层次海洋科研人才，85% 以上从事基础研究，致力于产业开发的不足 10%，科研优势短时间内难以转化成产业优势。

4. 人才流失问题不容忽视

近年来，城市间人才竞争加剧，引才条件水涨船高，受薪酬待遇、生活成本、配套服务等多种因素影响，青岛市人才外流现象时有发生。在青高校每年约有 9.2 万应届毕业生，留青工作不足一半，约 4.2 万人。科教人才流失也较为突出，"孔雀东南飞"在驻青高校尤为严重，近年来海洋大学年均流失副高以上人员 10 多人,绝大部分被南方高校挖走。表面上看,市场化条件下人才资源正常流动无可厚非,但深层次分析,人才外流也折射出青岛市产业层级不高,支撑人才发展的平台不足等问题。特别是人才比较青睐的高技术企业,总体上"缺山少峰",全市国家级高技术企业 1348 家,而深圳有 8837 家、杭州 3036 家、武汉 2177 家,数量上有成倍的差距,实力上更是缺少像华为、阿里这样的行业巨头。

(二)原因分析

1. 思想认识有待进一步深化

人才工作是一项系统工程,缺少任何一环,都难以发挥整体效应。但调研中普遍感到,多数情况还是人才主管部门在着急上火,想方设法推进工作,很多行业主管部门都是一副事不关己、高高挂起的姿态。一些部门的主要领导缺乏"管行业就要管人才"的强烈意识,把引资金、上项目当成硬任务,把抓人才作为软指标,一手硬一手软现象突出。以先进制造业和战略性新兴产业为例,行业的人才现状、发展需求、本地供给、未来缺口等基础数据底数不清,产业靶向的人才供给体系尚未成型,精准引才、育才、储才等战略规划更是无从谈起。

2. 工作机制有待进一步健全

在管理机制上,人才工作职能分布在组织、人社、教育、科技等部门,人才管理发力点分散,有时存在施策政出多门、项目名目繁多、资助"撒胡椒面"等问题。在运作机制上,青岛市人才工作行政色彩较浓,更多依赖党委、政府推动,企业和社会组织等市场主体作用不够突出。人才引进上,政府组织的各类人才招聘会偏多,而中介组织则表现出组织能力不足。人才流向上,行政事业、国有大企业等单位人才流入较多,而民营企业及国有中小企业引才困难,留才更难。据一规模较大的科技型民企负责人介绍,近年来引进了不少本科毕业生、硕士,但多数人只是将企业当成跳板,3～5 年的培养期一过,纷纷跳槽走人,企业损失很大,却又无可奈何。在考核机制上,重引进、轻使用问题突出,部分单位片面追求引进有声望、有头衔的"高大上"人才,却忽视科研成果转化和产业项目落地,部分人才出现"水土不服"现象,如平度市千辛万苦引进了一位手握国际前沿专利技术的"千人计划"专家,却因当地产业配套不足,导致专利成果转化难产,造成财政资源和智力资源双重损失。

3. 服务环境有待进一步优化

近年来青岛市人才服务环境持续改善,但精准化、便利化程度还有提升空间。从调研情况看,住房难仍是反映最为集中的问题。例如,市北区通过建设博士创业园集聚了一批高端人才,但因解决住房能力不足,很多人才难以落户扎根;高新区虽然储备了 3 处人才公寓,但多为50～85 平方米的小户型,无法满足高层次人才居住需求;海洋大学每年引进 100 余名科教人才,一半以上无法解决住房问题,人才公寓供给不足也是青岛大学、中科院青能所等科教单位反映的共性难题。调研中,配偶安置、子女入学问题也多次被反映,多家科教单位倡议成立驻青高校科研机构联盟,统筹各方资源,协同解决人才家属所面临的困难。此外,人才落户、社保缴纳问题也有所提及,北航拟在青岛研究院投入 50 个事业编制,用于引进高层次科教人才,但苦于没有集体户,就医、子女入学等问题接踵而至。

4. 政策激励有待进一步完善

一是政策链条不够完整。现有人才政策主要集中在引进环节,创业环节支持不足。由人才牵头新成立的公司往往面临着融资、立项、市场开拓等经营困难,而对人才创业发展帮扶不够,不利于科研成果的转化及产业项目的投产。二是政策精细化程度不高。针对各层次人才的普惠性政策较多,体现行业特点的个性化政策较少。例如,我们提出的建设虚拟现实之都、建设国家检验检测中心、实施"互联网＋"战略等,尚未形成与之相配套的专项人才支撑政策。三是政策协同性不强。目前各区(市)都在进行人才政策创新,但创新点大都集中在拼房子、票子上,同质化严重,这种粗放式的政策设计容易导致区域性的恶性竞争,不仅浪费了有限的资源,而且造成人才的浮躁,甚至出现了一群逐利性的投机型人才,人才政策的激励引导作用黯然失色。

三、各地人才政策

2018 年,武汉、成都、长沙等城市密集出台人才新政,打响了新一轮"人才争夺战",以期聚天下英才兴业强市。主要特征:一是人才视野更加宽广。争夺的重心由中高端人才转移到青年人才身上,多个城市提出吸引百万大学生留城计划,着力打造青年之城、活力之城、创新之城、梦想之城。二是政策措施更加务实。瞄准人才引进的"堵点""痛点",将政策的着力点放在补贴、户口、住房三大核心问题上,优惠力度不断加码,补贴对象覆盖至本科毕业生,落户条件基本零门槛,住房解决方案呈现多元化。三是人才与经济融合更加紧密。各地坚持以服务经济发展为中心,加强产业急需短缺人才招引,不断提升政策设计的精准度,努力实现人才开发同产业需求相匹配,人才引进同项目引进相衔接,人才创新同生产力转化相融合。

(一)武汉

发挥拥有 89 所高校、130 多万在校大学生、20 多万应届毕业生的科教资源优势,大力实施"双百万"计划:①"百万大学生留汉创业就业计划",用 5 年时间留住 100 万大学毕业生在武汉就业创业;②"百万校友资智回汉计划",以校友情为纽带,推动武汉校友回汉投资兴业,据悉,短短两个月时间,签订意向合同金额超过 3000 亿元,金融机构新增授信 5000 亿元。具体政策包括:在武汉工作的毕业 3 年内的大学毕业生凭毕业证即可落户,博士、硕士"零门槛"落户。引进的博士每月发放 2000 元补贴,连补 3 年,到新城区工作的本科毕业生,每年补贴 1 万元,连补 2 年。在武汉工作的毕业 3 年内的大学毕业生,可申请租用人才公寓,住到毕业 3 年期满。到新城区工作的大学毕业生,购买首套房不在限购行列。加强人才安居房建设,争取让在武汉工作的大学毕业生以低于市场价 20% 的价格买到房子。

(二)成都

重视产业人才引进开发,对紧缺的专业技术人才和高技能人才,3 年内每人给予最高 3000 元/月的安家补贴;建立人才技能等级、专业技术职称提升奖励制度,最高奖励 6000 元;鼓励在蓉高校、职业院校主动调整学科(专业)设置,培养成都急需的产业人才,最高补贴 2000 万元。与此同时,加大青年人才的引进力度。本科及以上应届毕业生凭毕业证即可落户,毕业 5 年内在蓉创业的大学毕业生,提供最长 3 年、最高 50 万元的贷款贴息,外地本科及以上应届毕业生来蓉应聘,可最多 7 天免费入住青年人才驿站。限购期间,引进的高端人才购房不受户籍、社保缴纳时间限制。

(三)西安

全面实施"5531"计划,5 年内将投入 38 亿元,吸引百万大学生齐聚西安,打造"一带一路"的西部人才高地。具体政策包括:年龄在 35 周岁以下,全日制普通高校、中等职业学校(含技工学校)毕业生,国民教育同等学力留学归国人员,无论是否在择业期内,都可在西安落户,硕士及以上落户不受年龄限制;有培训需求的高校毕业生,可申请最高 1800 元的培训补贴;毕业 2 年内未就业的高校毕业生,可申请每月 1200 元的生活补贴;限购期间,经批准引进的各类人才购房时,不需提供个人所得税或社会保险证明,由引进人才单位出具相应的证明即可。

(四)南京

2018 年 7 月出台《南京市人才安居办法(试行)》,着力解决人才住房难题,对当地无房且 5 年内无住房登记信息或房屋交易记录的 6 类人才,可提供最大 150 平方米的共有产权房,或给予每月最少 600 元的租房补贴。在南京工作的高等院校(含职业院校)应届毕业生及往届研究生,可直接落户。在南京工作的毕业 2 年内的本科及以上人员,可申请 30 平方米左右的免费公租房或 600～1000 元的租房补贴。非南京户籍的硕士及以上学位或高级职称的人员,购房时无须提供个税或社保证明。

(五)长沙

2018 年 6 月出台"人才新政 22 条",计划 5 年内投入 100 亿元以上资金,吸引储备百万青年俊才。具体政策包括:对新落户并在长沙工作的博士、硕士、本科毕业生,分别每年补贴 1.5 万元、1 万元、0.6 万元,连补 2 年。首次购房的博士、硕士,分别补贴 6 万元、3 万元。本科及以上毕业生"零门槛"落户,还可先落户后就业,专科以上学历或技师以上职称的,首次购房不受户籍、个税和社保存缴限制。

四、加强青岛市人才队伍建设的几点建议

人才资源是最宝贵的资源,人才优势是城市竞争最核心的优势。站在新时代的新起点上,必须牢固树立人才优先发展的战略意识,聚焦新旧动能转换的迫切需求,着力破除制约人才发展的体制机制障碍,整合推出更具竞争力的政策措施,加快建设科学规范、开放包容、运行高效的人才开发治理体系,努力打造国际一流的人才汇聚之地、事业发展之地、价值实现之地。力争到 2021 年,全市人才总量突破 220 万人,建成一支规模宏大、结构优化、布局合理、素质优良的人才队伍。

(一)突出"高精尖缺"人才集聚

以支撑新旧动能转换为导向,聚焦产业发展实际需求,加大"高精尖缺"人才引进开发力度,加快形成区域性的人才智力资源汇集高地。一是集聚高端领军人才。围绕青岛市科研实力强、产业基础好的高技术船舶、轨道交通装备等优势产业,以及成长潜力大、带动效应强的新一代信息通信、新能源、新材料等新兴产业,依托高速列车、虚拟现实等支撑产业的十大科技创新中心,面向全球引进诺奖获得者、世界级水平科学家、两院院士、"千人计划"等高端领军人才,带动青岛市产业快速

提升原创能力,形成产业发展的核心竞争力。加快引进国内外优质高等教育资源,支持驻青高校"双一流"建设,加快培育一批产业发展急需的领军人才及其团队。统筹组织好领军人才的选拔、申报工作,畅通领军人才脱颖而出的通道,激励更多人才成长为领军人才。二是集聚青年人才。将青年人才作为青岛市下一步人才工作的重点,对标国内先进城市,抓紧研究出台针对性更强、优惠力度更大的人才新政,努力在新一轮"人才争夺战"中抢得先机、占得优势。在引才载体上,大力开展"百所高校千名博士青岛行"、大学生就业"梦想起航行动"等灵活有效的引才活动,做好人才与项目对接服务,争取更多青年人才留青发展。在就业引导上,动态掌握青年的就业意愿、技能状况和服务诉求,有效整合政府、高校、社会培训和劳务中介等多方资源,引导帮助青年人才顺利就业、人尽其才。在创业扶持上,全面落实国家、省、市鼓励大学生创业的各项优惠政策,在融资、开业、税收、创业培训、创业指导等方面提供有力支持,为青年人才创新创业提供坚强保障。三是集聚技术技能型人才。以服务"青岛制造2025"战略为中心,依托产品设计、关键技术试验验证、新工艺及专业设备研发等科技创新活动,加快引进一批企业技术研发、工艺创新等领域的优秀专业技术人才。充分利用驻青高校、科研院所等科教资源,建设一批专业技术人员继续教育基地,支持专业技术人才队伍不断完善知识结构、提升能力素养。依托本土职业教育体系,深入开展中职与高职"三二连读"、中职与本科"3+4"贯通培养试点,对标产业需求和企业要求培养急需紧缺的高技能人才。依托大型骨干企业、重点技工院校和培训机构,建设一批高技能人才培养研修示范基地,培养知识型、技能型、创新型的本土技能人才大军。力争到2021年,使全市专业技术人才总量达到86万人。此外,高度重视经营性人才集聚,加快培养造就一批具有创新精神、国际视野、战略思维和社会责任感的企业家人才及高级经营管理人才。探索建立经营管理人才奖励制度,对青岛市引进且聘用的在现代服务业、先进制造业、战略性新兴产业发展和传统产业转型升级中作出突出贡献的经营管理人才,按层次给予奖励,填补管理类人才激励政策空白。

(二)创新人才引进开发方式

进一步解放思想,树立"不求所有、不求所在、但求所用"的用人观,探索建立"刚性与柔性引进相结合、事业留人与待遇留人相结合、招商引资与引才引智相结合"的人才引进开发模式。一是拓宽人才引进渠道。将人才竞争的危机感、紧迫感转化为人才工作的勇于担当,敢于作为,主动出击,抢占先机,千方百计网络青岛市急需紧缺的人才。由市人社局牵头,组织企事业单位到全国高校招聘优秀毕业生,宣传青岛市就业创业优惠政策、城市发展成就及光明前景，提升青岛市人才招引的竞争力，吸引更多的青年人才汇聚岛城；由市人社局会同相关部门，组织重点企业到北上广深一线城市，以高端人才为主攻方向，开展靶向精准招才，综合运用优惠政策、产业平台、城市魅力、家乡情结等多种资源打动人才，成功引进青岛市产业急需的高端人才；由市经信委等行业主管部门牵头，根据产业发展和产能扩张需求，组织制造企业到长三角、珠三角等制造业发达地区，突出政策的导向性，讲求区域环境的优越性，注重招才的人性化，最大限度地引进青岛市紧缺的技能型人才为我所用，增强人才流动的集聚效应。二是创新人才引进方式。由市科技局牵头，推动科技人才引进模式创新，探索采用顾问指导、短期兼职、退休返聘、旅居服务、技术入股等柔性方式，引进急需的高端智力人才，加快全市重大产业科技项目攻关进度。注重发挥人大、政协、民主党派以及工会、共青团、妇联等群团组织的特殊优势，广泛团结各类人才，精准发力特定对象，积极推动以情引才、以才引才，形成人才汇聚岛城的强大向心力。三是推进政企协同发力。市经信委等行业主管部门要敢于担当、大胆作为，抓紧建立健全各主要行业人才信息管理制度，摸清底数、建立档案、制定引才计划，将人才兴企目标真正落实到日常业务工作中，加强领导、强化监督、落实责任。支持企业建立首席技师制度，弘扬工匠精神，厚植工匠文化，培育本土工匠。鼓励企业通过猎头公司等人力资源服务机构引进人才，可按其引才成本给予一定比例补贴。四是促进人力资源服务业发展。加快出台青岛市扶持人力资源服务业发展的政策意见，放宽人才服务业准入限制，支持高端人才猎头发展，支持人力资源交流服务协会等行业组织建设，稳步有序地承接政府的人才培养、评价、激励等服务职能。积极推进青岛市人力资源服务产业园建设，加大人力资源服务企业引进力度，加快形成人力资源服务产业集群优势，努力打造国际一流的人力资源服务创新基地。

（三）搭建人才工作服务平台

整合全市人才工作资源，建立人才管理、信息、评价三大平台，提升人才工作效率和便利化水平。一是建立统一的人才管理平台。立足人才培养、贴近人才需求、适应人才创业"生命周期"，把分散于各部门的支持政策，精炼成一张"政策清单"，实行统一审核和督办兑现。整合人社、科技、经信、招商、外事等部门的骨干力量，组建统一的招才引智管理机构，推动实现全市人才管理"一个窗口对外"，汇聚人才工作的强大合力。二是建立动态的人才信息平台。发挥行业主管部门的牵头和统揽作用，摸清行业人才底数，定期发布重点行业人才需求目录，促进人才工作精确制导、精准聚焦、精细服务。探索建立人才信息"大数据"，有效整合全市人才信息统计渠道,通过信息化手段,对接公安、社保、税务等部门管理系统,对人才信息进行实时统计和数据化管理,全面掌握人才的分布、流动、发展规律,为制定人才政策、作出重大决策提供重要参考。三是建立科学的人才评价平台。改变以往看头衔、看学历等评价办法,综合运用行政、市场、专业组织等多元视角,引入科学化、市场化的评价标准,建立务实管用的人才评价办法。将深化职称评定改革作为创新人才评价机制的重要内容,全力推进职称制度分类改革和动态管理,扩大国有企业职称评聘自主权,畅通非公经济组织及社会组织人才参与职称评审渠道,探索对高层次人才、急需紧缺人才实行职称直聘办法。积极推进人才诚信体系建设,建立健全人才信用动态评价、守信激励和失信惩戒机制,有效遏制投机型人才套取财政资源现象发生。

（四）加强人才发展投入保障

充分调动各方力量,积极完善以政府为引导、企业为主体、社会资本为补充的多元化人才投入保障机制,确保人才投入与经济发展同步增长,为人才创新创业提供坚强后盾。在财政支持方面,把人才发展支出纳入财政支出的重点领域优先保障,有效整合各部门资金,完善分级分类人才资助体系,对高水平创新创业团队给予长期稳定支持,确保人才牵头的重大项目顺利实施;发挥好财政资金、政府投资基金的引导撬动作用,完善贷款贴息、风险补偿制度,鼓励金融机构创新产品服务,为人才创新创业提供资金支持;健全资金投入评估机制,定期开展投入项目绩效评估,使财政支持更贴近人才实际需求、更适应创新创业的"生命周期",努力实现财政费效比的最优化。在企业投入方面,鼓励企业加大科研投入,支持企业人才开展多种形式的自主研发及技术攻关,打造优秀科技创新团队,强化自主创新能力和核心竞争力建设。全面落实研发费用加计扣除政策,对建立研发准备金制度的企业给予一定金额补贴,对企业与国内外高等院校、科研院所协同创新并实现成果在青成功转化的重大研发项目,按技术合同实际发生额给予一定比例补贴,支持企业对科研技术人员实施股权、分红激励,科研人员取得的股权奖励收入可分期缴纳个人所得税。在金融支持方面,鼓励金融服务机构加大对人才牵头成立企业的信贷支持力度,扩大信贷规模和惠及面,推广纯信用贷款、科技园区集合贷款,推进知识产权质押贷款担保,实现创业融资低成本、低门槛。市金融办要积极寻求上级支持,争取扶持政策和先行先试办法,推进多领域金融改革创新,优化人才创新创业融资环境。支持组建科技投资、融资担保、小额贷款、融资租赁等多业态的科技金融机构,多渠道服务科技类企业融资需求。建立健全创新型企业信用评价体系,探索将创新型企业信用评级纳入政府采购、项目招标、财政资助等审核指标体系,鼓励商业银行、融资性担保公司、小额贷款公司等采信创新型企业信用等级。在社会资本支持方面,建立财政投入与社会资金搭配机制,支持高创资本、创投基金以出资引导、阶段参股等方式吸纳社会资本,建立覆盖全域的天使、创业投资引导基金。支持高校院所、领军企业、创投管理机构设立智库基金、创业投资基金、科技成果转化投资基金、创业孵化投资基金、"人才特区"专项基金等特色基金,聚集一批活跃天使投资人,畅通人才创业融资渠道。鼓励人才创办的企业直接对接资本市场,争取在"新三板"、齐鲁股权交易中心、青岛蓝海股权交易中心等资本市场挂牌交易。

(五)优化人才发展服务环境

不拼重金拼环境。坚持把强化服务保障作为人才工作的关键举措,以解决好制约人才发展的"堵点""痛点"为突破口,加快构建与国际接轨、符合人才需求的创新创业环境,积极争取各类人才为我所用。一是强化安居服务保障。借鉴成都、武汉等城市做法,建议由市建委、市规划局牵头,选择在地铁站口等交通便利地点新建一批环境优美集中连片式的人才公寓;在"三旧改造"中,将部分老物业、商业用房等改造为人才租赁房;在新建商品房项目中,按一定比例配建人才公寓,多渠道筹措人才安居房源。在服务对象方面,除了继续保障高层次人才住房需求外,拿出一定数量的房源,提供给在青工作的无房大学毕业生使用。另外,建议推广成都人才驿站模式,为外地来青应聘的高校毕业生提供 7 日内的免费住宿,推动高学历青年人才汇聚岛城,打造大学生最友好城市。在配套服务上,建议由市团委、妇联、工会等牵头,通过志愿者服务、送温暖活动等多种形式,突出人文关怀和人性化体贴,大力提供温情服务,为外来人才送去温暖的关爱。同时,完善人才公寓设施配套,大力推广"人才安居＋产业孵化"模式,为人才提供完备的生活设施,最大限度地改善居住条件,让人才心无旁骛地干事创业。二是强化落户服务保障。牢固树立"大人才观",加快户籍制度改革步伐,以海纳百川的大气魄,广纳天下英才。公安等部门要进一步强化人才意识,立足本职,优化服务,降低门槛,简化流程,着重放开青年人才及急需紧缺的技能型实用人才落户限制,最大限度地为人才落户创造有利条件,推动实现大学生凭毕业证即可落户。在满足人才自身落户需求的基础上,相关部门要加强协同,积极妥善解决人才配偶、子女、父母的落户问题,解除人才的后顾之忧,实现以情留人、以人留人。三是强化社保服务保障。针对用人单位普遍反映的派驻人才社保缴纳问题,建议借鉴天津等城市经验,由市人社局牵头,抓紧研究出台具体的操作办法,推动实现在青科研院所派驻人才在青缴纳"五险一金",并享受本地同等人才政策。关于人才的配偶安置问题,建议由市人社局会同相关部门牵头成立高校、科研院所及大企业联盟,促进相互交流、共享各类资源、推动问题解决。四是建立高层次人才联系制度。各级各部门领导班子成员要身先士卒,重视分管领域的人才工作,每位市级领导带头联系1～2名高层次人才,每年不少于2次走访慰问,深入人才中间,面对面交流,实打实交心,努力解决他们的困难,充分发挥他们的作用,把各类人才团结和凝聚到全市的各项事业中来。五是建立人才服务"直通车"制度。人才工作部门要主动联系人才、贴近人才、服务人才,建立各种直通机制,提高人才服务的质量和效率。既可以通过咨询、问询、集体座谈等形式掌握人才实际需求,又可以利用检查工作、调查研究等机会上门走访,直接获取人才最新动向。同时,畅通意见建议直接反馈渠道,鼓励人才通过约见、电话、信函、邮件等方式直接向相关部门反映情况、提出建议,相关责任部门要认真办理、按时回复,确保事事有落实、件件有回音。六是强化考核评价。建立健全各级人才工作目标责任制,适当加大人才工作在全市考核中的比重。同时,研究建立人才容错机制,借鉴武汉等城市做法,制定人才创新创业容错免责办法,支持不畏失败的干事创业者继续奋斗,从失败走向成功,努力营造鼓励创新、宽容失败的良好氛围。

(作者单位:青岛市政府研究室)

2019

区（市）篇

2018～2019年市南区金融业发展现状、风险分析与预测

王　旭

市南区深入贯彻落实全国金融工作会议和青岛市金融稳健发展工作会议精神,立足区域特色优势,积极防控区域金融风险,加快新旧动能转换,开创了区域金融发展新局面。截止到2017年底,市南区金融业增加值达到286.02亿元,同比增长7.7%,高于GDP增速0.6个百分点,占全区GDP的比重达到26.1%。

一、2018年1～9月份市南区金融服务业发展形势分析

(一)2018年市南区实施金融服务业转型升级发展重点

2018年,市南区全面优化金融产业格局,围绕区域内不发生系统性金融风险、提高金融业发展水平开展工作。

1. 抓布局,促进区域金融业协同发展

市南区持续推进"一园一街一路"三项工程,全面优化区域金融发展布局。实施科技金融产业园建设工程。在青岛动漫产业园、软件园区域,发挥金融科技类企业的引导作用,充分利用大数据、云计算、区块链、人工智能等技术,加强金融资本与科技产业有机结合,加快形成互促互动的良性格局。盘活楼宇资源,大力引进境内外证券交易机构,建设资本市场服务基地、直接融资服务中心、财富管理综合服务平台,打造服务青岛、辐射全国的资本市场综合服务高地。实施青岛金融街升级工程。面向金融业发达国家和地区,引进具有国际背景的银行、证券、基金、保险等金融机构,建设"国际金融集聚区";以海航万邦、中铁中心、华润中心、青岛财富中心等高端楼宇为重点,培育具有系统重要性的新兴独立财富管理机构,配套一批关联高端中介服务机构,优化金融产业链条,建设"高端财富管理综合服务示范区"。实施中山路区域金融复兴工程。发挥航运集聚优势,引进和培育船舶融资租赁、海洋保

险等以海洋经济为特色的金融业态,打造金融业发展"新引擎"。深入挖掘东莱银行旧址等优秀金融历史资源,推动建设"青岛金融博物馆",延续青岛金融业的历史文脉。

2. 抓项目,完善区域金融业态

市南区以项目建设为行业发展的"生命线",加大招商引资力度,实施以商招商、外出招商、定点招商,赴上海、北京或深圳等先进城市,举办 2 次针对外资金融机构、财富管理机构或基金等的定向招商推介会,年内引进 15 家以上新兴金融机构及金融类企业。做好浙商银行、海航创新金融项目的引进服务工作,力促项目落地。围绕打造全业态金融体系,在继续推动银行、证券、保险等传统金融机构发展的同时,重点引入风险投资基金、产业投资基金、私募股权投资基金、财富管理、资产管理等机构,补齐金融业发展"短板"。抓住金融机构转型机遇,重点争取大型金融机构的功能性总部如私人银行中心、金融事业部等和金融后台落户。

3. 抓培育,推动企业上市

市南区开展企业上市培育项目,针对企业所处的不同发展阶段,进行人岗培训、财务管理、市值管理培训。搭建融资交流平台,深入重点企业调研并动态服务,针对企业情况制订"一对一融资服务方案",提供个性化金融服务,开展 3 次拟上市企业路演活动或金企对接活动,帮助企业扩宽融资渠道。组织区内优质企业赴国内顶尖金融院校培训学习,帮助企业掌握资本市场最新政策及经济发展趋势,加快上市挂牌工作进度。力争实现 1 家企业上市,6 家企业"新三板"挂牌。对规模以上企业及区内重点企业通过诊断式调研,指导制定合理的股改规划,通过大型讲座、综合论坛、顾问辅导、专题研讨等方式,加快企业股改进程,为上市储备优质资源。

4. 抓监管,维护金融稳定

建立健全监管信息联动机制,实施定期检查与银行询证相结合的审计监督制度,强化对融资担保、小贷及民资公司资金安全性的监管。普及应用省金融综合服务信息平台,提高监管信息化水平。继续开展金融风险排查工作,全年组织 4 次金融风险拉网式排查工作,全面查找各行业、各区域的风险隐患和薄弱环节。深化与青岛晚报、广电传媒等媒体合作,开展系列主题活动,强化宣传效果;利用微信公众号"市南处非在线",定期发布防范非法集资知识,通过发放宣传手册、张贴宣传海报等形式,提升居民风险防范意识。继续做好泽雨、上赢等已发案件处置工作,做好上传下达、协调调度、总结汇报等,确保处置工作有序推进。协调相关部门,对不良贷款存量企业进行核查分类,对接银行机构及企业,在推进存量化解的同时,前瞻性地预防新增不良风险,维护区域金融稳定。

5. 抓服务,营造良好环境

建立常态化沟通联络机制,建立行长(总经理)联席会制度,搭建"政金"沟通交流平台,聚焦发展需求,第一时间掌握企业动态,提高服务效能。每月举办一次金融企业沙龙,筑牢"政金企"沟通纽带,凝聚发展合力。配合做好亚洲财富论坛、金博会等论坛的筹备服务工作,活跃金融氛围,进一步提升区域金融影响力。筹备专家咨询库,邀请金融领域各方面专家学者,建立健全常态化沟通合作机制,对有关金融政策及重点项目的风险效益进行科学评估,研究金融业发展中遇到的重大问题,为区政府决策提供有益参考。探索建立政府与金融机构人员双向挂职锻炼机制,深化双方交流合作,提升金融综合素质。积极适应全面从严治党新常态,完善落实党风廉政各项制度,在党员领导干部中开展"不忘初心,牢记使命"主题教育,用党的最新创新理论武装头脑,营造风清气正的工作氛围。

(二)2018年前三季度市南区金融服务业运行情况

截至第三季度末,市南区本外币存款余额6547.32亿元,同比增长7.1%,比年初增加495.72亿元;本外币贷款余额9327.96亿元,同比增长9.6%,比年初增加684.96亿元。

1. 高端金融机构引进实现新进展

2018年,市南区先后十余次赴北京、上海、深圳、天津、杭州等地拜访了中德住房储蓄银行、东营银行、花旗银行、野村证券、东京证券交易所等20余家金融机构及企业。截至第三季度末,已梳理招商项目30余个;与中德住房储蓄银行、东营银行签订战略合作协议,青岛大通汇鑫民间资本管理有限公司、德华安顾人寿保险有限公司青岛分公司市南支公司等30余家金融机构及企业落户市南区。截至第三季度末,市南区分行分公司级金融机构近150家,约占全市60%。其中,分行级以上银行机构36家、证券机构45家、期货机构24家、保险机构42家,分别占全市总量的56%、32%、66%、64%;全市34家外资金融机构中有31家在市南区,占比达91%;金融类企业1200余家,居全市首位。

2. 地方金融组织行业秩序不断优化

截至9月末,市南区共有融资担保公司4家、小额贷款公司1家、民间资本管理公司4家。全区融资性担保公司注册资本(营运资金)累计6.11亿元,小额贷款公司注册资本1亿元,民间资本管理公司注册资本累计9.5亿元。1~9月份,全区融资性担保公司新增融资性担保业务4.12亿元,融资性担保业务在保余额4.96亿元,小额贷款公司贷款余额1463.69万元,民间资本管理公司累计投资22.38亿元。

3. 区域资本市场提质增效

市南区加快创新金融服务模式,不断整合区域资本市场优质资源,着力促进区内企业上市发展。打造综合型资本市场对接服务平台——青岛资本市场服务基地,发挥市南区高端中介机构集聚、金融业态丰富等优势,为企业提供上市前培育辅导、上市中协调服务、上市后资本运营的一站式服务,加快企业上市挂牌股改步伐,更好地发挥资本市场服务实体经济发展的作用。截至第三季度末,组织开展培训、座谈等活动10场,全区新增新三板挂牌企业2家、四板挂牌企业6家,区内共有上市、挂牌企业98家,其中上市企业4家,新三板挂牌企业27家,67家企业在区域股权交易中心挂牌,区域资本市场结构持续优化提升。

4. 银行不良资产化解处置有序推进

市南区专门组织召开不良贷款化解处置工作会议,听取银行机构在化解处置不良资产过程中对政府部门的建议,分析研判了市南区不良贷款处置工作基本情况,并就下一步工作进行了讨论和研究。截至2018年第二季度末,市南区不良贷款余额为39.20亿元,不良率为3.08%,不良贷款余额比年初下降18.15亿元,不良率下降1.5%。

(三)2018年前三季度市南区金融业运行发展中存在的主要问题

市南区金融业发展存在的问题主要体现为"三多三少"。

1. 机构迁出多,引进数量少

受青岛市金融规划调整、政策导向和区域竞争等因素影响,市南区金融机构呈外迁加速之势,而引进的金融机构不足以弥补金融机构外迁的缺口,导致辖区金融机构出现"增量不增、存量在减"的局面。

2. 区域内金融机构呈现东部数量多、西部数量少局面

目前市南区金融机构主要集中在东部区域,西部区域呈现金融"空心化"现象,导致金融要素不能在区域范围内有序自由流动,制约全区金融业整体水平的提升。

3. 传统业态多,新兴业态多

区域内银行、保险、证券等传统金融业态比重较大,占区域金融机构总数的56%以上,财务公司、资产管理公司、私募基金、法人财富管理机构、小贷公司、保理公司等新兴金融业态偏少,信托、独立私人银行尚处空白。

4. 区域金融风险依然突出

当前,非法集资案件仍然频发,风险防控工作的难度仍然很大。2018年前三季度,全区非法集资类案件立案26起,涉案金额9.5亿元,参与集资群众2700余人,较上年同期大幅上升,防范和处置非法集资工作形势严峻。

二、2018年第四季度及2019年市南区金融业发展形势预测与展望

(一)突出"强"字抓招商,促进金融业态集聚发展

1. 对标先进区(市),加强定向招引

编制"重点招商项目台账",梳理落户企业需求,采取"一对一服务",实行全程跟踪全方位服务,确保项目顺利落地。

2. 借势会议论坛,强化项目对接

持续放大上合青岛峰会效应,积极参加在青岛市和市南区举办的各种论坛,并将赴厦门参加投洽会等活动,加强与国内外优质金融机构和企业的深层次沟通。

3. 对接上级部门,拓展金融资源

加强与市金融办协作开展相关走访活动,赴北京、上海等地对接华夏银行、交通银行、巴黎银行、瑞信银行、野村证券、三井住友信托等金融机构,进一步放大市南金融的品牌效应。发挥政策磁力,形成产业集聚。继续修订并完善《市南区支持金融业发展的实施办法》,抓紧推进新政策出台,通过政策磁力吸引优质项目和企业落户市南区,优先对接财富管理机构、风险投资基金、产业投资基金、私募股权投资基金、资产管理公司等优质项目和企业。

(二)突出"诚"字重服务,不断优化金融发展环境

1. 改善政务服务,强化企业归属感

开展存量金融机构及企业走访活动,了解经营发展情况,帮助企业解决实际困难。建立"政银企"沟通交流机制,邀请金融机构负责人和联络人加入"行长总经理联络群"和"市南金融联络群",第一时间发布政策信息及招商动态等内容;围绕国内外经济、金融热点话题,举办以新金融经济的未来、资管新规的影响、一带一路与改革开放等为主题的金融企业沙龙。

2. 搭建融资平台,解决资金难题

落实2018年度重点企业优秀项目路演活动方案,组织区重点企业赴上海开展路演活动,帮助企业对接中科院上海育成中心以及国内优质投资机构,帮助企业破解融资僵局。将组织开展3次企业路演或金企对接活动,通过会议交流、项目推介、投资机构接洽等方式为区内企业搭建融资合作平台,多渠道扩宽企业融资渠道。

3. 组织论坛活动,助力企业发展

组织中国财富论坛 2018 市南分论坛、中韩金融合作与发展论坛、第十二届中国上市公司价值论坛和新旧动能转换路演等活动,帮助企业掌握金融产业发展的前沿政策和动态,增进与国内外专家、学者的沟通交流。

(三)突出"实"字搭平台,丰富区域资本市场结构

1. 成立青岛资本市场服务基地

打造山东首家资本市场对接服务综合型平台,以赋能式、综合化的金融服务,为山东乃至整个北方地区企业提供"产业转型升级—创业投资—上市培育"三位一体的全方位服务,有效促进区域资本市场的健康发展。力争实现全年 3 家以上企业新三板挂牌、10 家企业四板挂牌,实现市南区上市(挂牌)企业达 100 家,实现直接融资超过 200 亿元。

2. 实施"企业上市培育项目"

走访区内 100 余家重点拟上市、拟挂牌企业,根据企业需求开展大型讲座、专题讲座,对区域内重点企业进行"一对一"个性化辅导,提升企业内在实力,扩充拟上市企业资源。按照企业拟对接资本市场的版块,分别建立拟上市、新三板挂牌及股改培育梯队,形成"上市一批、培育一批、储备一批"的良性发展格局。

3. 推进规范化改制工作

通过实地调研,结合企业情况定级划档,从区域内企业中筛选出 50 余家重点培育企业,聘请企业管理、法律及资本市场运营等方面的专家,组织大型论坛、专题讲座等活动,举办互联网在线培训答疑活动,推动企业进入资本市场发展步伐。实现全年区内 20 余家企业完成规范化公司改制的工作目标,推进区域内企业完成规范化公司改制。

(四)突出"紧"字强监管,促进地方金融组织规范发展

1. 优化审计机制,实现检查全覆盖

聘请会计师事务所继续对辖区地方金融组织进行合规风控审计检查,优化检查内容,突出监管重点,增加风控数据、业务数据审计项目,进一步强化外部监督的专业化作用。

2. 强化日常监管,做好审查分级工作

从严实施年审与分类评级,按时完成地方金融组织的分类评级工作,年审通过率为 100%,融资担保与民资公司初评达到 A/B 级以上的占比为 50%。利用省平台和区监管系统的信息化,完成审核上报企业月报、季报表。

3. 紧抓安全生产,守牢安全底线

组织地方金融组织签订《企业安全生产承诺书》,落实安全生产经

营单位主体责任。通过会议协调、电话督促、实地对接等形式,协同推动辖区 77 家金融机构的 417 处消防隐患综合整治工作,实现金融机构的安全不出问题。

(五)突出"严"字抓排查,严守区域金融安全底线

1. 健全机制,形成工作合力

尽快出台"市南区非法集资风险监测管理工作暂行办法""市南区金融突发事件应急预案""市南区非法集资案件举报奖励办法",进一步前移风险管控关口,增强处突应急能力。组织开展区金融突发事件和区泽雨等非法集资案件突发性涉稳事件应急处置工作桌面推演。

2. 定期排查,关注风险领域

开展商务楼宇专项排查整治,开展金融风险普查,对企业名称或经营范围中含有"金融""投资""投资咨询"等字样的企业开展风险排查,对排查出存在金融风险企业,全部纳入监控台账。对深圳乐福乐珠宝有限公司青岛市市南分公司等重点风险企业进行联合检查、高管约谈、风险提示,提高对违法行为的威慑力。

3. 丰富载体,广泛开展宣传

开通微信公众号"市南处非在线",发布防范金融风险相关知识和已发案件信息。通过报纸媒体宣传防范非法集资知识、介绍举报奖励政策等。在社区开展"金融知识送万家"主题巡回宣讲活动,预计组织宣讲活动 50 余场,张贴海报和宣传画 3000 余张,发放各类宣传品 10 万份。宣传防范非法集资知识。开展防范非法集资宣传月活动,引导居民认识到非法集资的危害性,自觉远离非法集资。

三、加快市南区金融业稳定发展的对策建议

(一)做好市南区金融业新旧动能转换

市南区应以突出"金融业新旧动能转换"这一主题,紧紧围绕服务实体经济、防控金融风险、深化金融改革三项任务,以创新作为引领发展的动力源,以解决好发展不平衡不充分问题为破力点,努力形成新动能主导区域金融均衡发展的新格局,创新引领、协调发展的现代化金融产业体系建设取得成效。

(二)金融业的发展要坚持谋发展、防风险"两手抓、两手硬"

坚持"高质量发展"的坐标定位,自觉把市南金融放在全市、全省乃至全国、全球大局中去审视,找准目标定位,站上新起点,实现新跨越,

提升市南金融"首位度";准确判断风险隐患,积极稳妥处置各类金融案件,不忽视一个风险,不放过一个隐患,牢牢守住不发生系统性、社会性金融风险底线。

(三)持续推进市南区金融项目建设

1. 持续推进科技金融产业园建设工程

在青岛动漫产业园、软件园区域,发挥好金融科技类企业的引导作用,充分利用大数据、云计算、区块链、人工智能等技术,加强金融资本与科技产业有机结合,加快形成互促互动的良性格局。

2. 持续推进青岛金融街升级工程

以海航万邦、海信创业中心、远雄大厦、泛海名人广场等区域内高端楼宇为重点,培育具有系统重要性的新兴独立财富管理机构,引导基金、财富管理机构入驻,优化金融产业链条,建设"高端财富管理综合服务示范区"。

3. 持续推进中山路区域金融复兴工程

深入挖掘东莱银行旧址等优秀金融历史资源,推动建设"青岛金融博物馆",全景展示金融发展成就,传扬金融历史文化,延续金融历史文脉。

(四)启动金融机构"双招双引"行动

1. 做好精准招商

通过青岛市资本市场服务基地的上市服务纽带,推动上下游产业集群的集聚,做好产业链招商;充分利用驻区金融机构及企业和商务楼宇产业资源优势,深挖招商源脉,积极联络毕马威、安永等驻区国内外知名中介机构,定期对接省、市驻上海、北京等先进地区办事处,建立长效联络机制,用好委托招商。

2. 提升营商环境

建立完善常态化沟通联络机制,筑牢"政金企"沟通纽带。运行好行长(总经理)联席会制度,搭建"政金"沟通交流平台,聚焦发展需求,提高服务效能。继续做好金融企业沙龙,营造良好的金融发展氛围。举办中韩金融合作高峰论坛,提升区域金融影响力,实现外资金融机构落户连锁效应。

(五)做好资本市场"精准对接"工作

1. 搭建助企融资融智服务平台

联合专家深入企业调研,充实上市分类培育梯队,结合企业诉求,诊断发现企业存在的问题与"短板",为企业经营发展、上市筹备提供指导及建议,推动企业借助资本市场的力量实现快速发展。预计全年组织开展3次企业路演或金企对接活动,通过会议交流、项目推介、投资机构接洽等方式为区内企业搭建融资合作平台,多渠道扩宽企业融资渠道。

2. 不断提升区域资本服务能级

推进成立青岛资本市场服务基地理事会,统筹规划青岛资本市场服务基地有关工作。定期举办实操案例和前沿信息讲座,邀请优质企业在基地进行项目路演,邀请知名投资机构组织项目推荐会。积极推进与深圳证券交易所、香港证券交易所对接合作,吸引境外主板交易所在基地设立办公室;广泛对接国内外优质中介机构、投资机构、高等院校等资源,为企业提供一站式投融资综合解决方案。

(六)做好地方金融"固本培元"工作

1. 培育优质企业

借助政策的引导扶持作用,加大对民间资本管理公司等优质地方金融企业的招商引资力度,鼓励区内优质企业通过增资扩股、引入新股东等形式做大做强,提高地方金融企业发展水平。

2. 完善监管机制

实施定期检查与银行询证相结合的审计监督机制,强化对融资担保、小贷及民资公司资金安全性的监管。按照全市统一部署,建立健全融资担保公司和小额贷款公司监管信息联动机制。发挥省平台与区监管系统的信息化监管作用,严格实施日常监管,提高监管质量。

(七)扎实做好区域金融"生态净化"

1. 深入开展金融风险排查工作

继续在早发现、早化解、早处置上下功夫,全面查找各行业、各区域的风险隐患和薄弱环节。在每季度定期开展普查性、地毯式金融风险排查的同时,不间断开展各类专项排查,争取覆盖非法集资案件高发的各个领域,以点带面,分行业开展非法集资问题专项整治工作,形成责任明确、齐抓共管的风险排查工作格局。

2. 有序推进互金整治工作

按照"一户一档"要求,建立完善从业机构底档。进一步核查涉及的人员数量、业务规模等,根据违法违规情节和社会危害程度分类甄别、区别处置,确保专项整治取得实效。有效整合公安、市场监管等部门以及第三方资源力量,对于日常风险排查中发现的疑似互金机构,及早关注、及时检查、主动上报,力争社会面巡查防控。

3. 持续化解银行信贷风险

应积极发挥转贷引导基金、政策性担保等功能作用,帮助企业合理解决短期资金困难,防范区域信贷风险。按照"一企一策"原则落实联合处置措施,促进银行机构与金融资产管理公司和地方资产管理公司合作,使银行贷款不良率保持在较低水平。

(作者单位:中共市南区委党校)

2018～2019年市北区历史文化保护发展形势分析与预测

潘德华

习近平总书记指出："历史文化是城市的灵魂，要像爱惜自己的生命一样保护好城市历史文化遗产。"城市历史文化传承城市发展的记忆，体现和引领城市的价值取向和城市精神，是保持城市全面协调发展、提高城市综合竞争力的内在支柱。历史文化要保护，现代文明要发展，人民生活要提高，这是历史发展的总趋势。保护好历史文化和特色风貌，是促成城市宜居幸福和谐美丽，实现城市美好生活的重要组成部分和基础要素。市北区作为青岛的主城核心区和传统老城区，是"百年青岛"历史文化资源传承地，承载着青岛市的城市历史文化和发展记忆。近年来，青岛市市北区整合挖掘、提升重塑全区历史文化街区资源，以实施"个十百千万"工程为抓手，打造"记忆市北"品牌，促进珍贵历史文化资源保护传承利用，加快文旅产业转型升级，促进新旧动能转换，全面提升城市生长力，加快建设更有温度和厚度的主城核心区。

一、2018年1～9月份市北区历史文化保护发展的形势分析

(一)市北区历史文化资源总体概况

市北区历史文化资源富集，底蕴积淀丰厚，尤其是所辖众多街区曾是百年青岛发展的"城市原点"、主城"核心区"，拥有极高的文化价值、经济价值和社会价值。

1. "百年青岛"历史文化资源传承地

市北区是青岛城市历史原点。有百年港口、百年青啤、百年火车站、百年汽车站、百年胶澳海关、百年老字号、百年烟草、百年粮仓原址等文化遗存，有数百年历史的萝卜·元宵·糖球会是"中国十大民俗节庆"之一。

2. 青岛红色文化的发源地

市北区曾是青岛市最早的党组织、第一个农村党支部的诞生地,刘少奇、邓恩铭、王尽美等老一辈革命家在这里留下过革命的足迹,拥有中共青岛党史纪念馆、黄台路中共地下联络站、青岛第一个农村党支部等红色历史文化资源。

3. 青岛近代产业的摇篮

市北区集聚了啤酒、纺织和家电等现代民族工业,台东镇、大鲍岛、小鲍岛等区域是青岛商业的起源地,拥有全国知名的特大型深水港口青岛港,孕育了青啤、四方机厂等一批国内外知名企业。

4. 历史文化资源类别广泛

市北区历史文化涉及红色文化、工业文化、民俗文化、港口文化、军事文化、建筑文化、自然科学等多个领域。

5. 保护基础较好

市北区现有博物馆、文史馆、纪念馆 21 家,其中博物馆 15 家,社区级文史馆、纪念馆 6 家,2 处属国家级文物保护单位,1 处属省级文物保护单位,初步形成了以国有创办为主体、民间参与为补充的博物馆建设体系。6 处专题博物馆被开辟为爱国主义教育基地。

6. 保护与发展并存

市北区对于纺织、橡胶、化工、机械等产业工业遗存,立足原有产业积淀和特色资源,运用新技术、新业态、新模式加快改造提升传统产业,着力打造以橡胶谷、纺织谷等为代表的新旧动能转换示范园区,探索将部分闲置厂房、景区等改造为"双创"平台,实现工业遗存保护和文化创意产业融合发展,社会效益与经济效益双赢。其中橡胶谷注册企业累计营收 336 亿元,累计纳税 2.5 亿元;天然橡胶现货交易中心累计交易额达 4078 亿元、累计交收量达 22.34 万吨,交易规模世界第一。

7. 市北区重点历史文化资源:7 馆 2 区

(1)青岛啤酒博物馆。工业遗产利用范例。作为国内第一家啤酒专业博物馆,青岛啤酒博物馆将百年青啤发展历程、百年青啤酿造工艺与现代化生产作业区相结合,成为集文化历史、生产工艺流程、啤酒娱乐、购物于一体的多功能旅游景点,青岛啤酒博物馆文创产品融入企业文化、企业特色,开发集美观与实用于一体的文创产品。先后荣获中国首家专业啤酒博物馆、国家级重点文物保护单位、国家 AAAA 级旅游景点、全国首家工业旅游示范点、山东省旅游细微化服务先进单位等称号。被誉为"中国工业旅游旗帜"。

(2)中共青岛党史纪念馆。纪念馆房屋建于 1904 年,原是四方机厂职员宿舍。1923 年 8 月,青岛第一个党组织——中共青岛组成立,这里成为青岛早期党组织传播马列主义、播撒革命火种、领导工人运动的重要阵地。王尽美、邓恩铭、刘少奇、李慰农等老一辈革命家都曾在这里工作和生活过。纪念馆是青岛市唯一一处保留至今的早期党组织机关旧址，是青岛市规模最大、内容最丰富、展示手段最先进的党史纪念馆，是山东省、青岛市两级爱国主义教育基地、党员教育基地和重点文物保护单位。

（3）青岛贝林博物馆。是青岛市集科普性、互动性和体验感强的高标准专项博物馆。馆内收藏了世界著名慈善家、美国野生动物标本收藏家、世界轮椅基金会主席、中国残疾人福利基金会理事肯尼斯·尤金·贝林先生400多件捐赠野生动物标本。

（4）青岛葡萄酒博物馆。国内第一座以葡萄酒历史与文化展示为主题的集科普教育、收藏展示、旅游休闲、文化交流等多种功能于一体的博物馆，国家AAAA级旅游景区。

（5）青岛纺织博物馆。青岛纺织工业历史悠久，工业遗存众多，青岛纺织博物馆是国内最具特色的纺织博物馆之一，主要通过实物展、交互装置、触摸屏、地图等形式，多维度展示青岛百年纺织工业文明。

（6）（中国）道路交通博物馆。坐落在1910年形成的中国最早汽车站雏形——馆陶路汽车站旧址，是中国首个以道路交通为主题的专业性博物馆。先后被评为"国家AAA级旅游风景区"、首批"青岛市国防教育基地"、"人民交通出版社科普教育基地"、"青岛市社会实践课堂"等，以交通文化为主要元素的1910交运创客驿站被评为青岛市"十佳众创空间"。

（7）青岛汉画像砖博物馆。是中国收藏汉画像砖数量最多、藏品来源地域最广、精品砖系列砖最多、品类最齐全的博物馆；是集收藏、保护、研究、展示与教育等功能于一体的综合性博物馆。

（8）馆陶路街区。南起堂邑路，北至恩县路，与上海路、宁波路、广东路垂直相交，总长度1000余米。初建于1899年，被德国驻胶澳市政规划为"洋行区"，20世纪30年代，馆陶路作为青岛的金融经济中心，洋行有50多家，被称作"青岛的华尔街"，馆陶路红火的进出口贸易，带动了后来中山路商业区的大繁荣，影响着整个华东地区的经济及沿海地区的出口转口贸易。街区现存德式、日式风格的历史优秀建筑共11栋，其中省级文物保护建筑10栋。

（9）上海路—武定路历史文化街区。上海路—武定路历史文化街区集中建设于20世纪20年代前后，道路为网格形，地形北高南低。建筑形式多样且保留了较为完整的近代城市风貌，以庭院和别墅建筑模式为主，拥有传统风貌建筑54处，其中庭院传统风貌建筑21处。街区内有保存完好的民族资本家刘子山的19栋别墅建筑群落，还有徐子兴、王度庐、王垿、吕思清等历史文化名人的故居旧所。

(二)2018 年 1 月～9 月份市北区历史文化保护发展的情况

1. 启动实施"个十百千万"工程

3 月 27 日,市北区召开动员大会,出台《加快打造百年青岛(市北)历史文化街区休闲旅游目的地的意见》,提出充分挖掘利用辖区珍贵的历史文化资源,实施"个十百千万"工程,举全区之力打造"记忆市北"品牌。"个"是指叫响"记忆市北"品牌,打造有感召力的市北文旅形象;"十"是指恢复和提升十个历史文化街区;"百"是指重点打造"六个100",分别是 100 处历史文化记忆民宿、100 个历史文化记忆主题酒店、100 个历史文化记忆经典美食店、100 个历史文化记忆名优特精品商店、100 个历史文化记忆博物馆、100 个景区化历史文化记忆街区;"千"是指组织实施"两个 1000",分别是培育 1000 个历史文化记忆企业文化示范单位、1000 名为游客做市北故事讲解志愿者;"万"是指培育评选 10000 个弘扬优秀传统文化的家庭示范户。《意见》涉及的 2018 年重点任务从行动目标、行动措施和运行保障三个方面进行责任分工,列出了时间表,

2. "个十百千万"工程取得初步成效

一是结合行业情况基本完成"六个 100"的认定办法的研究制定,推出首批"6 个 100"历史文化记忆单位。二是根据辖区历史文化、旅游要素的特点,通过广泛宣传、深入挖掘、重点培育,推出首批 60 家具有城区记忆符号的历史文化记忆民宿、主题酒店、景区化街区、名优特商品店、美食店、博物馆。

3. 全面摸排,完善档案,掌握情况

一是强化文物档案基础工作。市北区共有文保单位 28 处,在全国第三次文物普查后,又按照国家有关规定摸排了 159 处新发现不可移动文物。对 28 处文物保护单位的档案资料进行充实完善。对 159 处新发现不可移动文物进行逐一排查核实,建立有关文物档案,并聘请文物专家进行鉴定确认,制作悬挂文物标识。同时,汇总了全区 11 家收藏单位的 509 件可移动文物,按照全国、省、市文物保护条例要求,进行档案资料整理,邀请市文物专家编撰《市北区文物图鉴》。二是完成了 7 个历史文化街区房屋(按保护和非保护建筑分开)进行摸底调查,逐一摸清了 7 个历史建筑片区、570 余处保护建筑的面积、属性、房屋征收等基本情况,按照"一房一册"标准,逐栋建立档案,逐片区建立数据库。

4. 组织进行历史文化保护的规划设计

一是先后邀请专家对东方酒文化历史街区、工人运动五四运动红色教育基地、百年老港历史文化街区、老东镇商业文化街等街区进行策

划。二是委托青岛规划设计院联合同济大学、东南大学、新加坡裕廊集团和北京耕知城市更新咨询公司等团队，启动历史城区产业策划、城市更新空间规划、试点片区详细规划以及历史建筑保护导则的编制工作和政策研究，方案经过10多轮的对接与完善，于8月31日完成了各项方案的专家评审，形成了一整套系统的规划方案，为历史片区保护更新提供了翔实的依据和指导，同时为全市历史文化城区保护打造了样板。三是与山东大学等高等院校合作，深入研究街区历史沿革、历史事件、历史名人，深度挖掘整理、保护传承欧陆建筑、里院、啤酒、市井、名人等城市历史文化。四是与专业团队合作，按照"一房一册"的标准为重点街区的历史建筑建立详尽完备的电子档案，对重点建筑建立 BIM 系统。

5. 招商引资、项目签约扎实推进

重点针对有实力、有品牌、有情怀、有成功案例的大中型文旅企业开展了密集考察调研和招商洽谈，一批企业对参与街区运营表示出浓厚兴趣及积极意愿。其中，中海地产、万科地产、北京永新华等意向单位均按照街区的产业定位编制了更新运营策划方案，并进行了多轮研究，正在逐步深化。与世界500强广州雪松控股集团达成对上海路—武定路街区的投资运营意向，于8月底签订了合作框架协议。与北京歌华集团、中青城投控股集团、北京国际设计周有限公司、青岛市中德交流合作协会等企业就历史文化街区复兴以及打造签订战略合作协议。

6. 房屋征收工作有序推进

征收建筑总面积40.12万平方米（历史建筑25.6万平方米、非历史建筑14.5万平方米）、总户数13807户、发生资金133亿元，未完成征收902户，预发生资金14.7亿元。7个街区共征收房屋590栋、清零仅128栋，对每栋房屋剩余户特征和位置进行了确认。

7. 推进文化街区历史建筑保护更新工作

9月下旬启动了广兴里建筑活化利用工作，规划利用半年时间，以广兴里为中心，向周边辐射2～3个街坊，投入资金近1亿元，采用建设部推广的被动式超低能耗高新技术进行示范打造。同时，拆除附近没有价值的筒子楼，释放空间，设置地下停车场和口袋公园，尽量满足和放大街区功能需求。

8. 提升部分重点历史文化资源的品质

在点上精心建设1～2处博物馆，在线上全面提升馆陶路品质，在面上有序更新胶州路两侧片区（四方路历史街区），历史街区的老建筑、老设施，因地制宜、循序渐进、有创造性地改造提升利用，完善道路交通、市政等配套设施。

9. 多途径、立体化加大宣传、推介力度

一是举办多个历史文化宣传推介活动。"德国文化之旅"活动。6月17日～28日,文化为媒、旅游为介——"记忆市北"与世界链接——2018梅赛德斯—奔驰利星行"德国文化之旅"活动,足迹遍布德国各大城市,历时12天。通过网络媒体、电台、抖音新媒体等多种形式,广泛推介"百年青岛、记忆市北"文旅品牌以及市北区的历史文化资源,将中国传统文化、青岛市北民俗文化以及中国青岛"百年青岛、记忆市北"的文化旅游资源,传播到"一带一路"沿线国家的城市。活动期间,主办方特邀抖音短视频为独家视频APP,通过抖音短视频搜索"百年青岛、记忆市北"话题来讨论、观看并分享本次文化之旅的感受。举办2018青岛德国商品展销会、纺织谷首届城市创艺生活节、第六届青岛国际邮轮峰会等活动,累计参加30万余人次。二是拍摄制作了《记忆市北·循源》《百年青岛·记忆市北》《新时代·记忆市北》《记忆市北·一个摄影师眼中的市北》等多部宣传片。三是举办"记忆市北·与世界链接"活动,综合利用传统媒体、网络平台大力推广"记忆市北"品牌,发布各类宣传200余篇。在全区各公共场所张贴"记忆市北"宣传海报10万余张。工人日报、大众日报、中国旅游报、网易新闻、凤凰网、青岛电视台、青岛日报等30余家主流媒体进行宣传报道。四是借势青岛国际邮轮母港影响力,放大其对市北区历史文化资源的辐射带动作用。五是利用市北官方微信、微博、在市北APP平台、特色市北等平台,以及市北政务网、青岛新闻网、大众网、凤凰网等网络平台,开设"记忆市北"专题、专栏,集中宣传报道市北历史文化资源、项目以及文旅产业发展推进情况。

(三)2018年市北区历史文化保护发展存在的困难与问题

1. 历史文化资源保护、修缮、运转所需资金多、周期长,资金面压力大

历史街区和建筑有其特殊性,如建筑年代久、建筑质量差、外立面破损严重等,在保护修复上需要高强度资金投入。以四方路的里院为例,经初步测算,里院老建筑保护修缮所需资金每平方米大于5000元,远远超过了当前楼盘新建成本。在街区的打造以及市场培育上也有其特殊性,一般周期较长,甚至可能出现短期亏损,而且历史街区不可能像新城开发一样,通过出售土地得到部分补偿资金。同时,多数历史街区地下管线等市政配套以及停车、公厕等公共设施落后、历史欠账巨大,市政配套及公共设施建设资金投入大,单凭一个区的力量难以完成,这需要提前编制街区市政配套及公共设施改造建设方案和投资计划,报请市级部门予以支持帮助。由于文物修缮资金太少使清河路基

督教堂等文物保护工作面临隐患。

2. 博物馆建设、运转资金匮乏,后劲不足

目前市北区博物馆普遍存在后续资金乏力,运营成本较高,自身造血能力较弱问题。由于办馆前期资金投入量较大,基本没有后续资金支持,同时博物馆日常维护成本较高,自身文创产品开发不足等原因,尤其是近年来经济下行压力大,即使有企业支撑的博物馆也难以有更多的资金投入博物馆的运行、藏品收集、陈列内容更新等,很难保证博物馆的日常运行,无法吸引更多的观众前来参观,从而导致馆舍建设无法提升,开放服务不能很好地正常运转,甚至出现没游客参观面临闭馆的现象。

3. 文化保护政策扶持不到位

虽然国家已出台《博物馆条例》等多项法律法规、政策文件,但关于奖励扶持、用地税收等具体实惠方面,大多属于原则性规定。同时,市北区目前未出台关于博物馆的相关扶持政策,在补助奖励、用地优先、税费减免等方面,没有什么实际行动和明确措施。

4. 博物馆联盟作用发挥不够

市北区成立了博物馆联盟,但是"联盟"的自主意识和整体优势发挥不够。目前,博物馆联盟与除文新局之外的旅游、教育、街道、科研院所等其他的政府职能部门和有关单位没有形成有效的沟通机制和良性互动。博物馆间的经常性经验交流、学术研究、专业培训、联票联展等活动开展较少,对新办馆的示范和带动作用更是缺乏。

另外,产权多元化给历史文化保护与更新工作带来许多困难。

二、2018年第四季度与2019年市北区历史文化保护发展预测

(一)市北区历史文化保护发展的有利要素

1. 党中央、国务院对历史文化保护高度重视

党中央、国务院高度重视历史文化遗产保护工作。党的十九大报告和新修改的党章都将"文化自信"与"道路自信、理论自信、制度自信"并列为"四个自信"。党中央、国务院就传统文化继承与发展出台了许多文件、法律法规。2015年颁布《博物馆条例》,2016年出台《关于进一步加强文物工作的指导意见》《关于推动文化文物单位文化创意产品开发若干意见》《国家"十三五"文化遗产保护与公共文化服务科技创新规划》等,2017年发布《国家"十三五"时期文化发展改革规划纲要》《关于实施中华优秀传统文化传承发展工程的意见》等,都体现了党中央、国

务院高度重视历史文化的传承,解决了历史文化保护、继承、发展的方向和原则等重大问题,并在法律、政策、保障等方面作出了许多明确、有力的历史文化保护与发展的规定、措施,为全国历史文化保护与继承,指明了方向,提供了法律与政策依据、保障。

2. 青岛市委、政府高度重视历史文化遗产保护工作

将保护历史文化名城、彰显城市风貌特色作为提升城市发展软实力、增创发展新优势的重要战略举措,不断加大保护力度,对历史城区的保护更新提出了"改善民生、文化回归、繁荣经济"的基本要求。相继制定实施了《青岛市历史建筑管理办法》,修订《青岛市城市风貌保护管理条例》,完成了《青岛市历史文化遗产保护条例》调研报告编写工作,印发《青岛市人民政府关于不可移动文物使用管理通告》,进一步规范了不可移动文物利用行为,并在市南区全面启动近现代建筑保护利用示范区建设工作。

3. 青岛建立了较为完善的历史文化名城保护规划体系

《青岛历史文化名城保护规划(2011—2020)》在全市域范围内构建了由自然环境、历史城区、历史文化街区、文物古迹、工业遗产、历史文化村镇与传统村落、非物质文化遗产七大类保护对象构成的保护内容框架,分类别提出了保护要求。历史文化街区由 10 片增加至 13 片,街区保护范围扩大至 688.9 公顷,建设控制地带范围扩大至 674.9 公顷。包括总体规划(城市总体规划历史文化保护专篇)、专项规划(历史文化名城保护规划)、详细规划(历史文化街区保护规划),坚持全域统筹、突出重点,以全市域为文化背景,以历史城区为规划重点,建立了历史文化名城、历史文化街区和文物古迹保护点三个层次的保护框架。先后开展了《青岛八大关近代建筑文物保护规划》和青岛德国建筑群、崂山道教建筑群等的保护规划编制工作。

4. 历史文化保护社会氛围初步形成

随着城市现代化进程的推进,人们对精神文化方面的追求越高,越是愿意抚今追昔,思源奋进,了解自己的"根"。青岛的各类各式古代和近代建筑、历史遗迹、历史街区,是城市景观中不可多得的重要内容,越来越多的居民盼望留住美好历史记忆。

(二)市北区历史文化保护的制约要素

1. 土地资源短缺,选择余地有限

市北区寸土寸金,新的博物馆建设面临困境。许多单位有建馆意向,希望政府能给他们找到合适的土地或者建筑用来建馆,但市北区并没有现成的土地或房产资源,而一些闲置的土地房屋,属于政府用地很少,其产权涉及军产、集体产权、公司和个人等,而这些产权方对于租赁

房屋用来建设博物馆较少有支持的态度。

2. 专业人才匮乏为历史文化保护工作增加难度

市北区自身专业力量薄弱,难以组建一支固定的专业队伍,更难形成藏品考察、交流、鉴别、认证等工作体系。邀请区外甚至市外专家,无法保障及时有效,文物保护与博物馆建馆、开放等工作,都存在不小的隐患。

3. 政策扶持不足,帮建资金匮乏

如许多企事业单位对来市北区建设博物馆有兴趣,社会各界藏家也有积极性,有的拿出了相关的方案,然而在谈到具体建馆事宜时,几乎所有人都关心建馆时政府能给予哪些政策和扶持。但由于种种原因,市北区能够给予的政策扶持相比兄弟区(市),差距很大,影响了招商。同时,现有的20多家博物馆,除了党史纪念馆及社区馆等个别政府注资的博物馆提供免费参观外,绝大多数博物馆都要通过门票、文创产品销售等收入来维持自身生计,很少能得到来自政府的"温暖",这是市北区实现打造博物馆群落的目标必须解决的问题。所以,出台历史文物、街区和建筑的保护修缮利用专项扶持政策和管理办法必不可少。

4. 历史文化资源保护过程中历史建筑的权属和性质变更

目前,历史记忆片区内的房屋征收资金来源主要是市、区两级分别出10%,剩余80%为市财政兜底的国开行贷款。按照"谁出资,房屋归谁"的大原则,目前已征收的房子绝大多数归市里所有。另外,房屋性质变更问题,房屋完成征收后就将房产注销,在下一步保护利用过程中,如何实现里院房产属性恢复、变更等是影响房屋利用的最直接问题。这些都是制约规划策划落地、街区保护开发的最直接、最现实、最紧迫的问题。

5. 历史文化资源保护开发、市场运用可能与政府规划、居民需求存在一定矛盾

投资开发企业经营利润化目标与政府的规划、历史文化保护传承、居民需求等可能存在一定分歧、矛盾,需要多方协商解决。

6. 历史文化遗产保护领域立法和执法存在一些不适应

文物保护法律法规体系正在逐步建立和完善,无法可依的状况逐渐改变。但是,也要看到,历史文化遗产保护领域立法和执法的整体现状,与文化遗产保护的重要性、紧迫性不相符合,与依法治国的要求不相符合,与依法保护文化遗产的任务不相适应,有待进一步完善具体落实细则。

7. 分工合作、协调运行机制有待进一步完善

历史文化保护涉及的区文旅产业中心、文新局、历史文化记忆片区、街道办事处等多个单位、部门间的分工合作、协调运行有待进一步完善机制、提高效能。

(三)2018 年第四季度与 2019 年市北区历史文化保护发展预测

1. 继续扎实推进"个十百千万"工程

围绕建设"百年青岛(市北)历史文化街区休闲旅游目的地"目标,进一步加强资源整合、文旅融合,扎实推进"个十百千万"工程。一是继续提升十个历史文化街区,进一步增强文化旅游核心竞争力和吸引力。二是继续建设"六个 100",形成文化旅游全要素产品集群。三是尽快启动打造"千、万"工程。

2. 重点突破征收难点

由区开发局征管办为总牵头,历史片区管委会和街道办事处合力推进房屋征收清零工作,重点对四方路、上海路—武定路和馆陶路三个亟待进行产业运营的街区进行突破,制定切实可行的计划和具体措施,在短期内加快清零,为下一步街区更好地进行产业布局和运营打好基础。

3. 全面推开历史记忆片区十大建设项目

对建设项目进行梳理,以街区保护更新为主要内容,全面推开1919 产业园和罐头食品厂改造项目等十大建设项目,逐一安排专人负责,定出时间节点,加快推进街区和老厂区的保护更新工作。

4. 加快推进四方路街区广兴里改造试点工作

进一步进行规划方案设计和运营方案设计,后续改造工程将全面展开。广兴里修缮完成后,将置入海上丝绸之路非遗文化旅游产业,园内设立舞台剧场,传播和展示世界非遗文化,将其打造成全市历史文化街区保护更新示范点和新的城市旅游地标。以广兴里为中心加快历史街区活化利用,从规划布局、修缮标准和产业引入等多个环节全面进行试点打造,打造标杆式示范点。2019 年上半年完成房屋基础修缮等工作,10 月份完成非遗展示等业态置入,全面对外营业。

5. 多模式并举,进行街区保护更新

对不同历史街区区分情况以多样模式进行街区保护更新。一是拟将四方路、上海路和馆陶路三个历史文化核心街区的房屋进行修缮后产业运营,打造以非遗文化为主题的旅游街区。二是将无棣路、长山路两个历史文化街区的房屋进行修缮,部分进行出售,部分用于出租,同时将片区内非保护建筑可腾空土地进行开发建设。三是将三江路和黄台路两个历史文化街区进行整体修缮出售。做好黄台路街区征收清零工作。

6. 继续多方招商,寻求适宜的合作模式加快项目落地

成立宣传推介团队,充分利用历史街区稀缺历史文化资源,精心选

择有情怀、有实力、有经验的保护开发运营商,有序引进文创产业;跟踪做好中粮大悦城项目服务工作,确保后续 3 亿美元外资到账,健全完善招商资源电子动态平台,加大片区内罐头食品厂、名城荟等老旧厂房、商务楼宇招商力度,吸引天亿健康智谷等大项目落地;持续跟进 1919 创意园、伊都锦、胶州路新华书店等闲置资源的盘活工作,协调帮助解决纠纷,力争盘活企业闲置资产,拉动产业发展,改善城区形象。

7. 进一步加强文物基础工作

在成立了文管办的基础上,进一步理顺内部工作管理机制。利用现有空置编制,向社会考录文博专业的人才充实文物保护工作队伍。进一步争取增加修缮资金额度,根据隐患等级帮助产权人(使用人)及时修缮濒危文物。加大可移动文物的调研,对收藏的可移动文物进行资料完善。

8. 进一步增强市北区博物馆经营发展能力,加快建造博物馆群落

进一步调研发掘市北区博物馆建设意向,充分利用闲置的不可移动文物、工业遗存、历史名校、社区资源等资源建立新的专题类博物馆,集中力量打造市北区的博物馆群落。一是出台"市北区促进博物馆发展扶持奖励实施办法"。吸收借鉴其他地区的先进经验,立足市北区实际情况,拟定具有规范性、普惠性和吸引力的扶持政策。二是加强部门间合作共建,将博物馆资源科学有效地纳入公共服务建设中来,通过政府购买服务等方式,有效发挥博物馆的社会效益,纳入市北区区旅游线路规划,打造为"未成年人教育基地""青少年活动基地""爱国主义宣教基地""学生研学(游学)基地"等教育示范基地。三是继续推动"历史文化记忆博物馆"认定。2019 年新认定 8 家左右。四是充分发挥博物馆联盟作用。推进博物馆间实现联票联展,凝聚博物馆联盟的整体力量,实现互利共赢的良好局面。

三、促进市北区历史文化保护发展的建议

(一)高起点规划,加强顶层设计

规划是"龙头",规划也是历史文化保护的"蓝图"。规划在历史文化保护与继承中具有重要的引领作用,规划的高度直接决定了历史文化保护与继承的质量和成效。做好历史文化保护与继承要规划先行。国内外历史文化保护的成功的案例,无一不是先有一个科学、超前的规划设计。如果没有一个好的规划,一个总的蓝图,不仅会导致重复建设,也会降低历史文化的含金量。如台儿庄古城保护与修复,规划了三年建设了三年。三年规划期间,枣庄市通过各种途径,从国际范围内搜

集老照片、古文献、口述历史,请来文化、规划、古建等各方专家进行挖掘整理考证论证,最终形成了《台儿庄古城胜迹复原图》,为古城修复建设提供了模本,使每条街道走向、每幢建筑造型的细节都有根有据。最终修复成今日"古风古韵、美轮美奂"的台儿庄古城。与台儿庄古城修复模式相反,那些未经科学规划、匆匆上马的古城修复工程,不仅不能达到保护文物、安民利民的效果,而且会对文物造成永久的破坏,甚至可能引发社会不稳定因素。

1. 增强规划的前瞻性、长远性

要聘请一流的专业设计队伍,借鉴国内外成功和失败的案例与做法,着眼于青岛城市特点、立足市北区的具体实际,制定一套有高度、前瞻性、指导性、可操作、可实现的规划体系。

2. 要统筹规划,区分层次

市北区历史街区、各类建筑众多,不可能一下子全部启动起来,要精心选取先期启动的街区和项目。在点上进行突破,由点及线到面。在面上以产业策划和空间规划为重点,明确目标与功能定位,实施功能衔接与规划布局,分片控制相结合。在线上分类制定历史研究、综合交通整治、基础设施提升、产业运营与政策机制研究等专项规划。在点上,对重点历史文化资源,分别规划设计,制订综合整治保护修缮提升方案。如胶州路两侧的里院在建筑型制上与上海的里弄有些相似,但是里院和里弄所处的青岛、上海两座城市发展情况不同、所处地理位置不同,发展的历史渊源也不同,在保护开发中有些地方可以借鉴但不能照搬复制。在规划中就要画出红线,从大的方面规定那些产业可以导入、那些产业严禁导入,在战略定位上把好关。

3. 突出城市魅力,打造文化特色

城市的魅力在于特色,而特色的基础在于文化。文化特色既是城市景观中极具活力的视觉要素,又是构成城市形象的精神和灵魂。伯明翰曾经是英国工业革命的发源地和中心,但近年来,由于工业生产的转移造成该市的人口和工业衰退。作为英国第二大城市、英国城市旅游的先驱者,伯明翰如今着力通过城建规划和重塑城市文化,转变衰落的工业化形象,塑造新世纪服务、商会、文化之都的形象。民族特色文化遗产的开发和营销被视为该市更新和发展成功的核心。建筑空间复建创新,打造独具文化内涵和形象特色的建筑,如新加坡克拉码头老仓库建筑与滨河"莲叶伞"、街顶"水立方"等形成了克拉码头独有的形象标志。市北区历史文化保护,在规划中也要突出青岛城市的个性魅力,体现青岛的特色文化。如大小鲍岛是青岛原点历史记忆、是青岛的根,德式建筑、日式建筑的建筑文化,青岛啤酒、四方机厂、纺织纱厂、橡胶厂等工业文化等都应突出体现。

4. 进一步强化运行机制平台

历史文化保护涉及面广,既要分工负责,又需要多个部门间的密切配合。一是适当扩大区文旅中心的政策决策权,使之能够在"个十百千万"工程推进中面临不同领域的政策"短板"上,有适度的话语权和灵活度进行查缺补漏,从而更有力地推动工作。二是强化运行机制平台。区文旅产业推进中心充分发挥整合全区文旅产业资源作用,加强对相关部门进行进度监督、情况汇总等,建立起有效的工作沟通协调平台,健全相应的沟通、协调和帮办的"一事一议"机制。如实施"个十百千万"工程的相关工作单位部门,工作过程中遇到的困难问题,各相关部门、街道办事处及有关企事业单位应充分沟通,一起研讨出合理化方案协调解决,制定专项工作计划分解表,协同作战,督促解决具体问题。这样的平台作用,不仅能够互通有无、资源共享、统筹协调,方便区文旅产业推进中心掌握整体进度,还能有效地实现资源共享共建,解决主办、承办单位工作中的具体困难等,同时能避免各自为战、规划冲突、重复建设及互争资源等现象发生,科学有序地全面推进"个十百千万"工程。

(二)有机更新历史文化风貌,注重保持青岛历史文化风貌特点

美化改造城市风貌特别是对于历史欠账较多的老城区,是十分必要的。改造提升,必须做好顶层设计、精心规划。应根据城市历史文化的特色而予以保护,不能为了改造而改造,不应单纯地以建筑的高大、漂亮等作为风貌保护的标准。老城区的建筑物、街区是否需要保留,要对其使用价值、存在价值进行科学的评估,不仅要看经济价值,还要看文化价值和社会意义。如苏州平江历史街区的保护修缮,其成功经验是:进行了详细的分区,将老城区分为54个街坊,分批保护探索,再在大范围内推广。每个街坊都有详细的保护规划,使整个城市的空间都很精致,保存原有生活空间、水系空间、庭院园林空间等整体环境真实性。"上海新天地"在"保护与改造""新旧结合""中西合璧"等设计理念的指导下,因地制宜、分类保护和改造,使得上海太平桥石窟门里弄的空间和文化得到了重生。建议市北区的历史文化保护:

1. 确定更新改造原则

应该区分历史街区、建筑的情况,采取不同的更新改造模式,分层次、分类别、分圈层进行保护,明确哪些片区不能动;哪些片区要采取减法,即减违法建筑、减乱搭乱建、减视觉污染;哪些片区要采取加法,即加绿地、加停车区域、加公共服务和市政设施。

2. 注重整体功能定位的转换、提升

一是馆陶路德国风情街、纺织谷等应该改造成文化和旅游街区、景点。二是上海路—武定路一带、胶州路里院等改造成新型特色民宿、办

公和商业混合社区。文化旅游街区偏重的是展示功能,体现的是历史建筑与记忆及热闹与繁华的氛围。而名宿、居住和商业区则以酒店、SOHO、LOFT公寓、特色商业为主,是一个偏向安静的元素,是一种改良的生活方式。

3. 认真探讨改造模式,避免修整一新,应做到修旧如旧

更新的建筑应最大限度地融入其所处的历史环境中,以保持历史环境的延续性、完整性。保留形式、功能置换和整旧如旧、新旧共生的思想与设计手法的综合运用,是历史街区保护与更新的一种理想模式。如上海路—德平路片的更新改造,应该按照"合理保护、有机更新改造"的原则,以恢复性建设为主,采取异地安置、捆绑改造等方式,以改善居住环境质量、传承历史文化、完善区域配套设施、增加绿地等为目标,不搞"大拆大建"和资金就地平衡,合理疏解老城区人口,从根本上解决居住环境长期得不到改善的难题。

4. 注意保持青岛历史文化风貌特点

一座城市,历史文化积淀越深厚,历史建筑遗存越丰富,它的景观特色就越强烈,环境形象也就更加丰富,城市个性更加突出。保护好历史文化,在保护的前提下开发建设。由于历史原因,青岛市区只建有少数公园,街区多建有挡土墙和三角绿地,少有广场,更无喷泉。在改造美化老城区时,应尽量少辟广场、草坪,不建喷泉和现代化建筑,以保护名城原貌,避免造成对文物和风貌的"改造性破坏"。针对老城区房屋建筑、基础设施陈旧等情况,主要通过对现状老建筑的适度维修加固改造,水、电、道路、通信等基础设施的逐步改善,以及人口适当疏解外迁、增加绿地、公共服务设施、活动场地等方式,提升老城区生活品质,满足居民不断提高的生活需求,以改变老城区发展"呆滞"现象。

(三)深入挖掘大小鲍岛、日式建筑、四方机厂等历史文化资源,扩大市级历史文化保护范围

《青岛市城市总体规划》中,专门设置了"历史文化名城保护和城市风貌"一章,包括了青岛最具历史文化特色的传统街区,如八大关、太平角别墅区;鱼山路、八关山、观海山、信号山、观象山、安徽路、黄台路等庭院式住宅区;馆陶路优秀近代建筑群。这些保护区内的建筑,都是青岛建筑文化的精华,有丰厚的历史文化内涵,可谓实至名归。但也有一些对青岛发展具有重要历史记忆的街区、建筑没有列入。如市北区的大鲍岛、小鲍岛、小港北,原为土著村庄,历史更为悠久。老四方的四方机厂、各纱厂(大部分为日本工厂)是青岛早期工业的代表,也是我党早期领导工人运动的中心地区,有较高文物价值和旅游开发价值。另外,市北区的一些日本建筑风貌街区,如聊城路、热河路一带,铁山路、商河

路一带,益都路等。青岛的城市建设系分期分区进行,每个时期、每个街区都有其历史文化特点。由于日式建筑质量不高,文化内涵较少,历来不被建筑专家看好,都没有列入历史保护街区。这对青岛历史文化名城本身的多元文化的特性而言是一个缺失,对老城风貌而言是一个破坏,对开发涉外(日)旅游资源而言则是一个损失。因此,为保持青岛历史文化的连续性、统一性和多元性,建议:市北区应该进一步调研、深入挖掘这些历史文化资源的历史渊源、建筑文化特征等,在此基础上,择定其中部分具有代表性而保护较为完整的街区、建筑,上报市相关部门,争取划为历史文化保护街区;大鲍岛、四方机厂等历史遗存也应争取划入市级历史文化保护范围。

(四)实施精准招商,注重大项目带动

城市的历史文化遗产不仅具有历史价值、美学价值、认识价值、科学价值,而且具有巨大的商业价值。世界上不乏以历史文化遗产发展旅游产业成功的国家和城市。例如,日本的京都、奈良,意大利的威尼斯、佛罗伦萨除了文化旅游产业以外,几乎没有其他什么产业。其文化旅游产业富了一个城市、一个国家。市北区也应用足用好丰厚的历史文化资源,分类施策,开展精准招商,推动老城区的复兴。

1. 注重大项目带动

大项目建设是推进历史文化保护的支撑点。市北区应抓好青岛国际邮轮港城和中粮大悦城项目。借势青岛国际邮轮港城建设,全方位做好在整体规划上的对接、在项目引进建设上的协调,放大港城对片区的辐射带动作用。加快推进大悦城一期、二期项目的建设,把中粮大悦城项目与青岛啤酒这一世界级的品牌结合起来,在政府、青啤、中粮大悦城三方之间建立起战略合作关系,实现两大企业的优势资源整合,整体规划、整体运营、整体营销,统筹考虑青啤博物馆、老厂区和中粮大悦城一期、二期项目地块,相互借势扩大青啤文化品牌效应,打造以啤酒文化为主题,世界知名、全国一流、青岛唯一的文化旅游新地标。

2. 充分利用无棣路、黄台路等历史文化街区的稀缺庭院建筑资源

加大宣传推介,提高门槛,精心选择有情怀、有实力、有经验的保护开发运营商,有序引进文创产业。

3. 健全完善招商资源电子动态平台

加大市北区历史文化保护资源的招商力度,更好吸引国内外企业总部,知名设计、咨询等高级服务机构进入市北区。

(五)政府主导,市场运行,多途径筹措资金经费

历史文化资源的保护与更新在保护、修缮、运转上需要大量的财

力、物力。单靠政府财政资金的投入往往是杯水车薪，而且在程序上、数量上、期限上均存在诸多的障碍。应该在发挥政府主导作用同时，积极聚集市场、社会民间力量，多管齐下共同努力，历史文化资源的保护与更新才能持久发展。国外在历史文化保护、发展方面有许多成功的经验。例如，印度是个文物大国，在文物保护，特别是国家重点保护的名胜古迹的保护和维修上相当成功，积累了许多有益的经验。其中一条就是多方参与筹措经费：一是建立国家文化基金会。国内外团体和公众在免税的情况下，通过基金会对特定或普遍的项目提供资金或捐赠。二是鼓励本国私人企业参与保护和修复工作。三是寻求国际合作。再如，纽约城市史上著名的小意大利的保护，操作模式主要是以一个名为小意大利重建协会（LIRA）的商人组织推动，它的民间商业色彩较浓。这也给我国许多仅仅依靠政府改造和规划的商业老街的再发展提供了新思路。

1. 政府主导、财政投入

坚持政府主导，一个重要方面就是历史文化保护的财政投入。历史文化保护能否深入开展，很大程度上取决于财政投入。市北区政府非常重视历史文化保护，但老城区历史欠账多，市政配套及公共设施建设资金投入大。如前所述，市北区历史文化保护方面存在资金匮乏、人才短缺等方面诸多问题。单靠市北区财政，根本难以完成，迫切需要国家、省、市资金政策支持，设立历史文化保护专项补助资金，在坚持分级负责的同时，降低或取消区级配套，加大对市北区历史文化保护的财政资金投入、资金补助，减轻市北区负担。

2. 引入市场机制

历史文化保护应正确处理政府主导与市场运作的关系，发挥政府主导作用，加快招商引资工作进度，吸引专业投资主体参与保护建设工作。政府协调并合理配置有关历史文化产业要素资源，在资金、政策、土地等方面给予支持以扶持发展历史文化保护文化产业。引进或成立旅游历史文化保护的开发公司，以吸引社会资本进入、合作开发等多种手段，通过多种渠道吸纳民间资金或银行贷款进行历史文化保护与更新建设。目前可以考虑的商业投资模式有以下几种：一是整体租赁，投入资本改造提升，依靠后期成功运营的租金价差，补足前期投入，并获得项目操作利润。二是投入资本改造，并通过其他土地资源置换补偿，获得经营利润收入。三是混合租赁与投资开发模式。即将前两种模式结合，根据实际需要进行混合设计。

3. 专业人才团队的经营

分析一些对于历史文化保护的成功案例，一定是市场化的行为。例如，江苏一德集团操盘的南京1912，香港知名开发商瑞安一手打造新天地,成都文旅集团复建宽窄巷子,中青旅打造乌镇,等等。这些品牌开发商的细致、专业的创造性开发手法,都是历史文化保护项目成功的基础因素。因此,在历史文化保护开发与后期管理运用上,要坚持政企分离,让更了解市场、更懂得营运的公司团队进行管理与营销,在用人机制、管理模式、薪酬体制上充分按照市场规律进行运作,使历史文化保护旅游产业走上良性发展的轨道。

（作者单位：中共市北区委党校）

2018～2019年李沧区建设新旧动能转换产业平台情况分析与预测

钟 华

习近平总书记在山东考察时强调,推动高质量发展,关键是要按照新发展理念的要求,以供给侧结构性改革为主线,推动经济发展质量变革、效率变革、动力变革。青岛市把推动高质量发展的着力点集中到"七大行动"上。其中建设"大平台"行动,就是要统筹谋划建设一批园区大平台、创新大平台、新经济大平台、人才聚集大平台,着力推动高质量发展。

李沧区注重以"平台打造"引领动能放大,依托青岛国际院士港、丝路协创中心、邮政跨境电商中心、亚马逊 AWS 联合创新中心等优势平台,推动产业资源向平台汇聚,招商引资围绕平台展开,把人才、资本、信息等各方面资源充分集聚起来,加快形成产业集聚创新效应,带动存量经济转型升级,推动经济保持中高速增长。

一、2018年李沧区建设新旧动能转换产业平台情况分析

(一)2018年前三季度李沧区新旧动能转换情况

1. 经济增速持续较快

自山东省新旧动能转换重大工程部署以来,李沧区迅速抢抓机遇,围绕"品质提升重地、转型创业新城"定位,强化人才和科技两大支撑,激发改革、开放、创新三大动力,经济规模快速壮大。2018年上半年,李沧区完成生产总值同比增长 10.5%,固定资产投资同比增长 23.0%,社会消费品零售总额同比增长 11.1%,外贸进出口总额同比增长 61.2%,一般公共预算收入同比增长 12.6%,增速均居全市前列;第三产业同比增长 13.2%,拉动 GDP 增长 8.9 个百分点,对 GDP 增长的贡献率为84.6%。全区第二、三产业结构为 30.1∶69.9,第三产业成为经济增长主动力。

2. 传统动能改造取得新进展

李沧区根据自身实际,在原有的老企业搬迁基础上,继续淘汰落后产能。将具有"低、小、散"特征的 120 家企业列入搬迁计划。针对"僵尸企业"要求必须加快资产重组和产业重构,确保老企业搬迁"一年出形象、两年成规模、三年见成效"。受惠于此,青钢集团通过搬迁改造,淘汰落后产能 250 万吨,优特钢产量是搬迁改造前的 4.3 倍。红星化工厂人均劳动生产率由搬迁前的 39 万元提高到 74 万元,年销售收入增长 1 倍。

3. 新经济发展实现新突破

新兴产业是培育形成新动能的主体力量和关键所在。为统筹推进新旧动能转换重大工程,李沧区建立了区政府领导分工负责的新旧动能转换重大工程及经济运行协调推进体系,并具体划分为科技创新、文化产业、旅游健康产业、人才教育、生物医药、工业等 11 个专题综合推进,进一步明确了八大产业发展方向,并从发展目标、发展方向、政策措施以及招商名录 4 个方面对行业发展制定指南。海洋经济、设计研发、新能源新材料和生物医药及生命科学等园区平台、创新平台和人才聚集平台也在发力。在生物医药领域,签约入驻青岛国际院士港的陈璞院士开发的抗菌爽口液产品已上市销售;王玉田院士新药开发项目中 PMS-001 项目已完成生产工艺小试和 180g 中试生产,PMS-002 项目已完成 PCT(专利合作条约)专利申请,PMS-003 项目已完成中国、美国、欧洲、日本和韩国等国家和地区的专利申请,正在进行药效学研究及临床试验。在新能源新材料领域,帕克院士项目中试厂房主体改造完成,第一条年产 7000 吨试验线全线完成安装调试;侯立安院士项目的贝壳粉等环保新材料已上市销售。

4. 新动能项目加快推进

李沧区承担的市级新旧动能转换项目共计 50 个,总投资 536.7 亿元,包含优势特色产业、新兴未来产业、传统支柱产业三大方向,新一代信息技术、生物医药等 11 个细分领域。截至 9 月底,已完成投资 164.5 亿元,完成当年投资计划的 57.2%。1~8 月份,引进青岛国际院士港产业基金、青岛京建城市建设投资有限公司、维客集团与家家悦集团合作项目等过 5 亿元内资项目 8 个。

李沧区承担的 50 个市级新旧动能转换项目中,青岛国际院士生物医药产业园项目入库省新旧动能转换重大项目库第一批优选项目,总投资 100 亿元,截至 9 月底,完成投资 19 亿元。面向水与空气净化的先进材料产业化项目等 5 个项目列入市新旧动能转换重点推进龙头项目,总投资 93 亿元,截至 9 月底,已竣工 3 个,办理前期手续 1 个,开工在建 1 个。青岛国际院士港院士工作站、海水稻研发项目等 7 个项目已竣工,李沧区新旧动能转换创新中心项目正在续建,新型全自主组合导航系统、非并网风电海水淡化一体化装备示范等 2 个项目签约落地,青岛国际院士港院士产业核心区试验区项目、信息与金融产业示范区项目等 30 个项目已开工。

5. 高端人才加速聚集

2018 年 8 月份举办的"第二届海外院士青岛行暨青岛国际院士论坛",吸引了来自 22 个国家和地区的 109 名院士参会,有 71 名院士签约,主要集中于信息技术、高端装备制造、生物医药、新能源新材料 4 个领域;57 家企业及金融机构达成合作意向,41 所高校、科研机构签约。"引进一名院士、带来一个核心团队、围绕一个专业领域、推出一批项目",院士港在全球顶尖人才圈里形成磁场效应。制定《关于在全面展开新旧动能转换重大工程中实施"十百千"人才计划的意见》,升级人才配套政策。印发《关于在全面展开新旧动能转换重大工程中加强"智库"建设工作的意见》,建立涉及 7 个专项小组、140 位专家的"智库"。积极争取国家外专局"千人转高端外国专家项目",英国皇家工程院外籍院士、印度国家工程院院士西拉姆获得李沧区首份《外国高端人才确认函》。

高质量的招才引智让人才队伍的层次和结构不断改善。截至 9 月底,已入驻青岛国际院士港的院士团队核心成员中,有博士 67 人,硕士、副高级职称和高技能人才 438 人。其中,"千人计划"专家、"长江学者"等国家级人才 10 人,泰山学者及产业领军人才等省部级人才 6 人。

6. 营商环境建设取得进展

李沧区结合"治官治吏便民利民"专项行动,坚持"最多只跑一次腿"的行政审批底线,全面推行审批服务"零跑腿"。截至 9 月底,李沧区行政审批服务大厅 16 个部门的 178 项行政许可事项百分之百实现"最多跑一次"。其中通过采取网上预审＋出件快递、网上预审＋双向快递、网上预审＋现场勘查收取材料＋出件快递等方式,176 项审批事项实现了"零跑腿"。

(二)2018 年前三季度李沧区新旧动能转换产业平台建设情况

1. 青岛国际院士港院士经济持续壮大

李沧区坚持"腾笼换鸟、凤凰涅槃"思路,强化人才、科技"两大支撑",激发改革、开放、创新"三大动力",抢抓机遇,启动打造青岛国际院士港,定位于突出"高精尖缺"导向,面向全球招引百名知名院士特别是外籍院士开展科学研究和成果转化,打造国际一流、具有首创性的院士创造创新创业创投高地,确立起省、市、区三级联动机制,纳入了国务院批复的《山东新旧动能转换综合试验区建设总体方案》。

截至9月底,签约引进了以色列籍的美国国家工程院院士、2011年诺贝尔化学奖得主丹尼尔·舍特曼,当代"静电纺丝纳米纤维之父"西拉姆等108名院士,其中外籍院士92名,占比达85%;倪维斗院士风生海水淡化、王子才院士仿生导航等19个院士项目投入运营,累计产值近50亿元。成功举办"新动力 新引擎"2018院士项目招商推介会,航天科技、首创股份、碧水源等160余家企业参会,中集冷链、桥海陶瓷新材料等10个项目现场签约,合同额近30亿元。与武船重工、山东钢铁集团等开展战略合作,进一步加快院士科研成果产业化步伐。组建青岛国际院士港集团公司。设立青岛知识产权仲裁院。总规模100亿元的青岛国际院士港产业基金启动组建。同时坚持高点定位、整体规划,着力打造院士工作站、院士产业加速器、院士研究院、院士产业核心区等九大功能板块,为入驻院士团队提供全方位的平台支持,培育构筑院士生态体系和经济成长体系。

2. 青岛—亚马逊AWS联合创新中心活力持续增强

青岛—亚马逊AWS联合创新中心是数字经济产业平台,是全球首个获得亚马逊AWS总部品牌授权的联合创新中心,依托拥有全球最高的公有云市场份额的AWS云平台,致力于小微互联网企业的孵化加速以及规模企业的国际化发展。中心定位于互联网初创企业的孵化与扶持,传统企业的互联网转型升级与加速,企业(业务)的国际化发展,云计算人才的培育、整合与输送。截至2018年9月底,该中心累计孵化企业317家,当前实际入驻100余家,行业包括物联网、互联网＋、大数据、智能制造和软件研发等多个新兴领域,涵盖小微互联网企业以及以澳柯玛等为代表的传统规模转型企业。

创新中心依托亚马逊AWS,搭建孵化器、加速器、离岸孵化基地、线下线上展示推介、市场营销服务、股权和知识产权交易六大平台,以3万平方米的创新中心为一期先导区,以10万平方米的二期为拓展区,以规划建设59万平方米的信联天地项目为成型区,以移动5G联合创新中心以及西雅图、特拉维夫、温哥华等海外孵化基地为战略支点,全力打造数字经济平台。

3. 丝路协创中心开放合作持续深化

丝路协创中心是李沧区聚力打造的国际多元交流平台。一期已经开始运营,功能涵盖国家经贸联络中心、便民签证旅游咨询服务中心、丝路国际会议中心、综合管理中心等功能分区。二期已经启动建设丝路非洲中心、丝路欧洲中心、丝路亚洲中心、丝路美洲中心等共计10万平方米四栋中心大厦。

针对"五大板块""十大领域"协同创新,共同合作。经贸板块,与哈萨克斯坦、加纳、尼日尔等国签约共建原油、木材、棉花、矿石等大宗商品交易平台；与塔吉克斯坦国资委、商务部就投资水泥厂、玻璃厂等项目达成意向，实现境外投资；与亚美尼亚、塞尔维亚等国在青岛成立合资公司；吸引山东鲁拖入驻李沧成立合资公司，与刚果（金）、刚果（布）农业部达成意向在对方共建农业现代化产业园。投融资板块，从非洲保险协会、贝宁国家金融财政部初步获批保险公司经营许可；与西非发展银行达成战略合作共同打造拥有金融全牌照的国际金融通道，为希望开辟境外市场的中国企业提供相应国家的金融数据服务；与贝宁就海外投资建设经济特区达成战略合作意向。文化旅游板块，与26个国家达成共建文化生态旅游一带一路线路意向，与黑山、阿塞拜疆达成投资建设开发适合中国游客的高端旅游景点合作意向，实现中外双向旅游文化交流与合作。教育医疗板块，启动"海外办学工程"，已分别与相关国家达成意向，在这些国家共建小学、预科、大学等。国际媒体板块，服务于开辟境外市场的中国企业和进入中国市场的境外企业，为相应国家和地区提供数据服务，正在加快建设中。

截至2018年9月底，丝路协创中心累计接洽88国驻华使节，与38个国家有关经贸机构签订入驻协议，其中哈萨克斯坦、亚美尼亚等12个国家有关经贸机构已入驻。创办丝路协创学院，举办旅游战略联盟大会等经贸交流活动5场。

4.青岛邮政跨境电商产业园规模不断扩大

青岛邮政跨境电商产业园利用原国棉六厂厂址打造的集电商运营、平台交易、人才孵化、金融指导、智能仓储、保税通关等多功能于一体的产业园区。以"政府主导、平台运营、企业参与、全程服务"为运营理念，引入中国邮政集团公司青岛分公司、青岛市跨境电子商务协会两家运营平台。

1～9月份，青岛邮政跨境电商产业园完成进出口贸易额20667万美元，跨境商品涵盖重型卡车、家居日用品、机械电子、工艺品等多个种类，对外贸易国家包括日、韩、新等亚洲国家，美国、英国、瑞典、德国等欧美贸易大国及肯尼亚、埃塞俄比亚等非洲新兴市场。引进年贸易额1亿美元的海创国际、年贸易额3亿美元的中边国际贸易等一批优秀企业入驻，注册企业达127家；举办"一带一路"国家广告材料交易会，建成青岛首家邮政跨境电商直购平台。

二、2019年李沧区建设新旧动能转换平台发展展望

（一）李沧区建设新旧动能转换平台面临的机遇与挑战

当前，国内外经济形势发生深刻变化，李沧区发展面临前所未有机

遇与挑战，必须深刻把握战略机遇的丰富内涵，积极应对复杂严峻的困难挑战，在新一轮转型发展中赢得先机和主动。

从国际看，全球金融危机爆发以来，世界经济进入长周期深度调整阶段，深层次结构性矛盾集中显现，潜在增长率持续下降，全球经济一体化进程曲折，面临诸多不确定性因素。同时，创新正在成为全球经济增长的新引擎，新一轮科技革命和产业变革加速孕育、集聚迸发，移动互联网、云计算、大数据、人工智能与传统产业深度融合，生物、新材料、新能源等新技术广泛渗透，新产业、新业态、新模式层出不穷，数字经济、共享经济、产业协同加快重塑经济形态和国际分工。主要发达国家和新兴经济体纷纷调整发展战略，聚焦实体经济和科技前沿，超前部署面向未来的创新行动，抢占发展制高点。

从国内看，我国经济已由高速增长阶段转向高质量发展阶段，正处在转变发展方式、优化经济结构、转换增长动力的关键攻关期。党的十九大深刻阐明了习近平新时代中国特色社会主义思想，为我国决胜全面建成小康社会，实现"两个一百年"奋斗目标和伟大复兴中国梦提供了科学行动指南。科教兴国战略、人才强国战略、创新驱动发展战略、乡村振兴战略、区域协调战略、可持续发展战略、军民融合发展战略等全面实施，海洋强国战略加快推进，产权保护、国企国资、财税金融、政府管理等重点领域和关键环节改革持续深化，将进一步推动质量变革、效率变革、动力变革，全面提高全要素生产率，实现更高质量、更有效率、更加公平、更可持续的发展。

从青岛看，作为国家沿海重要的中心城市和山东经济发展的龙头，青岛新旧动能转换的基础好、潜力大、空间广阔，既具有新旧动能转换要求的发展阶段、经济结构、资源禀赋、区域位置等典型特征，又独具海洋科研、开放引领、国家战略平台集聚等发展优势。青岛市委、市政府贯彻落实党的十九大精神，按照突出创新引领、实现三个"更加"目标要求，推进"双百千"行动、"一业一策"计划和"国际海洋名城"行动等，加快改造旧动能，培育新动能，当好山东新旧动能转换重大工程的排头兵、示范区和驱动器，打造新旧动能转换综合试验区"主引擎"，提升青岛在全国、全省发展大局中的地位和作用。

从李沧区看，作为青岛近代工业文明的重要发源地，孕育了中国纺织业"上青天"的辉煌，青钢、青汽、石化、碱业、黄海橡胶五大集团曾占据了青岛十大工业集团的半壁江山，但随之而来的高耗能、高排放、高污染、低效益、低创新、低附加值的产业特征也一度成为该区的代名词，但作为青岛市经济发展的重要区域，李沧区积极调动主动性、创造性，大力拓展创新发展"18844"工作格局，聚力突破产业平台建设，开启李沧新旧动能转换新的探索实践，推进城市有机更新和产业迭代升级，全面增强经济创新力和竞争力,积极适应新形势新变化新要求,强化危机意识、树立战略思维、增强改革创新本领,抓住国家鼓励前沿科学技术研发和放宽经济政策的机遇,发挥好院士港在前沿科技攻坚克难方面的优势,放大院士港功能。全区在广大人民群众的坚决拥护以及热切期盼下,形成了凝聚力和加快推进新旧动能转换的浓厚氛围,具备了良好的政治基础、工作基础和群众基础。

面对新形势、新任务,李沧区在推进新旧动能转换重大工程中,建设产业平台仍然存在一些"短板"和制约因素,如各平台建立时间较短,还处于发展初期,平台运行体制机制有待完善,引领作用还未充分发挥,平台集聚效应不强,知名度有待提高等,迫切需要创新思路加以解决。

2019年是各平台由"平台搭建"向"规模产出"的关键时期,面对新的战略机遇,各平台必须准确把握形势和自身条件的变化,切实将机遇和潜力化为现实,形成产业、人才、资本、技术、管理、创新等高端要素集聚的强大吸附器和辐射源,全力打造李沧发展新动能。

(二)2019年李沧区建设新旧动能转换产业平台发展展望

1. 加强创新平台建设

2019年,李沧区将依托青岛国际院士港,建设国际科创平台,加大诺奖得主和顶尖院士引进力度,加快院士项目科研成果转化和市场推广,以加快建设院士港二期、院士产业核心区为重点,全面完善院士港九大功能板块,构筑院士经济生态体系。依托丝路协创中心,建设国际多元交流平台,在经贸合作、投资金融、文化旅游、教育医疗、丝路国际媒体等五大板块和智能制造、能源利用等十大领域加强交流,加快实现100个国家签约入驻,推动一批合作项目落地,组建丝路协创集团并启动上市流程,全面启用签证中心。依托亚马逊AWS联合创新中心,建设数字经济平台,提升创新中心国际化水平,构筑互联网企业成长和集聚平台,打造国际特别创新区,助推传统企业的数字化转型,加强与谷歌等国际知名企业合作,在半导体、微电子等领域,吸引一批高质量创新型企业。依托地下空间开发研究中心,建设城建设计平台,围绕"地下李沧"建设,加强城市地下空间开发的规划引导和控制,探索成熟的技术解决方案,在优化土地出让方式和地下空间用途等方面创新标准,实施中心商圈、交通商务区核心区等地下空间开发。2019年力争引进省级以上企业技术中心、工业设计中心、重点实验室等科技平台3家以上。

2. 打造国际科技产业创新中心

依托青岛国际院士港及院士产业核心区,聚焦战略性新兴产业和现代服务业,着重发展网络信息、设计研发、生物医药、高端装备制造、新能源新材料等五大产业,迅速打造若干个百亿元级院士项目。以加快建设院士港二期、院士产业核心区为重点,迅速拉开院士港九大功能板块建设格局。2019年,借助院士技术论坛加大顶尖人才的引进力度,力争引进5名世界顶尖级人才。经过2～3年努力,引进10名世界级顶尖人才及团队、100名国内外知名院士集聚院士港;建设10个国家级重点实验室和10个工程技术中心,建设国际一流、世界首创的院士聚集区、成果转化区,打造国际科技产业创新中心。

3. 打造国家新金融先导示范区

强化产融结合,着重在要素金融、保险金融、产业金融、中介金融等四大重点领域和关键节点取得突破,规划建设金水路新型科技金融街、铁路青岛北站周边新兴产业金融园、李村商圈新金融综合功能圈。2019年是李沧区金融业发展的关键之年,力争完成目标的30%。到2022年,打造1～2个跨区域、具有全国影响力的金融要素市场交易平台。发展10家金融龙头企业、领军企业,建成区域性金融要素市场、新金融机构增长极、金融租赁高地、保险中心和产业金融中心。

4. 打造国家级跨境电商实验区

以打造承接青岛跨境电商综合试验区核心功能的跨境电商产业示范区为目标,以构建跨境电商人才培训、产品展示及代运营、金融服务、智能仓储、保税通关体系为核心,以建设青岛跨境电商孵化基地、青岛邮政跨境电商产业园、万国云商等专业园区为支撑,加快培育引进跨境电商培训机构、跨境电商公共服务平台、跨境电商知名交易平台和企业、跨境电商物流企业、跨境电商第三方支付平台等。经过近几年的发展,李沧区跨境电商产业日趋成熟,预计2019年跨境交易额10亿美元以上,到2022年,实现年跨境交易额30亿美元,建成国家级跨境电商实验区。

5. 建设军民融合创新示范区

依托军民融合平台,加快海洋技术军民融合联合实验室项目落地,推动建设超算和数据处理中心建设。发挥青岛国际院士港的人才优势,借助海军研究院、海军潜艇学院等海军科研力量和中车集团、大型船舶重工等大企业力量,打造青岛军民融合协同创新研究院,开展舰船综合电力推进系统和电磁技术的民用化研究,促进军民融合深度发展。同时帮助李沧区中小企业进行科技攻关、创新发展,形成"军转民"的良好局面。立足"民参军",加快建设军民融合协同创新中心,争取在舰体除锈、雷达导航、作训服防辐射等方面进入海军装备及产品采购目录。借助军民两用船建设,吸引上下游配套企业到本地组团发展,形成船舶、电机、电子自动化、高端装备制造业等产业链,助推本土企业转型升级。2019年,依托军民融合协同创新研究院,在嫁接吉林大学汽车研究院、中特科技等资源协同创新基础上,力争再嫁接项目突破10项。

(三)李沧区建设新旧动能转换产业平台发展建议

1. 加强对平台运营的支持

对平台支持的重点,应该更多地向平台运营方向转移。建立和完善平台的跟踪评估与激励机制。针对产业特点和趋势需求,进行充分的研究并建立科学完善的平台评估体系,尤其是针对平台服务能力、商业模式的深入研究,并进一步根据平台运营和发展的需求采取相应的支持举措。平台运行过程中,更要加强对平台运营管理的监督与评估。从资金、资源多渠道支持平台的运营,提升平台服务能力,优化服务质量。推动平台运营模式向市场化转型。在平台的建设和运营实践中,一方面应充分重视和发挥政府主导及财政扶持作用,更要坚持运用市场手段,引导平台建立市场化、企业化运行机制,注重减弱其行政色彩,强化市场与企业职能,以更有利于各平台与产业实际需求的有效对接,实现各平台良性循环发展,在实现自身经济效益的同时推动产业公共服务的社会效益。

2. 加强平台间协同发展

政府作为区域经济和产业发展的领导者,引导和加强各公共服务平台,各机构间服务资源和信息的共享和互联互通,加强平台和机构间的协作,形成集聚水平高、运转高效、持续发展能力强的网络体系,为产业发展搭建一个完善的平台网络,做到资源统筹、功能互补、协同服务,为产业提供高效便利的服务。鼓励平台与高校、科研机构建立产学研协同创新合作关系,引导创新资源向公共服务平台集聚,提高平台服务创新能力,鼓励和引导新型合作模式,强化产业链整合和供应链管理。

3. 激发企业创新主体活力

落实青岛市创新型领军企业培育行动,加快培育一批"瞪羚"企业、"独角兽"企业,打造一批"专精特新"产品和行业"隐形冠军",支持领军企业建设高水平研发平台,开放共享创新资源,联合中小企业、高等院校、科研机构构建产业技术创新战略联盟。落实青岛市科技型企业培育"百千万"工程,打造高成长性高新技术企业,加快培育"千帆"企业,服务带动科技型小微企业。深化科技计划项目管理改革,试点将项目立项权和资金分配权下放给牵头单位。通过普惠性财政后补助政策引导企业加大研发投入。优化高新技术企业评审程序,强化后期管理。

4. 健全成果转化机制

探索高校院所职务科技成果权益混合所有制改革,对既有职务科技成果进行权益分割。探索建立科技成果定价免责机制。完善技术市场交易体系,推动多种形式的产学研对接洽谈,引导科研院所面向市场需求开展创新,推进科技成果集成熟化,提高产学研协同创新水平,贯彻基础研究、应用研究、成果转化"三位一体"精神,把基础研究、应用研究放在首要位置,在"三位一体"的基础上,确保先进技术成果转化。推进科研院所管办分离和法人治理结构改革,赋予科研机构更大自主权,建立有利于创新发展的容错免责机制。健全"智库基金—专利运营投资基金—孵化器种子基金—天使投资基金—产业投资基金"链条,支持企业融资吸收科技成果。完善技术市场服务体系,加快建设区域技术交易分市场,开展科技成果标准化评价试点。

5. 加强人才智力支撑

坚持把"人才"作为推动发展的第一资源,不唯地域引进人才,不求所有开发人才,不拘一格用好人才。依托各类人才平台载体,加快市级以上各类高层次人才自主培养和推报。有机整合各类教育培训资源,发挥用人单位主体作用,加强人才培训工作。发挥好青岛国际院士港高端引领作用,通过探索院士导师制、产业嫁接、企业合作,以及开办院士论坛、开展专业交流研讨等形式,加强各领域优秀人才队伍建设。优化人才服务体系。构建各类人才脱颖而出、梯队发展、自由流动的制度环境。完善平台载体助建,推动创新平台建设,实施创业项目资助,实施人才安居工程。

6. 优化创新创业发展环境

一是继续深化"放管服"改革,推动实体政务大厅与网上大厅线下线上一体化融合,推行"一窗受理"、"一网办理"、联审联办、全链条办理,形成各项便民服务"在线咨询、网上办理、证照快递送达"运行机制,最终实现"最多跑一次"和"零跑腿"。二是营造良好营商氛围。坚决制止对影响企业正常运行的乱检查、乱收费、乱摊派和乱罚款等行为,坚决依法打击侵害企业权益的地痞霸头势力,坚决整治"强买强卖、强揽工程、强行阻工"等违法行为。三是深化金融体制改革,切实防范化解金融风险,持续改善金融生态环境,进一步强化对金融产业的领导,完善协作机制,研究解决金融业发展重大问题。

7. 强化责任担当

建立工作责任制,研究制定李沧区新旧动能转换考核办法,分解任务,明确责任,狠抓落实,定期开展统计监测、分析研究和现场观摩,及时反映发展成效和存在问题。建立健全重点项目监管服务系统,运用大数据手段,建立入库项目动态管理、即时监督、结果评价、考核奖励等机制,实现对入库项目管理、推进、监管、服务的全过程覆盖,推动项目落地。激励干部担当作为,建立健全激励担当、保护担当、支持担当、重用担当的制度机制,落实好具有李沧鲜明特色的 5 个办法,即"痕迹工作法"工作机制、干部干事激励 20 条、干事容错免责 10 条、区属国有企业员工薪酬激励 20 条、干部不得提拔重用的情形 20 条等。进一步解放思想,对照习近平新时代中国特色社会主义思想和党的十九大精神,深入查找思想认识上不合时宜的思维、观念、方法,以全区党员干部思想的大解放推动李沧新旧动能转换。

（作者单位:中共李沧区委党校）

2018～2019年青岛西海岸新区海洋经济发展形势分析与预测

王 欣 卢茂雯 王 凯 郭岩岩

青岛因海而生、向海而兴,是我国知名海洋城市和重要的海防重镇,正在着力建设国际海洋名城,打造海洋经济升级版。作为青岛发展的龙头和引擎、推进新旧动能转换的主阵地,青岛西海岸新区以发展海洋经济为主题,积极发挥港口、涉海科技创新和人才资源优势,加速海洋经济要素统筹,加快供给侧结构性改革,瞄准蓝、高、新,推进新旧动能转换,全面经略海洋,在山东海洋强省建设进程中走在前列,担当排头兵,海洋经济进入了高质量、高效益发展的轨道。

一、青岛西海岸新区海洋经济发展的基础优势和基本情况

2014年6月,国家批复的《青岛西海岸新区总体方案》赋予新区以海洋科技自主创新领航区、深远海开发保障基地、军民融合创新示范区、海洋经济国际合作先导区和陆海统筹发展试验区五大战略定位,均凸显了海洋特色。青岛西海岸新区成立以来,紧紧围绕海洋经济这一主题,巩固基础,增创优势,海洋经济发展取得了长足进步。

(一)基础优势

青岛西海岸新区滨海而建,依港而兴,辖域历经30多年的开放发展,在发展海洋经济上拥有良好的资源条件,建成了完备的硬件基础,形成了较强的产业规模,具有突出的综合优势。

1. 港口及航运优势

港口自然条件优越,终年不冻不淤;港阔水深,天然航道水深可达20米,是我国不可多得的适合建设大型深水港口的沿海城市。新区同时拥有前湾港和董家口港两个国际深水大港。建有亚洲首个自动化集装箱码头,2017年完成1830万标准箱。建有世界最大的40万吨级矿

石码头,万吨级以上泊位 68 个,年进出港船舶 4 万艘次,年贸易额在 2500 亿美金以上,稳居世界大港前七强。

2. 海洋资源优势

新区海域面积 5000 平方千米,是陆域面积的 2 倍多,占全市海域面积的 41%;海岸线 282 千米,占全市海岸线的 35%;沿海分布 23 处港湾、21 座岛屿,滩涂面积 83 平方千米,有大小渔港 21 处,海产鱼虾 260 余种。岛、滩、湾、礁等海洋资源丰富。

3. 人才优势

新区集聚了海洋物探及勘探设备工程国家工程实验室、明月海藻活性物质国家重点实验室等海洋科研机构 60 余家;共有两院院士 42 人,其中涉海院士 8 名,占全市涉海院士的 27.6%;国家"千人计划"专家 46 名,其中涉海专家 11 名,占全市涉海"千人计划"专家的 24%。目前新区人才总量 47.6 万人,其中涉海人才 1.15 万人,约占全市的 1/4。驻区 8 所高校开设本(专)科海洋专业 18 个,为发展海洋经济提供了持续的人才供给。

4. 产业优势

航运物流、石油化工、保税仓储、船舶海工、油品和大宗货物交易等百亿元级、千亿元级产业链在西海岸加速集聚,新区基本形成了以船舶海工、航运物流、海洋生物、现代渔业等海洋支柱产业为主体,海洋新材料、海水淡化、蓝色金融等海洋特色产业为补充的现代海洋产业体系。

5. 军民融合优势

新区在 19 个国家级新区中唯一被赋予建设"军民融合创新示范区"的重任。在我国首个战略母港所在地,规划建设古镇口军民融合示范区,突出海洋、海军、海防特色,带动形成"一核引领、多区联动、全省协同"的发展布局,推动军队和地方深度融合、国防建设和经济建设协同促进、战斗力和生产力同步提升。

6. 先行先试优势

先行先试是新区的最大优势和最大动力。获批国家级新区 4 年来,在开发性金融促进海洋经济发展、海洋新材料高新技术产业化、海域使用权招拍挂等方面开展了一系列改革试点。比如,率先组建青岛国际海洋产权交易中心,在全国网上首次对海域使用权进行公开"招拍挂"出让,省海渔厅据此制定了全省海域使用权招拍挂出让管理暂行办法,相关做法在全省复制推广。

7. 开放优势

青岛是首批沿海开放城市,新区是开放前沿,历经 30 多年的开放发展,集聚了良好的开放基础。进入新时代,在国家"一带一路"相关规划中,青岛被定位为"新亚欧大陆桥经济走廊主要节点城市"和"海上合作战略支点"。新区成为"一带一路"双节点城市的核心功能区。

（二）基本情况

1. 海洋经济规模实现历史性突破

近年来,新区海洋经济实现了跨越式发展。2013～2017年,青岛西海岸新区海洋生产总值由491亿元增长到1019亿元,年均增长20%,连续5年保持了17%以上的增速。海洋经济总量四年实现翻倍增长,海洋生产总值占生产总值比重由21.8%增长到31.7%,年均提升2.5个百分点,海洋生产总值综合考核指标连续四年全市第一。2017年,新区海洋生产总值占全国、全省和全市的比重分别达到1.2%、7%和35%。2017年新区海洋生产总值占全区GDP比重为31.7%,占比分别超过全市5.3个百分点、超过全省11.3个百分点、超过全国22.3个百分点。

2. 现代海洋产业体系基本建立

新区坚持海洋经济发展主题,基本形成以船舶海工、航运物流、海洋石化、海洋生物、滨海旅游、现代渔业6个海洋支柱产业为主体,海洋新材料、海水淡化、滨海影视、蓝色金融等海洋特色产业为补充的现代海洋产业体系。从产业结构来看,2017年新区海洋经济三次产业结构为3.3∶65.3∶31.4。海洋第一产业实现增加值33.6亿元,增长2.9%,占海洋生产总值的3.3%;海洋第二产业实现增加值665.9亿元,增长22.3%,占海洋生产总值的65.3%;海洋第三产业实现增加值319.5亿元,增长12.1%,占海洋生产总值的31.4%。

3. 海洋经济战略布局已经形成

发展形成"一大中枢轴、两大拓展翼、三大经济带、四大专业片区",支撑新区海洋经济实现又好又快发展。一大中枢轴:以中央活力区及东、西两区行政中心为中枢轴,串联起青岛主要港口群,成为国家"一带一路"愿景中重要的海陆经济枢纽。两大拓展翼:统筹发展陆域和海域空间,形成新区腾飞的两翼,并推动海陆并重的跨区域辐射和开放合作,辐射带动深远海和内陆腹地协同发展。三大经济带:建设新区沿海关联产业发展轴带、近海综合立体科学开发轴带和陆域城乡协调与人口、资源、环境可持续发展轴带。四大专业片区:海洋科技自主创新、海洋经济国际合作、军民融合创新和深远海资源开发战略保障片区。

4. 海洋科技创新能力明显提升

新区拥有涉海院士工作站5家,中国石油大学海洋油气工程重点实验室等市级以上科研平台60多个,省"泰山学者"蓝色产业领军人才团队3个,驻区8所高校开设本(专)科海洋专业18个。海洋经济发展专家智库不断扩容,国际海洋人才港、国际海洋信息港、国际海洋产权交易中心等创新平台建成使用。明月、聚大洋等企业蓝色产业领军人才创新项目取得成果丰硕。在建 10 所高校中,中科院大学 11 个涉海研究机构将全部集聚新区,中国海洋大学西海岸校区重点打造国家级综合性滨海试验区和海上试验场。

5. 涉海改革开放有力推进

陆海综合执法机制建立并有效运转,"多规合一"试点启动,陆海统筹综合配套改革取得积极成效。前湾港和董家口港协同发展,与 130 多个国家和地区的 450 多个港口建立了贸易往来,中韩复合新都市等 16 个"一带一路"项目进展顺利。东亚海洋合作平台落户并启动建设。中德生态园、中韩创新产业园建设提速,经济外向度进一步提高。

6. 海洋经济的结构和质量显著提升

一是船舶海工制造迈向深远海。作为全国重要的船舶海工生产基地,西海岸新区海工平台设计制造及总装能力达到世界一流水准,船舶行业形成从修造船、船用柴油发动机、船舶电力推进系统到港口及船用机械的完整产业链,生产制造的国内首台深海载人潜水器"蛟龙"号、世界首座全自动深海半潜式"智能渔场"等高端产品享誉海内外。二是海洋服务业成为新的增长极。2017 年,西海岸新区滨海旅游业快速增长,实现总收入 219 亿元,接待国内外游客 2213 万人次,分别增长 14.7% 和 20.6%,连续多年实现了两位数增长,成为经济发展新的增长极。三是海洋生物医药产业比重快速增加。海藻酸国际、国内市场占有率分别达到 30% 和 40%;褐藻胶国际市场占有率达 25%。衣康酸、异麦芽酮糖,生产规模世界第一;海洋微藻生产高附加值 DHA,生产规模国内最大。海洋生物医药产业完成产值 100 亿元,增长 17.7%,拥有全球最大海洋基因库、最大海藻加工基地。目前,新区海洋生物产业逐渐向医药领域提升拓展,重点生产空心胶囊、医用敷料等。

7. 海洋生态环境建设成效显著

海域动态监管体系完备,海上重点区域监控得到加强。竹岔岛修复与保护、灵山岛生态修复项目顺利推进。实施海陆污染同防同治,近岸海域海水全部达到一、二类海水水质标准。西海岸国家级海洋公园获批建设,凤凰岛旅游度假区成功创建首批国家级旅游度假区,国家级海洋生态文明建设示范区创建顺利。

二、2018 年青岛西海岸新区海洋经济发展的形势和任务

(一)青岛西海岸新区海洋经济发展态势

2018 年上半年,青岛西海岸新区通过把新旧动能转换作为海洋经

济发展的重要抓手,促进传统产业转型升级,海洋经济继续保持平稳健康发展,实现海洋生产总值511.7亿元,同比增长15.77%,海洋经济综合指标考核位列全市第一。在推进新旧动能转换,发展高端海洋产业方面,通过大力发展高端海洋医药、海洋功能食品、海洋化妆品等实体经济,新动能培育和海洋特色产业体系构建彰显成效,建成海洋生物科技创新平台50多个,2018年上半年完成产值近57.6亿元,同比增长16%。2018年6月,正大制药(青岛)有限公司在国际经济合作区举行研发生产基地揭牌及项目签约仪式;东海药业规划建设国内外首个"青岛人体微生态展览中心"。2018年5月,我国首座全潜式大型智能网箱"深蓝1号"建成下水,单箱养殖产量高达1500吨。新区海洋交通运输业平稳发展,上半年完成港口货物吞吐量2.6亿吨,集装箱吞吐量938.12万标准箱。在滨海旅游方面,新区上半年共接待国内外游客1035.3万人次,实现旅游业总收入106.3亿元,同比增长20.6%。

在培育积蓄海洋经济发展动能和潜力上,2018年上半年,新区储备海洋经济重点项目200余个,总投资约3000亿元。其中,77个项目列入市级重点项目,总投资1400亿元,分别占全市的55%和69%;联想海洋产业运营总部、中船重工海洋装备研究院等7个项目列入省海洋经济新旧动能转换重大项目库,总投资704亿元、占全市列库项目总额的82.9%,项目数占全市一半、全省10%。作为"一带一路"建设的标志性项目和经贸文化交流平台——东亚海洋合作平台永久会址落户新区。2018年9月举办的第三届东亚海洋合作平台,来自中日韩、东盟及欧美非等50多个国家和地区的近400位嘉宾参会,发布了东亚海洋合作研究报告和东亚海上贸易互通指数等成果报告,这一平台成为东亚海洋领域多层次务实交流合作、地区对话与经济联系的高端平台,为新区海洋经济发展增添了新资源、新动力。

(二)青岛西海岸新区海洋经济发展存在的不足

1. 海洋经济占GDP比重不高

新区近年来蓝色经济发展较快,但相比于海洋经济发达的国家级新区,海洋经济占地区生产总值比重需要进一步提升。2016年海洋经济总量仅占全区生产总值的30.2%,同期舟山群岛新区和天津滨海新区海洋经济占比分别为70.2%和35.3%,分别高出新区40个和5.1个百分点,与这两个新区相比,新区海洋经济特色还不鲜明,与以海洋经济发展为主题的要求极不协调。蓝色硅谷核心区、红岛经济区等周边区域海洋经济发展异军突起,发展迅速,新区在全市海洋经济发展上保持优势地位难度加大。

2. 海洋产业结构层次低

新区基本建立了现代海洋产业体系,但整体自主创新能力不强。船舶海工产业研发设计能力总体较弱,研发严重依靠母公司或技术市场,存在着产业链条"微笑曲线"两端拓展不足、产品附加值低、自主品牌少等问题。海洋生物产业龙头企业较少,多以生产基础性海洋生物产品为主,缺乏海洋药物等科技含量高的高端产品。滨海旅游业观光型旅游产品多,留住游客消费的拳头产品少。海水淡化、游艇邮轮等新兴产业尚处于培育阶段,配套设施及服务欠缺。

3. 海洋科技应用能力弱

新区企业与高校科研院所沟通联系少,对接不够充分,科技成果转化机制不完善,高校及科研机构资源优势发挥不足,科技成果产业化水平有待进一步提高;海洋科技研发投入方面,政府科技投入引导资金少,科技创新体系有待完善。除部分企业研发经费占销售收入的比例达到 3% 以外,大多数企业仅维持在 1%~2%,而浦东新区一般在 5% 以上;专业技术人才、高端应用人才相对不足。

4. 港口大而不强

青岛港近两年业务量增速明显放缓,2017 年增速在全球前 10 名中排名靠后。港口产业发展缓慢,高端航运服务业尚未实现突破,面对国内港口的激烈竞争和国外釜山港等国际港口的崛起,新区港口必须尽快从"装卸工"向"服务商"、从"汗水经济"向"智慧经济"、从"货物中转港"向"贸易港"、从"大港"向"强港"转变。

(三)青岛西海岸新区海洋经济发展的有利形势和政策环境

习近平总书记指出,发达的海洋经济是建设海洋强国的重要支撑。要提高海洋开发能力,扩大海洋开发领域,让海洋经济成为新的增长点。党的十九大提出,要坚持陆海统筹,加快建设海洋强国。2018 年 3 月 8 日,习近平总书记在参加十三届全国人大一次会议山东代表团审议时特别强调,山东有条件把海洋开发这篇大文章做深做大,希望山东充分发挥自身优势,努力在发展海洋经济上走在前列,加快建设世界一流的海洋港口、完善的现代海洋产业体系、绿色可持续的海洋生态环境,为海洋强国建设作出山东贡献。习总书记 6 月在山东考察调研时再次强调要发展海洋经济,指出:"发展海洋经济、海洋科研是推动我们强国战略很重要的一个方面,一定要抓好。"总书记的指示和讲话极大鼓舞与激励了山东干部群众,将极大促进山东海洋经济的全面高质量高效益发展。

1. 山东省

山东省第十一次党代会作出了"加快建设海洋强省"的重大战略部署。2018 年 5 月,山东省委、省政府印发了《山东海洋强省建设行动方案》,确立了活力海洋、和谐海洋、美丽海洋、开放海洋、幸福海洋的行动方向,制定了到2035年海洋经济、海洋科技创新和海洋生态文明建设的阶段性目标。为支持新区海洋经济发展,省委、省政府出台了《关于支持青岛西海岸新区加快发展的若干意见》,从推进用海模式创新、探索军民融合创新、建设东北亚国家航运枢纽、发展蓝色高端新兴产业等方面提出了相关支持意见。

2. 青岛市

2018年7月,青岛市确定了实施"1045"行动、建设国际海洋名城的目标,根据制订的《青岛市大力发展海洋经济 加快建设国际海洋名城行动方案》,"1045"行动,即加快发展海洋交通运输、海洋船舶与设备制造、海洋生物医药等十大海洋产业,全面提升海洋科技创新、海洋特色文化、海洋生态文明、海洋对外开放等四大领域发展水平,实施海洋新动能培育等五大支撑保障工程,加快构建以新动能为主导的现代海洋产业体系,建设国际海洋名城,努力当好海洋强国、海洋强省建设生力军。2018年8月31日,在青岛市新旧动能转换重大工程暨国际海洋名城建设推进大会上,市委书记张江汀同志强调,要按照习近平总书记的重要指示要求,扎实做好经略海洋这篇大文章,加快建设国际海洋名城。要加快建设世界一流的海洋港口,提升港口集疏运能力,推进港口装备智能化,优化口岸营商环境,建设区域性国际航运中心。要加快构建完善的现代海洋产业体系,突出高端化、新兴化、精品化,培育形成具有核心竞争力的海洋产业集群。市委、市政府制定了《关于推进青岛西海岸新区加快发展的意见》,从加快蓝色金融改革创新、统筹土地海域综合管理、创造军民融合式发展经验、突出蓝色高端新兴产业导向、打造东北亚国际航运枢纽、创建自由贸易港区、做大国际海洋文化交流平台等方面提出了要求。

3. 青岛西海岸新区

2017年新区制定了《青岛西海岸新区(黄岛区)蓝色经济发展"十三五"规划》。为系统推进新区海洋经济发展,设立了新区海洋经济工作委员会,强化了发展海洋经济的全面统筹和组织领导。2018年6月,印发《青岛西海岸新区海洋经济发展三年行动计划(2018—2020年)》,细化了未来三年海洋经济发展的工作部署,提出了明确的要求。

(四)青岛西海岸新区海洋经济发展的目标任务

"十三五"期间,新区将深入落实"海洋＋"行动方案,坚持以海洋经济发展为主题,提升创新能力,增强发展动力,厚植发展优势,积极破解深远海资源开发难题,统筹海洋经济与陆域经济、海洋资源开发与海洋生态环境保护,努力把新区建设成为具有重要国际影响的海洋经济发达新区,为青岛市建设国际先进的海洋发展中心提供强大支撑。在具体目标上提出:海洋经济持续快速发展,海洋产业结构明显优化,深远海资源开发能力显著提高,船舶海工、海洋生物等优势产业领跑全国,海洋新材料、海水淡化等新兴产业快速发展;海洋科技应用能力大幅提升,涉海企业研发经费占销售收入的比例达到4%左右,涌现一大批技术能力强的海洋高端人才。到2020年,初步建成现代海洋产业体系,海洋生产总值年均增长18%,占地区生产总值的比重超过35%,海洋服务业增加值占比年均提高2个百分点,海洋科技对海洋经济的贡献率达到70%以上,海洋生态文明取得显著成效,建成具有较强国际影响力的航运中心和东部沿海重要的海洋经济发展中心。

三、2019年青岛西海岸新区海洋经济发展趋势分析

(一)海洋传统产业向远海转型发展

2018年第四季度和2019年,新区将推动海洋渔业向深海养殖、远洋捕捞、渔业服务和水产品加工发展,海洋交通运输业向海洋货物运输、海洋港口服务和海底管道运输发展,海洋船舶工业向远洋大型船舶和高技术船舶转型发展,海洋化工业向绿色集聚高端化工和新型海洋材料发展,海洋传统产业基本实现向远海转型发展,新区海洋经济总产值年均增长10%左右。

1. 海洋渔业

海水养殖重点发展装备化海洋牧场、养殖工船和海洋牧场大型智能平台,开发远洋新渔场。海洋捕捞重点建设规模化、装备化、智能化远洋渔船,完善渔港配套设施,建设渔业开放口岸,配套海外综合服务保障基地。海洋渔业服务着重加快海洋生物育种研发和水产良种产业化。海洋水产品加工重点建成冷链物流和水产品交易中心。2019年,将建设国家级海洋牧场示范区8处,深水网箱基地4处,海洋牧场大型智能平台3个,开发海外远洋渔业基地2处,建成60艘规模的现代化远洋船队,建设国家级中心渔港2处、水产品开放口岸2处,冷链物流基地投入使用。

2. 海洋交通运输业

重点发展海洋货物运输、海洋货运港口服务和管道运输。海洋货物运输重点发展海铁联运,争取国际中转集拼试点和集装箱捎带业务试点。海洋货运港口服务重点推进董家口港泊位建设,加快临港物流园区建设,引进培育第三方港口物流综合供应商,提升港口综合物流服务水平。管道运输重点增强油气储运能力,完成董家口港区油气储运

设施建设,争取建成第二条运输管道。预计2019年,海洋交通运输业年营业收入较上年增长8％以上,港口货物吞吐量突破5.3亿吨,港口集装箱吞吐量超过1900万标准箱。

3. 海洋船舶工业

发展新型海洋船舶、超级节能环保船舶、智能船舶,提高船舶设计制造智能化、绿色化、集成化水平。发展超大型油船和散货船、高端客滚船、高端远洋渔船、游钓型游艇等高技术高附加值船舶,全面提升超大型原油运输船、超大型集装箱船、超大型矿砂船等高技术船舶的研发建造水平。发展船舶海工设计、软件控制及运营服务,提升船舶制造科技水平。2019年,海洋船舶工业生产总值预计突破120亿元。

4. 海洋化工业

加大技术改造力度,优化海洋化工产业布局和产品结构,打造绿色化、集聚化、高端化海洋化工基地。采用"一体化"的产业链设计,发展乙烯、丙烯、甲醇、丙酮等高端化工产品,延伸加工和补链发展,集约集聚发展临港石化。重点研制用于海洋开发的防腐新材料、无机功能材料、高分子材料,大力发展新型海洋生物医用材料、海水综合利用材料、新型海洋防护材料,扩大新材料产业规模和延伸下游产业链。2019年,海洋化工业生产总值预计达到900亿元。

(二)海洋新兴产业取得突破提升

2019年,促进海洋设备制造业向深海石油生产设备和船舶设备聚力发展,海洋生物医药业向深加工和活性物质提取等价值链高端发展,海水淡化向高性能、规模化生产和综合利用方向发展,海洋新兴产业发展动能持续壮大,海洋新兴产业生产总值增长25％。

1. 海洋设备制造业

海洋设备制造业重点发展海洋石油生产设备和海洋船舶设备、海洋矿产设备。海洋石油生产设备重点做精自升式、半潜式钻井平台和浮式生产储卸油装置建造,推进深水、超深水半潜式生产平台、浮式钻井生产储卸装置等;开展海洋钻井模块、钻井工具、压裂设备等研发生产,提升深远海开采保障能力。海洋船舶设备重点发展高效、低排放、双动力大功率低速发动机及曲轴等关键零部件,船舶智能监控系统、电力推进系统、船舶压载水系统等关键配套系统,提高产品附加值和自主配套水平。2019年,海洋设备制造业生产总值预计将突破160亿元。

2. 海洋生物医药产业

重点推进高值化、精细化海藻加工转化技术与产品的开发,发展海藻酸、海藻酸盐多糖等藻类深加工产品。建立海洋生物功能制品的研发和生产体系,发展海洋创新药物及海洋生物新材料、海洋功能食品、海洋生物制品等,开发功能保健食品和海洋化妆品。依托青岛国家海洋基因库,打造全球最大的海洋综合性样本、资源和数据中心,建设海洋生物资源库。2019年,建成全国独具特色的蓝色海洋生物产业园区、全球海藻加工行业产业基地,国际先进的海洋生物医药产业研发、孵化和生产基地,海洋生物产业生产总值预计可达到130亿元。

3. 海水综合利用业

加快海水淡化专用膜及关键装备和成套设备自主研发,实现海水淡化规模化、产业化和全产业链协同发展。科学布局海水淡化企业,统筹海水淡化水纳入水资源统一配置体系,加快海水在工业冷却中的直接利用;加快与市政管网进行衔接,推进海水淡化水在居民生活、海岛生态旅游等方面综合利用,推动海水淡化后浓海水提溴、制盐、制碱及产品高值化利用。2019年,海水淡化能力预计可达到20万立方米/日,对全区供水的贡献率超过18%。

(三)海洋服务业走向陆海统筹

2018年第四季度和2019年,航运贸易重点发展贸易结算、跨境电商、大宗商品交易,滨海旅游业突出滨海游和涉海会展业发展,涉海金融重点培育海洋基金、扩大涉海融资和海洋保险服务,海洋科学研究与技术服务着力加大海洋科研服务平台建设及技术成果和信息服务,构建较为完备的现代海洋专业服务体系。

1. 航运贸易

推动新区由北方重要物流集散中心向贸易结算中心转型升级,促进海洋进出口贸易的快速增长。发展跨境电子商务产业,以新区保税物流中心(B型)、海运快件监管中心等重点园区为载体,布局海外仓建设,创新发展保税备货、跨境直购、国际快件、保税展示交易等跨境电商新模式。促进鲁海丰在马来西亚建立印度洋渔业物流枢纽,设立"马来西亚北方农渔业产业园"。依托中海海洋肽谷产业园、林投和得源等龙头企业,高标准规划建设水产品和木材大宗商品现货交易平台。到2019年,全区航运贸易交易额预计将达到220亿美元。

2. 滨海旅游

依托凤凰岛度假区、灵山湾文化区、琅琊台度假海岸、藏马山度假区,布局发展滨海影视游、港湾度假游、休闲游等高端精品旅游业态,推动发展海滨度假、海洋游乐、海上竞技、游艇垂钓等多元化复合型海洋旅游业态,打造世界级滨海度假旅游目的地。挖掘海洋文化、琅琊文化等历史文化资源,培育琅琊祭海节等传统节会;依托青岛国际啤酒节等,推动涉海高端会展业发展,打造蓝色会展名城。2019年,全区旅游业总收入力争超过280亿元。

3. 涉海金融

发展海洋金融专营机构,引进培育海洋产业专项基金,支持银行机构设立海洋经济事业部、海洋特色支行,探索筹建海洋开发保险公司。强化金融与港口贸易结合,发展融资租赁、期货交易,支持银行等金融机构探索发展船舶融资、物贸金融和跨境金融服务。扩大涉海保险服务,支持保险公司积极开展航运保险业务,探索燃油污染责任险、海洋生态损害险等创新业务,拓宽海洋保险产品体系。

4. 海洋科学研究与技术服务

围绕海洋自主创新领航区建设,重点建设重大海洋科学研究及服务平台,突破一批海洋新能源、智慧海洋、深海装备等关键领域的技术。引进和培养一批海洋科技创新人才,搭建海洋技术交易市场,大力实施知识产权战略,开展海洋基础科学研究、海洋信息服务等。

(四)海洋军民融合产业快速发展

发挥优势,大力推进海洋军民融合,发展舰船海工研发与配套服务、深远海装备制造与检测维修等通用度高的军民融合产业,推进中科院轻型动力研发及产业化基地、海洋工程装备与高技术船舶共性技术研究中心等重大军民融合项目建设,培育发展军港文化旅游业。引导优势民营企业进入国防科研生产和维修领域,健全军转民机制,探索畅通"民参军"渠道,建设军民融合产业集聚区。预计到 2019 年,集聚军民融合企业和科研机构累计达 150 家以上,军民融合产业业务收入达到 400 亿元。

(五)海洋经济平台功能显著增强

1. 建设一流的港口和港区

加快前湾港区干散货业务向董家口港区战略转移,推动自动化码头剩余 4 个泊位建设,扩展整车进口口岸中转业务,开辟加密国际航线航班,打造世界一流的集装箱码头示范区。推进董家口港区华能码头二期、原油码头二期等工程以及疏港铁路、输油管线、董家口至晋中南铁路、南北大通道、董五高速等疏运通道建设,完成一类开放口岸验收和海关等机构入驻,积极探索复制实施自贸综合试验区政策的路径。探索研究海域使用权直通车政策先行先试。到 2020 年,港口集疏运体系进一步完善,国际航运中心服务功能明显提升。

2. 建设现代化的临港物流园区

前湾国际物流园优化空间功能,加快园区转型升级,推进智能化、集约化、生态化发展,实施园区智能化升级改造;加强与国际大型物流集团战略合作,引进高端大型物流项目。董家口临港物流园推进港区和临港产业区物流园的规划布局,推进董家口铁路物流园区建设,实现大宗商品物流园、石化物流园、环保建材和浆纸物流园、综合物流园功能错位、布局协调;高起点建设水、电、路、通信设施,加强多式联运基础设施建设;推进煤炭、铁矿石、原油等大宗商品交易交割库建设。预计2019 年,前湾国际物流园基本完成园区空间腾挪优化和智能化改造,新引进现代物流企业 7 家,董家口临港物流园集聚物流企业累计可达20 家以上。

3. 加快海洋特色园区建设

优化提升海西湾修造船基地,加快培育高技术船舶研发孵化基地,规划建设海洋装备产业园,建设国家重要的船舶海工基地。规划建设6 平方千米左右的海洋生物产业园,建成具有较强影响力的新兴海洋生物产业基地。在董家口临港产业区规划 5 平方千米左右的海洋化工产业园,建设我国北方高端海洋化工新材料基地,打造绿色低碳循环化示范园区。完善园区功能定位和建设模式,引进国内外大型冷链物流企业,建设北方一流的冷链物流基地。规划海洋牧场产业园,布局装备化海洋牧场及大型智能平台,打造高端智慧化海洋牧场。

(作者单位:中共青岛西海岸新区工委党校)

2018～2019年城阳区"双创"工作发展分析与预测

彭孝锋

创新是创业的基础,创业推动着创新。大众创业万众创新是主动适应和引领经济发展新常态、培育和催生发展新动力的必然选择,也是深入实施创新驱动发展战略、加快经济结构调整优化的必由之路。在全国大众创业万众创新进入提质增效新阶段,有效推进大众创业万众创新"双创"升级版,是城阳区深化供给侧结构性改革的重要内容、实现新旧动能接续转换的重要抓手,是以创新活力的充分迸发推动在全市率先走在前列中再创辉煌,在推进新旧动能转换、高质量发展进程中提出的新目标,推进"双创"是城阳推动新旧动能转换、实现高质量发展的核心诉求。

一、城阳区"双创"工作发展状况分析

(一)2018年1～9月份城阳区"双创"工作的基本情况和特点

1. 城阳区"双创"工作基本情况

城阳区以"阳光城阳"建设为总抓手,坚持把创新驱动置于发展全局的核心位置,积极构建"双创成果交易平台＋孵化器＋城市发展单元＋产业基金＋辅导上市"的创新创业生态链,全面打造由创新主体、创新载体、创新平台、创新人才、创新金融、创新政策及创新环境构成的具有国际竞争力的创新生态链,全域打造国际创新生态城的新目标,充分发挥财政资金引导作用,充分调动中介机构、创新企业、创新人才创新创业的积极性,营造了有利于创新创业的政策环境,在全社会形成了大众创业万众创新的浓厚氛围,"双创"工作目标清晰,领导协调有力,全面持续推进各项工作,效果显著,大众创业万众创新"双创"升级版取得良好开局,前景广阔。截至2018年9月底,全区累计建成各类孵化转化载体48家,全区国家高新技术企业达到253家,建立了100家以科

技型中小微企业为主的融资企业库,科技金融贷款累计为企业科技担保融资 3.42 亿元。全区发明专利申请 2759 件,授权 517 件,有效发明专利累计达到 2132 件,每万人拥有有效发明专利数量达到 30 件。

2. 城阳区"双创"工作的主要特点

(1)"双创"政策措施落实有力。一是双创工作体系初步建成。围绕实施创新驱动发展战略,大力推进"双创"深入开展,城阳区加强部门联动,构建有利于创新创业的发展格局。建立了人社、科技、工信、财政、教育、科协等部门共同参加,协作联动的发展体系,统一协调全区"双创"工作,研究工作规划,制定"双创"发展政策,做到每项工作有目标责任、时间节点、考核内容,构建有利于大众创业万众创新蓬勃发展的政策环境,推动有关政策措施进一步落到实处。二是创业扶持力度持续加大。围绕区、市有关促进就业政策精神,城阳区积极落实一次性创业补贴、一次性小微企业创业补贴、一次性岗位开发补贴、创业贷款贴息、用人单位招用就业困难人员社保补贴等促进就业创业的优惠政策。根据《关于助推新旧动能转换 进一步做好就业创业工作的实施意见》(青政发〔2017〕27 号)、《关于助推新旧动能转换进一步明确就业创业政策有关问题的通知》(青人社规〔2018〕8 号)要求,在抓好新政策的宣传培训和业务受理基础上,积极协调区级财政部门,调整完善区相关配套政策,确保促进就业创业政策在基层落地,为推动区域内大众创业工作提供政策保障。1~9 月份,累计为 573 人发放创业补贴近 600 万元,创业担保贷款 914 万元,扶持创业 1568 人次。三是形成较为完备的推进科技创新体系建设的政策支撑体系。围绕实施创新驱动发展战略,区委、区政府先后出台了《关于深入推进科技创新发展的意见》《城阳区支持科技企业加速器发展配套政策的通知》《关于加快引进高校院所等高端科研机构的实施意见》等文件,区政府及相关部门围绕创业孵化、技术转移、科技金融、知识产权、企业培育等方面出台了一系列配套细则,形成创新政策"组合拳",进一步加大科技政策支撑新旧动能转换的力度。

(2)围绕国家级创新中心为平台打造创业创新生态圈。城阳正以"国家高速列车技术创新中心""国信国际创新生态城""中国科学院大学双创产业园"三大国家级平台为引领,全力打造创业创新高层级的创业创新平台。截至 9 月底,全区拥有各级重点实验室、工程技术研究中心、技术中心等研发平台 140 多家,其中工程技术研究中心 28 家、各级重点实验室 8 家。一是全国首个国家技术创新中心——国家高速列车技术创新中心于 2016 年 9 月获批建设。截至 9 月底,创新中心事业单位已注册成立,集聚蒂森克虏伯、北京交大、西南交大等一批高端资源,总投资近 24 亿元的轨道交通系统集成实验室等 5 个重点项目立项实施。二是国科健康科技小镇双创基地项目于 4 月 22 日启动,"中国科学院大学双创产业园"自此开启新的创新创业实践篇章。创新创业基地将开展创新创业教育、继续教育、双创训练营、双创大赛、大讲堂、讲座等"双创"活动;在科技创新方面,搭建科技成果转移转化综合服务平台、科技信息服务平台、科技咨询中介平台、科技金融服务平台;在产业化方面,以大健康为主线,搭建联合研发中心、共享实验室、成果展示路演平台、公共技术研发孵化平台、高新技术企业孵化平台、知识产权服务平台、国际合作交流平台。通过这些平台和服务的落地,将创新创业基地打造成城阳区的创新创业综合体,为大健康产业及高新技术产业提供有力支撑。三是国家信息中心与城阳区政府共建的首个国际创新生态城 10 月份开城,总投资 230 亿元的 6 个重大项目签约进驻。国家信息中心"双创小镇"已进驻青岛国际农业生命智慧谷、未来科技产业园、中科院上海硅酸盐研究所(青岛中心)等专业园区和高新技术企业30 多家,已签约西安电子科技大学青岛计算技术研究院等项目 17 家,总投资额 125 亿元。此前,国家信息中心"双创小镇"先期启动了科技企业加速器和万创奔腾科技企业孵化器。其中,科技企业加速器占地75 亩,总建筑面积 3 万平方米,已入驻中科院上海硅酸盐研究所(青岛中心)、青岛中物云传智能科技有限公司、诺安百特生物技术有限公司等高新技术企业 13 家。万创奔腾科技企业孵化器,总建筑面积约 1 万平方米,内设指南针众创空间、企业研发中试基地等板块,已入驻科技企业 22 家。

(3)"双创"服务能力不断提升。一是提升完善"双创成果交易平台＋孵化器＋城市发展单元＋产业基金＋辅导上市"的双创生态链。近年来,城阳区聚焦科技成果研发、科技成果转化和新兴产业壮大,通过政策引导,构建多元化市场化差异化科技孵化体系,在全市率先构建了"众创空间—孵化器—加速器"全过程孵化培育链条,满足创新企业"种子期—初创期—成长期"多元需求。截止到 2018 年 9 月份,城阳区构建起包括青岛博士创业园、星创天地、众创空间、孵化器、加速器在内的孵化载体达到 48 家,累计完成孵化器建设面积 74.55 万平方米。其中众创空间和创业街区 13 家,其中 6 家国家级众创空间和 1 家市级创业街区,服务早期创新创业活动。经市科技局认定备案的科技企业孵化器达 31 家,数量列全市第一,其中国家级孵化器 1 家、市级 8 家,孵化器培育"千帆计划"企业 238 家,数量居全市第一。全区各类创新孵化载体已累计培育中小型科技企业近 1200 家、创客团队(个人)140 多个,培育国家级高新技术企业 42 家,培育新三板、四板挂牌企业 26 家、毕业企业 108 家,带动就业 10000 余人。二是"专利企业—科技型中小企业—'千帆'企业—高新技术企业"企业培育体系初步形成。不断优化培育企业创新成长政策环境,发挥企业创新主体带动作用。组织了首届"城阳区高新技术企业创新驱动专题提升班",全区50余家高新技术企业负责人,赴中山大学集中授课一周,全面提升企业家创新意识。截至9月底,全区高新技术企业、科技型中小企业数量分列全市第三,"千帆计划"企业列全市首位,全区高新技术企业科技活动总支出达到34.78亿元,有力地支撑高新技术企业科技创新。通过税收和财政政策引导,积极引导鼓励高新技术企业规范企业管理,优先支持科技企业上市融资。全区共有35家高新技术企业实现上市融资或新三板、四板挂牌。三是大众创业万众创新金融体系初步构建。近年来城阳区大力发展科技金融,率先建立了局、区科技工作会商机制,市科技局与城阳区政府签署了首份会商协议——《科技金融合作协议》,建立首个科技金融支撑体系。在局、区科技工作会商机制下,青岛生产力促进中心与城阳区科技局签署了《科技信贷风险准备金委托管理协议》,结合城阳区实际,出台了《青岛市城阳区科技金融专项资金管理办法》,走在全市前列。截至9月底,共为34家科技企业提供科技金融担保贷款1.11亿元,通过专利权质押获得3160万元的贷款,数量列全市各区(市)首位,全区科技金融在保金额超1亿元。鼓励孵化器运营公司建立初创企业天使基金,为孵化器内小微企业发展提供融资。绿天使环保创业园、一瑞孵化器和惠生荣科技孵化器等3家孵化器设立了股权孵化投资基金,基金总量达到2160万元,累计投资企业近20家,投资额近1300万元。四是城阳区深化"放管服"改革,加快"阳光政务"建设,着力减少行政审批事项,减少政府对市场的干预,释放社会创新创业活力。探索建立鼓励创新、宽容失败的考核机制,切实形成有利于创新创业的良好氛围,有力助推双创工作取得更大成效。城阳区致力打造知识产权环境、创新文化环境和信息化环境,将研究制定知识产权相关政策,使知识产权真正成为创新型经济支撑,加大知识产权保护力度。

(4)"双创"主体地位日益凸显。一是创业所属行业领域及创业群体发生变化。创业领域已明显朝着新技术、新产业、新业态、新模式等"四新"方向倾斜,如青岛博士创业园区内,创业项目以新兴产业为主,截至9月底,园区内累计从事新一代信息技术28家,生态环保20家,高端装备制造17家,海洋产业4家,生物技术25家,新医药7家,新材料13家,新能源4家。创业者中高层次人才创业比例逐步加大,逐渐呈现出创业人群高学历化、团队化的趋势。以青岛一瑞产业园为例,截至9月底,该园中"四新"型企业占比达到84%,同比增长8%,创业人群中博士及以上学历的占比达到10%,同比增长6%。二是企业技术创新主体地位日益凸显。截至9月底,全区累计国家高新技术企业达到253家,市"千帆计划"入库企业达到383家,备案科技型中小企业

242家,全区在谈合作高端研发机构达到25家。2017年,全区发明专利申请2759件,授权517件,有效发明专利累计达到2132件,每万人拥有有效发明专利达到30件。截止到2018年9月末,博士创业园区共有自主知识产权发明专利82项,其他专利260余项,新增研发项目或成果22项。三是高层次人才引进力度不断加大。围绕"中科系、高校系、企业系、国际系",持续引进国内外知名高校和科研院所与区内孵化载体、企业建立合作,为高层次人才集聚夯实了坚实的平台基础。截至9月底,全区引进和在谈中科院大学、北京交通大学、兰州交大等在内高端研发机构25家;全区拥有"两院"院士5人,国家"千人计划"专家19人,国家"万人计划"专家7人,山东泰山学者及泰山产业领军人才25人,青岛市创业创新领军人才13人。以青岛博士创业园为例,截至2018年9月,青岛博士创业园集聚博士及以上层次人才262人,其中国家级"突出贡献者"、"长江学者"专家各1人,"国务院特贴"专家3人,泰山学者7人,园区外籍博士15人,博士后30余人,高级职称75人。

(5)"双创"氛围日益浓厚。一是采取多种形式积极宣传创业创新政策。通过定期采集工商注册信息发送短信的形式进行政策宣传,并引导其关注人社部门微信公众号,实现创业创新政策精准推送;对基层有创业意愿的群体,通过送政策下基层、进社区、电视新闻媒体报道等形式进行广泛宣传;对辖区内各类创业孵化基地(园区),围绕服务载体和在孵企业两大主体宣传创业创新扶持政策,提高载体孵化能力和创业成功率。二是通过创业项目遴选、组织企业参加各级创业创新大赛活动的形式,汇集创业项目,培育创业典型,发挥创业示范带动作用,营造浓厚氛围。如在城阳区"区长杯"创新创业大赛决赛,区内8家企业获奖;2018年第七届中国创新创业大赛青岛赛区暨"千帆汇"第五届青岛市创新创业大赛中,2家企业分别获市级二等奖和行业优秀奖,2家企业分别获城阳区二、三等奖。三是全国创新创业领域最权威、最具影响力的双创大赛和创新论坛——2018国际创新生态合作平台城阳论坛与IIEC国际创新创业大赛在城阳召开,为促进全国创新创业事业生态均衡发展进行了深度赋能,为建设青岛市新兴产业集群生态圈打造了新引擎,为助力城阳创新创业工作上水平释放了加速度。首个全国创新生态指数在城阳发布,并努力将大赛会址和生态指数发布地永久落户城阳,让更多的眼光聚焦城阳,营造更加浓郁的创业创新氛围。

(二)城阳区"双创"工作发展中存在的主要问题

尽管城阳区"双创"工作呈现出良好的发展势头,但与其他区(市)相比,还存在着明显的不足。

1. 企业科技创新主体地位有待进一步提高

尽管城阳区企业技术创新主体地位日益凸显,但总体来看,企业创新驱动意识不强,科技兴企共识尚未广泛形成。"创新驱动发展"还没有成为所有企业的共识。高新技术企业数量规模偏小。截至9月末,全区高新技术企业253家,同期深圳宝安、杭州萧山区、上海闵行区高新技术企业分别为3030家、365家、700家,城阳区仅为以上三个对标区的8%、69%、36%。目前,全区16.9%以上的高新技术企业处于1亿元以上的产值规模,67%的高新技术企业处于5000万元以内的产值规模。高新技术企业数量和规模偏小,成为制约城阳区高新技术产业规模增长的重要因素。

2. 创新资源有待进一步提高

一是高校资源匮乏,这与城阳区企业发展日渐增长的科技、人才需求不相适应。目前,全区有高校4所。其中,有2所偏重职业技术,兰州交大刚刚引进,正在进行团队建设。科研实力较强的仅有青岛农业大学(最高学位授予权为硕士),引领全区企业科技创新显得势单力薄。二是科研院所稀缺。区内仅有中电科22所、长春应化所两家科研院所,专业化、高层次科研机构少,基础性、专业性科研能力弱,形不成广泛辐射和强力带动效应。

3. 高层次人才建设亟待更强更高

城阳区科技人才结构性矛盾突出。一方面底子薄。全区人才总量15万人,占人口总量20%,虽略高于全市平均水平,但中高端人才严重缺乏,博士仅约700人,硕士仅约7000人,远低于全市平均水平;创新型人才储备尤其不足,仅占人才总量的4%。另一方面引进慢。2010～2017年,全区新增市级以上重点高层次人才400余人,仅为崂山区的59%、黄岛区的73%;近年引进博士仅占引进人才总量的0.92%,不足全市平均值1.88%的一半。高层次科研领军型人才和高技能技术创新型人才如凤毛麟角,科技人才、管理人才数量不足决定了全区企业科技创新、产业培育难以走在前列。

4. 创业创新平台资源共享滞后

区内资源共享度不高,全区市级以上工程技术研究中心等创新平台140多家,但是人才、实验室、设备、仪器、信息、图书、网络等开放、共享、协作不够。目前,全区享受大型仪器共享补贴企业仅有9家,相关收入仅为269.4万元。高校院所、科技企业各自为战、单打独斗的现象还比较普遍,至今没有形成一个持续成熟运行的产业技术创新联盟。

5. 创新创业活力有待进一步激发

创业初期企业所需资金较大,部分优质企业出于对股权分配的考虑,对于风投资金有一定顾虑,选择风投资金的意愿不强。而受规模和赢利限制,企业又很难满足银行等金融机构贷款在抵押、担保等方面的条件,另外利率高也成为不少创业企业不能承受之重。如为了解决创业企业融资难问题,减轻企业压力,青岛市已出台创业担保贷款贴息和小微企业创业担保贷款贴息政策,其中小微企业创业担保贷款贴息额度最高可达300万元,但政策设置的门槛较高,企业还需符合银行等金融机构对抵押担保、企业赢利情况的要求,而多数创业企业无自有土地和厂房,达到抵押担保条件的不多,2017年小微企业创业担保贷款贴息政策出台以来,只有政策咨询的而申请的少。

二、2019年城阳区"双创"工作发展预测

(一)影响2019年城阳区"双创"工作发展的因素分析

1. 有利因素分析

(1)宏观政策环境带来的有利影响。一是宏观经济企稳为"双创"提供了有利的环境保障。前三季度全国经济运行总体平稳,稳中有进,继续保持在合理区间。提出要切实办好自己的事情,坚定不移推动高质量发展,实施好积极的财政政策和稳健的货币政策,做好稳就业、稳金融、稳外贸、稳外资、稳投资、稳预期工作,有效应对外部经济环境变化,确保经济平稳运行。这为"双创"工作在高起点上稳步发展创造了有利条件。二是创新驱动战略、中国制造2025、互联网＋、军民融合发展战略等将深入推进,将极大激发"双创"潜在需求。从发展趋势看,随着新一轮科技革命和产业变革步伐加快,国内信息化、人工智能、大健康市场等需求将得到释放,有望对"双创"形成持续利好。如军民融合可能进入加速期,创新创业的空间和潜力将更加巨大;促进创业投资健康发展的政策效应逐步显现,创业投资发展质量将不断提升。这些因素将推动"双创"进一步向纵深发展。三是国务院发布的《关于推动创新创业高质量发展打造"双创"升级版的意见》着重从环境、动力、创业带动就业、科技支撑、平台服务、金融服务、资源集聚、政策落实等8个方面提出了升级举措。可以预见简政放权、减税降费、财税金融等一系列政策措施的红利效益逐步释放,将为"双创"进入高质量发展注入强劲动力。四是省、市发展战略带来的机遇。山东省落实"扎实推动高质量发展"要求,深入实施创新驱动发展战略,加快推动新旧动能转化,以创新型省份建设为统领,着力打造新型创业创新共同体等战略目标的深入实施等;作为山东建设新旧动能转换试验区的核心城市、山东半岛城市群两大都市圈核心之一,作为国家创新型城市试点,青岛创新创业氛围浓厚,承担向周边区域辐射的功能等,这都将为加快城阳区"双创"

发展提供难得机遇。

（2）"后机场时代"带来的机遇。2019 年，胶东国际机场将正式启用，城阳将进入"后机场时代"。大体量空域的释放，将带动城阳全域迸发出巨大的发展活力，特别是核心区 33 平方千米的土地可以得到充分利用。在城阳区的谋划中，"充分体现创新活力"是这一区域更新改造的基本原则，而引进具有国际影响力的大品牌、大公司打造创新中心则是该区域主要定位之一。

（3）2018 青岛国际创新生态合作平台城阳论坛暨 IIEC 国际创新创业大赛召开带来"赛会效应"。通过聚合"产、学、研、金、服、创"七方主体齐至城阳论坛和组织高质量、高水平、高维度的赛事活动两项载体，扎实推进了青岛市创新创业工作，加快建设青岛本土企业的科技嫁接和转型升级，充分展现了城阳的创新创业魅力，将会助力重大创业项目与利好资源的互通以及人才、资本的对接，实现优质资源向城阳区的重力倾斜，将会大大加快打造城阳区创新创业"升级版"步伐。以本次大赛和论坛为平台，城阳"双创"将走向全国，打造具有国际影响力的"双创博鳌"。

2. 不利因素分析

（1）宏观经济形势带来的影响。当前经济运行稳中有变，经济下行压力有所加大。宏观经济形势下行对"双创"的影响不容小觑。纵观当代各国经济转型之路，经济发展新动能往往出现在后危机时代的经济恢复期和偏紧的宏观经济环境下，而在经济下行过程中，新经济和新动能受到的冲击和影响往往更大。过去一段时间，备受各界关注的创投资本"遇冷"和孵化器运营日益艰难是我国宏观经济下行向"双创"领域传导的必然结果。由于创业活动的高风险性和对资本的高依赖性，创业活动表现出来的波动程度往往大于整个宏观经济的波动幅度。因此，当前乃至未来一段时间，一方面各类创业项目将面临资金、市场等更加严峻的外部环境，另一方面创业者本身也将更加审慎投入创业活动中去。

（2）在"双创"舆论导向上仍然面临过度宣传商业模式创新的问题。社会各界普遍反映，我国商业模式创新型创业活动过多而对实体经济有巨大推动意义的技术创新型创业活动偏少。为此，有关部门采取一系列举措着力推动技术创新型创业，如在全国"双创"活动周上加大技术创新型创业项目的展示比重。但受创投资本逐利性、创业活动短期性等因素影响，市场特别是各类媒体表现出对商业模式型创业活动的过度关注甚至扭曲宣传，如对所谓共享经济模式创业的宣传完全无视具体项目是真正意义上的共享经济模式还是打着共享经济旗号的变相资本依赖型 O2O 商业模式。

（3）各界对创业概念的理解存在认识误区。西方学界主流观点认为，创业是创业者对自己拥有的资源或通过努力对能够拥有的资源进行优化整合，从而创造出更大经济或社会价值的过程，简而言之即创业就是个人奋斗的过程。基于这一理念，欧美发达国家的创业教育和创业促进政策大都专注于"企业家精神（entrepreneurship）"的培养。而在实际操作中，大都将创业简单等同于"创立企业"，这不能不说是极大地缩小了创业的内涵和精神实质。受这一因素影响，创业促进政策往往更加专注于经济领域特别是更加关注于对小微企业设立和运营方面的扶持；对"双创"形势的判断往往强调创投资本等经济活动的短期波动而非双创环境的优化和创新创业信心水平的提升；创业教育则大都聚焦在企业设立和管理技能的教育而忽视以个人奋斗为核心的企业家精神的培养。

（4）周边区（市）竞争加剧的挑战。目前，市南区、市北区、崂山区、李沧区、即墨区、西海岸新区、胶州市等区（市）均把创新驱动作为提升区域竞争力的重要举措，并取得显著成效。如崂山区为加快推进新旧动能转换，为发展注入强大动力，集中力量发展战略性新兴产业、金融产业、旅游产业和大健康产业，落实 12 个"一业一策"产业扶持办法，分批设立总规模 200 亿元的股权投资引导基金、5 亿元的创新创业引导基金，设立 2 亿元的人才发展专项资金，吸引人才创新创业。李沧区高质量的"双招双引"让人才队伍的层次和结构不断改善，以青岛国际院士港为例，李沧区"无中生有"启动的青岛国际院士港，已累计签约引进国内外知名院士 108 名，其中外籍院士占比 85％；已入驻院士团队核心成员中，博士 67 人，硕士 40 人。城阳区与周边区（市）在人才、资金引进政策、发展载体上竞争优势不明显，竞争激烈，挑战加大。

（二）2018 年第四季度和 2019 年城阳区"双创"工作发展预测

2018 年第四季度和 2019 年，城阳区将持续深入推进"双创"、打造"双创"升级版，在积极构建国际创新生态平台、打造好"双创"生态环境上取得新进展，将会进一步加大构建创新创业要素齐全、服务完备、政策精准的生态环境。一是利用国际创新创业大赛和创新创业峰会影响，持续构建双创小镇、双创博览、双创大赛、双创指数"四位一体"格局，营造双创生态，建设全国双创成果库和转化平台，加快全国创新成果优先落地城阳进程，打造具有国际影响力的"双创博鳌"将会初具影响力。二是国际创新生态城（青岛·城阳）建设将努力发展新业态、运用新技术、打造新场景、尝试新模式、变革新管理，致力于打造更加全面、更为高效、更具能级的创新创业生态系统，营造具有全球视野、开放共享的创新创业氛围，弘扬与厚植具有新时代企业家精神的创新创业文化,助其成为青岛市城阳区城市单元发展的引擎、产城融合发展的典范。三是"双创成果交易平台＋孵化器＋城市发展单元＋产业基金＋辅导上市"的双创生态链将会进一步得到提升完善,夯实双创载体,将会重点推进专业化、品牌化孵化器建设,预计新建加速器 2 家,在孵企业将会达到 1600 家左右,集聚创客 1 万名左右。四是创新要素向企业集聚将进一步加快,高新技术企业和千帆企业培育库进一步发展壮大,预计 2019 年新增高新技术企业 70 家以上,有效发明专利将突破 2500 项,技术交易额将超过 25 亿元。五是随着国科大创新创业学院青岛分院和继续教育学院青岛分院、国科大双创培训中心、国科大企业联合研发中心、青岛时尚工业设计中心等培训中心的全面启动,双创培训将取得实质性进展,打造中小企业双创培训"新东方"将喜迎良好开局。六是重点打造具有国际竞争力的创新型产业集群。2019 年,在进一步发展轨道交通产业集群、新能源新材料产业集群的基础上,城阳区将加快发展汽车产业集群、培育发展生物医药及器材产业集群、布局发展环保产业集群、着力发展现代服务业产业集群、提升发展高端装备产业集群、创新发展新一代信息技术产业集群等,形成若干具有国际竞争力的创新型产业集群。七是进一步加大对知识产权的保护。城阳区将推动高新技术企业建立知识产权管理制度,加强企业对知识产权信息的检索和利用,建设知识产权试点园区,申报国家知识产权示范园区。通过制度建设、人才培养、专利信息分析、资金扶持、维权保护等工作,培养一批知识产权管理、运营较好的优势企业。

(三)加快城阳区"双创"工作发展的建议

1. 高标准推进国际创新生态城建设

发挥好科技龙头企业、重大项目的带动示范作用,依托国家高速列车技术创新中心、国科健康科技小镇、国信双创小镇、华为智慧城市等重点项目,培育发展新技术、新产业、新业态、新模式,全力打造一批在全球具有先发优势的产业集群。落实并完善高新技术企业、科技型中小企业、技术转让、研究开发、检验检测、科技企业孵化载体等税收优惠和财政补助政策,简化流程,提高效率。做实创新创业联盟。组织区内行业骨干企业参与或参建产业技术创新战略联盟,切实发挥各类联盟的作用,增进同业交流、资源共享、优势互补,形成科技创新整体合力。

2. 继续完善"双创"全链条孵化体系

引导推进区内孵化运营机构提质增效,重点推进天安数码城"T＋空间"、腾程伟业众创空间及一瑞、绿天使科技企业孵化器建设;提升空港友创、天安数码城、青岛"鸡器人"现代农业科技等孵化器的运营质量和管理水平;及时总结科技企业加速器建设经验,并在全区推广;探讨实践建设科技园区与打造城市发展单元相结合的可行路径。按照"全球视野、国内领先、山东标杆"的目标,加快推进中国国际博士后(青岛)创新创业园谋划和建设,努力吸引一批博士后在城阳区开展创新创业,发挥高端人才的资源吸附和引领带动作用,提高区域知识创新水平。

3. 搭建完善具有创新创业效能的产业服务平台

鼓励支持国际院校、知名跨国公司、央企、行业龙头骨干企业以及上市公司等在城阳区设立独立的研发机构或研究院,争取更多国家级、省市级重点实验室、工程实验室和工程技术中心落户城阳区,主动与国内外创新资源密集地区对接合作,结合当前产业发展趋势和城阳区产业发展基础,引进和发展若干新型科研机构。大力培育创新型企业,鼓励区内企业与国内外知名高校院所共建研发机构,引导区外企业研发中心落户城阳区。发挥中科院大学、中电科 22 所、长春应化所、中车等院所企业的优势,提升城阳区行业、产业科技创新的活力和整体水平。借助国家信息中心的力量建立区域技术成果交易市场,建立科技成果发布、展示机制,建设青岛市技术市场城阳分市场,为科技成果交易、交流提供更优服务。

4. 加大引进和培养科技创新人才力度

吸引国际顶尖人才(团队)、"两院"院士、国家"千人计划"和"万人计划"专家等来城阳创新创业,或对作出重大贡献的本土创新型企业家、科技人才给予不同级别的资助,同时完善人才引进激励政策。支持青岛农业大学等本土院校以及引进的高校、科研院所等根据城阳产业发展需要调整学科(专业)设置。鼓励在城阳的企业与高校、科研院所合作开展人才培养,建设学生实训(实习)基地。鼓励企业开展职业培训提升职工技能和专业技术水平。实施人才安居工程,积极为符合条件的高层次人才提供住房、落户、配偶就业、子女入园入学、医疗、出入境和停居留便利、创业扶持等服务保障。建设区人才服务平台,为人才提供"一窗式"受理、"一站式"服务。

5. 构建完善具有创新创业服务能力的科技金融体系

按照"政府引导、市场运作"的模式,构建以天使投资、创业投资为特色的多元化、多层次、多渠道的科技投融资体系,吸引有实力的企业、大型金融机构等社会、民间资本参与,设立产业投资引导基金,积极引入第三方专业基金管理公司,以市场化方式主导基金运作。引进和鼓励创办天使投资、创业投资机构,支持城阳区众创空间和孵化器运营机构设立种子基金、天使和创业投资类基金。制定创新投资发展扶持政策,建立科技金融风险补偿机制,对投资城阳区重点产业领域的创投机构给予税收优惠。

6. 持续推动知识产权创造运用和保护

深入实施国家知识产权战略,争创国家知识产权强县工程试点区。鼓励区内企业开展专利分析、预警、产业导航,推进重大项目知识产权评议。通过政策引导鼓励国内知名知识产权中介服务机构来城阳区开展业务。鼓励社会资本组建运营基金,通过构建专利联盟,组建专利池,开展专利收储、培育、布局和产业化投融资。鼓励推动企业国际专利布局。加强行政执法和司法保护衔接,建立跨部门、跨区域执法协作机制。将侵犯知识产权行为情况纳入信用记录,构建失信联合惩戒机制。

7. 深入营造良好的创新创业生态环境

发挥科技创新在城阳再创辉煌中的引领支撑作用,将各类资源有效配置到创新发展上,合理配置骨干力量,及时修订升级企业孵化、产业培育、人才服务、金融支撑等创新扶持政策,持之以恒投入。抓好"放管服"改革,推进"阳光政务"建设,着力减少行政审批事项,减少政府对市场的干预,打造一流的营商环境。着眼长远规划、引领、组织、协调、支持企业开展科技创新。运用现代信息手段,从理念、政策、信息等角度,指引企业以科技创新引领发展,激发企业科技创新的内生动力。发展科技会展经济。依托区内高校、国家级平台、大企业、会展中心等有利条件,把有关行业年会、学术论坛、产品博览会、创客大赛等活动引入城阳区举行,促进"人才、资本、产品、数据"等资源在城阳区有效流动,带动区内外企业科技创新交流合作。

(作者单位:中共城阳区委党校)

2018～2019年即墨区现代农业发展情况分析与预测

丁爱梅　徐　琳

习近平总书记在党的十九大报告中提出"乡村振兴战略",强调"农业农村农民问题是关系国计民生的根本性问题,必须始终把解决好'三农'问题作为全党工作重中之重",并提出要坚持农业农村优先发展,加快推进农业农村现代化。2018年中央一号文件《中共中央 国务院关于实施乡村振兴战略的意见》中进一步指出:"没有农业农村的现代化,就没有国家的现代化。"农业现代化是农业持续发展的内在要求,是实现我国由农业大国迈向农业强国的必由之路。

党的十九大以来,即墨区认真贯彻落实中央、省、市关于乡村振兴决策部署,坚持推进农业供给侧结构性改革,以产业兴旺推动乡村振兴,着力构建现代农业产业体系、生产体系、经营体系,推进三次产业融合发展,加快农业现代化进程。

一、2018年即墨区现代农业发展基本情况

2018年,即墨区大力实施质量兴农战略,制定《即墨区乡村产业振兴五年行动计划》,按照"做优传统产业、做大特色产业、做强新兴产业"的发展思路,突破发展特色产业、互联网＋、农旅融合等新兴业态,全方位打造特色小镇、现代种业、农产品加工等产业集群,调整优化农业生产布局,推动农业由增产导向转向提质导向。1～9月份,实现农林牧渔业增加值50.8亿元,同比增长3.9％,较上年同期提升0.4个百分点,农业转型升级步伐加快。

(一)2018年前三季度即墨区现代农业主要特点

1. 生态农业稳步推进

2018年,即墨区坚持实施生态循环战略,全面实施标准化生产,积极推广以节水、节肥、节能为重点的现代农业生产模式,大力推进生态

循环经济,实现现代农业可持续发展。

即墨区光伏农业走在全国前列,大信镇建设太阳能小镇"棚顶发电,棚下种植"的农业发展新模式已打造出万亩光伏农业示范基地,有效提高土地利用率,增加农民收入,解决传统发电带来的环境污染问题。青岛农业"创客空间"项目,利用即墨光伏农业产业基地吸纳接受光伏菇乡、万亩茶园、Greenbox、荣盛·微藻、微自然等 22 家项目入孵,聚力打造年产值超百亿元的现代农业产业集群。光伏农业模式已辐射全国 28 省市,为培育新能源产业新业态、新模式作出了突出贡献。即墨区大规模推广水肥一体化技术,形成了由果蔬基地、蔬菜合作社、家庭农场向散户过渡的发展趋势。截止到 9 月末,全区水肥一体化技术推广面积达 8 万余亩,在设施农业种植领域达到全覆盖。

2018 年,即墨区积极培育"三品一标"农产品,全区"三品一标"(无公害农产品、绿色食品、有机农产品和农产品地理标志)产品近 300 个。上合青岛峰会期间,即墨区 5 个保障供应基地共配送蔬菜 27 个品种 23565 千克,13 处鸡蛋专供基地供应鲜鸡蛋 58.8 吨,高质量完成供应保障任务。

2. 农业品牌建设成效显著

即墨区通过大力实施品牌战略,推行标准化生产,开展品牌宣传,扶持培育了即墨地瓜、白庙芋头、金口芹菜、浩丰生菜等一批农产品品牌,农产品商标 1000 余个,有效推动了农业供给侧改革,为现代农业转型发展提供了强有力支撑。

2018 年 3 月份,"即墨地瓜"入选农业部 2018 年第一批地理标志农产品,是继"白庙芋头"后即墨区的第二个国家地理标志产品。"即墨地瓜"地理标志保护范围包括即墨区田横镇、金口镇等 12 个镇街,区域内地瓜种植面积稳定在 15 万亩,年产地瓜约 30 万吨,产品远销北京、上海等大城市。其中,田横镇的薯之恋甘薯种植专业合作社与青岛农业大学合作开发"田横蜜薯",对普通地瓜品种进行脱毒改良,脱毒后的品种不仅口感更好,产量也实现翻番,亩产可达 3000～4000 千克。薯之恋合作社与周边 10 多个村庄的 300 多户农民签署 2000 多亩的种植收购合同,所产地瓜全部销往北京、上海、广州等大城市,终端价可达每千克 25～30 元。

2018 年 6 月份,在第二届中国渔业科技博览会上,即墨区"金口"牌海水大米和"金口"牌对虾荣获金奖;7 月份,即发绿源蔬菜、鳌福绿茶、白庙芋头、锦云村金口芹菜、色瑰食用玫瑰、丰科食用菌、田瑞鸡蛋和 CP 鸡肉制品等 8 种农产品入选首批"青岛农品";10 月份,第十五届中国林交会上,"色瑰"玫瑰香浴粉荣获金奖,"色瑰"润眼露和"玫瑰之恋"玫瑰清洁增效剂荣获银奖。在一系列政策的扶持推动下,即墨区农产品品牌不断涌现,农业整体形象持续改善。

3. 科技支撑能力不断增强

即墨区深入实施科教兴农和人才强农战略,推进农业增长由主要依靠物质要素投入,向更加依靠科学技术创新、现代物质装备和提高农业劳动者素质转变,加快农业转型升级。截止到 9 月末,全区农机总动力达 108.6 万千瓦,农用拖拉机达 3.92 万台,各类配套机械 3.2 万台套,承担了全区 92% 以上的农业生产劳动量,共解放 20 余万劳动力,农业物质装备水平大幅提升。

2018 年 2 月,"青岛国际种都"成功列入山东省新旧动能转换重大工程实施规划。即墨区以移风店镇为中心,沿大沽河流域规划建设青岛(移风)国际蔬菜花卉种子产业园,核心区规划面积 1 万亩,重点区规划面积 3 万亩,辐射区规划面积 34 万亩,聚力打造青岛国际种都核心区。即墨区全面梳理对接国内排名前二十的农业大学、科研院所、育繁推一体化种业企业,加大产学研和招商引资力度,引进十多家国内外知名育种企业,涉及园艺景观、航天育种、种苗等多个领域。其中,全球知名种子公司瑞克斯旺(青岛)蔬菜研发中心的 5 个现代化智能玻璃温室、13 个拱棚已投入使用,辣椒、茄子、西红柿等作物良种已开始试验培育,该项目建成后将成为辐射亚洲的一流蔬菜研发中心。8 月份,即墨区农业局、青岛普佳圣果农业科技有限公司与中国科学院武汉植物园举行科技合作签约仪式,三方将在猕猴桃新品种引进、栽培技术示范、专业人才培训、科技实验等领域开展全链条合作,标志着即墨将建立首个"中科系国字号"农业科研平台。

4. 农村电子商务发展迅猛

即墨区大力推进农村电子商务发展,立足特色优势和资源禀赋,不断强化政策扶持推动,全力打造经济发展新引擎,实现农民增收、企业增效。阿里研究院公布的 2017 中国淘宝村及淘宝镇名单上,青岛市有 3 个淘宝镇、18 个淘宝村上榜,即墨区分别占 2 席、11 席。2017 年,即墨区农村电子商务交易额超过 13 亿元,率先实现农产品从地头直销全国各地的电商格局。

移风店镇建有青岛地区第一个农村电商平台,成为青岛市首批电商示范镇。移风店镇现在拥有大欧、七级东南、后吕三个"中国淘宝村",大丰收、小蜗牛、佳增鸟笼等一批电商经营典型,移风农场、金田园等一批新兴网店,电商经营业户达 200 余家。大欧村鸟笼加工工艺已传承 500 多年,村庄从事鸟笼加工的有 320 多户,年产鸟笼 50 万套,大欧村借力电商将鸟笼远销国内外,电商年营业额 3000 余万元。七级东南村形成了集暖宝宝设计、研发、销售于一体的产业链,每年有 6000 多万片暖宝宝通过电商平台发往全国各地,2017 年"双 11"当天发货量达到5万单约250万片,成为名副其实的"暖宝宝村"。2018年10月份,即墨区特色产品电子商务协会在移风店镇成立,将有力促进引导农村电商创新发展。

5. 农旅结合促进产业融合发展

即墨区深入推进农业产业结构调整,有效改变传统的农业生产方式,大力发展优质果茶等高效种植为主的生态农业,进一步拓展了农业发展空间和农民增收渠道。2017年,即墨成功入选全国休闲农业和乡村旅游示范县,以生态观光、茶果采摘等具有浓郁地方特色的民俗村、观光园多点开花。截止到2018年9月末,即墨区累计各类休闲农业规模经营企业园区20余个,休闲采摘园150余个,农民合作社1500余家,家庭农场1800余家,规模化休闲乡村旅游单位达到110余个,新型经营主体呈现"百舸争流"状态,为现代农业转型升级奠定基础。即墨区青岛蔬菜科技示范园占地面积1500亩,总投资3000余万元,拥有各类温室300余个,初步形成了蔬菜保鲜、加工配送、种苗科技、淡水养殖、花木、特菜特吃、珍禽动物养殖和生态农业观光旅游一条龙服务的框架,被青岛市旅游局确定为"青岛市农业生态旅游示范点"。

即墨区依托山、海、河、岛、泉、湾等全要素自然资源设计千年风韵、创意田园、河畔风情、田园小镇等12条精品旅游路线;推动花海农田、山海人家等九大乡村旅游联盟;构建起"七山六河一海三小镇+N个精品示范点"的空间布局和涵盖"休闲、度假、科普、文化、体验、康养"等内容业态布局,年接待游客400多万人次,实现营业收入近5亿元,农旅结合加快推进产业融合发展。

2018年,即墨区上榜全国综合实力百强区第15位、全国科技创新百强市辖区第24位、全国绿色发展百强区第18位,均列山东省中小城市首位,实现全域全面高质量发展。

(二)即墨区现代农业发展面临的困难及问题

即墨区现代农业发展处于初期阶段,对标先进地区和全面建成小康社会的目标任务,仍面临一些困难和问题。

1. 三次产业融合水平不高

即墨区农村三次产业融合尚处于初级发展阶段,农业与第二、三产业融合程度低、层次浅,农产品精深加工水平较低、链条短,附加值不高。新型农业经营组织对产业融合的带动能力不强,有带动能力的新型经营主体较少。一些农业龙头企业辐射范围偏小、带动能力不足;一部分农民专业合作社层次较低、管理水平落后、运作不规范,与农户利益联结不紧密,不能很好地发挥作用,限制产业融合的增值空间。

2. 农产品品牌市场竞争力不强

即墨已培育了即墨地瓜、白庙芋头、金口芹菜、田瑞鸡蛋等一批"品牌叫得响、质量过得硬、市场反响好"的农产品品牌,但对标寿光的蔬菜种植业,同时相较于即墨的蔬菜种植体量,品牌建设力度依然较弱,市场竞争力不强。如移风店、段泊岚、蓝村等蔬菜种植大镇,有大量优质蔬菜专供肯德基、麦当劳或者出口以色列、美国等,蔬菜不仅品质好,种植现代化程度也较高,但品牌建设不相匹配,蔬菜品牌价值值得进一步挖掘、提升。

3. 资金投入不足,融资渠道狭窄

现代农业投入大、时期长、回报慢,吸纳社会资金比较困难。调研发现,即墨区发展较好的现代农业项目背后大都有一个发展较好的总公司在前5～10年先进行反哺培育,预计在5～10年后资金回正才开始赢利,如即发农业基地、瑞克斯旺农业科研有限公司、浩丰基地等。还有一些发展较好的专业合作社,如益东蔬菜专业合作社、青香水稻合作社等也多是由有一定财富、人脉、资源积累的能人牵头成立。多数农民专业合作社在前期投资后,由于无资产抵押,很难获得银行贷款,不同程度存在资金短缺问题。

4. 现代农业发展主体缺位、人才缺乏

发展现代农业的主体应该是既有知识、技术,又善于管理、经营的现代新型农民,而即墨区从事一线农业生产的多为受教育程度较低的中老年人,技术人员多为临时派驻指导、培训,现代农业发展主体严重缺位。

在农村劳动力方面,劳动力老龄化严重,呈现低素质、低技能、不可持续的趋势。即墨城区工商业较为发达,农村空心化比较严重,年富力强、受过较高教育的农村人员大多选择到城区就业、打工,农村的劳动力主体大多为50岁以上的中老年人,普遍受教育程度偏低,缺乏科技知识,接受新事物、学习新技术的能力较弱,难以胜任一些高新技术的推广运用。在农业技术人才方面,缺乏高知识、经验足,且能够长期驻扎农村的技术人员。虽然即墨区政府各部门一直在大力推广技术下乡,派驻技术人员下乡指导、培训,但由于农村基础设施配套建设有限、文教卫生较为薄弱,依然难以吸引到能够长期驻扎农村,对现代农业持续追踪、指导、研究的高级技术人才。没有高级人才作为驱动力,现代农业的发展容易后劲不足,现代农业发展难以实现质的提升。

二、2019 年即墨区现代农业发展预测

2019 年,即墨区将以习近平新时代中国特色社会主义思想为指导,以实施乡村振兴战略为方向,以"四新""四高"凝聚发展合力,站在

新起点、开启新征程、展现新气象、实施新作为,全面推进现代农业发展。2019 年,即墨区将大力发展都市农业、休闲农业、互联网农业等"新六产",农业产业布局进一步优化,预计农业总产值将达到 130 亿元。年内认证无公害农产品基地 15 个、"三品一标"农产品 25 个,新增国家地理标志农产品 2 个,全区"三品一标"农产品数量达到 300 个,"三品一标"产地认定面积占食用农产品产地总面积的比例达到 70%。农村电商交易额超过 20 亿元,淘宝镇 6 个,淘宝村 20 个。进一步发挥农业高新区科技引领和示范服务作用,培育家庭农场、专业合作社等新型经营主体,切实提高新型经营主体的带动能力,持续推进农民增收。2018 年,即墨区农村居民人均可支配收入将达到 21070 元,2019 年农村居民人均可支配收入将达到 22800 元,农民收入持续较快增长。

(一)进一步推进农业高质量发展

1. 推进农业发展高效化

进一步优化农业布局,推进农业结构特色化、特色产业规模化发展。按照"东果茶、西蔬菜"的空间布局,在东部山岭区建设一批各具特色、颇具规模的农业生态观光园和生态休闲旅游景区。在西部以大沽河为轴心,重点发展特色农业、高端设施农业,配套发展休闲农业,建成一批具有较高水平、较强示范带动效应的现代农业示范园区。进一步推动太阳能光伏农业、创意农业等特色农业发展,开发高新特农产品,发挥产、加、供、销一体化综合经营的产业协同效应,实现农村经济效益全面提高。

2. 推进农业生产绿色化

进一步推广"畜牧养殖—沼气—绿色种植"一体化农业循环经济发展模式,注重生产过程生态化管理。优化畜禽养殖规划布局,重点发展高产、高质、高效、高端畜牧业。规划建设海上高效养殖区,建设海洋牧场,发展远洋渔业。科学施用化肥、农药,推广绿色加工,推进无公害农产品、绿色食品、有机食品认证,完善农产品质量安全检测体系,实现农产品质量全过程追溯。2019 年,全区无公害农产品生产基地预计达到25 万亩,农产品质量安全合格率稳定在 97% 以上。

3. 推进农产品品牌化

进一步实施农产品品牌发展战略,建立农产品品牌建设、发展和保护体系。实施农产品整体公共品牌形象塑造工程,加大"采食即墨"区域公用品牌和"即供""即墨地瓜""即墨绿茶"等农产品品牌的宣传推介力度,增强品牌影响力。争创国家和省知名农产品品牌,深度挖掘利用好历史、文化、自然等资源,搞好产需对接,高标准打造"三品一标"生产基地,不断提高农产品在市场上的竞争力。

(二)进一步推进产业融合发展

1. 促进产业集聚发展

按照"政府引导、政策扶持、企业带动、农户参与"的思路,实施农业园区建设引领工程,高标准规划,高质量建设,高水平管理,提高农业科技含量和附加值,把农业示范园区建设作为推动农业发展的先导,切实做到示范一片、带动一方。进一步推进连片土地流转经营,支持连片种植、规模饲养,提供专业服务和生产托管等全程化服务,提高土地适度规模经营水平。加快建设形成一批"一村一品""一镇一业"等特色优势产业和乡村旅游基地,推进产业融合发展,促进农业全产业链价值提升。

2. 壮大农业经营主体

进一步加快特色产业培育,谋划综合实验区、养殖基地、种植基地、旅游联盟项目,推广"龙头＋合作组织＋农户"模式,着力扶持培育一批市场前景好、竞争力强、区域带动大、带动农民增收的龙头企业。大力发展"订单"农业,积极推行"公司＋基地＋农户""公司＋合作组织＋基地＋农户"等产业化经营模式,实现农户生产与市场需求有效对接。进一步加大招商引资力度,重点建设一批农产品加工和深加工企业。2019年,年销售收入过1亿元龙头企业将达到6家、省级以上产业化龙头企业7家,青岛市级农民专业合作社示范社达到80家以上,进一步提高农产品规模化、集约化和标准化水平。

3. 提升特色小镇建设水平

坚持"产城人文"有机融合,夯实产业基础,完善服务功能,优化生态环境,提升发展品质。温泉小镇将推进四舍山运动公园和森林康养、芭东养生等项目建设,丰富疗养康复、休闲度假、节庆赛事等业态。温泉田横运动休闲小镇将创新"体育＋温泉＋山海"模式,探索体育特色化产业布局。航空小镇将打造主题公园、展览中心和体验中心,布局通航制造、航空服务、居住生活等功能板块。玫瑰小镇将建设科技植物园、民俗文化公园和创业中心孵化器,完善购物、食宿等旅游设施,争创国家中医药健康旅游示范基地。太阳能小镇将延伸"光伏＋农业＋科普＋旅游"产业链条,加快太阳能元素应用示范区和科普基地建设,树立三次产业融合发展典范。农机小镇将推进农机合作社"一化三中心"建设,2019年新创3处机械化示范基地,搭建农机展永久性试验示范平台,促进农机制造、展示、交易等综合发展。蓝村小城市将加快与国际陆港和主城区融合发展,壮大产业规模,完善功能配套,提升城市形象。

(三)进一步推进农业科技创新

1. 加强农业技术研发推广

按照"自主创新、加速转化、提升产业、率先跨越"的思路,以科技创新为动力,以技术推广为载体,实施农业科技创新。充分利用青岛市农科院、青岛农业大学等农业科技校所集中、科技人才聚集等优势,推进科、企联合开展农业技术攻关,做好专利申报和知识产权保护,抓好优良品种、示范新型实用技术的推广应用。将着力建设适应现代农业发展要求的技术体系,提高水利化、机械化、科技化水平。加强水肥一体化建设,围绕高效设施农业功能区、粮油生产功能区和特色农产品优势区,以设施蔬菜、果园茶园、优质大田菜为重点,支持现代农业示范园区、种植大户、家庭农场、农民合作社等新型农业经营主体推广应用水肥一体化技术。加强科技创新推广人才、经营管理人才、企业家等培养。

2. 推动信息平台建设

进一步加强农业信息化建设,建设信息开放共享、数据互联互通的农村电子商务公共服务系统,采取政府扶持指导、市场运作、公益为主的模式,推进基于互联网的商业模式、供应链、物流链的创新,形成线上线下融合,农产品进城与农资和消费品下乡双向流通格局。加快发展农产品电子商务,大力培育农产品电商平台企业和农村电商服务企业,推进建设一批农业电商示范镇、示范村。

3. 培育新型职业农民

认真落实《青岛市新型职业农民培育管理办法》,完善新型职业农民培育体制机制,建立健全教育培训、规范管理和政策扶持"三位一体"的新型职业农民培育体系,努力打造一支符合农业现代化要求的有文化、懂技术、会经营的新型职业农民队伍。加大对农民和返乡下乡人员创业创新支持力度,鼓励和引导返乡下乡人员通过承包、租赁、入股、合作等多种形式,创办领办家庭农场、农民合作社、农业企业、农业社会化服务组织等新型农业经营主体。

(四)进一步推进农村改革

1. 推进农村集体产权制度改革

坚持农村集体产权制度改革正确方向,进一步推进产权制度改革,按照"巩固、完善、提高"的要求,2018年底前全区90%以上村庄将完成改革任务,2019年争取全部村庄完成改革任务。全面开展农村集体资产清产核资,2018年底全区1033个村庄全部完成。创新农村集体经济发展机制,重点扶持经济薄弱村发展,促进村集体经济和农民"双增收"。每个镇重点打造1～2示范村,采取盘活资源、发展特色产业等措施,支持村庄增收致富。

2. 推进农村土地"三权分置"改革

切实维护农民集体土地所有权各项权能,保障农民集体对农村土地所有权的根本地位。坚持多条腿走路,发展土地股份合作、土地托管、生产托管、土地流转等形式,提高农业规模化经营水平。2018年全区土地经营规模化率将达到70%以上,2019年达到80%,进一步激发农业农村发展活力。

3. 推进农村金融改革

坚持农村金融改革发展的正确方向,推动农村金融机构回归本源,把更多金融资源配置到农村经济社会发展的重点领域和薄弱环节,更好满足现代农业多样化金融需求。加大金融支农力度,推进农业信贷担保体系建设,全力支持农业现代化发展。

(作者单位:中共即墨区委党校)

2018～2019年平度市推进农业新旧动能转换情况分析与预测

贾晓峰

新旧动能转换是广受关注的热点问题,而培育农业农村发展新动能是2017年中央一号文件的主题。农业领域的新旧动能转换是实现农村振兴的重要途径之一。平度作为农业大市,实现农业新旧动能转换尤为重要。平度以国家级现代农业示范区建设为抓手,聚焦一个工程目标,用新技术、新产业、新业态、新模式促进产业智慧化、智慧产业化、跨界融合化、品牌高端化,实现传统产业提质效、新兴产业提规模、跨界融合提潜能和品牌高端提价值。

一、平度市推进农业新旧动能转换现状

为更好融入全省新旧动能转换综合试验区总体布局,平度市坚持以改革为动力,制订了《平度市新旧动能转换"154"实施方案》,精准确定发展定位和突破方向,通过大力实施"154工程",加快发展方式转变,经济结构优化、增长动力转换,正稳步推进由高速增长向高质量增长转变。

(一)平度市农业新旧动能转换成效明显

新旧动能转换作为平度的"一号工程",在集成政策、集聚力量、集中攻坚、强力推动各项工作中取得明显成效,为平度加快农业产业结构调优,实现高质量发展提供了重大历史机遇。

1. 以创新为驱动,激活动能转换新要素

科学技术是第一生产力,农业发展也需要依靠科技进步的持续推动。科技是农民创新创业的难点,但也是发力点、结合点,农业科技进步和推广是农业发展所依赖的重要力量。

(1)新技术实现农业智慧化。2017年以来,平度市大田农业生产在水肥一体化技术示范、农情监测智慧化、新型轮作模式等领域实现新

突破,为平度农业新旧动能转换奠定了基础。

水肥一体化技术示范:改变传统"大水、大肥"技术模式,一条管道将小麦所需的水、肥、药串联起来,推进粮食产能由中产向高产阶段跨越。原来灌溉一亩小麦用水约 100 立方米,运用了水肥一体化滴灌技术,现在只需约 50 立方米的水,原来一亩地需要约 40 千克肥料,现在只需要 10 千克,而且人工效率也提高约 50 倍。平度在蓼兰镇、崔家集镇、田庄镇、明村镇依托种粮大户、家庭农场、合作社等建设了 8 处 200～1500 亩规模的示范方,总面积 3400 亩。在 2017、2018 年特殊干旱年份,全市百亩以上规模的示范方小麦亩产量均达到 650 千克以上,比传统水肥管理每亩增加 50 多千克,节肥物化成本 50 元左右、节省人工 2 个,除去设备成本,可节本增效 200 元左右,经济、社会和生态效益明显。截至 9 月末,全市水肥一体化面积已达 5000 亩,粮油、粮经轮作技术示范面积近 100 万亩。

农情监测智慧化:田间物联网综合监测站运用物联网和农业信息化技术,将远程气象墒情监测、虫情监测、视频监控和孢子捕捉仪结合,让传统农业生产与互联网技术深度结合。实现大田苗情 24 小时动态观测,比人工观测更加准确,土壤墒情、温光环境参数、自然降水等农情实现每小时更新和智能预警。重点病虫害实时监测等物联网技术集成,在近年旱情预报预警、小麦条锈病等防控预报等方面做到及时准确,发挥了重要作用,为推进粮食生产智慧化发展打牢基础。截至 9 月底,平度市已建设 20 余个粮食作物远程农情墒情监测点,实现了大田农业生产农情监测的网络化、智慧化。

为实现粮食生产绿色可持续发展,为粮食生产功能区建设提供强有力技术支撑,平度在小麦"一主多辅"新型轮作模式方面进行了多种新模式示范,截至 2018 年 9 月底,小麦、玉米、马铃薯和夏花生等粮油、粮经轮作技术示范近 100 万亩,轮作模式让土地质量恢复明显,增产增效明显,为种植业结构优化调整探索出新路子。

(2)产学研有机融合培育新技术。一是搭建各类创新平台。不断推进众创载体建设,发挥农业搭台筑巢聚才的主体作用,遴选一批产业发展前景好、有科研基础条件的企业,挖潜、培养一批领军人才,加快科技成果转化步伐。新建院士工作站 1 家,省级"博士后创新实践基地"1 家,青岛市级重点人才平台 90 家,建立专家工作站 34 家、入站专家 70 余人,有力地促进了科研、技术、资金、人才等优质创新要素的聚合,增强了人才的吸附力和产业发展的支撑力。二是不断提升引智水平。组团赴高等院校、科研院所和发达地区开展多样式、高层次、全方位的高端项目、人才洽谈对接活动。截至 9 月底,累计引进国家"千人计划"专家 9 人,博士或正高职称人才 83 人,硕士、副高职称及高技能人才 829

人,留学回国人才 141 人,来平度工作外国人才 380 人,达成合作意向的高层次人才项目 50 余个,高端人才的行业引领作用逐步显现。

2. 强化跨界融合,培育新模式新业态

平度市以全国农村产业融合发展试点县为契机,不断探索产业融合发展新模式,"农创平度"六大模式,将农民创新创业建立在前景广阔的优势产业和新兴业态上,从而促进产业融合、释放农村发展新动能。

(1)"农创+科技"。在推进"农创平度"建设中,突出了科技作用。借助农业科技创新成果和大学创新创业基地,强化科技孵化功能,建设集科技研发、成果转化、示范推广于一体的"农创体"(农民创新创业载体)。青丰种业农创体依托落户的青岛市首家涉农院士工作站,投资 5 亿元建设"四中心一基地",推行"育繁推一体化+社会化服务"模式,打造种业创新小镇、全国种业百强企业,年繁育推广良种 4000 万千克,辐射带动育种合作社 132 个、种植户 17600 个,引领全省乃至黄淮地区的小麦生产。小麦总产量 72.3 万吨,玉米总产量 87.5 万吨,花生总产量 11.8 万吨,蔬菜总产量 270 万吨,瓜类总产量 16.8 万吨,连续刷新历史纪录,居全省各县市前列,获得全国粮食生产先进县标兵称号。发挥乡村振兴战略研究院作用,打造农业大数据、平度农业 110——智慧农业监管服务系统、国家级植物保护人工智能联合实验室"三大平台",以科技发展推动农业提质增效。

(2)"农创+名品"。依托拥有马家沟芹菜、大泽山葡萄、云山大樱桃、平度大花生等 19 个国家地理标志保护产品,数量居全国县级市前列的优势,建设以名品带动产业、产业助推创业,互促共进的"农创体",成为全国优质果品生产基地和出口农产品质量安全示范区。截至 9 月底,总规划面积 1 万亩的马家沟芹菜农创体在全国形成技术标准,名品效应带动种植面积增长 60 倍,亩均收入增加 6 倍。产量居全国前列的平度大花生,是国家地理标志保护农产品,地域保护面积 32 万亩,带起了年加工能力 3000 吨以上的 37 名销售大户,年购销 22 万吨、深加工 2 万吨,交易额 15 亿元,并且创造了万亩花生单产超千斤的全国高产纪录。

(3)"农创+旅游"。以"食在平度"(美食+食材、美食+食养、美食+旅游)为旅游引爆点,鼓励农民围绕休闲农业、乡村旅游、美食体验创新创业,结合历史悠久的农耕文明和饮食文化,打造创业与旅游深度融合的农创体。(食在平度)泽山农创体以"中国葡萄之乡"大泽山为依托,发展了 3 条农业休闲观光带,提升了"西有吐鲁番、东有大泽山"美誉度。全市共有 4A 级景区 1 处,3A 级景区 4 处。成功创建省级旅游强镇 1 处、旅游特色村 4 个、旅游特色点 2 处、工农业旅游示范点 2 个、星级农家乐 1 处;创建青岛市级旅游特色镇 1 处、旅游特色村 3 个、旅游特色点 2 处。从事旅游业的农民增长 65%、带动就业 3800 多人。仅"五一"期间,平度市就接待游客 36 万人次,旅游收入超过 1 亿元。

（4）"农创＋电商"。依托京东全国首家县级服务中心、青岛首家阿里巴巴"村淘"项目等,打造农产品网上定制、原产地直购、O2O 体验等电商新模式。以邮政物流市级分拨中心、30 个镇仓、1300 多个村级服务站为依托,与阿里、京东、顺丰、"四通一达"等快递物流企业协作,构建起农村电商发展的物流配送体系。截至 9 月底,云山果农电商农创体累计发展电商 444 家,着力推进特色农产品网上销售,带动创业就业 2.95 万人。2018 年 4 月,云山网销大樱桃 10 万多单,快递费就达 1500 多万元,连续 2 年全国网销量第一。

（5）"农创＋脱贫"。"农创体"是产业扶贫的重要支撑,主要承担着"输血"和"造血"两大功能。"输血"功能是由政府助推创业脱贫,如崔家集蔬菜扶贫农创体利用经济薄弱村扶贫资金,建设占地 260 亩的高标准冬暖式设施大棚,吸引有创业意愿的农民租赁种植樱桃西红柿,经济薄弱村依靠租赁收入实现脱贫摘帽;截至 9 月底,租赁种植的 28 个农户户均年收益 10 万元以上。"造血"功能是农户自主创业脱贫,共有 2055 户、5094 人,占贫困户总数的 48.6%。全市建档立卡的贫困家庭已全脱贫。

（6）"农创＋金融"。先后出台《农业贷款风险补偿基金管理暂行办法》《土地经营权抵押贷款保证保险试点融资方案》等扶持政策,出资 4500 万元设立"政银保"、"助保贷"、农地经营权抵押贷款风险补偿基金等融资增信工具,引导金融机构创新推广"金土地""惠农通"等涉农信贷产品 29 项,为农业发展注入金融活水。截至 10 月底,已为 96 家适度规模经营主体办理发放农地经营权证,为农业龙头企业办理抵押贷款 51 笔、5.3 亿元,为农业经营大户办理 57 笔、2351 万元。

3. 培育新型职业农民,为新动能提供人才支撑

要想农业强、农村美、农民富,关键要有一批懂农业、爱农村、爱农民的"三农"工作队伍。平度市将创新作为引领农民创业的第一动力,以培育新型职业农民为抓手,注重发挥农村小能人、土专家的示范作用,涌现出发明智能喷灌机的蓼兰农民陈世磊,研制出大葱收获机的南村农民綦博兴等一大批农民"创客"。

平度市农民创新创业协会志愿团队义务助农增收,通过举办"庄户学院""合作社大讲堂"等,建立了"合作社＋党员＋致富能手"的组织体系,先后帮助 3 万余农民致富;开设"庄户学院",把土专家和种植高手请进来,种什么就培训什么。产前、产中、产后、销售、市场分析都有专人讲,老百姓种地的习惯也改变了很多。仁兆镇沙北头农民创业园的圆葱销售模式促进仁兆蔬菜走向国际市场,截至 2018 年 9 月底,该创

业园先后有 11 家创业实体入驻,吸收返乡农民、下岗工人 110 人,引进了高科技的盆景葡萄栽培技术,开始了盆景葡萄生产,一年一季大田种植改为一年两季葡萄生产,每亩地收入由过去的 1 万元提升到 30 万元。

乐义基地采取"龙头企业＋合作社＋基地＋农户"的发展模式,实行"统一种植计划、统一种子供应、统一技术管理、统一生产资料供给、统一品牌销售"的"五统一"管理模式,大力发展果蔬种植和销售。2015 年 1 月,乐义基地创建了立山农创园,入驻创业企业 22 家。该农创园以现代高效农业为目标,结合生态农业旅游,面向返乡农民工、失地农民、退伍军人以及大学生等新型职业农民开展创业孵化。同时,定期聘请创业导师,对创业人员进行农业生产技术及企业管理等方面的培训和指导,每月组织创新活动及竞赛,开展培训、大赛等交流活动 50 余次,服务创客 1000 余人次。

4. 构建保障体系,加速推进新旧动能转换

平度市持续精准发力,提供组织领导、市场主体、要素供给、督查落实四项保障,为新旧动能转换重大工程开通"快车道"。组织领导保障上,建立了"1＋4＋N"部门联动机制,即一个领导小组,综合协调、政策改革、重大项目、招商引资四大工作推进组;各镇街、部门建立相应工作机制,为新旧动能转换重大工程提供组织保障。在要素供给保障上,平度市突出提升资金要素保障能力和土地要素供给能力。2018 年以 1 亿元设立新旧动能转换专项引导基金,全面对接山东省、青岛市新旧动能转换基金;针对重点产业设立产业发展基金,加大支持力度。创新企业融资方式和金融服务模式,启动建设南村滨河金融小镇、南部新区金融中心,构建起多层次、广覆盖、功能丰富、运行安全的金融服务体系。同时,促进资源向有竞争力、创新力的高成长性企业集中,引导扶持"个转企、小升规、规改股、股上市"。加大激励力度,落实普惠政策,大力实施"千帆计划"和中小企业"专精特新"及高新技术企业培育计划,打造一批规模大、效益好、后劲足的企业,扎实做好市场主体保障。

(二)2018 年平度市农业新旧动能转换过程中存在的问题

1. 产业融合主体带动能力不够强

当前,平度市新型经营主体虽然数量不少,但带动能力较弱,产业融合发展层次不高。主要表现为:一是企业带动能力弱。龙头企业数量少、规模小,加工层次低,产业链条短,重产品直销轻产品深加工。以蔬菜加工为例,大部分企业从事泡菜加工和蔬菜初级分拣加工,农产品以初级加工品的形式进入市场。而农产品深加工以及市场营销等方面相对滞后,产品科技含量低,附加值不高,市场竞争力较弱,企业对区域

农业的辐射作用十分有限。二是农民专业合作社的规模不大,联系农户有限,服务半径小,带动能力弱。目前平度市累计注册各类合作社2800多家,但真正运营发挥作用的只占较小一部分。一些中小合作社产品质量不过硬,产品附加值低,经济效益上不去,市场竞争力不强。三是部分新型经营主体受资金、理念等因素的影响,只关注自我发展,导致其成长、创新性差,产业融合的带动能力不强。

2. 农户与新型经营主体的利益联结不够紧密

农村产业融合发展,前提是融合,核心在利益联结。目前,平度市农村产业合作方式简单,多以订单式农业、流转承包农业为主。风险共担、利益共享的农企、农民合作社利益联合体远没有形成,农户不能分享第二、三产业增值收益,农民增收不多。一是订单农业对农民增收贡献较小,企业与农户仍是单纯的供销关系,农民难以更多分享第二、三产业利润。二是不少涉农企业、新型经营主体长期大面积租种农户耕地,农民最终只能获得少量的土地租金和务工收入。三是大多数农业合作社运作程序不规范,社员联系不紧密,利益共享、风险共担的机制尚不完善,吸引和凝聚农户共创品牌、抢占市场的能力也不够,直接影响农产品市场竞争力的提高和抵御自然、市场两大风险的能力。总体来看,真正采取股份制或股份合作制、将农民利益紧密联结在一起的合作社所占比例不高。同时,发展的产业基本局限在农业领域,缺乏与其他产业形态对接和融合的意识,严重制约了现代农业的发展档次,不能帮助农民有效增收。

3. 人才匮乏,尤其电商、营销方面的专门人才奇缺

农村三次产业融合发展是对农业的一次全面提升,第二、三产业的技术、理念、商业模式等很多资源将被引入并运用到农业中,而这些资源能否落地、转化均需要人才作为重要支撑。平度市农村,素质较高的青壮年劳动力大都流向城市就业,"人才流失"导致农村成为人才洼地。以大泽山葡萄为例,从事葡萄种植的农户大都 50 岁上下,这些人大都受教育程度低,对很多先进理念和科技产品不了解,物联网理念淡薄,对电子商务不够了解,技术缺乏,不少农户仍以传统销售为主。既懂农业,又掌握先进技术、懂经营、会管理、熟悉网络运营的复合型人才匮乏。

4. 农业科技服务体系不健全

产业融合是以现代科技为基础,与城市发展紧密融合,集经济、社会、生态效益于一体的现代新型农业,尤其需要一套完善的农业科技服务体系。近年来,虽然平度积极推进农村综合改革,取得了一些进展。但由于公益性农业科技服务投入不足,农业服务中心综合素质不高、知识老化、技术能力低,科技推广体系不健全等状况没有根本改变。

二、影响平度市推动农业新旧动能转换的因素分析

(一)有利因素分析

1. 利好政策为新旧动能转换提供了政策保障

从 2008 年的中央一号文件提出要转变农业发展方式,到 2017 年中央一号文件提出要以推进农业供给侧结构性改革为主线,加快培育农业农村发展新动能。2018 年的中央一号文件则提出了举全党全国之力,以更有力的举措,推动农业全面升级、农村全面进步、农民全面发展,谱写新时代乡村全面振兴的新篇章。这些政策对我国现代农业的发展和农业实现新旧动能转换指明了方向。

2018 年国务院批复《山东新旧动能转换综合试验区建设总体方案》,标志着山东新旧动能转换综合试验区建设正式成为国家战略。山东加快农业新旧动能转换,要通过新技术、新产业、新业态、新模式,推进产业智慧化、智慧产业化、跨界融合化和品牌高端化,实现传统产业提质效、新兴产业提规模、跨界融合提潜能、品牌高端提价值。具体工作中,要把握“四个发展”,实现“四个转换”:坚持绿色发展,通过创新驱动,实现从拼资源拼消耗向科技强农、绿色护农的动能转换;坚持开放发展,通过市场引领,实现从依靠数量规模扩张向质量兴农、品牌富农的动能转换;坚持集约发展,通过机制创新,实现从小规模分散经营向新型经营主体适度规模经营的动能转换;坚持融合发展,通过发展农业“新六产”,实现从单一产业向全链条、多功能、新业态发展的动能转换。

为实现国家和山东省发展目标,平度制订出台了《平度市新旧动能转换“154”实施方案》,精准确定平度市新旧动能转换的发展定位和突破方向。

2. 新型农业生产、经营、服务主体的发展为新旧动能转换提供了基础条件

农业是个开放的系统,是个能者为之的产业。目前,为农业发展注入新活力的新主体主要有三类:第一,新型农业经营主体和新型农业服务主体,它们是构建现代农业产业体系、生产体系、经营体系的重要力量。据农业部统计,2016 年,我国农村活跃着 280 万个各类新型农业经营主体,其中包括 87.7 万个家庭农场,179.4 万个各种类型的农民合作社,38 万个农业产业化组织,社会化服务组织也达到 115 万个。新型经营主体和服务主体的出现,促进了多种形式的适度规模经营,有利于推动小农户与现代农业发展的有效衔接。第二,各类农业创客,也包括以返乡人员为代表的创业者、就业者,他们积累了一定的资金、技术

以及管理经验,能够灵活应用和创造新技术、新业态、新模式,寻找提升农业比较效益的途径和方法,从而提高农业比较效益和产业融合发展水平。第三,进军农业的社会资本,利用其资本、人才、渠道和管理优势,将在休闲农业乡村旅游发展、农业基础设施和公共服务供给、农业生产性服务业等领域大有作为。

3. 新科技的发展为新旧动能转换提供了技术保障

科学技术是第一生产力,农业发展也需要依靠科技进步的持续推动。机械制造、生物化学等领域的科技进步和推广,在过去、现在和将来都是农业发展所依赖的重要力量。当前,移动互联、物联网、云计算等信息技术已经开始在农业领域推广应用,能够为农业提供各种精准服务,为农业新旧动能转换提供技术保障。

4. 城乡居民消费结构升级要求农业实现新旧动能转换

城乡居民要求农产品更有营养和绿色健康,这就要求农业生产经营者供给的产品品种、质量与消费者的需要相适应。另外,休闲农业、乡村旅游异军突起成为消费热点,更多农民参与到休闲农业和乡村旅游产业中,促进了动能转换。

(二)不利因素分析

1. 规模化、集约化程度低,产业、产品结构不够优化

平度市现有耕地 246 万亩、流转土地 95 万亩。一家一户小生产经营没有根本改变。产业、产品结构不够优化,适销对路、优质高效产品比重不够高。

2. 农产品品牌低端,市场竞争力不强

一是农业品牌规模较小。尽管平度有 19 个国家地理标志保护产品,但大部分农产品无品牌,或在全省全国不够知名,存在"小、散、弱"的现象;二是农民和农产品加工企业创品牌意识比较淡薄,求精求高意识不强,不少农副产品停留在出售原成品或初级加工阶段,加工精度和开发深度不够,科研含量和附加值不高,一些传统产品创新不足,影响了产品和品牌的生命力;三是农业品牌的培植力度不够,投入不足。

3. 产业融合存在要素"瓶颈"约束

土地、资金、人才等要素供给不足,成为推进农村产业融合面临的突出制约。如按国土资源部规定,以农业为依托的休闲观光度假场所、各类庄园、酒庄、农家乐,以及各类农业园区中涉及餐饮、住宿、会议、大型停车场、工厂化农产品加工、展销等永久用地,必须严格按建设用地进行管理,这直接导致许多农村产业融合发展项目难以正常实施。一些电商的经营场地、仓储用地和大规模培训场地用地也难以得到满足。现有的农村金融产品、服务和贷款抵押方式相对较少,租用土地及大量

农业设施又不能抵押,能够得到银行贷款的规模十分有限,融资难、融资贵问题仍然比较突出。有些较大规模的农业产业化企业年均融资成本高达20%。农村产业融合发展缺乏专业型人才和复合型人才,农民文化素质和技能水平不高。

三、2019年平度市推进农业新旧动能转换,促进乡村振兴发展预测

平度农业新旧动能转换将围绕打造"国家级三次产业融合发展示范区"这一总体目标,聚力产业、区域、改革、科技、项目等方面的突破,结合地区发展优势,稳步推进,最终实现乡村振兴。借助农业科技创新成果,在2019年,实现小麦总产量79万吨、玉米总产量97万吨、花生总产量13万吨、蔬菜总产量290万吨、瓜类总产量18万吨。

预计2018年,将拥有国家地理标志保护产品19个,2019年将达到20个。马家沟芹菜农创体总种植面积2018年达到1万亩,2019年将再提高10%。平度大花生地域保护面积2019年将增至40万亩,销售大户争取达到40个。

2018年,休闲旅游、乡村旅游游客接待量将达到600万人次,实现旅游收入25亿元,2019年将在此基础上增长10%。

预计2018年,将建成市级电子商务公共服务中心1个、镇级10个、1700余个村级电子商务服务站,各类电商经营企业(含网店)1万余家。青岛市商务局认定电子商务公共服务中心1个、电子商务产业园1个、电子商务示范镇6个、电商村2个。2019年,累计各类电商经营企业将达1.05万家,电子商务示范镇7个,电商村3个。

南村镇重点发展的航空配套产业、临空高科技制造产业、临空现代服务业三大产业集群,争取5年内引进落户项目50个,总投资达到200亿元以上。

(一)培育多元主体,注入农村产业融合发展新活力

专业大户、家庭农场、农民合作社、产业化龙头企业等新型农业经营主体是农村产业融合发展的主力军,要精心培育、不断壮大,使其发挥引领、示范和带动作用。

一是对专业大户和家庭农场,要通过提供信息服务、加强组织化程度等方式,引导他们由生产导向向消费导向转变,促进生产与市场连接,发展初加工、地产地销等产业形态,延长产业链条,促进产业融合。

二是对农民合作社,在扩张数量规模的基础上,将注重规范化建设,规范运行管理制度和财务管理制度,强化制度执行力。加大对示范

合作社的支持力度,加强人才培养,提高合作社的经营能力、市场竞争能力和抗风险能力,提高农民的谈判地位,降低交易成本,让合作社成员获得更大利益。

三是对产业化龙头企业,将发挥其资金、技术、人才等方面的优势,依托产业化发展机制,带动其他融合主体发展农产品精深加工和营销,推动农业转型升级。通过实施重大项目和财税、金融等配套措施,支持龙头企业兼并重组、做优做强。通过与农户相互参股、领办创办合作社等方式,与各类主体深度融合并建立紧密的利益联结关系。2018年,居国内加工能力前列的五得利集团青岛好面缘面粉有限公司落户平度市,该企业年加工能力达146万吨,与青岛全市小麦总产量相当。此企业的引进,可以延伸小麦生产产业链,将小麦产业从田间做到餐桌,将资源优势转化为产业优势。利用面粉加工产生的麸皮以及低等级面粉生产专用饲料,增加粮食产业附加值。

(二)聚力改革创新,激发新旧动能转换新活力

坚持把改革创新作为新旧动能转换的鸟之"两翼"、车之"双轮",向改革要活力,以创新添动力。

一方面,提升改革牵引力。将以承办国家中小城市综合改革高层论坛为契机,聚焦重点领域、关键环节和梗阻问题,抓好"3+3+4"十大改革,打造全国中小城市综合改革示范区,更好为企业"松绑"、为群众"解绊"、为市场"腾位"。特别是将优化营商环境作为推进新旧动能转换的"杀手锏",在高效运行山东省首家行政审批服务局基础上,大力实施一流营商环境提升年行动,争取上级通过"2号章"形式向平度赋予更多审批权限,加快提升"互联网+政务服务"水平,让更多审批便民事项"零跑腿""不见面",全力打造审批环节最少、时限最短、服务最优的"全省第一、全国一流"营商服务环境。

另一方面,强化创新带动力。将加快推动青农大平度校区、上海大学先进功能材料创新园等一批创新创业载体建设,与山东大学等高校及科研院所开展全方位深度合作,积极搭建"政产学研金服用"创新驱动平台。抓好总投资493亿元的108个青岛市工业转型升级重点项目,培育更多具有核心竞争力的创新型领军企业。

(三)创新人才培育、引进机制

农业新动能发展的关键在人才。一是将实施"雁归工程"。从服务体系、政策支撑、工作保障等方面,鼓励、引导、扶持平度在外优秀人才返乡创业或提供智力支持。二是建立乡村振兴人才库。聚焦农业高端资源,建立高等农业专家等组成的人才库,统筹建立健全人才"一站式"

综合服务中心、人才市场、服务协会,强化服务。三是加强技能人才培育。将利用劳动技校、双元制教育等两大优势,大力推进劳技、职教进园区、进企业,鼓励校企通过基地共建、企业参与教学等方式,培育一批农业高技能人才。四是抓好新型农民培养。将搭建"三大平台",实施新兴职业农民升级;采取沙北头蔬菜专业合作社模式建立庄户学院,邀请"致富能手""田秀才"等"土专家"为农民讲授农业生产经营技术,加大农民培训规模;发挥农业部农业科技网络书屋的"移动图书馆"作用,让农民通过专家在线、基层农技推广等专栏自主、实时学习掌握相关知识技能;用好国家"阳光工程""雨露计划",对农业实用人才、农业龙头企业负责人、农民合作社负责人和家庭农场主进行创业就业能力培训。

(四)构建农村产业融合发展的支撑体系

一是财税扶持政策。将扩大农村产业融合发展专项基金含量并逐年增加,采取贴息、补贴、奖励、配套等方式,重点对农产品加工、冷藏、物流、农贸市场、电子商务和休闲农业等设施设备更新改造以及主体培育、品牌培植、特色产业集群创建给予扶持,增强引导和激励效应。二是金融支持政策。将进一步深化金融体制改革,建立以涉农金融机构为主,村镇银行、小额贷款公司和农村资金互助等为辅的多元化、多层次金融体系。增加投放用于农村三次产业融合发展的贷款规模。开展以土地经营权、宅基地使用权、大型机械设备抵押和仓单、订单、存货、应收账款质押融资服务。发挥各类涉农担保基金作用,创新融资担保形式,拓宽担保渠道,解决项目担保难问题。三是科技支持政策。将设立专项资金,组织开展对农村产业融合发展问题的基础研究,尤其是农产品精深加工,为农业产业链的延伸和产业拓展提供更多的可实现的技术条件。四是加大试点示范引领作用,将围绕产业融合模式、主体培育、政策创新和投融资机制,开展农村产业融合发展试点示范,积极探索和总结成功的做法,形成可复制、可推广的经验,引领农村产业融合加快发展。

(五)搭建发展平台,打造新旧动能转换新载体

平度市将更加坚持外延投入与内涵挖潜并举,积极整合资源、统筹力量,培育起"重点区域隆起带动、全域统筹一体发展"的新旧动能转换新格局。筑优产业平台强支撑。围绕确定的"一主两副四组团"空间发展布局,全面落实主体功能区战略,大力实施园区活力提升工程,充分发挥产业园区的经济发展主阵地作用。抓住打造全国农业大数据和智慧农业试验区之机,建设绿色终端消费引领区。精品旅游示范区要以打造"顺时养生·食在平度"品牌为抓手,推动文化、旅游、康养等多产业多功能融合。

(作者单位:中共平度市委党校)

实施乡村振兴战略
打造乡村振兴崂山样板

牟明明

党的十九大提出的乡村振兴战略，是关系全面建设社会主义现代化国家的全局性、历史性任务，是新时代"三农"工作总抓手。崂山区立足得天独厚的山海资源优势，落实习近平总书记在参加十三届全国人大一次会议山东代表团审议时提出的产业振兴、人才振兴、文化振兴、生态振兴和组织振兴"五大振兴"战略，提出了崂山区在乡村振兴战略上的"五大工程"，即实施文化引领、产业振兴、生态提升、组织保障和人才支撑工程，加快推进农业农村现代化、乡村治理体系和治理能力现代化，确立了打造乡村振兴先行区的目标，在打造乡村振兴的齐鲁样板中率先走在前列，打造齐鲁大地的崂山样板。

一、崂山区打造乡村振兴先行区的可行性

崂山区提出了建设现代化山海品质新城的目标，打造生态田园城市，高标准全面建成小康社会，这其中，最艰巨的任务在农村社区，最大的发展欠账也在农村社区。但同时，乡村振兴战略的实施，给崂山的农村发展带来了重大机遇。崂山区打造乡村振兴先行区，存在着诸多优势和有利条件。崂山区农村社区拥有良好基础、深厚文化、秀丽乡村、多姿山海，具备乡村旅游多业融合、全域开发的区位优势和资源条件。振兴比特色，先行看优势，这两者，崂山区兼而有之。

(一)得天独厚的生态资源优势，为崂山乡村振兴筑牢坚实基础

山、海、林、田的生态环境是崂山乡村最大优势和宝贵财富。良好的生态环境，是崂山乡村最大的特色，也是崂山乡村振兴最厚实的基础。纵观国内，崂山的生态资源特别是山海资源，是国内其他地方难以比拟的。崂山是青岛人民的"母亲山"，自古有"海上名山第一"的美誉，好山好水好风光是崂山乡村独一无二的资源禀赋。崂山是一座生态宝

库,区内分布着 18 条河流、36 万亩山林、230 余种鸟类、1200 余种植物、681 种中药材。这些生态资源,使崂山乡村既有山海林泉之胜,更有厚实绿色本底。崂山是闻名遐迩的旅游胜地,区内拥有 5A 级景区 1 个、4A 级景区 3 个、3A 级景区 9 个、2A 级景区 1 个,秀美景区使崂山的农村既有颜值也有产值。某种意义上,单就生态环境而言,崂山的乡村振兴已经具备"人无我有、人有我优、人优我特、人特我强"的独特优势。

(二)独具魅力的乡土文化优势,为崂山乡村铸就振兴之魂

乡村是生态家园,也是文化空间。乡村文明是中华民族精神文化的原点。留住乡愁,才能体现家园特色;提升乡村文明,才能推动乡村振兴。崂山的农村,绝大多数是明朝永乐年间建立起来的,距今大都在 600 年以上。崂山乡村是历史文化厚重之地,目前保留下来的古遗址、古建筑和人文古迹很多,如市级以上非物质文化遗产 14 项、文物保护单位 7 个,具有乡村振兴、非遗先行的条件。崂山乡村是民间文化多彩之地,有着众多的历史典故、神话传说和民间故事,仅《崂山民间故事全集》就收录了 4000 多个,有着丰富多彩的雕刻、面塑、剪纸、高跷等民间艺术,这些民间故事、民间艺术就是崂山乡村留得住的乡愁。崂山乡村是现代文化荟萃之地,节庆文化、旅游文化、创新文化交相辉映,茶文化、花卉文化、鲅鱼文化等物产文化也是崂山乡村的文化名片。还有,历史上曾登临崂山的名道高僧、名人文人众多,这些名人给崂山的乡村文化也留下了诸多灿烂之笔。如此丰富多彩、深厚绵长的乡村文化,其博大、其底蕴、其价值,足以铸就崂山乡村振兴之魂。

(三)依山入城的区位发展优势,为崂山乡村振兴提供动力源泉

从发达国家经验看,当城镇化率达到 65%～70% 的时候,城市人口将向农村逆向流动,农村将成为稀缺资源。2017 年底,我国城镇化率达到 58.52%,青岛城镇化率达到 72.57%,正处在重塑城乡关系的战略拐点。从青岛市地理版图上看,崂山毗邻市南、市北老城区,是青岛市民乡村旅游的首选之地。环顾崂山周边,李沧区、城阳区、即墨区,以及更远一些的黄岛区、胶州市,城市在扩张、农村在减少,而崂山仍有近 300 平方千米的广阔农村腹地。由于崂山风景名胜区、水源地保护区等规划的保护,崂山风景名胜区被列为《山东省主体功能区规划》的禁止开发区域,这些农村腹地,将保持绿色发展的良好态势。因此,随着时间的推移,崂山的农村将成为稀缺资源,成为各地游客特别是青岛市民的向往之地,这也正是崂山乡村振兴的一个潜力所在、优势所在。

(四)一脉相承的改革创新优势,聚强崂山乡村振兴先行之力

创新是引领发展的第一动力。推动乡村振兴,必须以改革创新的思路和精神为农业农村发展注入新动能。因此,崂山区乡村振兴的过程,也是一个开拓进取、创新发展的过程。作为一个新城区,崂山区20多年来走的就是一条从无到有、从有到新的创新发展之路。崂山区丰富的创新资源、独特的创新优势,将给崂山区的乡村振兴注入巨大动力和活力。一是,在推动崂山乡村振兴的体制机制创新上,崂山成立全国第一家县区级科创委、全省第一家旅发委的做法,可以提供很好的经验借鉴。二是,在崂山区乡村振兴的创新资源聚集、创新人才引进上,崂山现有国家级科研院所6家、省部级以上重点实验室26家,有高等院校3所、每年高校毕业生近2.5万人,有众创空间20家、各创新创业载体承载创新企业和创客团队753个,每年举办各类"双创"活动540场以上,这些创新资源将为崂山区的乡村振兴注入创新优势。总的来看,崂山区的改革创新优势,将为乡村振兴注入旺盛活力。以创新之举推动崂山区乡村振兴,其绩可期,其功必成。

二、崂山区乡村振兴行动的前期努力和主要成就

(一)农村发展的体制机制方面

一是建章立制,加强顶层设计。崂山区先后出台了《关于推进美丽崂山行动暨特色小镇建设的意见》《美丽崂山行动暨特色小镇建设五年行动计划(2017—2021年)》《崂山区委、区政府关于实施乡村振兴战略的意见》等一系列政策文件,建章立制,为打造乡村振兴先行区提供了制度保障,明确了努力方向。中共崂山区委十二届三次会议,把乡村振兴行动列为崂山区2018突破之年的"六大突破"之一。二是深化改革,破解发展"瓶颈"。在深化农村集体产权制度改革上,崂山共有139个农村社区,其中已完成改革的有38个。随着此项改革的深入实施,不仅为崂山的乡村发展注入新的活力、打开新的空间,也将为崂山乡村振兴提供重要制度支撑。

(二)农村产业发展方面

在乡村振兴的"五个振兴"中,产业振兴是最根本的、最关键的。近年来,崂山区依托青岛中央创新区、青岛金家岭金融区、崂山风景旅游度假区、崂山湾国际生态健康城,已经基本形成以战略性新兴产业、金融产业、旅游产业、大健康产业"四大产业"为主体的现代化产业体系,

城乡融合发展的趋势越来越明显,这为崂山乡村产业振兴提供了强力带动。城区的产业优势通过两种效应提升了崂山乡村的产业振兴:第一,产业拉动效应,通过"四大产业"的要素外溢、辐射,拉动、带动崂山乡村振兴;第二,需求满足效应,城区居民消费需求不断升级,特别是在休闲、旅游、康养等方面的需求都在崂山的乡村得到了实现,也带动了崂山乡村的发展。主要体现在:在集体经济的转型升级上,崂山区出台了《关于进一步改革创新推动农业转型升级发展的意见》等系列政策性文件,推动现代都市农业发展水平有了较大提高,崂山茶、果品、大馒头、海珍品等特色农产品的品牌化、标准化水平逐步提高,崂山茶种植面积达到 17972 亩,晓望、金家岭、石老人、汉河等一批农村社区已经走出强居富民的新路子,培育出汉缆集团等知名集体企业,精致农业、都市农园、高端民宿、体验旅游等新兴业态开始培育发展,为今后的强居富民打下了坚实基础。在农村产业的创新发展上,崂山区的部分农村有着承接发展"四大产业"的重要机遇和载体,如在北涧、峪夼等农村区域正在打造的崂山虚拟现实智谷小镇。在农村产业的第一产业第三产业化上,崂山区正按照"全域皆景区"的理念,加快创建全市唯一的国家全域旅游示范区,全域旅游已成为崂山乡村振兴的重要路径,乡村旅游已成为践行"两山"理论的重要载体。截至 2018 年 9 月末,崂山区有中国乡村旅游模范村 2 个、省级特色村 18 个、市级特色村 9 个,这些特色村已具备打造国内一流示范村、样板村的基础。另外,崂山区农村"双创"活动快速发展,截至 2018 年 9 月末,已建成街道电商中心 3 处、社区电商服务站 47 处。在农村产业的资本助力上,崂山区金融业快速发展,已集聚金融机构和类金融企业 672 家、涵盖业态 20 类,基金实缴规模近 500 亿元,金融业增加值占全区生产总值的比重达到 16%。依托区内金融优势,将给乡村产业项目提供强大的资本支撑。崂山区的乡村产业发展,不仅自身处于转型升级的新阶段,而且得益于崂山区现代产业优势的带动,还具备了科技创新的优势、新兴业态的集聚、金融资本的助力。以产业振兴为核心动力,崂山区的乡村将迎来新的飞跃。

(三)农村基础设施方面

2016 年,崂山区成功入围国家全域旅游示范区首批创建单位,借鉴国内外先进经验,高标准启动了美丽崂山建设行动,着力打基础、补短板、作示范,按照生态、洁净、整齐、美丽的标准,全面推进 70 个美丽乡村建设,截至 2018 年已累计投入 10 亿元,深入开展了"五美"创建活动,先后实施了线缆下地、污水改造、煤改气工程等一批基础设施建设,打造了一批省市级示范村,农村面貌焕然一新。在十二届区委任期内,崂山区预计投入 100 亿元,全面解决农村基础设施和公共服务设施历史欠账。

(四)农村组织力提升方面

党的十八大以来,崂山区牢固树立大抓基层的鲜明先导,积极推进全面从严治党向基层延伸,结合 2017 年的换届选举工作,着力选优配强农村"两委"班子。结合实施组织力提升工程,着力加强农村党员干部教育管理,健全完善了党员计分管理办法等系列配套制度,深入开展了党员联户、民情大走访等主题活动,进一步树立了新风正气,密切了党群、干群关系,为崂山乡村振兴积聚起强大的正能量。

在省市乡村振兴的大潮中,崂山区有着工作上的先发优势,提前谋划的工作布局为崂山区实施乡村振兴战略奠定了坚实基础,崂山有望在省市乃至全国继续领跑、创造样板。

三、崂山区在"五大振兴"中存在的问题及挑战

(一)农村社区产业竞争力不强,质量效益有待提升

实施乡村振兴行动,产业兴旺是重点。2017 年,全区有 28 个农村社区无集体经济收入,占农村社区总数的 20％;北宅街道 23 个社区集体经济收入 5 万元以下。第一产业富民增收的带动作用不明显,崂山茶的产业链和附加值维持在较低水平,基本停留在简单采摘、简单加工等低层次业态上。包括崂山茶、王哥庄大馒头、海产品等在内的土特产,在产品档次、策划包装等方面缺乏特色。辖区内的 18 个农业园区,与兄弟区(市)的精致农业、体验农业差距较大。第二产业,以农村社区为主的沙子口、王哥庄、北宅 3 个街道的经济比较薄弱,有规模、有实力的集体企业较少。第三产业,农村社区中特色高端的现代服务业态很少,如高端民宿,崂山区仅有 10 家、总床位 337 张,产业规模和拉动作用很小。

(二)农村社区人才短缺,发展潜力不足

实施乡村振兴行动,必须破解人才"瓶颈"制约。从总体情况看,2017 年末崂山区常住人口 43.87 万,其中农村人口占 14.53％;户籍总人口 29.46 万,其中农村人口占 27.29％。人口自然增长率与上年相比下降了 3 个千分点,但老龄化程度却未同步降低,这种特点在崂山区的农村区域表现得更为明显,农村社区存在着关键农时缺人手、现代农业缺人才、乡村建设缺人力的困境。第一,从农村社区人员的年龄结构看,中青年流失严重,大部分是"40 后""50 后""60 后",以自给自足型

的种田种菜和从事瓦匠、木匠为主;"70后"和"80后"中一部分完全离开农村,一部分选择住在本社区、但到城区务工,很少从事农业活动;"90后""00后"基本上已完全脱离农村,不再从事任何与农业生产相关的活动。据粗略统计,北宅街道的慕武石社区,总人口240人,其中20~50岁的中青年73人,常住社区的仅剩21人;王哥庄街道的常家社区,总人口1224人,其中20~50岁的中青年共404人,常住社区的仅剩130人。第二,从现代农业各类人才需求看,新型职业农民、农业科技人才短缺。由于外出打工、学业结束的新生代农村中青年大都不愿回乡务农,导致崂山的农业农村后继乏人,在有的农村社区和农村家庭,谁来种地成为崂山农村社区的一个现实问题,而且懂市场、懂互联网等方面的新型职业农民、农业科技人才十分匮乏。

(三)农村社区文化载体少,效能建设有待提高

乡村振兴,乡风文明是保障。农村社区文化活动场所不足,社区文化活动中心达标率不高,如北宅街道36个社区中,仅有15个社区文化活动中心达标,14个社区至今无室内文化活动场所。农村社区乡土文化气息缺乏,缺少能够展示社区特色文化的标志性建筑或元素,大部分社区都能通过村史馆、民宿等来突出乡土文化,但旅游目的地同质化严重,业态也过于单一,没有体现当地村落特色,更无法形成崂山区特有的乡土文化品牌,传统乡村本土文化的文化价值没有充分挖掘出来。居民教化工作重视不够,新乡贤队伍没有建立,道德规范、公序良俗失效,征迁过程中抢栽抢种盛行。

(四)农村社区生态振兴任务艰巨,人居环境亟待改善

乡村振兴,生态宜居是关键。作为首批国家全域旅游示范区创建单位、青岛市唯一一家国家5A级景区的所在地,崂山区农村社区的生态环境保护工作对城区、对景区的生态屏障作用意义重大、任务艰巨。农村基础设施建设上,多数社区未铺设污水管网,污水直排现象突出。以北宅街道为例,目前仅我乐、下葛场、双石屋、南北岭4个社区完成了污水管网建设。农村人居环境上,崂山区的母亲河张村河两岸污水直排、水质恶化等问题多年未解决,严重影响了河流沿岸23个行政村、近8万名常住居民的生产生活。

(五)农村社区党组织功能弱化,居民"主人翁"主体作用发挥不充分

乡村振兴,治理有效是基础。一是崂山区少数农村社区党支部的引领作用发挥得不充分、不到位。原因主要有:有的社区党组织软弱涣散,有的社区干部对乡村振兴的重视程度不足,有的社区干部领富带富能力不够。二是有些社区的农村居民对建设自己家园的热情不高,还没有真正把乡村振兴当作自己的事来办,甚至成为崂山区乡村振兴工作的阻力和障碍。三是由于大量农村优秀人才外流,村"两委"成员年龄偏大、优秀党员发展困难、后备力量不足的现象比较突出。由于部分农村社区干部对现代信息技术手段了解不足、掌握不够,农村基层党组织对普通党员尤其是流动党员的教育和管理手段有限,导致领导核心、战斗堡垒作用发挥不够,政治教化职能不断淡化。

四、崂山区乡村振兴"五大工程"的实施路径

崂山区的乡村振兴行动,是全方位、全领域、全系统的振兴。对应习近平总书记提出的乡村振兴战略上的"五大振兴",对照《中共中央、国务院关于实施乡村振兴战略的意见》《中共山东省委、山东省人民政府关于贯彻落实中央决策部署 实施乡村振兴战略的意见》,对标省市农业农村发展先进兄弟区(市),《崂山区委 区政府关于实施乡村振兴战略的意见》中指出,要重点抓好乡村振兴"五大工程",加快形成点、线、面有机结合、整体推进的乡村振兴发展格局。

(一)实施乡村振兴文化引领工程,繁荣崂山乡村特色文化

实施乡村振兴文化引领工程,是崂山区打造乡村振兴先行区的保障。

1. 推进崂山乡村思想道德建设

一是继续推行并改进善行义举四德榜,开展道德模范、身边好人好事、文明家庭评选活动,以村规民约为抓手,推进移风易俗。二是建立崂山乡村道德激励约束机制,广泛开展"好媳妇""好儿女""好公婆"等评选表彰活动,开展寻找最美乡村教师、医生、村干部、家庭等活动。三是深入推进文化进社区,扩大公益演出、公益电影、国学讲堂进社区的覆盖面,提高农村群众参与度,改善精神面貌。

2. 加强崂山乡村优秀传统文化的保护开发

本着保护传承和开发利用相结合的原则,挖掘传统文化,培育生态文化,引入创意文化,繁荣公共文化,活化崂山记忆,讲好崂山故事,让文化成为乡村振兴的不竭源泉和动力。一是通过梳理、研究山水聚落文化、传统文化、民俗文化、农耕文化、美食文化、节庆文化等脉络,提炼具有一定观赏性、传承性、参与性、教育性的乡土文化元素,将各相关社区打造成富有浓郁地方特色、具有广泛群众基础、深受群众认同的区域形象和品牌,使其拥有自己特定的文化符号和标识。二是组织专家学者对社区的历史人文特别是精神之魂进行系统梳理总结,因地制宜、有所侧重地进行研究及建设。

3. 做优做强崂山乡村文化嫁接

一是充分挖掘崂山的生态、历史、民俗、养生等特色文化资源,做好"文化+精致农业""文化+乡村旅游""文化+休闲养生"等特色文化嫁接、文化创意,培育一批具有崂山乡土特色的"山海村""茶叶村""艺术村"等特色村,发展一批高端民宿、亲子教育、极限运动、养生修禅等"粉丝村"。二是充分挖掘自然资源的文化价值,加强文物保护单位、古村落、古树名木、农耕文化遗产等文化资源的保护开发,培育崂山乡土特色文化品牌,启动首批乡村特色文化品牌评选。三是拓展具有特色乡土题材的影视、出版等现代文化产业,发展文化创意、设计服务等新兴文化产业,打造文化特色鲜明、文化氛围浓厚的艺术创作基地、特色文化村居。

(二)实施乡村振兴产业振兴工程,实现崂山乡村富民强居

实施乡村振兴产业振兴工程,是崂山区打造乡村振兴先行区的重点。

1. 实施质量兴农、绿色兴农战略,提高崂山传统农业竞争力

一是通过出台推进农业绿色发展的政策措施,引导新型农业经营主体改革传统栽培技术体系,发展节水农业。二是建设农产品质量追溯体系,将农资业户全部纳入监管范围,严把源头关口。三是提升农业科技创新水平,推进崂山茶叶新品种改良,优化果品种植结构,引进繁育优良茶叶品种,鼓励农产品深加工,加快崂山茶等深加工产品的提质升级。

2. 实施"十百千万"工程,加快崂山现代农业发展

以崂山区"十百千万"工程〔重点培育发展十大规模化专业农庄(园区)、十大精致农业品牌、十大农旅龙头企业,发展特色庭院、高端民宿、房车、露营等旅游示范点 100 家以上,新增农户电商 1000 家以上,开展农民技能培训 10000 人以上〕为抓手,通过形象再造、品牌培育、规模发展和文化增值,持续深化全区农业的供给侧结构性改革,逐步解决崂山区农业发展资源分散、产业链条分割、产业价值低端、组织管理粗放等问题。

3. 推进乡村三次产业融合发展

着眼城市旅游环境大配套和休闲体验新需求,依托崂山特有的自然禀赋和人文积淀优势,着力推进现代农业与第二、三产业的深度融合。一是加大招商引资力度,引入品牌名企、区属平台公司参与,探索实施乡村"安居工程",高标准规划建设田园综合体、郊野公园,打造"凉泉乡伴理想村"等示范村,加快"乡村+旅游"产业发展。二是加快"乡村+互联网"产业发展,推行物联网和农业大数据库建设,培育多元化农村电子商务主体,打造崂山特色农产品互联网小镇,培育一批农村电

商骨干企业,创办一批农村网店。通过政策引导,深入挖掘整合特色乡村优势资源,规划建设集农产品销售体验、农事活动、教育科普、创新创业等于一体的智慧农业产业园。三是大力发展乡村金融。充分利用金家岭金融中心的优势,系统研究农村金融政策,构建"三农"普惠金融体系,加大对大农业全产业链条的支持力度,为崂山乡村振兴提供强大的金融支持。

(三)实施乡村振兴生态提升工程,打造崂山乡村宜居田园

实施乡村振兴生态提升工程,是崂山区打造乡村振兴先行区的关键。

1. 推进崂山区农村基础设施建设工作

一是以全区农村综合管线入地工程为抓手,按照系统规划、一次性建设原则,统筹推进供水、污水、雨水、强电、弱电、燃气、清洁取暖、道路等八大系统建设。二是深入开展乡村污水治理,依照美丽乡村污水治理计划,公开招标选择综合实力强、业绩丰富的大型治污企业参与污水治理工程。三是加大乡村供气力度,根据国家、省市关于煤改清洁能源的要求,坚持"一气两用"原则,制订崂山区乡村燃气建设方案,研究出台清洁采暖补贴政策,落实清洁采暖工作时间表、路线图。四是开展农村"线乱拉"综合整治,协调景区及沿线村庄供电统筹,实现"四网合一"或"多网合一"。推进水气综合整治升级,完善清洁空气和水资源行动实施方案,加大改造升级水利设施和减煤换煤等工作力度,实施农村饮水安全巩固提升工程和河道水环境提升工程,及时解决村庄供水管网老化、河道管护等问题。

2. 推进崂山美丽乡村标准化创建工作

一是启动村庄规划编制工作,按照省市统一部署,在编制完成"崂山区美丽乡村建设规划"基础上,按照《山东省县(市)域乡村建设规划编制技术要点》和《山东省村庄规划编制技术要点》加快组织编制乡村规划。二是根据生产美、生活美、生态美、人文美、服务美"五美"要求,按照3A级景区标准推进美丽乡村建设,扎实开展示范村、达标村创建活动。

(四)实施乡村振兴人才支撑工程,培育崂山乡村人才队伍

实施乡村振兴人才支撑工程,是崂山区打造乡村振兴先行区的核心。

1. 加强崂山农村专业人才队伍建设

一是通过实施乡村振兴青年人才"雄鹰"计划,制定乡村本土人才培育计划,选拔乡村优秀青年和返乡大学生,采取外出培训、项目资助、资金资助等多种形式,完善返乡大学生与乡村振兴建设项目、新型农业经营主体的联系互动机制,鼓励农村青年人才成才,为乡村长远发展储

备人才。二是紧密结合崂山区独具特色的传统工艺,选拔扶持培养一批农业经纪人、乡村工匠、文化能人、非遗传承人等,培育一批理念先进、技术精湛的乡村工匠、文化人才。三是组织开展乡村振兴战略专题培训,实施后备干部培养计划,为农村社区发展提供人才保障。

2. 吸引高层次人才助力乡村振兴行动

一是吸引具备成功经验的各类企业家进驻崂山投资兴业,大力引进农业新模式、新产业,吸引和带动本土企业成长,进一步激活崂山农业发展潜力。二是精准对接国家"千人计划"专家、省泰山学者及产业领军人才和青岛英才计划等专家资源,加快"农业智库"建设。三是组织开展"城市行、高校行"等乡村振兴人才专项对接活动和"乡村之星崂山行"专题活动。

3. 汇聚社会各界人才投身乡村建设

一是组织"青岛籍""崂山籍"人才开展以"忆乡情、促亲情"为主题的系列活动,走进崂山新农村,感受崂山新变化,扎根乡村创业发展。二是组织区内企业家、高层次人才、社会服务队等,通过包村包项目、科技咨询、志愿服务等方式服务乡村振兴事业,对有突出贡献的人才,优先推荐申报各级人才工程。三是实行重点社区派驻工作队制度,选拔年富力强的干部及规划设计、富民产业发展、旅游、文史等方面的专业人员组成工作队,沉到一线,吃住在村,宣传党的乡村振兴政策,凝聚力量,发动群众,接地气架天线,会同社区"两委"理清发展路子和工作方案,推动乡村振兴计划在崂山落地生根。

(五)实施乡村振兴组织保障工程,提升崂山乡村治理水平

实施乡村振兴组织保障工程,是崂山区打造乡村振兴先行区的基础。

1. 加强农村基层党组织建设

一是健全基层党组织体系,强化街居联动,优化党组织设置,完善街道党工委议事规则、决策程序,配强辖区党委工作力量,深入推进区域化党组织建设,加强对村级配套组织的领导,持续整顿软弱涣散党组织,深化"合格支部、过硬支部、示范支部"三级联创工作,把村级党组织建成坚强战斗堡垒。二是实施三级书记抓振兴的责任体系,落实街居主体责任,推动责权利下沉,将街道作为推进乡村振兴行动的实施主体,实行目标、任务、资金、权责到街道,组织各社区全面落实各项工作。三是选优配强村级党组织书记,建立健全区直机关选派第一书记工作长效机制,加强以村级党组织书记为重点的社区干部教育培训,建立健全村级各项民主管理制度。四是打造过硬党员队伍,加大在优秀青年农民中发展党员力度,合理设置各类党员服务岗位,发挥党员先锋模范作用。

2. 深化乡村自治实践

一是建立完善居规民约,发挥好居务监督委员会职能,抓好居务财务公开等各项民主管理制度的落实,推行村级事务阳光工程。依托居民会议、居民代表会议等,形成民事民议、民事民办、民事民管的多层次基层协商格局。二是培育具有村级特色和时代精神的新乡贤文化,发挥其在乡村治理中的积极作用。落实共建共治共享意见,试点强村合作、企业帮包,充分调动社区居民参与乡村振兴行动,发挥志愿者、新乡贤、企业等各方面的积极性。

3. 建设法治乡村

一是加大社区普法力度,健全社区公共法律服务体系,发挥好"一社区一法律顾问"作用,加强对群众的法律援助和司法救助。二是推动乡村信用体系建设,全面加强"三建联动、党建引领"网格化建设,优化社区服务管理体制机制,整合公共服务和行政审批职责,探索在社区建立网上服务站点。

(作者单位:中共崂山区委党校)

胶州市精准脱贫问题研究

刘骏骎　仇兆泽

习近平同志多次指出：全面实现小康社会一个都不能少。要确保这个目标实现，就必须打好精准脱贫攻坚战。胶州市认真贯彻落实习近平总书记关于"扎实推进民生建设和脱贫攻坚"的重要指示精神，大力推进精准扶贫、精准脱贫。2014年，胶州市通过精准识别，确定省定贫困村20个、青岛市经济薄弱村30个[以下简称贫（弱）村]，建档立卡贫困户5110户、10255人。2016年，成立胶州市扶贫办，把精准扶贫、精准脱贫作为重大政治任务、民生任务、发展任务，确定了建立培育特色产业、就业创业、兜底保障、教育保障、医疗保障"五条渠道"，实施发展主导产业、壮大集体经济、完善基础设施、提升公共服务、加强生态保护"五项工程"，按下了助力贫困户、贫困村"真脱贫""摘穷帽"的"快进键"。经过历年的动态信息调整，截至2016年底，胶州市建档立卡贫困户3289户、5912人（其中省定939户、1669人，市定2350户、4243人）全部脱贫；截至2017年底，胶州市经济薄弱村全部摘帽。2018年，胶州市脱贫攻坚工作进入了全面巩固提升脱贫成效的新阶段。

一、胶州市精准脱贫工作情况回顾

（一）胶州市精准脱贫工作的主要亮点

胶州市精准扶贫、精准脱贫工作有以下几个亮点。

1. 精准识别服民心

扶贫工作是一项民生工程，也是一项民心工程，只有识得准，才能扶得真，精准扶贫首先要精准识别，精准识别是精准脱贫的前提和基础。为此，胶州市建立了精准识别评估体系，采用"定量模式"，重点解决了"评什么""谁来评""怎么评"三个关键问题。

首先是"评什么"。胶州市通过评估表把贫困家庭住房、家电、农机、学生、劳动力等涉及生产生活的指标细化、量化成11个大类、73个小项，每一项赋予一定的分值，力求能够客观反映一个家庭的贫困状况,实现"用分值比较,用数据说话",破除了以往在评估中存在的抽象评议、主观评价的弊病,确保了贫困人口应扶尽扶、群众口服心服。其次是"谁来评"。胶州市采用由各村挑选 10～15 名品行良好、公道正派、群众威信高,具有一定文化水平和工作能力的村民成立评估委员会,确保评估结果的客观性。再次是解决"怎么评"的问题。在评估程序方面,胶州市要求开展评估工作时须有管区书记、包村干部到场监督;评估委员会成员通过现场考察,独立、逐项打分;社会事务办工作人员统计反馈,做到打分、统分"两条线",提高了评估工作的公正性。胶州市识别评估体系的建立,实现了对扶贫对象的识别由"感性看"到"理性评"、由"抽象化"到"具体化"的转变。2016 年,胶州市通过再识别、再评估,全市新识别纳入贫困户 19 户、86 人,清退 86 户、263 人,确保了贫困人口应扶尽扶、群众口服心服。

同时,胶州市建立了贫困户退出机制。脱贫不能只算经济账,必须通过具体形象的指标量化体系来检验脱贫成效。2016 年 8 月,胶州市通过多方调研、广泛论证,探索制定了《贫困户退出定量评估工作规范》,设计了《贫困户退出定量评估表》,将 18 项指标量化赋分,并实施了听、说、看、算、评"五步工作法"。"听"占 5 分,就是听一听贫困户邻居的意见;"说"占 5 分,就是由贫困户自己说出实际生活状况;"看"占 40 分,就是看贫困人口是否缴纳养老保险、医疗保险,有无因贫辍学学生,住房安全是否有保障;"算"占 50 分,就是算一算贫困户年人均收入情况;"评"就是组织进行综合评议。自 2016 年起,胶州市每年年底前都会严格按照上述标准程序进行脱贫退出工作,防止"数字脱贫"、"被脱贫"甚至"错脱贫"等现象的发生,从而实现真脱贫的目标。

2. 健全机制聚合力

一是健全了组织领导机制。胶州市成立了由市委书记、市长任组长,分管领导任副组长,50 个部门单位、12 个镇街主要负责人为成员的扶贫开发领导小组,定期召开全体成员会议和专题会议,推进脱贫攻坚行动计划实施。胶州市市、镇两级分别成立专门扶贫工作机构,专人专职抓好工作落实。胶州市调整优化市级领导包镇、包村分工,胶州市委、市政府主要领导亲自进村入户,并对镇街党委书记进行精准脱贫培训授课。市委书记、市长代表市一级与各镇(街道)签订精准脱贫责任状,各镇(街道)与各村签订精准脱贫责任状,层层分解落实精准脱贫攻坚任务。二是健全了资金投入机制。2014～2017 年,胶州市统筹各级财政扶贫专项资金 2947 万元,实施贫困村产业发展项目 89 个、贫困户产业扶持项目 1106 个、贫困家庭学生"雨露计划"项目 119 个。2016年,胶州市将精准脱贫工作纳入政府实事工程,安排专项扶贫资金 3184 万元,对贫困村、经济薄弱村及贫困户产业发展、学生教育、医疗保险、危房改造等进行补助。三是健全了共建共享机制。胶州市实施"团队帮扶",每个贫困村、经济薄弱村都有1名第一书记、联村局长、党员企业家、经济强村结对帮扶;每个贫困家庭都有1名机关干部和1名签约服务医生;每个贫困家庭学生有1名教师结对帮扶。胶州市还建立了"阳光民生999"救助平台,整合慈善、民政等17个部门资源,实现救助信息、救助资源的统筹共享,形成全社会共同参与的大扶贫格局。四是健全了扶贫协作机制。胶州市扎实开展了东、西部扶贫协作,与陕西省宁陕县等地建立了对口合作帮扶关系,确立了"政府推动、市场运作,合作共赢、共同发展"的基本原则,在干部挂职锻炼、产业融合培育、劳动力转移就业、农产品加工销售等方面积极开展对口合作,从产业扶贫、劳务协作、人才支持等方面开展协作。

3. 多点发力夯基础

胶州市坚持"因户施策、一户一案",多点发力,确立了培育特色产业、就业创业、兜底保障、教育保障、医疗保障"五条渠道"。对于无劳动能力的由政府兜底救助,对于有劳动能力的贫困群众,通过提供岗位实现就业务工,通过开展技能培训、经营创业等形式,使贫困群众有尊严地工作和体面地生活,走自立自强的道路。一是注重产业带动脱贫。胶州市通过实施"支部+龙头企业(合作社)+农户"、强弱联合组团发展等模式,将贫困村和贫困户纳入生产经营"全产业链",依靠自身"造血"拔掉穷根。截至2017年底,胶州市共完成19个村项目和133个户项目,对暂时受条件限制无法实施产业项目的贫困村,以及无劳动能力,无法通过产业扶持、就业务工等方式实现脱贫的贫困户,整合扶贫资金3097万元,由青岛市胶州新城建设开发有限公司统一进行托管经营,并按不低于8%的标准进行保本分红,每年可获得分红收益247万元,全部用于贫困村发展和对贫困户帮扶。二是注重行业联动脱贫。胶州市充分发挥各部门职能和资源优势,开展多形式、多途径的扶贫行动。整合涉农资金647万元,为26个贫困村、经济薄弱村实施农田水利建设和饮水安全工程。落实国家各类助学政策,救助贫困学生232名,资助金额18.6万元。建立"助学圆梦"慈善基金,筹集资金50多万元救助418名贫困学生。投资270万元完成180户建档立卡贫困户危房改造工作。实施教育启智工程,每年投入650万元,培训农村教师3万人次,并选派200名城区名师到农村支教,促进教育均衡发展。对贫困家庭开展签约式服务,免费为高血压、糖尿病等病人开展随访服务。通过技能培训、公益岗位、定向考录等方式,使近1000人通过就业创业脱贫。组织开展"千企联村"精准扶贫行动,截至2017年底,胶州市67家企业累计投资300多万元,帮助贫困村、经济薄弱村完成道路整修、绿化等项目70余个。三是注重改革带动脱贫。胶州市把精准扶贫、精准脱贫工作与农村改革结合进行,完成了 20 个省定贫困村产权制度改革,既盘活了村集体资产,又增加了农民财产性收益。通过财政结余资金、债权清收抵消、债权债务核销等方式,逐步化解贫困村债务。对短期内无力化解或者暂时不宜化解的债务,通过"政府挂账"方式进行兜底,切实减轻贫困村负担。截至 2017 年底,共为贫困村化解债务 150.8 万元,镇级财政挂账 786.4 万元。

4. 长效机制求实效

一是创新网格动态管理模式。胶州市建立"1234"工作机制,依托"服务型党建网",开辟"精准扶贫"平台,作为信息发布、政策宣传、动态管理的专项平台;建立村级扶贫网格员、识别评估员队伍,及时掌握贫困户动态。强化组织、考核、管理三大保障,实行网格员提办、扶贫办交办、责任单位接办、扶贫办督办"四办"机制,做到第一时间识贫、第一时间扶贫、第一时间脱贫,实现动态化管理。二是创新保险兜底保障模式。胶州市建档立卡贫困户中有相当一部分病残孤寡以及其他丧失劳动能力的群体,这部分人无法通过产业扶持和就业脱贫,需要用政府兜底的方式来解决。为此胶州市在财政负担社会基本养老、医疗保险个人缴费部分的基础上,为他们量身打造了一组"扶贫特惠险"。围绕实现"两线合一",胶州市制订出台了《精准脱贫医疗保险及养老保障保险工作实施方案》,从 2016 年起,胶州市财政每年拿出 300 多万元,在社会基本医疗、养老保险的基础上,增加商业保险,强化保险兜底保障。通过精准脱贫医疗保险、养老保障保险业务,使建档立卡贫困人口中非低保人群的住院医疗费用报销比例和养老保障标准与低保人群"并轨"。同时,为贫困户免费购买了小额人身保险、60 周岁以上老年人意外伤害保险、社会治安保险、政策性农业保险等一系列保险,为贫困户织起了一道牢固的"兜底保障网",切实解决贫困人口的后顾之忧,实现有保障的生存、有尊严的生活。

5. 强化工作推落实

胶州市在抓落实方面做到了"三个到位":一是督导考核到位。突出目标导向、问题导向、结果导向,把督导检查贯穿于脱贫攻坚全过程。2016 年以来,胶州市扶贫办对各镇街档案管理、脱贫成效、产业扶贫项目建设等情况开展督查 15 次;市委、市政府督查室对各镇(街道)扶贫办力量配备、帮扶干部责任落实等情况开展 2 次全面督查;市纪委牵头对贫困户危房改造、养老医疗保险等情况开展专项督查 1 次。由于督导考核到位,确保了基层脱贫攻坚工作落到实处。二是资金监管到位。胶州市审计局从项目立项、批复、实施、审计验收等环节,对全市 2014 ～2016 年扶贫开发项目进行全面复核审计。经审计,截至 2015 年底,胶州市扶贫产业项目已经全部完成,基本实现预期收益;截至 2016 年底,胶州市扶贫开发项目已全部完工并完成审计。胶州市还制定出台了精准扶贫建成资产管理办法,加强对已经建成项目资产的经营和管理。通过到位的资金监管,确保了扶贫项目的良好运转,保证了贫困村、贫困户能够得到长效收益。三是工作宣传到位。胶州市牢固树立"宣传好扶贫也是一种扶贫"的理念,积极对接各级主流新闻媒体。截止到2017年底,胶州市共发表各类宣传稿件220余篇,其中中央级媒体21篇、省级媒体36篇。《中央新闻联播》以《寒门学子也有春天》为题报道了胶州市教育脱贫经验做法;市委书记孙永红的署名文章《胶州:向着高标准全面小康奋进》被《中国扶贫》杂志刊发;《农民日报》头版头条刊发胶州市精准识别定量模式经验做法;时任省委常委、青岛市委书记李群和副省长赵润田对胶州市的精准脱贫经验分别作出批示;时任中央政治局委员、中央书记处书记、中央办公厅主任栗战书对胶州市扶贫合作做法给予充分肯定。由于宣传到位,提高了各级领导干部对于精准脱贫工作的政治站位,鼓舞了扶助对象的精气神,实现了从经济脱贫到精神脱贫的转折。

(二)2018年胶州市巩固脱贫工作的主要成效

2018年,胶州市脱贫攻坚工作进入了巩固提升、加速推进阶段。胶州市在建档立卡贫困户和贫弱村全部完成脱贫摘帽的基础上,围绕持续巩固提升脱贫成效,重点在强化兜底保障、增强内生动力、构建长效机制方面狠下功夫,扎实稳妥开展脱贫攻坚工作。在2018年6月份山东省市级交叉互查和第三方暗访评估督查中,胶州市脱贫攻坚群众满意度、帮扶责任人到位率、稳定脱贫率等指标均居全省前列,其中群众满意度、帮扶责任人到位率均达到100%。在青岛市委扶贫领域专项巡察中,巡察组向胶州市反馈的问题数量在7个区(市)中最少。其主要成效有以下几方面。

1. 贫困户脱贫成果持续巩固

2018年,胶州市进一步健全兜底保障机制,继续将社会保障扶贫工作列入政府实办实事,对建档立卡农村贫困人口居民基本养老保险个人缴费部分由市财政按每人每年100元的标准给予补贴;居民医疗保险费个人缴费部分,由市财政给予全额补贴。为防止新增贫困人口,胶州市继续采取政府购买服务的方式,在已有社会基本保险基础上,对符合条件的非低保贫困人口由市财政购买缴纳商业医疗保险。在山东省和青岛市未出台特惠保险政策前,从2016年开始胶州市率先探索实施了"社会基本医疗、养老保险"+"商业医疗、养老保险"的兜底模式。2018年,胶州市继续推进商业保险兜底,财政累计投入资金300余万元,实施商业医疗保险,惠及所有建档立卡贫困人口,住院自付报销比例达到 90％以上；累计投入资金 380 余万元，在青岛市率先实施商业养老保险，参照低保保障标准，为低保外需政府兜底的 60 岁以上贫困人口每人每月增加 330 元养老保险金，累计惠及贫困人口近 1000 人次，全面实现了贫困线和低保线"两线合一"。胶州市还特别注重贫困家庭内生力量的扶持，加大对贫困家庭子女教育的投入。截止到 2018 年 9 月底，胶州市累计投入资金 111.3 万元，对有子女在校接受中高等职业教育的建档立卡贫困家庭按照每年 3000 元的标准进行补助，累计帮扶贫困学生 371 人次。2018 年，胶州市还创新了全员就业模式。将脱贫攻坚与乡村振兴紧密结合，在胶莱镇、里岔镇开展了全员就业和就业车间试点，鼓励引导企业利用镇、村集体闲置土地、房屋创办就业车间、就业工厂，组织贫困人口、就业困难人员、农村富余劳动力，就地就近从事适合自己劳动能力的生产活动或来料加工业务，解决农村贫困人口由于自身及家庭等原因无法外出务工的难题。截至 2018 年 9 月底，90 人实现了就近就业创业。

2. 贫（弱）村脱贫成果持续巩固

对于贫困村、经济薄弱村，胶州市注重产业支撑，充分发掘优势资源，积极引导有能力、有条件的村庄大力发展特色种养业、品牌农业、生态旅游等产业，增强自身"造血"能力，截至 2017 年底，胶州市贫困村、经济薄弱村全部摘帽。2014 年至 2018 年 9 月底，胶州市累计投入各级财政专项扶贫资金近 6200 万元，实施贫弱村扶贫产业项目 110 个。其中 2016 年以后，为有效解决部分贫（弱）村受资源条件限制无合适产业项目、实体类扶贫产业项目收益率不高的问题，在确保资金安全的前提下，按照"尊重意愿、保本经营、负赢不负亏、解约自由"的原则，整合各级扶贫资金 4237 万元，委托新城公司统一经营管理，按照不低于8％的比例进行保本分红，每年可获得收益约 340 万元。2018 年，胶州市持续巩固"摘帽"贫困村、经济薄弱村脱贫成果，注重监督管理，对已建成的产业扶贫项目，加强资产管理、维护、经营、收益，确保长效收益。截止到 2018 年 9 月底，胶州市贫（弱）村村集体年经济收入均达到 5 万元以上，确保了扶贫资金收益最大化。

3. 对口合作深入推进

2018 年，胶州市深入推进与宁陕等地的对口合作。一是加大了劳动力转移就业合作力度。胶州市进一步发动辖区企业积极参与扶贫协作，吸纳更多的宁陕劳动力转移就业。二是加大了干部挂职锻炼合作力度。进一步加强了挂职干部选派工作，促进了与对口合作地区的双方干部交流学习。三是加大了产业合作力度。加快推进企业与对口合作地区资源对接合作，特别是加快胶州市超劲生物科技、灯塔酿造、城投公司与对口合作地区企业的合作步伐，积极引导胶州市企业到对口合作地区投资发展、开拓市场。四是加大了农特产品销售合作力度。依托本市成熟的销售网络,设立对口合作地区的特色农产品销售点。五是加大旅游拓展合作力度。全面启动了对口合作地区旅游线路宣传推介活动,在青岛市全域推介对口合作地区的旅游资源,利用省、市各级投融资大会推介对口合作地区的旅游资源,促进对口合作地区的旅游资源开发。六是加大了结对帮扶力度。安排三里河道办事处以及管理村与中办联系帮扶的宁陕县筒车湾镇和桅杆坝村进行结对帮扶,将桅杆坝村 50 岁以上有劳动能力的村民分批组织到胶州市三里河街道管理村进行物业管理工作,并逐步向外扩展辐射其他村庄,争取到建党 100 周年时,将宁陕县的筒车湾镇和桅杆坝村打造成"东西互助手拉手、共同致富奔小康"的典范。

4. 动态管理进一步强化

胶州市为进一步强化贫困人口精准管理工作,重点对全市贫困人口中存在的"五类人员"(有机动车、有商品房、有公职、有注册公司、有大型农机具)和日常走访发现的疑似不符合贫困标准的贫困户建立清单,组织镇街、村庄逐户进行入户核查,对经核查情况属实的,按程序纳入脱贫不享受政策管理,截至 2018 年 9 月底,胶州市共有 465 户、1183人被纳入了脱贫不享受政策管理,通过强化贫困人口的动态管理机制,进一步提高了脱贫工作的精准度。充分发挥网格化动态管理平台作用,建立贫困预防机制,建强配齐网格员队伍,每月定期到贫困户走访,及时掌握动态情况。胶州市实行"暖心帮扶"制度,制作了《精准脱贫结对帮扶连心卡》,在"连心卡"正面,帮扶责任人、家庭签约医生、贫困家庭学生结对帮扶教师的姓名、联系方式等信息一目了然。贫困户生产生活方面有问题,可以通过电话向帮扶责任人反映,帮扶干部会尽快帮助协调解决;身体健康方面出现了问题,可随时打电话向家庭签约医生咨询,医生都会认真解答;家里有在校生的,可以经常与结对教师交流学生在家庭和校园里的情况,让孩子能够健康成长。对非建档立卡贫困户家庭发生突发状况急需帮助的,及时通过平台提报,协调相关部门及时帮助解决,在即将陷入贫困前拉一把,确保不新增贫困人口。

5. 督导检查进一步加强

2018 年,胶州市扶贫协作办公室分成 6 个工作组,对胶州市 50 个省定贫困村、经济薄弱村及村内贫困户按照"一村不漏、一户不落"的原则集中进行拉网式走访调查。对照贫困户脱贫"一标两好四保障"("一标"即人均年能收入 4600 元标准;"两好"即吃得好,穿得好;"四保障"即教育、住房、医疗、养老有保障)标准,在年收入、养老、医疗、教育、住房安全和帮扶成效等方面进行调查;对照贫困村和经济薄弱村脱贫摘帽"五通十有"("五通"指通路、通电、通自来水、通广播电视、通信息;

"十有"指有旱涝保收田、有致富项目、有办公房、有卫生室服务、有卫生保洁制度、有学前教育、有文化室和农家书屋、有健身场所、有良好生态环境、有就业保障措施)标准,对贫困村和经济薄弱村的脱贫成效进行全面"体检"。通过督查,共梳理出各类问题 200 余条,点对点反馈给各相关镇(街道),组织相关镇(街道)建立问题台账,限期整改。截至2018 年 9 月底,所有问题整改完毕。

二、胶州市精准脱贫工作存在的主要问题及应采取的措施

胶州市作为东部沿海地区的一个县级市,完成现行标准下建档立卡贫困人口脱贫任务并不难、"不太难",但如何由"输血"脱贫向"造血"脱贫转变,让已脱贫的人不返贫,陷入贫困的人能及时得到帮扶救助,最终通过体面工作、尊严生活,走上共同富裕之路是巩固脱贫成果的重点。

(一)胶州市精准脱贫工作存在的主要问题

根据 2018 年山东省半年督查和青岛市委第四轮巡察反馈情况以及胶州市扶贫协作办组织的历次督查检查情况,胶州市精准脱贫依然存在几个问题。

1. 部分镇(街道)、部门和干部思想认识上所松懈

一是有的镇(街道)和行业部门认为胶州市已经在 2017 年全部实现脱贫摘帽,脱贫工作已经完事大吉,自然产生"松口气""歇一歇"的懈怠情绪和轻视思想,甚至有的干部对扶贫工作会产生厌倦情绪。这种思想会导致对脱贫攻坚工作的复杂性、长期性认识不足,对下步扶贫政策和未来会产生的问题预设不够,对一旦出现问题后应采取的措施预备不足。二是部分帮扶责任人责任意识不强,把以后的帮扶工作简单化、形式化,对新的扶贫政策宣传不到位,对脱贫贫困户基本情况和帮扶需求不能深入了解,对新发生的贫困户了解不及时,导致对贫困户的帮扶措施不够精准。三是部分镇(街道)认为扶贫工作已经结束,于是减少专职扶贫人员,导致扶贫工作人员不够稳定,工作力量配备不足。

2. 部分贫困户脱贫内生动力不足

一是部分贫困户存在"等靠要"思想,脱贫志气不足、方法不多,"蹲在墙根晒太阳,等着别人送小康",精神脱贫尚待时日。二是部分贫困户没有养成良好的生活习惯,不接受文明生活方式,家庭面貌脏乱差。

3. 个别贫(弱)村脱贫成效有待于进一步巩固提升

主要是个别贫(弱)村"五通十有"标准不够高,如有的虽然主路已完成硬化,但由于硬化的时间比较早,路面出现破损、坑洼不平,需要进

行整修;有的办公场所比较简陋,缺少必要的办公设施;有的村内新出现"三大堆",村容村貌较差。

4.扶贫资金项目管理需要进一步加强

一是受连年干旱和地域、市场条件所限,胶州市 2016 年以前实施的部分实体类扶贫产业项目抗风险能力较差,收益率较低,投入产出比不高。二是有的村庄扶贫产业项目收益滞留在账面上,还有的收益支取分配使用程序不规范,影响了扶贫产业项目收益及时发挥效益。

(二)胶州市未来两年精准扶贫工作展望及政策措施

打赢脱贫攻坚战,对于全面建成小康社会、实现第一个百年奋斗目标具有决定性意义,2018 年至 2020 年是决战决胜的关键阶段。胶州市正在制订"关于打赢脱贫攻坚战三年行动的实施意见",并向全市征求意见。胶州市三年精准脱贫工作将健全工作机制,构建政府、市场、社会互动和专项扶贫、行业扶贫、社会扶贫联动的大扶贫格局,统筹推进开发式扶贫与保障性扶贫,深化与实施乡村振兴战略衔接,着力巩固提升贫困对象脱贫质量,激发内生动力,着力增强贫困人口获得感、幸福感、尊严感,在打赢脱贫攻坚战上率先走在前列。具体来说,胶州市将按照"人人有保障、户户有改善、村村有发展、镇镇有跨越"的要求,既不降低标准,也不吊高胃口,着力在扎实推进、提质增效上下功夫;胶州市会突出问题导向,优化政策供给,专项扶贫、行业扶贫、社会扶贫政策延续到 2020 年。预计到 2018 年底,胶州市将巩固提升贫困人口脱贫成果,加快建立稳定脱贫长效机制;巩固提升 20 个省定贫困村、30 个市定经济薄弱村整体发展水平。到 2019 年,聚焦重点区域、重点人群,着力改善生产生活条件,着力解决特殊群体困难,持续提升贫困对象脱贫质量,建立完善稳定脱贫长效机制。2020 年将全面完成脱贫攻坚任务,消除绝对贫困。贫困户生产生活条件明显改观,家庭人均可支配收入稳定超过市定扶贫标准;贫(弱)村集体收入稳定在 5 万元以上。为此,将采取以下措施。

1.不断巩固提升贫困人口稳定脱贫成果

(1)进一步规范动态管理。胶州市将进一步完善扶贫档案和数据管理,做到贫困人口、致贫原因、帮扶措施、脱贫路径、脱贫成效"五个清楚"。每年开展一次建档立卡动态调整,对符合条件的新致贫人口和返贫人口按照规定程序及时纳入,对不符合扶贫标准的按规定剔除,确保不落一个真穷的、不帮一个不穷的。胶州市将突出重点人群、重点区域。把贫困人口中的老年人、残疾人、重病人作为巩固提升的重点人群,在稳定脱贫的基础上,采取特殊措施帮助其解决特殊困难。把胶莱镇、胶西镇、里岔镇、铺集镇、洋河镇作为巩固提升的重点区域,在工作部署、政策配套、资金投入、项目安排、人才培养等方面优先支持。

(2)进一步突出产业带动。一是培育特色优势产业。胶州市将立足镇村资源禀赋和产业优势,因地制宜培育发展对贫困户增收带动作用明显的特色种养业、农产品加工业和特色手工业,建设一批特色种养基地和良种繁育基地,打造一批休闲农业园区、农业节会和乡村旅游重点村。立足贫困人口插花式分布实际,鼓励以镇(街道)为单位建设联村扶贫产业园,提高产业扶贫的质量效益和抗风险能力。二是完善利益联结机制。胶州市将鼓励采取"公司+农户""合作社+农户"等方式,通过股份合作、订单帮扶、生产托管、吸纳就业等途径,把贫困人口纳入农业产业化经营链条,与新型农业经营主体建立联动发展的利益联结机制。鼓励到户帮扶干部帮助贫困户协调解决生产经营中的问题。组织扶贫龙头企业申报,对符合条件的企业给予优惠贷款、财政贴息等政策扶持。三是防控产业扶贫风险。做好自然灾害、市场波动、债务违约、社会风险等风险评估和防范处置。支持开发农产品目标价格保险、自然灾害保险等特色农业险种,探索收入保险、产值保险、精准防贫保险等新型险种,支持开展扶贫小额信贷保证保险等业务。

(3)进一步深化就业创业。胶州市将组织开展"送岗进村""送岗入户"等精准对接活动,确保有劳动能力、有就业需求的贫困人口就业帮扶全覆盖。实施技能脱贫专项行动,对有意愿、有条件的贫困劳动力,至少让他们掌握一项就业致富技能,实现免费职业技能培训全覆盖。支持镇村、企业和创业带头人发展生态友好型、劳动密集型产业,吸纳更多贫困人口在家门口就业。鼓励通过以工代赈、劳务补助等方式,组织贫困人口就近参与农村人居环境整治、小型基础设施等项目建设。鼓励发展农村"劳务扶贫合作社"。加大创业服务力度,对符合条件的贫困人口及时落实创业补贴、创业担保贷款等扶持政策。拓宽农村扶贫公益岗位开发渠道,帮助有劳动能力的贫困人口参与卫生保洁、道路养护、林木管护、治安巡逻、互助照料、养老助残等劳务服务,推广设立村级扶贫专岗。

(4)进一步落实兜底保障。胶州市将进一步落实兜底保障,守住民生底线。落实综合保障措施。健全完善以社会保险、社会救助、社会福利为主体,以社会帮扶、社工助力为辅助的综合保障体系。全面落实特困人员、困境儿童、重度残疾人、高龄老年人等各类福利补贴政策。加大城乡低保统筹力度,加强扶贫政策与低保政策有效衔接,将符合条件的完全丧失劳动能力和部分丧失劳动能力且无法依靠产业就业帮扶脱贫的贫困人口,及时纳入低保范围、特困人员供养等社会保障体系,实现应保尽保、应纳尽纳。

(5)进一步开展扶志行动。胶州市将通过开展扶志行动,激发内生动力。通过开展思想、道德、文化、法律、感恩等扶贫扶志教育活动,培养贫困人口自尊自爱自强精神。全面推进新时代文明实践中心建设试点工作,用身边人、身边事示范带动,激发贫困人口劳动脱贫、自我脱贫的积极性和主动性。改进精准帮扶方式,采取生产奖补、劳务补助等方式,动员贫困人口参与扶贫项目实施,形成有劳才有得、多劳多得的激励导向。推广以表现换积分、以积分换物品的"爱心公益超市"等自助式帮扶做法。持续开展庭院洁净行动,鼓励贫困人口自己动手,改变院落"脏乱差"状况,养成健康文明的生活方式。深入推进文化扶贫、体育扶贫,落实"一村(社区)一法律顾问",完善扶贫领域信用监管体系和个人诚信记录机制。

2. 不断巩固提升贫(弱)村可持续发展能力

胶州市将实施农村经济发展提升行动,探索建立贫(弱)村可持续发展长效机制。

(1)发展壮大贫(弱)村村级集体经济。胶州市将通过全面做好清产核资,健全村级集体资产管理制度,支持贫(弱)村通过盘活集体资产资源;拓宽集体经济增收渠道;通过深化农村集体产权制度改革,推进经营性资产确权到户,落实集体经济组织成员资格权和收益分配权,推动贫(弱)村资源变资产、资金变股金、农民变股民,保障贫困对象的收益分配权。

(2)规范完善扶贫项目管理。胶州市将对2016年以来的扶贫项目进行"拉网式"排查,成效好的继续巩固提升,效益差的加快整改。将进一步强化扶贫项目全程运行监管,注重前期论证评审、中期检查监督和后期评估问效,规范管理项目储备、选项立项、组织实施、竣工验收、建后管护、收益分配等重点环节,推进扶贫资金资产保值增值、规范管理、长效运行,确保贫(弱)村、贫困户获得持续稳定收益。

(3)深入开展贫(弱)村人居环境整治三年行动。胶州市将深入开展农村人居环境整治三年行动,不断优化贫(弱)村生存环境。首先,在提升村容村貌方面,将加快推进贫(弱)村路、水、电、房、厕、暖改造等专项行动,全面提升贫(弱)村生产生活条件。加快农村公路改造升级,率先实现贫(弱)村穿村公路、村内主次街道硬化全覆盖,支持村庄平整铺装支街小巷。将持续推进农村饮水安全达标工程,贫(弱)村集中供水、自来水普及实现全覆盖,切实保障饮用水水质和供水保证率。将实施农村电网改造提升工程,保障贫(弱)村生活用电、农业生产用电供应,提升村庄亮化建设水平。将推进城镇供热等设施和服务向具备条件的贫(弱)村延伸,逐步实现冬季清洁供暖。将完善"户集、村收、镇运、市处理"的垃圾收运体系,推进贫(弱)村生活垃圾分类收集处理。其次,在生态保护方面。将牢固树立、切实践行"绿水青山就是金山银山"理念,鼓励贫(弱)村探索生态资源、生态优势转化为经济资源、产业优势的新途径。推进贫(弱)村土地综合整治和高标准农田建设。将深化农村小型水利工程管理体制改革,加强贫(弱)村塘坝、机井、拦河闸坝等小型水源工程建设。将推进生态清洁小流域建设,恢复改善水土流失区生态环境和农业生产条件。加大对贫(弱)村植树造林、湿地保护与恢复、破损山体修复等投入力度。

3. 加快完善农村基本公共服务体系

胶州市将加快完善农村基本公共服务体系,提升贫(弱)村基础教育水平,提升贫(弱)村基层医疗卫生服务能力,提升贫(弱)村社区综合服务能力。健全社区服务动态管理机制和快速反应机制,实施社会服务兜底工程,重点加强养老、社会福利、残疾人康复和托养等薄弱环节设施建设。将整合农村敬老院、幸福院等服务设施,建设综合性社会福利服务机构,预计到 2020 年,胶州市生活不能自理特困人员集中供养率将达到 50% 以上。将整合利用镇、村现有基础设施资源,建设综合性公共文化体育服务设施,加强贫(弱)村阵地建设。将统筹推进脱贫攻坚与乡村振兴。各级涉及"三农"的资金、项目、人才、技术等支持政策要向贫(弱)村倾斜,把具备条件的贫(弱)村优先纳入美丽乡村建设计划,用足用好城乡建设用地增减挂钩节余指标流转使用政策和耕地占补平衡指标调剂管理政策,收益主要用于脱贫攻坚和乡村振兴。

(作者单位:中共胶州市委党校)

莱西市实施乡村振兴战略研究

孙玉欣

莱西是农业大市,耕地面积107.3万亩,农业人口40.8万,占总人口的55%,是国家农业产业化示范基地、国家第一批畜牧业绿色发展示范市、全省农业产业化先进市。近年来,莱西市强化走在前列的责任担当,不断继承和发展"莱西会议"精神,强组织、增活力、促发展,确定了"1+5+4"的发展思路,即围绕建设大青岛北部绿色崛起的典范之城的总定位和现代化区域性次中心城市、青岛先进制造业基地、半岛交通物流中心、国际休闲旅游目的地、国家现代农业示范区5个具体目标,大力实施"生态优先、创新驱动、人才支撑、融合发展"四大战略,以强有力的措施全力打造乡村振兴的"莱西样板"。

一、落实"五个振兴"指示要求,全力打造乡村振兴的"莱西样板"

习近平对实施乡村振兴战略作出重要指示:"要坚持乡村全面振兴,抓重点、补短板、强弱项,实现乡村产业振兴、人才振兴、文化振兴、生态振兴、组织振兴,推动农业全面升级、农村全面进步、农民全面发展。"

乡村振兴是一项长期的历史性任务,2018年莱西市制定了8个方面的39项措施,以保证进一步完善三年规划和推进计划,把乡村振兴战略落实到一个个项目、一件件实事上来。总的思路是:按照"产业兴旺、生态宜居、乡风文明、治理有效、生活富裕"的总要求,认真落实习近平总书记"五个振兴"指示要求和山东省委、青岛市委关于实施乡村振兴战略的决策部署要求,充分发挥党和行政力量,运用市场化手段,把农村各类要素组织起来,集聚资本、人才等现代生产要素,培育一批新型农业经营主体,打造一批三次产业融合、上中下游一体的特色小镇、田园综合体,带动农业升级、农民增收、农村变美。

(一)走产业与生态融合发展之路,以"产业+生态"实现腾笼换鸟

莱西是青岛北部的山水屏风、全域统筹的战略支点、胶东半岛的几

何中心。围绕实现绿色发展,大力实施"四大战略",积极发展最能体现莱西生态禀赋的新技术、新产业、新业态、新模式,努力实现"腾笼换鸟""换道超车"。

莱西市拥有较好的农业基础优势,拥有万福、九联等一批国家级农业产业化龙头企业,形成牛奶、肉鸡、生猪、蔬菜、果品、花生六大产业链条,全市肉蛋奶总产量居全省县级第一,花生产品出口量占全国 25%以上,建成山后人家等田园综合体 23 家,培育马连庄甜瓜、店埠胡萝卜等品牌 35 个,积极推动农业新旧动能转换。

1. 立足产业融合,利用新技术、孕育新模式,实现提档升级、"弯道超车"

一是搭建农业大数据平台,大力发展智慧农业。近年来,莱西市以促进三次产业融合发展为重点,利用大数据、物联网、云计算等新技术,推动农业全环节升级、全链条增值。依托布瑞克农信集团的县域智慧农业生态圈中四大"互联网＋农业"大数据管理平台(BRIC-AgriDB)、农产品集购网(16988.com)、农牧人商城(nongmuren.com)、土银网(tuyin.com),以农业数据为核心支撑,形成手机 APP 实时上传汇总数据,大屏指挥展示数据,后台管理分析数据,手机查询接收数据指挥的多位一体化大数据综合应用服务平台,快速形成政府、市场、生产者之间涉农数据互通共享、可视化分析、监测预警的基本能力。2017 年,布瑞克已与超过 20 个县正式开展农业大数据业务,农产品集购网采购注册用户已超过 4 万家,长期有采购行为的大型农贸商 1 万余家。2018年 8 月 23 日,第二届全国农产品流通大数据与乡村振兴高峰论坛暨莱西市农业大数据平台启动仪式在莱西市举行。

二是积极探索"保姆式"托管服务新型经营模式。2017 年 11 月 6日,莱西市政府、金丰公社和青岛昌盛兴农机有限公司三方出资成立了莱西金丰公社,为农户提供从种到管、从技术服务到物资供应的"种、管、收"全产业链服务。截至 2018 年 9 月底,已完成小麦、花生、土豆、胡萝卜等农作物托管服务 7.1 万亩,完成小麦秸秆打捆回收 0.5 万亩,玉米播种服务 0.8 万亩,开展实施花生统防统治工作 5 万多亩,汇聚农业全产业链优质要素资源,逐步实现小农户与现代农业有效衔接。

2. 立足生态振兴,打造绿色崛起的典范之城

立足生态优先发展战略,叫响"乐在莱西"品牌,践行"绿水青山就是金山银山"理念。莱西素有"青岛后花园"之称。良好生态是莱西市最大的优势,绿色崛起是全市人民的共同企盼。生态环境是莱西实现差别竞争、特色取胜的潜力所在。莱西市拥有总库容 4.02 亿立方米的胶东半岛最大湖泊——莱西湖,有总面积 25 平方千米的胶东半岛最大内陆湿地——姜山湿地,青岛的母亲河——大沽河贯穿全境,这是得天

独厚的自然条件。近年来,莱西市坚定不移走生态优先、绿色发展之路,坚持把生态文明建设摆在更加突出位置,做到发展思路按照生态优先谋划、发展布局围绕生态优先展开、发展举措围绕生态优先制定,推动形成政府坚持生态方向、企业坚守环保底线、公民践行绿色风尚的良好局面,让"绿水青山就是金山银山"的理念融入经济社会发展全过程、各方面,努力在推动生态与产业互融互促、协调发展上走在前列、打造莱西样板。莱西市日庄镇沟东村是库区整体搬迁村,是省级贫困村。针对该村土地资源匮乏、人均耕地少的状况,村党支部积极发挥党组织的战斗堡垒和党员先锋模范带头作用,带领村民改变单一的种植模式,鼓励引导村民种植无核葡萄,做大做强乡村旅游业,种植无核葡萄350亩。在"第一书记"的积极帮扶下,争取投资500多万元,积极进行美丽乡村打造,栽植各类苗木5万株,建设葡萄长廊、旅游景观大道、树阵公园、文化活动广场等多处旅游景点,带领全村走出了一条"党建+旅游+扶贫"的新道路,年人均增收3000余元,村集体经济年收入达12万元,村民人均可支配收入达到12000余元。脱贫致富经验被中央电视台《新闻联播》报道。莱西市产芝村东临大沽河,北靠莱西湖,因村后盛产芝兰草而得名,全村有村民427户、1300余人。在占地40公顷的村落中,拥有名人故居两处、大队部旧址一处、老作坊三处等丰富的文化资源。因为靠近水源地,既不能发展工业,也不能发展畜牧业,群众世代靠种粮为生,村庄发展受限。近年来,村党支部积极转变发展思路,在改善村庄面貌的同时,紧紧围绕"立足自身优势,打造乡村特色旅游品牌"对村庄发展进行规划,不断探索实践"党支部+合作社+农户"旅游产业发展模式,积极融入"乐在莱西"旅游品牌培育,利用莱西湖与大沽河花红柳绿、瓜果飘香的自然资源优势及村内进士旧居、千年龙槐、潭神湾等历史文化资源,成立了"产芝乡村旅游专业合作社",登记注册了"产芝老家"旅游品牌,培育村史文化特色点15处,同时培育采摘大棚、开心农场、野炊露营地等丰富多彩的休闲体验项目,走出了一条属于自己的乡村振兴特色之路。

近年来,莱西市把美丽乡村建设和全域旅游结合起来,建设"乐在莱西"旅游品牌,加快姜山新能源汽车小镇、店埠航空文化小镇等12个特色小镇建设,店埠镇获评全国最美村镇。打造休闲旅游型产芝村、文旅融合型辇止头村等特色美丽乡村,发展沁楠香休闲岛、沽河游乐园等旅游项目129个,全市旅游产业收入年均增长15%。先后荣获全国最美生态旅游示范市、中国十大品质休闲县市等称号。同时,生态发展与精准扶贫相结合,探索"龙头企业+贫困村+贫困户"联营、订单收购等扶贫模式,扶持发展户产业项目317个,实施村脱贫"达标提质工程"100余项,增强了户、村"造血"能力。

(二)以基层党建引领乡村振兴,"组织振兴十"构建乡村振兴新引擎

习近平总书记指出,要以提升组织力为重点,突出整治功能,扩大基层党的组织覆盖和工作覆盖。山东省委书记刘家义在省委党的建设工作领导小组会议上,要求深入研究"莱西会议"精神,推动乡村组织振兴。2018年6月14日,习总书记在济南市章丘区双山街道三涧溪村考察时强调"要加强基层党组织建设,选好配强党组织带头人,发挥好基层党组织战斗堡垒作用,为乡村振兴提供组织保证"。

莱西市深入领会贯彻习近平总书记关于实施乡村组织振兴战略的重要论述,坚持传承"莱西会议"精神[1990年8月,中央组织部等五部委联合在青岛莱西召开了全国村级组织建设工作座谈会,即"莱西会议"。会议总结和推广了莱西市(原莱西县)加强以党支部为核心的村级组织配套建设的经验,从理论、政策和制度上,确立了以党支部为领导核心的村级组织建设工作格局],全面加强基层组织建设,激发全市乡村振兴新动力。按照"组织振兴+(产业振兴、人才振兴、生态振兴、文化振兴)"的模式,以问题为靶标、以效果为导向,突出村党组织政治功能和引领作用,以组织振兴引领乡村振兴。2017年9月份以来,开展"强基固本村村行"活动,从市直单位选派3000名党员干部组成861个工作组,覆盖全市12处镇街的861个村庄,指导村庄党支部推进工作落实。活动开展一年来,工作组累计进村4万余人次,调研走访村民6万余户,形成村情民意台账861份,帮助群众解决生产生活困难4000余个;进村入户活动达6000余次,指导村党支部开展主题党日活动5000余次,指导打造美丽乡村达标村152个、示范村12个,新建整修406个村庄党群活动场所。2018年6月份,莱西市在此基础上开展"乡村振兴村村行"活动,实施"双百引领"工程,选派107名干部,成立12个乡村振兴工作队,联系107个村集体经济薄弱村、空壳村,承担驻村第一书记工作职责。各镇的工作大队大队长挂职所在乡镇党委副书记,工作队每月到镇村工作时间超过20个工作日,帮村时间为2年,确保所帮村庄2年内村集体年经营性收入新增3万元以上。

以夏格庄镇为例,2018年,夏格庄镇不断深化"党建+"的工作理念,全面引领乡村振兴。夯实基层基础、改进工作作风、强化服务职能,有力促进、推动和保障各项工作落实。一是"党建+基层组织建设工作"。以打造"服务型组织、规矩型干部、先锋型党员"为目标,在机关,以党政班子自身建设为龙头,明确班子成员抓党建、促工作的责任清单,抓调度、促落实;在村级,以村"两委"换届工作为抓手,积极抓好村"两委"干部的学习教育,不断提升基层党组织的凝聚力和战斗力;规范农村"三资"管理,使村级重大事务在阳光下运行,创建廉洁镇村;以党

员履职年度量化积分管理为抓手,从严从实考出压力、管出动力,保持农村党员队伍的先进性和纯洁性。通过以镇带村、固本强基,形成党建和村级组织建设的叠加效应,为推动经济社会发展提供有力保障。二是"党建+项目建设"。实行重点项目包联责任制,做到一线办公、现场调度、优质服务。对于项目建设中亟须协调解决的问题,采取集体找症结、定措施、出办法的方式进行解决;在符合条件的企业成立党支部,下派党建指导员,靠优质服务引导、扶持企业发展壮大;实行以商招商、委托招商、中介招商,主动走出去、请进来,先后引进天一新能、荣华建设集团、英良集团等大型集团投资入驻,绿色建筑材料、装配式、被动式房屋技术产业规模突出,产业集聚优势初步显现。三是"党建+美丽乡村"。按照省规划院规划确定的"农贸休闲、秀美宜居"的城镇特色定位,通过进一步发挥基层党支部的战斗堡垒作用和党员的先锋模范作用,实现党支部战斗力增强、党员作用充分发挥到城镇建设工作上。深入开展镇驻地违法建筑清理、河道整治、农村改厕等行动,改善和提升城镇形象;完成镇驻地污水管网配套建设,增强了驻地发展的承载力。行动开展从选点、规划到实施,党委全程指导,各党支部全程参与,突出领导核心作用,努力实现"地净水清、路畅灯亮、树绿村美、群众满意"的目标。四是"党建+现代农业"。以农业产业为纽带,积极推行"支部+合作社+基地+农户""党员+农户+产业"等模式,不断引进农民专业合作社、家庭农场等新型农业经营主体,实现党建和农业产业融合发展。2018年,依托金丰公社的统一供种、统一管理、统一销售的农业服务新模式,不断协调做好小农户与规模化种植相结合,引领农业走向规模化。开展万亩林网建设和千亩桃园种植,共植树2万余株,实现绿化3万余平方米;规模化桃园种植500亩地。依托夏七村党支部芦笋基地推广芦笋种植,带动周边百姓致富。五是"党建+和谐社会"。充分发挥党建引领作用,完善矛盾纠纷调处工作机制,制订矛盾纠纷调解方案,保证"排查走在发生前,调处走在计划前"。着力推进地区社会稳定。通过党员干部带头入户开展调研,发放便民联系卡,使干部随时接收群众的反馈信息和诉求,方便群众办事。认真做好党性教育工作,完善设岗定责、党员承诺和学习制度,提高农民党员整体学法用法意识,提升矛盾纠纷调处水平。

(三)以创新模式深化农村改革,充分发挥首创精神,破除"老牛拉大车"的乡村体制机制

1. 探索"公司+合作社+村集体+农户"的土地股份合作制模式

莱西市在深化农村土地"三权分置"改革的过程中,以马连庄镇土地承包经营权流转为突破口,由马连庄镇成立了全资国有的青岛马连庄农业发展有限公司,通过公司平台对流转土地实行统一管理、统一运营、统一对外合作。村集体成立了村级集体经济合作社,负责面向农民征地,土地流转费用采用"二八分成",村集体占20%,农民个人占80%。项目落户前,由镇农业公司向村合作社土地保底收储,保底价每亩600元。同时,由镇政府平台公司一个窗口对外招商,与经营主体两方签订流转合同合作开发经营。企业通过对接镇农业公司就能获得大片可利用的土地,不需要直接从一家一户手里流转土地,实现村集体收益和农户收入双增,仅用3天时间就在该镇的朱耩村完成土地流转200亩。目前,莱西市土地流转面积达50.23万亩,占全市家庭承包土地面积的54%,其中流向种植大户和农户的31.78万亩,占流转总量的63.3%。

2. 推出"保险+期货+银行"的政策性农产品价格指数保险新模式

2018年1月,莱西市政府与人保财险、银河期货及农商银行开展合作,由种植户向保险公司提出投保申请,保险公司向期货公司询价,期货公司根据苹果期货价格行情,确定苹果合同约定价格,由保险公司计算、告知种植户保费及合同约定苹果价格。种植户同意并支付保费后,保险公司立即联系期货公司开展期权交易业务。期货公司、保险公司、种植户通过组合操作,形成风险分散闭环。莱西市确定前期保费由政府和种植户共同承担,其中政府承担保费的60%,种植户承担40%。2018年3月26日,开展了全国首单苹果目标价格保险业务,为200吨苹果投保,保险期为2018年3月26日至4月25日。投保当天由期货公司根据苹果价格走势,测算合同约定苹果价格为每吨7720元,根据测算共需缴纳保费4.63万元,其中保费的60%由政府补贴,合作社只需承担保费的40%,即1.85万元。

(四)抓好农村实用人才培育,助推乡村振兴

近年来,莱西市不断加大农村人才培育力度,通过抓培训、抓激励、抓帮扶等措施,着力打造一支助推乡村振兴的实用人才队伍。目前,全市农村实用人才达26000余人,被评为"全国新型职业农民培育示范县"。

抓技能培训。针对农村实用人才居住分散、不易集中的特点,采用灵活多样的培训方式,在培训课程设计上采用"田间培训+生产指导"形式,让"农民点菜,专家下厨",开展"用远教、送培训、下基层、促发展"活动,解决群众在播种、施肥、病虫害防治等方面遇到的难题,不断提高农村实用人才的生产技能。2018年,全市共举办养殖、耕作、新机具、新技术的运用等科技致富培训班27期,新建农民田间学校25所,培育青岛市级新型职业农民示范培训基地3处,培训农村实用人才2900余

人次,为乡村产业振兴注入技术动能。

抓扶持激励。调整充实由市长任组长,相关职能部门主要负责人为成员的市新型职业农民技能培训领导小组,构建了上下联动、部门配合、协同推进的农民培训工作格局。对在乡村振兴中起引领作用的实用人才,在项目、资金、技术、信息等方面给予重点扶持。围绕打造莱西乡土文化品牌,累计拨付资金 1000 余万元,实施乡村记忆工程,支持创新木偶戏、莱西吕剧等传统艺术形式,培训葫芦、泥人、剪纸、石刻、木偶等领域民间手工艺人 78 人,莱西木偶表演人才展曼曼多次把莱西木偶戏带出国门,让精彩的莱西木偶戏走向世界,提升了莱西知名度。截至9 月末,对表现优秀的 103 名农村实用人才进行重点培养,吸收 23 人加入党组织,在本届村"两委"选举中 43 人被选拔、充实到村干部队伍之中。

抓结对帮扶。对全市各类农业实用人才进行全面调查摸底,坚持"好中选优"的原则,按照农业、畜牧、林业、农机等行业分类登记,建立了由 432 名各领域"引擎式"人才组成的乡村振兴"动力大队"。开展"引擎式"人才帮扶活动,每名人才选择 3~5 户有发展潜力的贫困户作为帮扶对象,通过"强带弱""大带小"解决贫困户生产难题。2018 年,组织人才结成帮扶对子 1323 户,组织帮扶活动 13 次,解决实际难题3400 余个,助力群众增收 2000 余万元。

(五)聚力乡风文明,推动乡村文化振兴

莱西市在发展经济的同时,不断挖掘优秀乡村文化,让良好家风、文明乡风、淳朴民风在乡村蔚然成风,村庄不断焕发新的活力。

1. 加强农村思想道德建设

深入开展习近平新时代中国特色社会主义思想和党的十九大精神宣传教育,深化中国特色社会主义和中国梦教育,广泛开展爱国主义、集体主义、社会主义教育宣传。围绕社会主义核心价值观、城乡文明一体化创建、讲文明树新风等主题,打造农村公益广告宣传一条街。推进诚信建设,强化农民的社会责任意识、规则意识、集体意识、主人翁意识。

2. 弘扬农村优秀传统文化

深入开展历史文化、乡贤文化、红色文化,推进市博物馆、胶东民俗文化博物馆、崔子范美术馆、店埠博物馆、卢乡阁博物馆等具有地域历史文化特色的文物保护与展览场馆建设。深入实施乡村记忆工程,支持优秀传统文化传承发展,创新木偶戏、吕剧等传统艺术形式,培养葫芦、泥人、剪纸、石刻、木偶等民间手工艺人。实施乡村儒学推进计划,建设乡村儒学讲堂。日庄镇加大农村基层文化人才开发力度,实施乡

土文化名人培养工程,打造别具特色的非遗"乡土人才库"。2018年重点培育木偶、锔瓷、日庄火烧制作、藤绳编织等领域非遗传承人和民间手工艺人10余名。

3.加强农村公共文化建设

深入实施文化惠民工程,积极开展文化科技卫生"三下乡"、"一村一年一场戏"、农村公益电影放映活动,丰富群众精神文化生活。加强农村公共文化设施建设。到2020年,实现每镇街至少建设一处达到国家二级以上标准的综合文化站,村级文化活动广场全覆盖的目标。

4.深化乡村文明行动

推进移风易俗,发挥"一约四会"作用,倡导喜事新办、丧事简办、厚养薄葬。推进殡葬制度改革,健全殡葬公共服务体系,推进乡村公墓规划建设。深入开展文明礼仪宣传倡导行动,发挥好共青团、妇联等群团组织作用,深化农村妇女"新农村新生活"培训。持续开展文明镇村、星级文明户评选。到2020年,80%以上的村、镇达到市级及以上文明村镇标准。

二、莱西市实施乡村振兴战略过程中存在的问题及对策

(一)存在的问题

实施乡村振兴战略和脱贫攻坚工作以来,莱西市坚持以习近平新时代中国特色社会主义思想为指引,把脱贫攻坚和乡村振兴相融合,充分发挥党组织和行政力量,集聚人才、资本等要素,培育一批新型农业经营主体,打造一批三次产业融合、上中下游一体的特色小镇、田园综合体,带动农业升级、农民增收、农村变美,乡村振兴和脱贫攻坚工作取得了阶段性进展。但仍然存在问题和"短板",主要表现在六个方面。

一是基础设施方面。部分农村污水管网不配套,供气、供水、供暖设施不完善等问题,尤其是未列入美丽乡村建设名单的村庄,基础设施尤为薄弱。农村公路整体状况与"四好农村路"建设目标要求差距较大,道路养护历史欠账较多,农村公路中等以上道路所占比例和三级以上道路所占比例与其他区(市)相比还存在差距。

二是产业发展方面。农业产业规模化经营有待提升,农业品牌意识不足,传统农业为主,产业结构较为单一,提质升级较慢,部分村庄集体经济较为薄弱。村与村产业发展差距较大,经济薄弱村缺乏产业支撑。农机购置、农田水利建设、农业园区建设等配套资金缺乏。农村土地流转机制不够顺畅,呈现自发性、随意性、分散性特点,单块零散流转多,整村连片流转少,规模流转难度较大。农产品质量安全检验检测体

系薄弱和生产过程控制难度大。镇村经济跨越发展尚未取得实质性突破,重点项目储备不足。

三是文化繁荣方面。对农耕文化、典故传说、名人文化、祖训家规、民俗风情等乡村特色文化内涵挖掘力度不够,设计缺乏创新性和吸引力,造成乡村旅游发展存在很多雷同,难以满足游客多元化需求;美丽乡村建设中,虽对农村优秀传统文化、民间文化、红色文化进行了挖掘和打造,但是限于资金的问题,整体挖掘比例较少。

四是组织建设方面。乡村基础条件差、待遇低,造成乡村振兴发展缺少人才支撑,"懂农业、爱农村、爱农民"的专业人才更少;个别村党组织存在弱化、虚化、边缘化问题;部分村党组织党员年龄老化,后继乏人问题较为突出,党建引领发展机制还需进一步完善,农村党组织战斗力不强、威信不高、缺乏凝聚力和号召力,引不进大项目,搞活村经济难度大。

五是脱贫攻坚方面。脱贫攻坚工作与先进地区相比步子还不够大、力度还不够深,效应还未完全发挥出来,重点工作和重点项目还存在推进速度慢的问题。贫弱村"五通十有"脱贫标准配置不高,项目管护不够精准,全市 93 个贫(弱)村产业项目均有 8% 较高的投资收益,但存在收益率高、使用率低的问题。

六是群众参与方面。部分村庄贫困群众"等、靠、要"思想比较严重,村庄自我造血功能较弱,存在"干部干、群众看"的现象,群众的积极性、主动性、创造性未完全激发出来。个别乡镇干部缺乏工作魄力,创新意识不强,带着老思想走新路,遇见问题绕道走,作风不扎实、缺乏担当责任等问题依然存在。农村各方面条件较差,个别村"两委"整体文化水平较低、思路不开阔、带头致富能力不足,难以留住有能力的人才。

(二)莱西市推进乡村振兴的对策建议

针对上述问题,莱西市将进一步全面贯彻中央、省和市委指示要求,努力为打造乡村振兴的齐鲁样板贡献莱西力量。

1. 编好一个规划

瞄准打造乡村振兴战略的莱西样板这个总目标,高点定位,超前谋划,抓紧推进乡村振兴战略规划和 7 个专项工作方案的编制,把乡村振兴战略落实到一个个项目、一件件实事上来,确保乡村振兴战略在莱西落地生根、开花结果。

2. 抓实五项工程

一是产业提质增效工程。加快推进乡村产业振兴。在系统总结乡村产业振兴 5 个模式(整合资源市场化、农业发展现代化、特色产业品牌化、全域旅游时尚化、环境治理生态化)的基础上,以葡萄全产业链创新示范、布瑞克、金丰公社、浩丰农业大脑、田园综合体建设等为依托，推动现代农业加快由增产导向转为提质导向，由规模型、数量型向品质化、信息化迈进。依托中国建材集团和浩丰食品产业资源，建设全国最大的高端农业种植谷，重点发展1000亩荷兰智慧温室，配套建设蔬菜深加工基地，大力发展5.0新型绿色建筑，打造占地2000亩的智慧农业小镇。依托阿里云农业大脑项目，建设农业大数据平台、大宗农产品交易平台和跨境电商平台，打造智慧农业标杆。高标准推进5万亩葡萄全产业链开发示范区建设，筹建葡萄产业研究院，建设集种苗繁育、葡萄酒酿造、交易中心、休闲旅游于一体的田园综合体，为引领全国农业现代化建设树范例、激活力。

二是生态环境提升工程。牢固树立"绿水青山就是金山银山"理念，坚持规划与建设并重、治理与防范相结合，全面加强生态保护，扎实推进美丽莱西三年行动、"绿满莱西"国土绿化行动和农村"七改"工程（即改路、改电、改校、改房、改水、改厕、改暖），促进城乡环境整体改善，打造青岛北部山水屏风、宜居典范。姜山湖生态保护及基础设施提升项目建设地点位于姜山镇区域，总占地面积约5085亩。东距G204国道约5千米，西距S209省道约5千米，距离龙青高速最近的出入口仅8千米，南、北紧邻县道，交通便利。主要建设内容包括两部分：第一部分是公益性基础设施；第二部分是作为补偿资源的配套设施，其收益用来平衡公益性基础设施投资和维护成本。项目建成后可大大提高姜山湖区域基础设施服务水平和生态环境质量，推动当地社会、环境和经济的协同发展。公益性基础设施：新建市政道路（含次干道和支路）总长度约9150米，面积约389000平方米；新建青少年拓展实践基地等建筑物建筑面积约74704平方米；新建公共停车场约142707平方米；新建全民健身广场约49502平方米；生态清淤水体面积约3000亩；绿化面积约76804平方米。配套设施：新建配套设施约320400平方米，主要涵盖产业配套设施、景观设施及休闲生活体验区三部分。项目总投资368905万元。运作方式为BOT＋可经营性资产运营回补。付费模式采用可行性缺口补贴（其中：配套设施使用者付费模式运营）。

三是优秀文化提升工程。深入实施乡村记忆工程，弘扬农村优秀传统文化，挖掘历史文化、乡贤文化、红色文化，打造莱西文化品牌。每年拿出1000万元文化产业投资和扶持专项资金，融合历史、红色、农耕等元素，打造中国木偶戏艺术之都、中国古乐之乡、书画之乡，让活态的优秀乡土文化传承下去。深入实施文化惠民工程，积极开展文化科技卫生"三下乡"、"一村一年一场戏"、农村公益电影放映活动，丰富群众精神文化生活。深化乡村文明行动，继续评选文明镇村、星级文明户，推进移风易俗，倡导喜事新办、丧事简办、厚养薄葬，倡树文明新风。

四是公共服务提升工程。突出抓好南开教育基地、北大新世纪言鼎医疗产业园、姜山新城医养综合体等项目,建成更高水平的教育、医疗服务体系。巩固贫困户脱贫成效,2018 年底前实现 4 个经济薄弱镇摘帽。

五是村集体经济提升工程。创新农村集体所有制经济的有效组织形式、经营方式和发展路径,整合村集体资产、资源、资金等要素,推动资源资产化、资产资本化,到 2020 年消除村集体经济空壳村。

3. 突出"四个方面",加快莱西美丽乡村建设

根据青岛市提升美丽乡村示范村品质的"二十条"要求,以生产美为重点、生态美为标志、生活美为关键、服务美为保障、人文美为支撑,科学把握标准化建设内涵,做到系统化整体推进。

美丽乡村是乡村振兴战略实施的重要载体,莱西市在上年打造美丽乡村示范村 12 个、达标村 152 个的基础上,2018 年新建美丽乡村示范村 14 个、达标村 209 个,到 2020 年 85% 以上的村庄达到省级美丽乡村标准。突出抓好四个方面:

一是持续改善农村人居环境。扎实做好农村"七改"工程,推动农村基础设施建设提档升级。2018 年,重点实施龙青高速马连庄连接线、农村公路大中修、躬崔路 G204 至龙青高速段拓宽改造等工程,提升农村道路"村村通"水平。深入开展农村人居环境整治三年行动,深化"厕所革命",实施生活垃圾、水源保护、养殖业污染、农业面源污染专项整治,促进乡村环境整体改善。

二是扎实推进精准脱贫。巩固贫困户脱贫成效,实现"三好四保障",即吃好、穿好、居住环境好,教育、医疗、养老、饮水安全有保障。聚焦镇村贫困区域精准发力,2018 年底前实现 35 个贫困村和 58 个经济薄弱村、4 个经济薄弱镇全部摘帽。注重增强村庄"造血"能力,实施发展壮大村级集体经济三年行动,力争到 2020 年,贫困村、经济薄弱村集体收入达到 15 万元以上。

三是大力发展全域旅游。依托东方园林等大企业,高标准规划,积极打造符合乡村格调、彰显莱西特色的节点小品,串联山水风情、村庄田园,形成"一带一湖四线"美丽乡村风情带。抓好南通三建姜山文旅小镇、光合文旅研学小镇建设,打造世界级文旅小镇,点燃"乐在莱西"引爆点。结合申办第三届世界休闲体育大会,举办更多全国性体育赛事,争取用 2~3 年时间将"乐在莱西"品牌建设成国内一流、世界知晓的旅游品牌,到 2020 年,乡村旅游景区达到 20 个,全市接待游客总人数达到 2000 万人次。

四是提升农村公共服务。突出抓好教育、医疗服务体系建设。完善农村社会保障体系,实现新增被征地农民养老保险全覆盖,提高城乡

居民社会医疗保险筹资标准及待遇水平。聚焦老弱病残特殊贫困群体，综合实施保障性扶贫政策，采取资产收益、民政担保、邻里互助、实物供给等方式，确保病有所医、残有所助、学有所教、住有所居、生活有兜底。结合智慧城市建设，大力实施"互联网＋"，加快提升公共服务便利化水平，让群众少跑腿、不跑腿。

（作者单位：中共莱西市委党校）